"... NO ENTANTO, AO MESMO TEMPO E EM OUTRO NÍVEL..."

Blucher   KARNAC

"... NO ENTANTO, AO MESMO TEMPO E EM OUTRO NÍVEL..."

Teoria e técnica psicanalítica na linha kleiniana/bioniana

Volume 1

James S. Grotstein

Tradução
João Paulo Machado de Souza

Authorised translation from the English language edition published by Karnac Books Ltd.

"*... no entanto, ao mesmo tempo e em outro nível...": teoria e técnica psicanalítica na linha kleiniana/bioniana – volume 1*

Título original: "*... but at the Same Time and on Another Level...": Psychoanalytic Theory and Technique in the Kleinian/Bionian Mode – volume 1*

© 2009 James S. Grotstein

© 2017 Editora Edgard Blücher Ltda.

Equipe Karnac Books
Editor-assistente para o Brasil Paulo Cesar Sandler
Coordenador de traduções Vasco Moscovici da Cruz
Revisora gramatical Beatriz Aratangy Berger
Conselho consultivo Nilde Parada Franch, Maria Cristina Gil Auge, Rogério N. Coelho de Souza, Eduardo Boralli Rocha

Blucher

Rua Pedroso Alvarenga, 1245, 4º andar
04531-934 – São Paulo – SP – Brasil
Tel.: 55 11 3078-5366
contato@blucher.com.br
www.blucher.com.br

Segundo o Novo Acordo Ortográfico, conforme 5. ed. do *Vocabulário Ortográfico da Língua Portuguesa*, Academia Brasileira de Letras, março de 2009.

É proibida a reprodução total ou parcial por quaisquer meios sem autorização escrita da editora.

Todos os direitos reservados pela Editora Edgard Blücher Ltda.

Dados Internacionais de Catalogação na Publicação (CIP)
Angélica Ilacqua CRB-8/7057

Grotstein, James S.
  "... no entanto, ao mesmo tempo e em outro nível..." : teoria e técnica psicanalítica na linha kleiniana/bioniana – volume 1 / James S. Grotstein ; tradução de João Paulo Machado de Souza. – São Paulo : Blucher, 2017.
  576 p.

  Título original: "*... but at the Same Time and on Another Level...": Psychoanalytic Theory and Technique in the Kleinian/Bionian Mode – volume 1*
  Bibliografia
  ISBN 978-85-212-1246-1

  1. Psicanálise 2. Klein, Melanie, 1882-1960 3. Bion, Wilfred R. (Wilfred Ruprecht), 1897-1979 I. Título. II. Souza, João Paulo Machado de.

17-1393   CDD 150.195

Índice para catálogo sistemático:
1. Psicanálise

Dedico esta obra a Wilfred Bion, Ronald Britton, Albert Mason, Thomas Ogden e Antonino Ferro, todos que me inspiraram de diversas formas na escrita deste livro. Também dedico-o à minha esposa, Susan, que suportou longa e pacientemente seu período como "viúva literária" enquanto eu estava absorto na redação. Sou profundamente grato àqueles que foram meus pacientes ao longo dos anos; aos que ajudei, mas, especialmente – e infelizmente –, àqueles que não pude ajudar. Foram eles que me levaram a refletir sobre mim mesmo (em quatro análises e em inúmeras supervisões voluntárias) e a consultar diversas escolas de pensamento psicanalítico até que eu ficasse imerso na escola kleiniana – e, agora, pós-kleiniana – e bioniana, ao mesmo tempo que sou grato e utilizo a sabedoria de outras escolas nas quais fui treinado e/ou com as quais tive contato. Minha jornada profissional tem sido muito estimulante, mas é constantemente conduzida pela necessidade de reparar meus fracassos e dedicar-me uma vez mais à tarefa psicanalítica.

Agradecimentos

Devo muito a várias pessoas por esta obra. Sem dúvida nenhuma, devo aos meus analistas Robert Jokl, Ivan Maguire, Wilfred Bion e Albert Mason e aos meus supervisores e professores do Instituto/Sociedade de Psicanálise de Los Angeles, e a muitos outros ainda, kleinianos, pós-kleinianos e bionianos. Também gostaria de expressar minha gratidão aos supervisionandos e colegas que gentilmente me ofereceram ajuda inestimável na escrita deste livro ou permitiram que eu utilizasse material de seus casos. Sou especialmente grato a Ronald Britton, Thomas Ogden, Antonino Ferro, Albert Mason e Shelley Alhanati por sua inspiração e gentileza ao permitir que eu usasse exemplos de seu trabalho clínico.

Também sou grato a Raquel Ackerman, Joseph Aguayo, Afsaneh Alisobhani, Elizabeth Clark, Edmund Cohen, Jeffrey Eaton, Michael Eigen, Daniel Fast, Maureen Franey, Eugenie French, Sandra Garfield, Janis Goldman, Martha Joachim, Jude Juarez, Eugenie French, Andrea Kahn, Leila Kuenzel, Jennifer Langham, Howard Levine, Robert Oelsner, Murray Pepper, Lee Rather, Paulo Cesar Sandler, Kirsten Schwanke, David Tresan e Lisa Youngman.

Prefácio

Este livro é organizado como uma introdução e um guia, um "início", para esclarecer princípios gerais de como o psicanalista ou psicoterapeuta de orientação psicanalítica pode oferecer e manter um *setting* ótimo para a prática da psicanálise, ouvir e processar as associações livres do analisando ou paciente e, finalmente, intervir através de interpretações – sobretudo dentro da perspectiva kleiniana/bioniana, incluindo os pós-kleinianos contemporâneos de Londres e os kleinianos e bionianos de outros lugares. A presente obra busca seguir esta tradição ao respeitar a natureza fundamental das contribuições originais de Klein e demonstrar como elas desembocam naturalmente no pensamento (pós-)kleiniano e "bioniano" contemporâneo.

O termo "pós-kleiniano" atualmente aplicado aos analistas kleinianos de Londres sugere, em minha opinião, a existência de uma cesura entre as contribuições destes e a de Melanie Klein. Eu, assim como Roy Schafer (1992), acredito que o termo "kleinianos contemporâneos de Londres" distingue melhor este grupo e seu trabalho, que considero ser um *refinamento* e uma extensão,

10 PREFÁCIO

e não uma alteração, das contribuições de Klein. A despeito disso, no entanto, parece que os kleinianos contemporâneos de Londres preferem consensualmente o termo "pós-kleinianos", então utilizo este termo daqui em diante em deferência a eles. Além disso, a combinação do termo "bioniano" com "Klein" e "pós-kleiniano" pode hoje ser inadequada. Ao longo dos últimos anos, a obra de Bion tem tido uma aceitação extraordinária no mundo analítico fora de Londres – tanto por parte dos kleinianos que não são de Londres como por outras escolas. Assim, "kleiniano/bioniano" sugere uma coisa em Londres e outra completamente diferente em outros lugares. Fiz o melhor que pude para explorar esta peculiaridade.

Este livro foi escrito durante o auge e o ocaso da teoria e técnica kleiniana "clássica", a qual lida com estados de mente infantis acompanhados de designações de objetos parciais e com foco no texto analítico das associações do analisando e nas reconstruções. No meio tempo, surgiu a obra pós-kleiniana Contemporânea de Londres. Seus seguidores se diferenciaram gradativamente da obra clássica e começaram a pensar, falar e interpretar em uma nova linguagem, uma linguagem focada nas complexidades do *processo* de transferência-contratransferência no "*aqui* e agora", com ênfase nos *enactments*, tanto do analisando quanto do analista. É uma perspectiva de objeto total, não de objeto parcial. Como apontarei mais adiante no texto, esta nova postura se parece muito, para mim, com uma peça passional séria de teatro na qual analisando e analista frequentemente representam papéis ocultos, os quais Sandler (1976) divisou há muito tempo atrás e que constituem agora o foco da atenção do Seminário de Betty Joseph (Hargreaves & Varchevker, 2004).

A despeito desta mudança sutil, porém substancial, na teoria, na técnica e na linguagem que serve para expressá-las, os pós--kleinianos Contemporâneos de Londres, em meu modo de ver, são formados e, portanto, versados na teoria clássica infantil de objetos parciais, e ela de fato ocupa o plano de fundo, senão com frequência o primeiro plano, de seu pensamento e estilo de interpretação. Eu acredito, em outras palavras, que ela representa uma parte importante de sua formação psicanalítica antes que eles a coloquem de lado em prol de sua nova orientação.

Este livro é dividido em dois volumes. O primeiro volume traz notas introdutórias sobre técnica relacionadas às teorias kleiniana, pós-kleiniana e bioniana, e cobre apenas os aspectos da teoria que constituem a base daquela episteme coletiva e que são relevantes para aplicação na técnica clínica; o Volume 2, após uma breve recapitulação da aplicação clínica da técnica kleiniana/bioniana, ilustra essa técnica por meio de relatos de caso detalhados.

As ramificações mais amplas da técnica psicanalítica foram abordadas por outros autores, mas *não*, em minha opinião, sob a forma de um guia de sugestões específicas de "Como...": ou seja, como abordar, como escutar – tanto ativa quanto passivamente –, como pensar sobre a situação analítica e como intervir com o analisando. Falo de um "*início*" porque pretendo continuar este trabalho através de contribuições futuras que tratarão de aspectos mais sofisticados e problemáticos da técnica que foram abordados ao longo do tempo. *Esta* obra é uma *introdução*.

Ressalva. O leitor pode perceber que eu me repito com frequência conforme sigo adiante neste livro. Sou grato a Lacan, portanto, que nos recorda que, quando repetimos, o fazemos de maneira diferente a cada vez.

Ressalva. Na minha versão original deste trabalho, tentei equilibrar o uso de designações de gênero através do emprego de pronomes multigênero, como "ele(a)", "seu/sua" e "dele(a)". No entanto, muitos

12   PREFÁCIO

daqueles que, a meu pedido, criticaram este texto, disseram-me que tal terminologia, embora precisa e adequada, é considerada complicada e desconfortável para os leitores. Portanto, relutantemente recorri ao emprego de pronomes e adjetivos masculinos, em detrimento dos femininos, pelo que peço perdão às mulheres. A psicanálise já foi dominada por homens. Agora, a tendência é a dominação feminina. A população predominante de pacientes, tanto antes como agora, pode muito bem ter sido e ainda ser feminina. Assim, minhas desculpas ainda maiores, e minhas lástimas!

Foi por causa da dor que eu entrei em análise. Foi na dor que a análise se desenvolveu. Foi ao aceitar a dor que a análise se encerrou.

Anônimo

Não sabes, Prometeu, que há palavras que funcionam como médicos para o mal da ira?

Prometeu acorrentado, Ésquilo

É uma vergonha para a alma, andar trôpega sobre a estrada da vida enquanto o corpo persevera. Reflete sobre como toda a vida de hoje é uma repetição do passado; e observa que ela também pressagia aquilo que está por vir. Analisa os vários dramas acabados e seus cenários, todos tão semelhantes, os que conheces por experiência própria ou da história passada. A exibição é sempre a mesma; apenas os atores é que são outros.

Meditações, Marco Aurélio

Conteúdo

Introdução   17

1. Pontes com outras escolas e com a psicoterapia   27

2. Psicanálise e psicoterapia   43

3. A evolução da técnica kleiniana por meio da técnica "pós-kleiniana" para a "bioniana"   53

4. Contribuições dos descendentes de Klein   81

5. "Em busca de uma segunda opinião": a tarefa da psicanálise   95

6. O projeto analítico: qual é a tarefa do analista?   103

7. Algumas notas sobre a filosofia da técnica   127

8. A sessão psicanalítica como sonho, teatro de improviso e drama sagrado   153

9. Dependência psicanalítica e regressão   167

10. A concepção kleiniana do inconsciente   191

11. A "criança em eterno desenvolvimento do inconsciente"   197

12. O conceito de "solitude" e a ausência e presença do analista   205

16 CONTEÚDO

13. Notas sobre os inconscientes	211
14. O papel preponderante da fantasia inconsciente	233
15. A ubiquidade das relações objetais	251
16. A versão kleiniana de epigênese e desenvolvimento e a teoria das posições de Klein	259
17. A visão de Klein sobre o instinto de morte	277
18. A visão kleiniana dos mecanismos de defesa	293
19. Refúgios psíquicos ou organizações patológicas	303
20. Reação terapêutica negativa e resistência psicanalítica	325
21. Transferência ↔ contratransferência ↔ *rêverie*	349
22. Sexualidade infantil *versus* dependência infantil e a visão kleiniana do complexo de Édipo	377
23. A importância dos conceitos kleinianos de voracidade, inveja e ciúme	393
24. A visão kleiniana do superego	401
25. "Esta casa contra aquela casa": cisão do ego e do objeto	415
26. A importância organizadora da identificação projetiva	419
27. Transidentificação projetiva	447
28. Modificações e ampliação da técnica kleiniana por Bion	473
29. Instrumentos da técnica psicanalítica: as faculdades que o analista deve utilizar	501
30. Os instrumentos clínicos na maleta de tratamento do dr. Bion	513
Referências	531

Introdução

Tendo praticado psicanálise e psicoterapia de orientação psicanalítica por quase meio século, comecei recentemente a sentir que era chegada a hora de dividir minha experiência com as pessoas. Nossa profissão é solitária e, embora participemos de conferências e seminários de forma regular ou frequente, não acredito que passemos tempo suficiente compartilhando o nosso trabalho, e especialmente a *digestão* de nosso trabalho. Meus comentários nesta obra, consequentemente, representam algumas de minhas reflexões sobre minha prática, a prática de meus supervisionandos e aquilo que observei de meus colegas – aquilo que acredito que aprendi – com um desejo de compartilhar para que as pessoas se interessem, confirmem, discordem e, espero, se beneficiem e aprendam. Esta obra levou muitos anos para ser concebida e executada, não apenas porque a tarefa em si era formidável, mas também porque a psicanálise é uma entidade viva, orgânica, que passa por suas próprias mudanças misteriosas e evolução, das quais nos tornamos subitamente cientes com o passar do tempo. Assim como a psicanálise muda constantemente

18   INTRODUÇÃO

na teoria e na técnica, também as escolas que operam sob sua abrangência passam por mudanças – fato que tive de manter em mente com rigor conforme prosseguia.

Comecei minha formação psicanalítica na Sociedade/Instituto de Psicanálise de Los Angeles (LAPSI)[1] numa época em que a análise ortodoxa (do id) estava em seu ocaso e cedia espaço à análise americana "clássica", que veio a ser conhecida neste país – mas não em outros – como "psicologia do ego". Meu próprio analista didata, Robert Jokl, era freudiano ortodoxo, tendo se formado em Viena antes da Segunda Guerra Mundial e feito análise com Freud. Três dos meus supervisores durante a formação também eram "ortodoxos"; e um quarto era "clássico". O trabalho nos seminários do curso, no entanto, tornou-se gradualmente mais "clássico" conforme o tempo passava. Como consequência, posso afirmar que minha formação ocorreu durante a transição entre estas duas influências. Ao me formar, fiz parte de um grupo de estudos de pós-graduação cujos membros já haviam sido influenciados por Ivan McGuire – um "fairbairniano" ou "objeto-relacionista" independente de ter feito análise didática ortodoxa com Richard Sterba. Comecei minha segunda análise com ele e continuei por seis anos. Após concluí-la, eu e os outros membros do grupo de estudos passamos a nos interessar pelo trabalho de Melanie Klein e seus seguidores e começamos a "importar" alguns deles – dentre os quais Herbert Rosenfeld, Hanna Segal, Donald Meltzer, Hans Thorner, Betty Joseph e Wilfred Bion – para seminários em Los Angeles.

Fiquei primeiro chocado e perplexo e depois fascinado pela singularidade de sua técnica analítica. Em seguida, lembro-me de ter ficado profundamente deprimido por um longo período que se seguiu a uma apresentação de Betty Joseph. Minha segunda análise já havia terminado há bastante tempo, mas algo em sua exposição evocou um conjunto profundo e primordial de sentimentos dentro de mim, algo que estava completamente além das palavras. Então consultei-me com Wilfred Bion, um analisando de Melanie Klein, e entrei em análise com ele por mais seis anos. Aprendi com ele que o que eu havia sentido não estava apenas *além* das palavras: estava *aquém* das palavras. Alguns resíduos até então não processados de minha experiência de nascimento prematuro (aos sete meses) emergiram. Pouco tempo depois, comecei minha supervisão com Albert Mason, analisando de Hanna Segal, que tinha vindo de Londres junto com Bion em meados dos anos 1960 para ficar em Los Angeles e ajudar a "treinar e domar" aqueles de nós que estivessem dispostos. Permaneci com Bion por seis anos. Quando sua partida prematura (uma opinião pessoal bastante enviesada) para a Inglaterra me deixou com uma análise incompleta, continuei minha análise kleiniana com Albert Mason. Mason era um excelente kleiniano "ortodoxo", mas Bion, embora sempre kleiniano, tinha uma aptidão para algo que ia além de Klein – e de Freud. Como consequência, posso honestamente apresentar-me como um "kleiniano/bioniano" (Bion teria odiado "bioniano", para não falar de Klein, que sempre se viu como "freudiana" (Bion, 1989, comunicação pessoal)), bem como um freudiano "fairbairniano", "ortodoxo" e "clássico". Também tive supervisões nas linhas da psicologia do *self* e da "intersubjetividade".

Então, por que um "colono" como eu – alguém que não se formou no Instituto Britânico de Psicanálise – teria a presunção de escrever um livro sobre técnica kleiniana/bioniana? Eu estava muito estabelecido com minha vida em Los Angeles para poder tirar uma licença para ir a Londres fazer minha formação, embora quisesse muito fazê-lo (e invejava um de meus analisandos que de fato foi), então tive de me contentar com o que pude conseguir aqui em Los Angeles e, indiretamente, de Londres. Enquanto este fato pode constituir uma *desvantagem* para mim, por um lado, ele também pode ter sido uma *vantagem*, como Bion ocasionalmente

20   INTRODUÇÃO

sugeria quando eu estava em análise com ele. Desta forma, eu não fui engolfado pela inevitável "cultificação" que, em minha opinião e na de Bion, caracterizava o Instituto Britânico, assim como praticamente todos os outros institutos de formação. No tipo analítico de formação, geralmente parece haver pouco espaço para ideias divergentes, pois somos como padres em formação, aprendendo nosso catecismo para exercer uma arte sagrada junto a nossos pacientes, *e nós temos que aprendê-lo direito!* Por outro lado, submeti-me a uma análise com Bion, algo que nenhum dos pós-kleinianos eminentes de Londres fez. Consequentemente, sou mais familiarizado com a técnica real de Bion do que qualquer um dos pós-kleinianos proeminentes de Londres, a maioria dos quais conheço pessoalmente e admiro e respeito enormemente. Também tenho a vantagem de ter sido formado em análise ortodoxa e clássica e tive intensa exposição analítica às ideias de Fairbairn. Assim, considero-me "multilíngue": versado em "psicanálise comparativa" e com imersão em análise kleiniana, incluindo suas ampliações feitas por Bion.

De acordo com minha experiência, acredito que todo analista deveria ser, senão fluente, pelo menos respeitoso para com outras linguagens psicanalíticas. Sou grato pelo que aprendi com todas estas experiências e desejo compartilhar minhas reflexões sobre elas. Basicamente, no entanto, dou maior ênfase às metodologias kleiniana, pós-kleiniana e bioniana da técnica, posto que são elas que caracterizam minha postura psicanalítica alicerçada em minha formação e imersão nelas ao longo de muitos e muitos anos. Acredito hoje que a técnica kleiniana, aprimorada pelas contribuições fundamentais de Bion, constitui a *técnica básica e fundamental para o tratamento psicanalítico* devido à sua capacidade única de focar nas camadas primordiais e profundas dos objetos parciais (pré-edípicos) da vida mental arcaica da experiência do bebê em termos de *fantasia inconsciente*, especialmente aquelas que envolvem a crença do bebê na onipotência e onipresença dos efeitos de seu senso de *agência* (causalidade) sobre seus objetos.

As técnicas associadas a outras escolas me parecem ter seu próprio valor, mas aplicam-se mais a relações com objetos totais (separados, em contraste com os objetos parciais) – isto é, separação-individuação com constância dos objetos ou posição depressiva, momento em que a criança é capaz de reconhecer sua separação do objeto e a separação deste de si. Posso estar fazendo um julgamento errôneo dessas outras técnicas, uma vez que não sou treinado nelas e, portanto, não posso julgar alguns desses aspectos. A mesma limitação se aplica, por outro lado, a comentários feitos por não kleinianos e não bionianos.

Além disso, tenho a opinião de que, para compreender as ideias de Bion e suas recomendações para a técnica, deve-se estar fortemente alicerçado na teoria e na técnica kleinianas. Há que se ter submetido a uma análise com ele para avaliar quão kleiniano ele era e fazer uma apreciação de como ampliou e reconfigurou Klein, para não falar de Freud.

Algumas das outras escolas alegam ter conhecimento e competência sobre os estágios primordiais da vida infantil. Meus sentimentos pessoais sobre esta alegação são de que pode haver uma diferença no modo como analistas de diferentes orientações abordam o material primordial – como fato ou fantasia inconsciente. Este é um assunto que exige exploração mais aprofundada. Por outro lado, outras escolas podem oferecer vantagens ao lidar com temas diante dos quais o pensamento kleiniano tem recuado há muito tempo: relações traumáticas reais na infância, apego e vinculação deficientes e cocriação da sessão analítica, entre outros. Foi apenas nos últimos anos que kleinianos, pós-kleinianos e Klein-bionianos começaram a abordar o trauma. Além disso, com

22 INTRODUÇÃO

respeito à "intersubjetividade", uma escola de pensamento psicanalítico hoje importante possivelmente teve início com o conceito de Bion (1959) de função-alfa e de continente e conteúdo, e certamente ela constitui um componente especialmente importante da técnica dos pós-kleinianos londrinos e especialmente dos bionianos.

Minha referência ao *"modo kleiniano/bioniano"* também se aplica ao *"modo pós-kleiniano"* – ou, como Roy Schafer (1997) os denomina, "Kleinianos Londrinos Contemporâneos". As contribuições cumulativas dos pós-kleinianos de Londres são uma continuação do trabalho original de Klein com um considerável refinamento de suas arestas, iniciado por Bion e Betty Joseph. Ele sozinho, no entanto, em meu modo de ver, não é apenas um "pós--kleiniano", mas um "kleiniano revisionista". Ademais, as teorias e a técnica de Klein hoje se espalharam para praticamente todo país importante do mundo onde a psicanálise é ensinada e praticada e têm sido submetidas à alquimia da assimilação – mas ainda são uma continuação de seu trabalho; assim, o termo "pós-kleiniano" parece apropriado apenas aos kleinianos contemporâneos de Londres, particularmente Betty Joseph e o que hoje pode ser chamado de sua "escola" ou "consultório". O termo não necessariamente se aplica ao kleinianos contemporâneos ou bionianos fora de Londres – os quais, no entanto, mantêm seu respeito e gratidão, senão sua fidelidade, aos pós-kleinianos londrinos.

Primeira ressalva. Infelizmente, por minha incapacidade de ler em espanhol, francês, português, alemão e italiano, fui privado de uma abundante literatura sobre desenvolvimentos no pensamento de Klein e, principalmente, de Bion.

Segunda ressalva. Cedi ao costume de se usarem os termos "kleiniano", "bioniano" e "kleiniano/bioniano", embora Klein se incomodasse quando os analistas se referiam desta forma à sua obra, e Bion também (comunicação pessoal). Os dois preferiam ser vistos como seguidores ou ampliadores da psicanálise "freudiana". Embora Freud tenha estabelecido os alicerces da teoria psicanalítica, ele próprio não detém os direitos sobre este tema inefável,[2] e acredito que ele mesmo concordaria com isso. A atribuição de um nome próprio a uma disciplina tem o efeito de marginalizá-la e de diminuir sua seriedade, importância, escopo, vitalidade e validade. Eu poderia argumentar, por exemplo, que Klein foi mais fiel às ideias fundamentais de Freud do que a maioria de seus seguidores clássicos e ortodoxos, ou até do que o próprio Freud.

Terceira ressalva. Tudo que afirmo neste livro, particularmente com respeito à técnica de fato, pertence à categoria das *orientações sugeridas*. Meus esforços não têm o intuito de serem definitivos, mas apenas dicas e sugestões úteis que reuni ao longo dos anos – mesmo que eu inadvertidamente pareça taxativo às vezes. (Durante minha infância no estado semirrural de Ohio, lembro-me de ir a feiras onde os fazendeiros se reuniam para compartilhar suas técnicas de semeadura de lavouras enquanto as mulheres trocavam receitas. Este é o espírito no qual este trabalho se desenvolve.) Espero que o leitor que ache minha obra autoritária em certos pontos perceba que, nestes pontos, estou apenas revelando meu entusiasmo. Basicamente, estou "compartilhando receitas pessoais" sobre técnica, embora dentro dos limites daquilo que acredito constituir os preceitos aceitos e reconhecidos da técnica kleiniana e Klein/bioniana em constante evolução – e o modo como os utilizo na prática. A técnica psicanalítica, assim como a própria psicanálise, não é propriedade de ninguém. Ela é uma entidade orgânica viva que evolui com o tempo com veredictos sempre mutáveis quanto à sua direção elaborados pelas sucessivas gerações que a praticam e articulam. Antecipo – e até espero – que, à época em que esta obra for publicada e lida, ela já apresentará sinais incipientes de obsolescência.

24   INTRODUÇÃO

Além disso, textos científicos de psicanálise, sejam clínicos ou teóricos, devem ser expostos com relação a uma mediana ou norma, já que cada ser humano na verdade tem uma impressão digital – e uma íris – distinta, literal e metaforicamente. Portanto, esta obra, assim como a maior parte das obras psicanalíticas, sofre de abstrações e generalizações reunidas a partir de múltiplas experiências com analisandos ao longo do tempo – os meus próprios e os de meus supervisionandos –, mas pode apenas aspirar ser uma *aproximação* da condição humana, a qual pode com sorte ser generalizável em sua aplicabilidade a qualquer indivíduo em particular. Para uma ênfase articulada sobre a necessidade de flexibilidade na técnica psicanalítica – com a qual estou de acordo – ver Goldberg (2000).

Quarta ressalva. O Volume 1 lida, como afirmei, quase exclusivamente com os aspectos das teorias de Klein e Bion que me pareceram adequados para serem elaborados em termos de técnica clínica. Por limitações de espaço, esta pode ser apenas uma descrição geral breve, e não uma revisão aprofundada sobre a obra destes autores.

Quinta ressalva. O leitor perceberá que não atribuí um capítulo aos sonhos neste volume. Senti que seria uma redundância fazê-lo, uma vez que o tema dos sonhos ocupa significativamente a maioria dos capítulos dos dois volumes.

Fontes e leitura complementar

Para a discussão da técnica kleiniana, recomendo sua obra *Narrativa da Análise de uma Criança* (1961), com especial atenção às notas de rodapé, e *O Processo Psicanalítico* (1967), de Donald Meltzer. Para mais detalhes sobre as ideias de Bion relacionadas à técnica, indico ao leitor *A Psicanálise como Literatura e Terapia* (1999), de Antonino Ferro; *Conversations at the frontier of dreaming* (2001), *An introduction to the reading of Bion* (2004) e *Rediscovering psychoanalysis: thinking and dreaming, learning and forgetting* (2009), de Thomas Ogden; bem como meu livro *Um facho de intensa escuridão: o legado de Wilfred Bion à psicanálise* (2007). Além disso, com relação ao panorama mais amplo da técnica psicanalítica, a obra *Fundamentos da Técnica Psicanalítica* (1991), de Etchegoyen, continua sendo o texto de apoio mais extenso, conclusivo e útil em minha opinião.

Notas

1. Recentemente (2006), a LAPSI reintegrou-se ao Instituto e Sociedade Psicanalítica do Sul da Califórnia, da qual havia se separado há muito tempo. Hoje ela é cointegrante do New Center for Psychoanalysis (NCP).

2. A psicanálise, embora não sob esse nome, era praticada na Grécia antiga. Seus praticantes usavam o divã e também empregavam as técnicas de catarse, retórica, dialética e interpretação dos sonhos (Entralgo, 1970; Simon, 1978).

1. Pontes com outras escolas e com a psicoterapia

A evolução da técnica psicanalítica

A teoria original da psicanálise de Freud (1896d) era orientada para a realidade e caracterizada pela visão de que os sintomas neuróticos eram causados por memórias sexuais traumáticas ocultas. Sua segunda teoria enfatizava os efeitos da psicossexualidade infantil inata, as fantasias inconscientes resultantes e a importância organizadora do complexo de Édipo. No entanto, a mudança central na segunda teoria relaciona-se ao determinismo psíquico: ou seja, a posse psíquica da ação (Freud, 1950[1887-1902], 1905d). A terceira teoria da psicanálise foi a da psicologia do ego (A. Freud, 1936; Hartmann, 1939). Os conceitos psicanalíticos de Klein, no entanto, a despeito das duras críticas que ela sofreu por parte dos freudianos contemporaneous – a saber, de que ela era uma herege – estavam intimamente ligados aos princípios analíticos ortodoxos de Freud – e talvez até constituam uma fiel continuação daqueles, mesmo com suas extensões retrospectivas para o estágio oral primitivo. É uma ironia extraordinária que o trabalho de Klein fosse – e, em minha opinião, continue sendo – a

28 PONTES COM OUTRAS ESCOLAS E COM A PSICOTERAPIA

continuação mais autêntica do pensamento freudiano ortodoxo, exatamente em uma época na qual muitos daqueles princípios ortodoxos tinham sido praticamente descartados pelos sucessores diretos e legítimos de Freud. David Rapaport (1959) certa vez afirmou: "A psicologia de Melanie Klein não é uma psicologia do ego, mas uma mitologia do id" (p. 11). Embora a intenção era a de que este fosse um comentário pejorativo e sarcástico, ele não tinha ideia de quão certo ele realmente estava e de quão elogioso estava sendo com relação a Klein. Levou muito tempo para que os freudianos clássicos reconhecessem a importância crítica da ênfase kleiniana na fantasia inconsciente.

A psicologia do ego tornou-se a primeira reação à análise freudiana ortodoxa; vindo a ser conhecida nos Estados Unidos como "análise clássica". A escola da psicologia do *self* então surgiu, por sua vez, como reação à psicologia do ego. Simultaneamente, a Escola de Relações Interpessoais de Sullivan desenvolveu e deu à luz seu descendente reacionário, o relacionismo, que se fundiu com os seguidores da intersubjetividade de várias escolas diferentes. Um dos denominadores comuns dessas novas escolas foi o surgimento da concepção intersubjetiva da relação analítica, a qual anulava as supostas autoridade, objetividade e neutralidade do analista e seu corolário, a importância do foco analítico exclusivamente sobre a experiência do analisando.[1] Outra característica foi a elevação da realidade factual à uma posição de destaque na psicanálise – em lugar da importância antes atribuída à fantasia inconsciente. Parece haver ainda outra tendência nos tempos atuais, geralmente associada à tendência pós-moderna da relatividade, da incerteza, e da teoria das probabilidades: os autores intersubjetivos atuais parecem priorizar a fenomenologia (experiência consciente) sobre a experiência inconsciente potencial (fantasias inconscientes). Irei tratar da evolução da técnica em maiores detalhes nos capítulos subsequentes.

A que tipos de pacientes se aplicam as técnicas kleinianas/bionianas?

Recentemente, ao apresentar um trabalho em uma sociedade psicanalítica de outra cidade, foi-me feita a pergunta anterior – uma pergunta que tem muitas implicações. Após muita consideração, aqui vai o que consegui reunir a partir de minhas reflexões: a técnica kleiniana/bioniana é, *para mim*, a técnica fundamental, aquela a partir da qual as demais técnicas podem seguir adiante uma vez que o paciente/ analisando tenha atingido a posição depressiva, ponto em que terá se tornado suficientemente individuado e separado de sua figura parental na forma de objeto parcial (mãe como mãe-seio e pai como pai-pênis) para vivenciá-los em sua forma própria *realisticamente* como mãe ou pai maus ou suficientemente bons – ou seja, alcance a *ambivalência* integrativa sobre mãe e pai como objetos totais. Aceito de bom grado esclarecimentos sobre este tema por parte de membros de outras escolas. A análise kleiniana/bioniana sempre se interessou pelo modo como a criança – e a porção infantil da personalidade adulta – imaginativa e solipsisticamente cria (recria?) objetos *internos* fantasmáticos e objetos parciais a partir do modelo de experiências com seus objetos externos (experimentados primeiro como objetos parciais – isto é, como funções) e sobre como estas criações de objetos parciais organizam todas as relações subsequentes com objetos totais.

"Inocência" versus "pecado original"

Vejo os conflitos entre as diferentes escolas analíticas como uma manifestação do mito da Torre de Babel. Cada escola tem mérito considerável e oferece várias vantagens ainda despercebidas para as outras. Penso que um dos conflitos principais entre algumas das escolas refere-se à dialética entre a *inocência* infantil (da tradição de Wordsworth/Blake) e o *pecado original* (da tradição bíblica) (Grotstein, 2008a, 2008b). A visão ortodoxa/clássica de Freud e Klein admite que a criança nasce a partir do, e com o, "pecado original" de suas pulsões como "causa primária". Édipo foi condenado pelo destino a cometer parricídio e incesto mesmo antes de nascer. Fairbairn, Winnicott, Sullivan, intersubjetivistas, psicólogos do *self* e relacionistas defendem a inocência primária do bebê. (Sendo justo com Fairbairn, no entanto, ele acaba por se apoiar na doutrina do "pecado original" quando afirma que o paciente esquizoide é propenso a acreditar que mesmo seu amor é ruim; Fairbairn, 1940). Bion, de modo característico, posiciona-se de ambos os lados, assim como eu.

Tausk (1919) e Federn (1952), diferentemente de Freud, acreditavam que o bebê nascia como uma psique apenas, descobria seu corpo e emoções inicialmente como alheios a ele e só lentamente aceitava-os como seus. O conceito de Bion (1962a, 1962b) de continente ↔ conteúdo parece basear-se no mesmo raciocínio. A mãe continente apresenta o bebê às suas urgências corporais e emoções para que ele depois as reclame como suas. Ademais, quando ouço os kleinianos – sejam os pós-kleinianos londrinos ou os kleinianos em geral – pareço escutar sua inclusão implícita – mas não explícita – do sentido de inocência do analisando. Tomemos, por exemplo, a breve vinheta a seguir: Após ouvir um analisando relatar suas atividades autodestrutivas durante o fim de semana, um analista kleiniano (reconhecido) interpretou: "Parece que você foi ficando cada vez mais ansioso ao adentrar a solidão de seu fim de semana. Você tentou apegar-se à nossa relação, mas sua ansiedade crescente levou a melhor sobre você e sobre nós. Antes que você se desse conta, surgiram demônios: o som de vozes ameaçadoras que você ouviu no corredor de seu apartamento. Estes demônios eram eu – aquilo que seus sentimentos raivosos e destrutivos fizeram comigo por eu ter lhe deixado". O que está implícito neste exemplo é que, embora o analisando esteja carregado de sua cota inerente de destrutividade (instinto de morte), esta permaneceu em suspenso até que fosse recrutada por sua ansiedade durante o intervalo do final de semana.

A inocência e a culpa potencial (fantasiada) e justificada constituem uma estrutura paradoxal binária opositora. A consciência do bebê de sua inocência não pode aparecer de forma crível, no entanto, até a conquista da posição depressiva, quando o bebê se torna suficientemente separado de seu objeto para poder distinguir a localização da responsabilidade e da culpa. *A vida constitui um desafio constante ao nosso caráter em termos de nossa capacidade de resistir à tentação de nos tornarmos frívolos!* Em outras palavras, a inocência deve moderar os arroubos de nosso *self* dionisíaco sob o risco de ser cooptada por ele.

Implicações da inocência para a técnica

A ideia da inocência frequentemente espreita como uma consideração silenciosa em segundo plano para os kleinianos/bionianos naquelas situações clínicas em que encontram-se predispostos a interpretar a máxima *ansiedade* inconsciente do analisando antes da defesa contra esta ansiedade. Nesta situação, acredita-se que a ansiedade ocupa o lugar primário na etiologia das defesas contra ela e das ansiedades secundárias que se desenvolvem na esteira das defesas. O analisando vivencia tal procedimento de forma positiva, uma vez que ele revela que o analista compreende o desamparo do momento em que a ansiedade teve início, o que potencialmente autoriza o analisando a atuar sobre ela por conta própria. No entanto, há várias ocasiões onde isso não deve ser feito. Transtornos narcisistas de personalidade que se caracterizam por defesas maníacas crônicas (Klein, 1935, 1940) frequentemente utilizarão tais interpretações prematuras da ansiedade como se tivessem sidos desculpados, por assim dizer. Neste e em vários outros casos deve-se ter certeza de que as interpretações da ansiedade não caiam nas mãos de personalidades erradas, aquelas que mantém a personalidade "inocente" como refém. É importante que o analista facilite o encontro do analisando com a posição depressiva, na qual a culpa da qual ele vem se esquivando há muito com seus sintomas possa finalmente ser vivenciada de forma autêntica (Albert Mason, comunicação pessoal).

Tendo feito a descrição anterior, no entanto, é minha opinião que a ansiedade máxima específica, e não os impulsos, deve permanecer sempre na mente do analista e ser reconhecida como etiologia principal (causa primária) do transtorno do analisando. Em outras palavras, como Bion (1965, 1970) nos informa, o conteúdo essencial do material reprimido é "O não alfa-betizada".

Autoctonia (criatividade solipsística) versus passado histórico

O problema analítico transfere-se para o dilema da diferença, estritamente do ponto de vista analítico, entre o que historicamente *realmente aconteceu* com o bebê como resultado de seu ambiente de criação e aquilo que ele *acreditou* que, de modo autóctone – autocriativamente, solipsisticamente, onipotentemente – foi o *agente* primeiro e, assim, *criou o evento com que se deparou* (Grotstein, 2000; Winnicott, 1971). O princípio autóctone parece ser o princípio predominante no enfrentamento da posição esquizoparanoide e de boa parte da posição depressiva. Durante as fases posteriores da posição depressiva, no entanto, o bebê *supostamente* "culpado" torna-se suficientemente separado de seus objetos e suficientemente individuado para que seja capaz de contemplar a separação e individualidade de sua mãe (e pai). Esta maturação permite que ele considere até que ponto sua mãe – e/ou pai – foram os culpados por *sua* quebra do acordo da relação entre bebê/criança ↔ figura parental ao maltratar a criança.

Alguns kleinianos podem questionar minha concepção de autoctonia. Em vários seminários, vejo kleinianos falando como se o ódio, voracidade, inveja e demais sentimentos semelhantes do bebê estivessem de fato envolvidos na alteração do comportamento da mãe (e do pai). Isso pode ter sido verdade, mas, como Bion (comunicação pessoal) afirmava com frequência, "Nunca podemos realmente saber, porque a história é rumor". A apresentação de Joseph (1959) sobre um paciente com compulsão à repetição talvez demonstre uma inconsistência entre a negligência infantil inquestionável, por um lado, e a atribuição de Joseph dos problemas do paciente à rivalidade infantil e inveja do outro (Joseph, 1989, pp. 16-33). Eu pessoalmente acredito que, clinicamente, devemos pensar na causalidade clínica a partir de quatro perspectivas, todas as quais se interpenetram e estão inseridas umas nas outras: (a) autoctonia, a *fantasia* inconsciente de criação (como no Gênesis); (b) o *efeito* real das pulsões do indivíduo sobre o objeto; (c) os efeitos impactantes da realidade externa; e (d) as inexoráveis e sempre presentes *intersecções de O*.

Consequentemente, acredito que praticamente todas as escolas psicanalíticas atingem altos níveis de validade quando a porção infantil da personalidade alcançou e elaborou a posição depressiva.

A psicopatologia, assim como a saúde mental, é coconstruída no teste da experiência contínua dentro de um campo bipessoal e multipessoal – *verdadeiramente,* mas *solitariamente* na fantasia inconsciente da crença inconsciente do paciente devido à *auto--organização*, isto é, de acordo com as regras de sua própria natureza única. É impossível, no entanto, distinguir o "dançarino da dança" por causa das ocorrências infinitas dos efeitos de suas múltiplas influências sobre a outra parte a cada envolvimento e reação que se sucedem. Esta é a *Weltanschauung* [visão de mundo] da intersubjetividade a partir do vértice psico-histórico (ao qual gosto de chamar de vértice do "correspondente de guerra"). Este ponto de vista pode refletir a história factual de modo preciso. O vértice psicanalítico representa a visão de mundo na qual o paciente se sentiu obrigado a compor um romance criativo inconsciente para atribuir *significado pessoal* às suas emoções quando pego desprevenido no caldeirão das circunstâncias imprevisíveis, O. (O é o termo arbitrário de Bion (1965, 1970) para o momento ontológico em constante desenvolvimento, geralmente entre dois – ou mais – indivíduos. Representa a experiência crua e não processada da Verdade Absoluta sobre uma infinita e inefável Realidade Última. Em termos mais simples, O é o universo irrepresentável – uma Realidade sem a representação ou a presença de objetos. É o desconhecido e incognoscível em constante evolução da sessão analítica e da própria vida conforme ela se desdobra e intersecciona de maneira inexorável e imprevisível – tendo impacto sobre – a nossa fronteira emocional.)

Em outras palavras, a psicanálise consiste na "análise de um roteiro" na tentativa de "reescrever o romance de um indivíduo" de forma a mitigar a presença persistente de O. Posto de outra forma, a psicopatologia inescapavelmente emerge a partir de um campo (intersubjetivo) – contextual bipessoal/multipessoal, mas com uma propriedade autóctone e particular. Mas o tratamento psicanalítico, embora seja realizado de maneira intersubjetiva, foca-se principalmente no campo *intrapsíquico* do analisando. Tal é o paradoxo da psicanálise.

Conceitos importantes de outras escolas

A seguir, tento estabelecer pontes entre kleinianos, bionianos e outras escolas quando me sinto capaz de fazê-lo. (Utilizo o termo "pontes" em vez de "integração" por causa da hegemonia de uma posição sobre a outra que frequentemente se observa quando ocorre uma "integração" – ou seja, algo valioso de um ou outro dos diferentes pontos de vista pode acabar se perdendo.) Para dar apenas um exemplo dentre muitos: Melanie Klein (1957), em sua magistral descoberta do fenômeno da *inveja* na criança pequena, considerou-a como sendo uma manifestação do instinto de morte. Ela não estava familiarizada com o psicólogo do ego Heinz Hartmann (1939) e sua teoria da *adaptação* – conceito que deve sua origem à teoria da evolução e da sobrevivência do mais apto, de Darwin (1859, 1871). Se fôssemos combinar os conceitos de adaptação e inveja, por exemplo, poderíamos elaborar a hipótese de que a criança que tem inveja de sua mãe (da bondade materna) assim o faz *não apenas* por conta da suposta atividade do instinto de morte, mas talvez também por causa de uma *ansiedade sinalizadora de perigo* proveniente de sua fantasia de que quanto mais ela aprecia a bondade materna, maior a mãe se torna diante de seus olhos e menor se torna ela própria; uma situação de perigo crítico, portanto, torna-se iminente: isto é, a criança pode temer o desenvolvimento de uma crescente vergonha abjeta, desamparo, impotência, vulnerabilidade essencial, e assim por diante. Em outras palavras, o próprio reconhecimento da bondade materna acaba por evoluir para um estado fantasiado de suposto perigo para a sobrevivência. Assim, a criança adaptativamente (mas, na realidade, mal-adaptativamente) diminui sua avaliação da bondade materna para garantir sua sobrevivência emocional. Tendo dito isso, no entanto, ainda acredito que o fenômeno da inveja seja primário e constitutivo em todo indivíduo e, assim, cada pessoa deve manter o contato com seu reconhecimento e posse dela. Se não é um impulso instintivo em si, então a inveja deve certamente ser uma preconcepção inerente ou Forma Ideal aguardando ativação na experiência de toda e qualquer relação objetal.

36 PONTES COM OUTRAS ESCOLAS E COM A PSICOTERAPIA

A substância do problema a que se refere a adaptação é a seguinte: nós nos adaptamos aos nossos impulsos instintuais (visão kleiniana) ou nossos impulsos nos ajudam a nos adaptarmos às nossas realidades interna e externa – ou seja, *O*? Eu escolho ambas. Em outras palavras, *toda psicopatologia representa tentativas malogradas de adaptação*. Outra consideração pertinente diz respeito à natureza do instinto de morte propriamente dito. Quando visto através da lente da adaptação, ele não é compreendido como uma descarga pura de destrutividade. Em vez disso, o impulso de morte poderia ser visto como tendo uma função supostamente protetora que antecipa a morte ou o perigo e ajuda a proteger os vínculos emocionais angustiantes com objetos necessários, mas tóxicos, que são vivenciados como ameaçadores.

A adaptação é, em minha opinião, um dos elementos subjacentes à técnica kleiniana. O analista kleiniano ocupa-se atentamente do modo como a parte infantil da personalidade do analisando *adaptou-se* ao intervalo do fim de semana, ao cancelamento de uma sessão ou a um feriado. O conceito de "contexto adaptativo" (Langs, 1973, 1974) para a consideração das reações do analisando é uma busca constante para o analista. O contexto adaptativo reflete o que Freud (1900a) chamou de "resíduos diurnos" (p. 7).

Vinculação e apego

Um outro exemplo da necessidade de pontes entre as diferentes escolas pode ser verificado no conceito da dialética entre *vinculação* e *apego* por um lado, e *desmame* por outro, no que tange sua aplicação na técnica (Bowlby, 1969, 1973, 1980; Fonagy, 2001; Schore, 1994, 2003a, 2003b). Ao passo em que a técnica kleiniana foca-se quase exclusivamente na necessidade da porção infantil da personalidade de se *separar* do objeto de dependência (isto é, ser "desmamado, oral e analmente" – na verdade, "desmamado" da onipotência) para se desenvolver a amadurecer, muitos analisandos que experimentaram problemas significativos de vinculação e/ou apego no início ou mais adiante em sua infância parecem precisar de uma experiência analítica onde necessidades de vinculação e apego sejam abordadas (mas não em conluios, através de atuações) de modo a *preparar* o analisando para o "desmame" que precede a aceitação da separação. Tenho a impressão de que o conceito de Ferro (2002b) de "narrativação" e a ampliação, por Ogden (2003, 2009, p. 6), do conceito de sonhar de Bion (1992) dialogam com esta ideia: o adiamento das interpretações formais até que o analista ajude o paciente na criação de uma narrativa mais elaborada de sua associação de modo a prepará-lo para a interpretação.

O tema do apego é pertinente ainda de outro modo. A teoria de Klein (1940, 1946) sobre as posições "esquizoparanoide" e "depressiva" e o conceito de Bion (1962a, 1962b) de "continente/conteúdo" – aos quais podemos acrescentar a ideia de "matriz" de Ogden (1986) e minhas concepções de "presença subjacente da identificação primária" e de "pacto" – podem ser concebidos como modelos psicanalíticos de desenvolvimento, paralelos à teoria do apego. Se fôssemos estabelecer as conexões entre eles, poderíamos elaborar a hipótese de que *o modo como a criança vivencia o fato de estar nas posições esquizoparanoide e depressiva é uma função do (determinado por) modo como ela vivencia a vinculação e o apego com seus objetos. Além disso, o modelo de continente/conteúdo constitui o modelo inconsciente para a vinculação e o apego, bem como para a experiência das posições esquizoparanoide e depressiva.*

"Psicoterapia de orientação psicanalítica" versus "psicoterapia psicanalítica"

Um outro tópico refere-se ao estabelecimento de um alicerce a partir do qual a técnica psicanalítica possa fornecer subsídios e abranger a "psicoterapia de orientação psicanalítica". Prefiro este termo à "psicoterapia psicanalítica" uma vez que o primeiro oferece uma gama maior de oportunidades de se ser o "analista" – isto é, ele oferece ao psicoterapeuta a autonomia e a versatilidade de julgar por si mesmo como abordar o material do analisando/paciente para que possa posicionar-se de modo a ouvir e interpretar do ponto de vista do analista: ouvindo o inconsciente e então intervindo de forma prudente, dependendo de uma miríade de fatores tais como *timing*, "dosagem", nível e assim por diante. Consequentemente, acredito que esta obra seja tão útil para psicoterapeutas de orientação psicanalítica como para psicanalistas.

Pós-escrito

Ainda falta pesquisa clínica suficiente para verificar qual escola analítica apresenta o melhor desempenho terapêutico – ou, se for o caso, se a psicoterapia é uma técnica tão útil quanto a psicanálise. O relatório de Wallerstein (1986) sobre o estudo do efeito terapêutico da psicanálise e da psicoterapia para pacientes *borderline* sugere que ele observou que ambas as técnicas foram igualmente eficazes. Lembro-me de que, em meu treinamento no hospital como residente de psiquiatria (nos dias em que a psicanálise era recomendada apenas para pacientes psicóticos selecionados) e durante minha formação psicanalítica, o conselho era de que, se um paciente fosse considerado inadequado para análise no momento da avaliação, ele então deveria ser encaminhado para psicoterapia até que seu ego se tornasse robusto o suficiente para se submeter à psicanálise.[2] A mim, restava questionar o que a psicoterapia poderia fazer que a análise não pudesse para preparar o paciente para a análise: como se a psicoterapia tornasse o indivíduo mais forte, enquanto a psicanálise o derrubasse ao mesmo tempo que, paradoxalmente, o ajudasse a resolver problemas inconscientes.

Vim a compreender este paradoxo, graças à pesquisa sobre o apego (Fonagy, 2001), como o dilema na técnica psicanalítica que favorece o "desmame" em lugar da vinculação e do apego, aos quais me referi anteriormente.

A psicoterapia geralmente oferece mais apoio que a psicanálise, particularmente a análise kleiniana, ainda que Klein, paradoxalmente, possa ser empática a seu próprio modo quando enfatiza a interpretação da ansiedade inconsciente do paciente em conjunto com a interpretação da defesa contra ela. Estou ciente de que nem todos os kleinianos seguem esta ideia. Spillius (2007) afirmava que não havia regra quanto a isso entre os kleinianos de Londres. Às vezes eles interpretavam a ansiedade primeiro, e depois a defesa, e outras vezes a defesa primeiro e depois a ansiedade a ela associada. Albert Mason (comunicação pessoal) acredita que há ocasiões em que as defesas e resistências devem ser abordadas primeiro de modo a expor a destrutividade do analisando e assim facilitar a sua entrada na posição depressiva. Mason defende, além disso, que um dos problemas de se interpretar a ansiedade primeiro é oferecer um álibi oculto ao analisando. Acredito que a advertência de Mason seja importante.

Dois exemplos clínicos breves ilustram isso: no primeiro, interpreto antes a ansiedade do analisando e depois suas defesas de atuação; a interpretação inicial de sua ansiedade ajuda-lhe a entender *por que* ela fez *o que* fez – ou seja, a interpretação de sua ansiedade a ajuda a entender a que ela teve de recorrer quando deixada "prematuramente" sozinha por mim, ou seja, quando não me tinha disponível para ajudá-la.

Caso 1

Uma jovem analisanda *borderline*, que também sofria de transtorno de estresse pós-traumático por ter sido molestada em idade prematura por membros de sua família, começou a primeira de suas cinco sessões semanais regulares com as seguintes associações:

Analisanda: Estou muito perturbada. Eu mal podia esperar para vir aqui hoje, e ao mesmo tempo, eu estava receosa. Fui uma menina má durante o fim de semana, uma menina muito má. Passei o sábado inteiro na cama fumando maconha.

No dia seguinte eu liguei para N [*um ex-namorado que é o que ela chama de "vagabundo", alguém que a usa e depois a dispensa*].

Analista [*após ouvir várias outras associações na mesma linha*]: Acredito que você deve ter ficado muito perturbada e ansiosa durante o fim de semana – ansiosa por não poder estar aqui comigo e esclarecer os seus sentimentos. Você estava assustada com seus demônios sem que eu estivesse lá para ajudá-la – e acho que posso ter me tornado um de seus demônios quando deixei você sozinha no fim de semana –, então você teve que se virar, sem acreditar que eu estivesse pensando em você. Ao procurar N novamente, fico pensando se ele não representa sua experiência sobre mim no fim de semana: um vagabundo que só usa você e depois vai embora.

Analisanda [*pausa chorosa, pega um lenço de papel*]: Odeio sentir falta de você e da análise. É pedir demais de mim que aguente. Eu não desisti por completo, no entanto. Consegui me encontrar com M [*uma amiga próxima que também está em análise e que a encaminhou para mim*].

O restante da sessão tratou de sua segunda ansiedade – a de temer minha retaliação por ter me decepcionado e não ter cumprido as expectativas de nosso acordo analítico.

Caso 2

Um analisando casado, na casa dos 40 anos, fez as seguintes associações durante sua quinta sessão da semana:

Analisando: Vou para a Filadélfia hoje à noite. Vou ficar com a R [*sua amante*] durante o fim de semana. Eu disse pra S [*sua esposa*] que era uma viagem de negócios. Ela ficou desapontada, mas pareceu aceitar bem. Eu amo a S, mas o sexo é melhor com a R. Eu também me sinto distante da S depois que perdi bastante apostando na semana passada.

Analista [antes de interpretar o analisando, "consultei" minha rêverie. Sentia-me decepcionado com ele e que ele estava usando sua esposa como refém para me intimidar de modo a demonstrar seu poder sobre mim. Eu poderia ter escolhido interpretar sua "defesa maníaca" (triunfo, desprezo e controle sobre o objeto e sobre seu aspecto infantil que reconhece sua dependência da análise e a ansiedade subjacente, mas escolhi interpretar o que eu acreditava ser sua transferência perversa comigo: sua necessidade sádica inconsciente de humilhar-me através da atuação contra sua esposa. Eu estava interessado, em outras palavras, em sua falta de contato com seus sentimentos de carinho e culpa]: Acho que você está tentando me mostrar o quão ineficazes somos, eu e sua análise, e que você tem prazer em humilhar-me ao ser perigosamente infiel para com sua esposa. Também acho que perder todo aquele dinheiro na bolsa fez com que você, em outro nível, se sentisse emocionalmente falido demais para que pudesse se redimir através do reconhecimento de seus sentimentos de culpa e carinho por mim e pela minha contraparte no mundo externo, sua esposa.

Analisando: Eu não consigo escapar de nada aqui. Acho que estou de saco cheio de você porque você sempre parece ficar do lado da S [*neste ponto o analisando havia emergido da posição esquizoparanoide para a posição depressiva*].

Eu tinha a possibilidade de interpretar a ansiedade do paciente sobre o intervalo da análise no fim de semana, mas senti intuitivamente que suas atuações contra a esposa e a análise deveriam ser confrontadas primeiro, antes que eu pudesse interpretar seus sentimentos de falência emocional e o conjunto de ansiedades que foquei através disso: de que ele não podia "bancar" o preço emocional de vivenciar seus sentimentos depressivos.

Notas

1. A ideia de que o analista é a autoridade constitui um sério mal-entendido sobre o relacionamento analisando ↔ analista. A "autoridade" é o *inconsciente*, que o primeiro projeta sobre o segundo. Além disso, o analista não é neutro, mas apenas (quase) *mais neutro* em relação ao analisando que o analisando em relação a ele.

2. A "psicanálise" à qual me refiro aqui é aquela da psicologia do ego; os kleinianos de Londres têm, ao longo do tempo, feito seu melhor para analisar psicóticos sem preconceito.

2. Psicanálise e psicoterapia

Neste capítulo, discuto (a) a diferenciação entre "psicanálise" e "psicoterapia", (b) entre "psicoterapia psicanalítica" e "psicoterapia de orientação psicanalítica", (c) a necessidade de que o analista possa agir tanto como psicanalista *e* como psicoterapeuta durante uma análise, e (d) a necessidade de que o psicoterapeuta funcione tanto como psicoterapeuta *e* "psicanalista" durante a psicoterapia.

Diferenciação entre psicanálise e psicoterapia

Muitas tentativas foram feitas no sentido de diferenciar psicanálise e psicoterapia. Os fatores de diferenciação mais comumente mencionados são a frequência de sessões e a intensidade e clareza do envolvimento transferencial. Estes critérios baseiam-se na suposição – indubitavelmente válida – de que quanto maior a frequência de sessões, maior a possibilidade de regressão terapêutica (a serviço do ego) e, com isso, mais amplo o acesso ao inconsciente do analisando. Devemos lembrar que, nos primórdios da prática psicanalítica, quando a "análise ortodoxa

44 PSICANÁLISE E PSICOTERAPIA

do id" estava em sua hegemonia, o analista tinha a incumbência principal de ficar em silêncio e permitir que as associações do paciente fluíssem, e de só interpretar a transferência negativa quando esta se tornasse uma resistência ao fluxo de associações (Fenichel, 1941). Além disso, Freud (1917[1916-17]) afirmou que a psicanálise era incapaz de tratar uma psiconeurose *per se*, mas apenas uma *neurose de transferência*. Como consequência, o analista deveria abster-se de tratar problemas conscientes ou questões que o analisando trazia no conteúdo manifesto de suas associações e aguardar o desenvolvimento gradual da neurose de transferência. Neste ínterim, conforme o campo da psicoterapia se desenvolvia, o terapeuta lidava não apenas com os sintomas do paciente, mas também com suas "questões" presentes, tanto em uma base mais direta como no nível da percepção consciente e pré-consciente do paciente.

Assim, a psicoterapia acabou por ser associada ao manejo dos conflitos do paciente em termos de seus objetos reais no presente, mas também como uma sombra do passado, enquanto a psicanálise lidava com seus objetos internos como derivados do passado. Com o tempo, a distinção tornou-se menos clara, especialmente depois do desenvolvimento da psicologia do ego e da psicologia do *self*, e também porque muitos psicoterapeutas haviam se familiarizado com a teoria psicanalítica e foram por ela influenciados.

Em outras palavras, a psicanálise, como a compreendo a partir da perspectiva freudiana[1] e, principalmente, Klein-bioniana, constitui o estudo do modo singular e profundamente idiossincrático com que o analisando internaliza e processa as interações com os objetos a fim de, primeiro, transformá-las em experiências subjetivas pessoais em preparação para "digestão" mental adicional e, segundo, transformá-las em objetos através de representações simbólicas. De outro modo ainda, a psicanálise é o estudo daquilo que o analisando traz de seu mundo interno platônico/ kantiano (do inconsciente não reprimido – anterior à experiência) para dar forma, prever e colorir os dados de sua experiência e torná-los pessoais – de modo a *atingir a sensação de agência – antes de conseguir objetividade.*

A "psicoterapia", em contraste, seguindo-se o raciocínio anterior, envolve a discussão pelo terapeuta das interações do paciente com objetos reais e fantasmáticos, seja no passado, presente ou futuro, a partir de um ponto de vista "psicodinâmico", com o entendimento de que os objetos não são meros personagens de um sonho, mas objetos totais separados que existem na realidade externa (ou mesmo interna). Isso não significa que o analista está proibido de lidar com questões do paciente relativas a indivíduos reais (existentes) mencionados em suas associações livres. Acredito que tanto o analista quanto o terapeuta *devem* atentar a eles em suas intervenções porque este é o ponto que concentra a consciência do paciente/analisando naquele momento. É o *tipo* de atenção e o *propósito* que o analista lhe atribui que são críticos aqui. A questão central, da forma como vejo, é que o analista que conduz uma análise certamente tem justificativa para lidar interpretativamente com os indivíduos mencionados na fala do analisando *desde que tenha em mente, a todo momento, que estes são produtos derivados – ou seja, deslocamentos ou identificações projetivas de objetos internos oriundos do mundo interno do analisando.* Segue um exemplo clínico:

> *Um analisando de 44 anos, músico e recém-casado novamente que havia começado sua análise há bem pouco tempo, foi pego fumando maconha por sua esposa, que então o atacou violentamente, pegou uma faca de cozinha*

e furou seus três tambores profissionais de alto valor. O analisando estava tão perturbado por ter sido pego pela esposa quanto pela violência de sua reação. Abordei a questão de quão terrível ele devia ter se sentido ao acreditar que a punição dada pela esposa podia ter sido sentida como pior do que o crime. Em outro nível, no entanto, ele pode ter sentido que a reação de sua esposa era apenas a reação mais manifesta ao que ele havia antecipado que seria minha resposta interna – minha profunda decepção com seu comportamento.

Caso tivesse simplesmente demonstrado empatia com relação à sua vitimização, eu estaria me inclinando mais para o lado da psicoterapia no espectro terapêutico – mesmo que eu tivesse lidado com sua potencial fraqueza masoquista ao tentar inconscientemente provocar sua esposa supostamente sádica.

O artigo de Roth (2001) com a descrição de quatro tipos de transferência talvez seja a contribuição mais clara sobre este tema. Conforme mencionei antes, Freud (1917[1916-17]) afirma que a psicanálise não pode curar uma psiconeurose, mas apenas uma psiconeurose na qual a neurose infantil da qual ela se origina é transferida em uma *neurose transferencial* (p. 423). Assim, ao analisar um caso onde ocorreu abuso infantil, o analista está incumbido não apenas de discutir o efeito deste trauma sobre o analisando, mas também o modo como este o processou – isto é, o compreendeu e internalizou: "Por que isso aconteceu comigo? O que posso crer que tenha feito para ter causado isso?". Em minha opinião, focar a análise exclusivamente, por exemplo, na figura parental responsável e suas supostas motivações e histórico constitui "psicoterapia".

"Psicoterapia psicanalítica" versus "psicoterapia de orientação psicanalítica"

Tendo o exposto em mente, eu gostaria primeiro de afirmar que, pessoalmente, prefiro o conceito de "psicoterapia de *orientação* psicanalítica" ao de "psicoterapia psicanalítica", já que o último evoca restrições categóricas que geralmente impedem considerações sobre flexibilidade individual na experiência concreta do analista ou terapeuta com o paciente. Em outras palavras, acredito que, na primeira classificação, o terapeuta posiciona--se como um analista que ouve e pode ou não escolher intervir como tal a despeito da frequência de sessões. Além do mais – e isso pode ser uma heresia –, acredito que ser, ou tornar-se, um "analista" não é uma questão que deva ser política ou administrativamente definida *exclusivamente* por institutos psicanalíticos formais, embora esta opção pareça ser a mais prática. Tornar-se analista transcende a formação, mas não a exclui. É uma maneira de ser, vir a ser e posicionar-se conforme se percorre o caminho sagrado de guiar o analisando para e através de seu desconhecido pessoal. É um estado de mente no qual o "analista" se importa com outra mente enquanto simultaneamente se ocupa de sua própria (*"minds another mind while simultaneously minding his own mind"*). Como Bion (comunicação pessoal) frequentemente repetia para mim: "Eu não sou um analista. Eu estou simplesmente tentando me tornar um analista".

Minhas próprias definições idiossincráticas de "psicanálise" e "psicoterapia"

Acabo de fazer uma alusão à minha visão de que a sessão analítica, sendo um sonho, lida essencialmente com o mundo interno do analisando. Para explorar a ideia mais a fundo: o psicoterapeuta deve idealmente ser capaz de posicionar-se como um analista diante

48 PSICANÁLISE E PSICOTERAPIA

do paciente – ou seja, ouvir, pensar e intervir como um analista – não importando a frequência com que o paciente esteja sendo consultado ou se senta-se em uma cadeira ou deita-se no divã. Assim como pilotos de avião devem passar por testes frequentes de sua competência em "voo por instrumentos" para poder voar de modo seguro em céus encobertos, também o terapeuta deve ter competência para acompanhar o paciente a qualquer profundidade que este o conduza.

Além disso, tendo definido a psicanálise como o estudo da subjetividade única de uma pessoa (embora no contexto necessário da intersubjetividade de duas) no qual os personagens do "romance" de conteúdo manifesto são relegados a um status fictício sob a forma de fantasias e sonhos, apresso-me em acrescentar uma ressalva: A psicanálise é, de fato, o estudo exclusivo das estruturas psíquicas do analisando, mas no curso de uma análise, o analista é obrigado a conduzir uma psicoterapia legítima por vezes, pois o analisando acredita na realidade dos objetos que apresenta e encontra-se honesta e emocionalmente envolvido com estes, tanto quanto é capaz de perceber. Assim, em qualquer sessão analítica, o analisando pode estar discutindo sobre sua mãe, pai, esposa, marido, chefe e assim por diante com grande emoção. O analista deve ouvir atentamente o que o analisando parece estar sentindo conscientemente e fazer uma análise minuciosa destes afetos, inquirir sobre eles e mesmo comentá-los. Então, uma vez que o analista comece a detectar um padrão nas associações, ele pode então sutilmente encerrar a "psicoterapia" e iniciar a análise com: "... *no entanto, ao mesmo tempo e em outro nível*, acredito que sua mãe, pela qual você tem esses sentimentos profundos, pode ser também um jeito de falar sobre seus sentimentos com relação a uma mãe-eu".

O psicanalista também deve ser um psicoterapeuta durante a análise

Dito isso, no entanto, eu gostaria agora de acrescentar que o psicanalista pode, em diversas ocasiões, sentir-se no direito de realizar intervenções "psicoterapêuticas" necessárias – isto é, legítimas –, desde que estas conduzam a intervenções psicanalíticas no final. Em outras palavras, acredito que o psicanalista deve, justificada e obrigatoriamente, realizar – tanto quanto a psicanálise – psicoterapia durante uma sessão psicanalítica, mas assim que houver feito isso, ele chega a um ponto onde é justificável dizer algo como:

> *Psicoterapia:* "*Sim, eu compreendo como você deve ter se sentido desprezada pela aparente indiferença de sua amiga quando ela pareceu ignorar você e saiu com outra amiga...* "
>
> *Psicanálise:* "*... mas ao mesmo tempo e em outro nível, eu me pergunto se você não me vê como um amigo que despreza e ignora você ao sair com meu amigo durante o fim de semana.*"

O psicoterapeuta deve ser capaz de ter "orientação psicanalítica"

Da mesma forma, acredito que é importante que o psicoterapeuta que exerce psicoterapia de orientação psicanalítica seja capaz de ouvir, pensar e posicionar-se como um analista caso as associações expressas pelo paciente o exijam. Penso que toda vez que um paciente consulta um psicoterapeuta e inicia uma terapia, seu *self* inconsciente vivencia a necessidade de vasculhar os aspectos não processados ou processados de maneira incompleta dentro de si – como se *houvesse* uma análise em curso – junto com as resistências

50 PSICANÁLISE E PSICOTERAPIA

a este processo. Paciente e terapeuta então chegam a um "acordo" ou equilíbrio conforme um adapta-se ao outro. O paciente irá constantemente avaliar e fazer a crítica do nível, alcance, profundidade e capacidade do terapeuta, ajustando-se a este, desafiando-o, testando-o e, por fim, entregando-se a ele – assim como os bebês e crianças fazem com suas famílias.

Há ainda um outro aspecto da relação entre psicanálise e psicoterapia que merece atenção. Na maior parte dos casos, quando um paciente entra em psicoterapia com um psicoterapeuta ou psicanalista, independentemente do tipo de terapia que acredita estar procurando e do tipo de terapia que o terapeuta ou analista acredita estar oferecendo, o paciente inconscientemente torna-se, em minha opinião, um *"analisando virtual"* em *psicanálise*. Explico por que acredito que esta premissa seja verdadeira. De acordo com meu modo de pensar e minha experiência, sempre que um paciente entra em psicoterapia, ele o faz com expectativas inconscientes de uma análise que projeta no terapeuta (Sandler, 1976). Além disso, o paciente entra em um estado de regressão psíquica, com expectativas de que esta seja totalmente acolhida. O que parece acontecer em seguida é algo como: o paciente inconscientemente segue a deixa do terapeuta, de maneira muito próxima à que um bebê recém-nascido segue sua mãe ao aprender a língua materna. O paciente, em outras palavras, ajusta-se ou adapta-se à maneira do terapeuta.

Dito ainda de outra forma, *o paciente ajusta-se ou adapta-se às limitações inconscientemente impostas pelo terapeuta* na situação de tratamento. As resistências naturais do paciente irão, além disso, conspirar com as limitações percebidas no terapeuta de modo que o primeiro mantenha contato com o último, já que frequentemente, senão em geral, o paciente pode inconscientemente deixar de lado a oportunidade de compreensão a fim de conseguir contato humano. Consequentemente, o terapeuta que aceita um paciente para psicoterapia pode não se dar conta de que inadvertidamente iniciou uma psicanálise – e deve estar preparado para conduzir uma análise ou, pelo menos, uma psicoterapia de orientação psicanalítica, não importando o quão frequentes ou infrequentes sejam as sessões.

Nota

1. A "análise freudiana ortodoxa", conforme praticada por Freud e seus seguidores iniciais, era "análise do id". "Análise freudiana clássica" – pelo menos como a compreendo nos Estados Unidos – é sinônimo de "psicologia do ego".

3. A evolução da técnica kleiniana por meio da técnica "pós-kleiniana" para a "bioniana"

Um tema importante que merece atenção é a evolução do pensamento kleiniano ao longo dos anos. Devemos nos lembrar de que Klein foi analisada por Sándor Ferenczi e Karl Abraham e formada na tradição freudiana "ortodoxa" – e não "clássica" ainda – da análise do id e da análise de crianças, e que suas contribuições ímpares foram extensões ou mesmo reações aos preceitos daquele *Zeitgeist*, do positivismo lógico e do determinismo psíquico. É provável, em minha opinião, que, se Abraham tivesse vivido mais tempo, Klein teria sido reconhecida como sua principal representante. Foi ele, afinal, que acrescentou as fantasias inconscientes de relações objetais às fases autoeróticas do desenvolvimento infantil de Freud (Abraham, 1924). Enquanto a concepção de Freud sobre os instintos era a de que estes eram primariamente absolutos e buscavam descarga, Klein, seguindo Abraham e do mesmo modo que Fairbairn, começou logo cedo a acreditar que os instintos eram inseparáveis do objeto ao qual se dirigiam. Quando lemos sua *Narrativa da análise de uma criança* (Klein, 1961), o que vemos é o trabalho de uma revisionista ortodoxa. Seus descendentes posteriores, pelo menos em Londres, parecem hoje falar uma língua mais suave (Spillius, 2001). Os seguidores imediatos de Klein, dentre os quais os mais importantes estão Susan Isaacs, Paula Heimann, Wilfred Bion, Roger Money-Kyrle, Herbert Rosenfeld, Hanna Segal e Donald Meltzer, fizeram todos impressionantes exposições, expansões e revisões de sua obra. A formação de Klein em análise de crianças foi amplamente responsável pela ênfase nos estados mentais infantis em sua técnica.

Muitos pós-kleinianos de Londres conduziram o pensamento e prática kleinianos a um modelo contemporâneo, aparentemente deixando de lado interpretações anatômicas relativas a objetos parciais e referências infantis em favor de funções e modos de relacionamento e da ênfase na situação do *processo* de transferência-contratransferência ("aqui e agora", "situação total") – ou seja, a versão bioniana/pós-kleiniana do campo intersubjetivo ou bipessoal –, em contraste com o modelo mais antigo de uma única pessoa. Além disso, eles parecem abordar o "aqui e agora" na situação de transferência-contratransferência (como mencionado anteriormente) aproveitando integralmente os conceitos bionianos (1962a, 1962b) de continente ↔ conteúdo e sua ampliação comunicativa interpessoal no conceito de identificação projetiva. Parecem também – até mais do que Klein, que deu origem à ideia – considerar a "situação total" da sessão analítica como um fenômeno ("processo") de transferência ↔ contratransferência. Aparentemente, uma das motivações por trás desta mudança feita por Betty Joseph e seus seguidores foi a tentativa de evitar uma linguagem que se distanciava do paciente na busca de outra que lhe fosse mais amigável – uma linguagem com a qual os pacientes podiam se identificar (Aguayo, 2007).

Conceitos kleinianos/pós-kleinianos/bionianos importantes

O papel da reconstrução e o aqui e agora

Os analistas clássicos tendem a relacionar-se não apenas a partir da superfície e em direção às profundezas do material clínico, mas também do presente em direção ao passado, apoiando-se fortemente na compulsão à repetição de supostas realidades traumáticas do passado. Os kleinianos, por outro lado, enquanto mantém um interesse pelo passado, tendem a posicionar-se na realidade psíquica voltada para cima ou para fora em direção à realidade externa – e, enquanto se posicionam no presente, de forma similar aos analistas clássicos, interpretam no aqui e agora – na situação presente de transferência ↔ contratransferência. Assim, o analista clássico está mais inclinado a considerar transferências como repetições de eventos emocionais do passado e tentar, como fazem os arquivistas históricos, reconstruir o que *de fato* ocorreu há muito tempo.

A introdução do aspecto do "aqui e agora" como foco da técnica analítica surgiu a partir do conceito de Bion (1962a, 1962b) de continente/conteúdo e tornou-se mais claro com seu conceito posterior de "transformações" em, de e para *O* (Bion, 1965, 1970; Grotstein, 2007). Seu conceito de "passado apresentado" [*past presented*] (Bion, 1977b) expressa muito bem essa ideia. Ainda assim, devemos nos lembrar de que ela foi emprestada de Klein (1952a, p. 55). "Nunca podemos analisar o passado", Bion dizia com frequência. "Ele já aconteceu, e não há nada que possamos fazer sobre isso." O que *podemos* analisar é o "passado apresentado" – o passado que não permanece como passado, mas continua presente. Certa vez, quando eu estava em análise com ele, Bion afirmou: "O propósito da análise é nos ajudar a lembrar daquilo que esquecemos, mas que não se esqueceu de nós – para que possamos esquecê-lo"!

Birksted-Breen faz um belo esclarecimento de como os pós-kleinianos consideram o "aqui e agora":

> *Do modo como vejo (sou uma analista britânica), é um erro compreender o "aqui e agora" referindo-se exclusivamente ao presente. O "aqui e agora" diz respeito a relações entre objetos internos que têm a ver com o passado do modo como ele foi e é vivenciado. Pensando sobre objetos internos, eu poderia dizer "de quem é esta voz"? (2005, grifo nosso)*

O conceito de "aqui e agora", no entanto, refere-se não apenas ao "passado apresentado", mas também ao clima emocional que se instala entre o analisando e o analista, um evento em andamento ao qual Bion (1965) se referia de maneiras variadas como turbulência mental ou emocional (p. 157), mudança catastrófica (p. 11) ou transformações em O (p. 160). É também um subproduto de seu conceito de continente ↔ conteúdo (Bion, 1962b, p. 90). O conceito de "apreensão do belo" de Meltzer e Williams também constitui um modelo para o aqui e agora ao passo que lida com o imediatismo da experiência, pelo analisando, da beleza do analista (e, anteriormente, da mãe), primeiro na superfície de seu corpo e depois em sua misteriosa interioridade.

O "aqui e agora" tornou-se um tema central na técnica de Betty Joseph e seus seguidores (Hargreaves & Varchevker, 2004). Ela enfatiza a interação emocional entre analisando e analista enquanto ela acontece naquele momento, mas, como Birksted-Breen nos lembra, esta inclui a configuração presente de objetos internos cuja origem está no passado: isto é, expressa uma continuação viva do passado.[1] Reconstruções históricas do passado parecem ser de menor interesse para os kleinianos (pós-kleinianos) do que para os membros de outras escolas – talvez por causa da recomendação de Bion (1962b) de que o analista "abandone memória e desejo". Há uma tendência entre alguns psicólogos do ego atuais – como Gray (1994) e Busch (1995a, 1995b) – de promover o "monitoramento atento de processos", que consiste no monitoramento atento de mudanças afetivas sutis conforme estas ocorrem durante a sessão analítica. Este "monitoramento atento de processos" relacionados a mudanças afetivas ao mesmo tempo se aproxima e se afasta da técnica pós-kleiniana de monitoramento atento de processos na atividade das fantasias inconscientes sobre relações entre objetos internos na situação de transferência-contratransferência.

A inovação técnica de Bion, adotada por Joseph, surgiu a partir de sua crença de que a verdade clínica só pode ser apreendida pelas respostas emocionais do analista ao analisando no momento presente: enquanto acontece – O. Quando o analisando fala a partir da perspectiva dos resíduos diurnos ou da história passada, ele utiliza estes assuntos como uma maneira indireta de referir-se às suas experiências emocionais no momento presente. Ele é obrigado a falar do passado, em outras palavras, para conseguir capturar seu estado emocional do momento.

Um outro aspecto ainda da reconstrução é digno de nota. Tanto analistas clássicos como analistas relacionais e intersubjetivos, tendem a valorizar a existência de pessoas reais como objetos totais no passado e no presente, para não falarmos do futuro. Os kleinianos, seguindo a observação de Freud de que a sessão de análise pode ser considerada como um sonho, tendem a conceber as pessoas reais – objetos totais – como significantes (identificações projetivas, alter egos, deslocamentos, derivados codificados) de diferentes aspectos do analisando e/ou da visão que este tem do analista com base em suas relações com objetos parciais ou totais.

Esta suposição baseia-se também no princípio kleiniano de continuidade genética ou do desenvolvimento (Isaacs, 1952), o qual sugere que todo analisando, em paralelo com toda criança, deve progredir da posição esquizoparanoide para a posição depressiva primeiro através do trabalho com sua ansiedade persecutória relacionada a objetos parciais, versões projetadas e depois introjetadas de objetos com relação aos quais a criança não vivencia separação ou individuação. Assim que esta etapa for concluída, entra-se na posição depressiva, onde os objetos são agora reconhecidos como separados, autônomos e inteiros e como possuindo vidas separadas e seus próprios objetos totais. Em outras palavras, qualquer inferência analítica sobre objetos totais pressupõe o alcance, pela criança ou analisando, da posição depressiva (separação e individuação com constância do objeto).

Uma vez que a porção infantil da personalidade do analisando tenha se firmado suficientemente na posição depressiva, ela pode ser útil e efetivamente abordada, em minha opinião, pelas técnicas de cada uma das outras escolas psicanalíticas, uma vez que o analisando encontra-se agora suficientemente separado e individuado para reconhecer que a psicopatologia de seus objetos pode ser separada dele mesmo – ou, colocando de modo diferente, é a partir do ponto em que o analisando tenha atingido a posição depressiva que podemos encontrar maior convergência entre analistas kleinianos/bionianos e os de outras escolas. Além disso, é só quando a porção infantil da personalidade do analisando alcança a separação que ele pode distinguir efetivamente entre mãe e/ou pai como "perseguidores", e não "inimigos". Os primeiros implicam os resultados das projeções da criança sobre seus objetos; os últimos nunca resultam de projeção: existem na realidade. É neste ponto que o analisando abusado, negligenciado ou traumatizado de alguma outra forma pode confrontar a realidade do que aconteceu e apresentá-la de forma significativa e convincente na análise.

É o aspecto da análise ao qual dou o nome de situação transferencial de Pietà – onde o analisando, na posição de vítima, volta sua crítica para o analista, a parte inocente, que deve solidariamente assumir a culpa e a dor que os pais originais não puderam reconhecer (Grotstein, 2000).

Transferência: a "situação total"

Em "As origens da transferência", Klein (1952a) estabelece o alicerce para sua conceitualização da "*situação* de transferência" e sua atenta recapitulação do desenrolar, na infância, das posições esquizoparanoide e depressiva em associação com suas expressões de ansiedades persecutórias e depressivas, respectivamente (Klein, 1955):

> *Estamos acostumados a falar sobre a situação transferencial. Mas será que estamos cientes da importância fundamental deste conceito? Minha experiência mostra que, ao explorar os detalhes da transferência, é essencial pensarmos em termos de situações totais transferidas do passado para o presente, assim como emoções, defesas e relações objetais...*
>
> *Por muitos anos – e de certa forma isso ainda é verdade hoje – a transferência foi compreendida em termos de referências diretas ao analista no material do paciente. Minha concepção da transferência como estando arraigada nos estágios mais prematuros do desenvolvimento e em camadas profundas do inconsciente é muito mais ampla e requer uma técnica capaz de fazer com que, dentre todo o material apresentado, sejam deduzidos os elementos inconscientes da transferência. (p. 55)*

60   A EVOLUÇÃO DA TÉCNICA KLEINIANA POR MEIO DA TÉCNICA...

Joseph escreve: "Parece-me que a noção de situações totais é fundamental para nossa compreensão e uso da transferência hoje... *Por definição, ela deve incluir tudo que o paciente traz para a relação*" (1989, p. 157, grifo nosso).

Portanto, Klein sugere fortemente e Joseph claramente expressa que, quando um paciente está em análise, a *situação analítica* é automaticamente tal que *a situação analítica inteira* – todas as afirmações e comportamentos do paciente – constituem *transferência*. Acredito que este conceito foi e continua sendo um pilar fundamental da técnica kleiniana e pós-kleiniana. A sessão analítica em sua totalidade constitui transferência ↔ contratransferência ↔ *rêverie*.[2] Mais que isso, no entanto, a concepção da sessão analítica como "situação total" implica ainda outra importante hipótese: uma ideia derivada tanto de Freud como de Bion, bem como de Klein e Joseph agora: de que toda sessão analítica constitui um sonho e deve ser analiticamente tratada como um sonho em andamento. Consequentemente, todo objeto na sessão (sonho) refere-se exclusivamente ao analisando ou ao analista.

Os trabalhos de Joseph (1989), Schafer (1997), Hinshelwood (1994), Hargreaves e Varchevker (2004) e Spillius (2007) ilustram o quanto a técnica kleiniana se desenvolveu e, ao mesmo tempo, continuou a mesma sob muitos aspectos. As contribuições de Bion representam tanto uma continuação e ampliação das ideias de Klein *quanto* um afastamento radical e uma revisão de seu determinismo em direção à *relatividade* e à *incerteza* (*O*), no espírito de Einstein e Heisenberg.

No material clínico apresentado pelos pós-kleinianos de Londres, nota-se uma abordagem mais suave e empática e um respeito pela maturidade (condição adulta) do analisando, a despeito do fato de que o "bebê ou criança virtual" – que Spillius chama de "criança hipotética" (p. 57) e que eu depois chamei de "criança em eterno desenvolvimento do inconsciente" – esteja sempre sendo buscado para contato. Ignorando sua justificativa e contexto, duas passagens breves demonstram os extremos dos estilos de linguagem de cada conjunto respectivo de interpretações. A primeira é de uma *primeira sessão* (tradicionalmente kleiniana, da obra *Narrativa da análise de uma criança*):

> *Richard disse que frequentemente sentia medo à noite. . . . Preocupava-se com frequência com a saúde da mamãe. . . Durante a noite, ele temia que um homem malvado – um tipo de vagabundo – viria sequestrar a mamãe durante a noite. . . .*
>
> *A Sra. Klein sugeriu que o vagabundo que viria ferir a mamãe à noite deveria parecer-se muito com Hitler, que assustou Cook no ataque aéreo e maltratou os austríacos. Richard sabia que a Sra. Klein era austríaca e que, portanto, também ela teria sido maltratada. À noite, ele pode ter ficado com medo de que, quando seus pais fossem para a cama, algo aconteceria entre eles e seus genitais que machucaria a mamãe. (Klein, 1961, pp. 20-21)*

Esta passagem ocorre no início da primeira sessão da análise de um menino de nove anos; note-se que Klein interpreta a transferência e a cena primária logo no início do caso. Além disso, ela interpreta o que está acontecendo inconscientemente *entre* as sessões, e não o "aqui e agora".

Agora, a passagem de um pós-kleiniano de Londres, Joseph Steiner, de uma *segunda sessão*:

Ele começou dizendo, "Eu me pergunto se você acha que eu uso minha mãe como escudo. Você acha que é conveniente para mim tomar conta dela".

Interpretei que ele quase sempre falava sobre o que eu poderia pensar e que talvez ele reconhecesse que utilizava a mim como escudo, já que desta forma ele não tinha que pensar sobre quais eram suas próprias opiniões.

Sua reação foi dizer que o que as outras pessoas pensam é importante para formar a consciência de alguém.

Eu [Steiner] interpretei que ele estava muito preocupado com a consciência, o que aparentemente incluía descobrir o que eu achava que era certo. Esta era uma parte do escudo que o protegia de seus próprios desejos. Pensei que ele não estava certo se queria uma sessão naquele dia e que estava me usando da seguinte forma: eu era aquele que tinha os desejos e ele tinha a consciência. Como resultado, ele era incapaz de considerar o que é que ele queria.

Ele disse, "Sim, o fruto proibido". Em uma sessão recente, ele descreveu como cuidar de sua mãe envolvia uma sensação especial de intimidade que ele acreditava parecer-se com aquela que existia quando ela cuidava dele quando pequeno. Eu havia perguntado se ele e sua mãe não se sentiam envergonhados com tal intimidade, e ele descartou a ideia.

Na sessão presente, interpretei que ele se sentia atraído para um tipo de intimidade comigo como aquele que ele descrevera sobre os cuidados com a mãe, e que ele tinha de negar que possuía quaisquer desejos ou sentimentos

com relação a mim. Vir às sessões era cumprir sua obri-
gação, mas a referência ao fruto proibido sugeria que
tinha consciência de desejos e sentimentos que acredi-
tava serem proibidos.
Ele respondeu dizendo que a intimidade com sua mãe
não o incomodava de modo algum. Ele estava acostu-
mado a isso. (Steiner, 2000, citado por Hargreaves &
Varchevker, 2004, p. 43)

Notem o modo suave e sugestivo como o pós-kleiniano Steiner elabora suas intervenções e como ele enfatiza o que está acontecendo inconscientemente entre ele e o analisando no momento presente como reflexo da "situação total", e que a linguagem de suas interpretações parece ser dirigida ao aspecto adulto do analisando, ao passo que seu destino último é o aspecto infantil. Note-se, ainda, que ele emprega uma abordagem centrada no analista ("Você acha que eu penso... ") em vez do paciente (Steiner, 1993, pp. 131-146).

Embora não fique claro nestas breves citações, quando lemos o material clínico de Klein de forma mais extensa percebemos que este se desenvolve inevitavelmente sob o espectro do conflito entre os instintos de vida e morte, e que é o segundo que captura a atenção de Klein. O material clínico dos pós-kleinianos londrinos inclui fielmente este espectro, mas percebe-se uma expressão mais afetiva e empática das preocupações relativas às adversidades que os analisandos tiveram de suportar quando eram bebês e crianças em famílias disfuncionais. Vemos que esta tendência inicia-se com Bion (1959, 1962a, 1962b, 1967b) e Rosenfeld (1987) e continua particularmente nos trabalhos de Steiner, Feldman e Britton, entre outros.

O trabalho de Betty Joseph e seus seguidores

Se o termo "pós-kleiniano" possui algum significado, devemos citar particularmente o trabalho de Betty Joseph, bem como o de seus principais seguidores. Analisada por Paula Heimann, ela certamente deve ter sido treinada desde o início para respeitar o valor positivo da experiência contratransferencial como representante comum da ordem oculta de qualquer sessão analítica. A questão que eu gostaria de levantar e tentar responder é a seguinte: quais são as inovações especiais introduzidas por Joseph que qualificam a ela e seus seguidores como "pós-kleinianos"? As respostas estão convincentemente localizadas em uma seleção de seus artigos, *Equilíbrio psíquico e mudança psíquica* (1989), e nos comentários editoriais experientes e úteis feitos ali por Michael Feldman e Elizabeth Bott Spillius.

Após afirmar o rigor analítico de Joseph na condução da análise, Feldman e Spillius observam que Joseph focava-se em pacientes muito difíceis (narcisistas, pacientes *borderline* e com perversões), mas especialmente naqueles que apresentavam claramente uma cisão entre um sentimento positivo com relação à análise por um lado, e a sensação de ser incapaz ou refratário à mudança por outro. Ficou mais claro para Joseph ao longo do tempo que ela estava lidando com uma síndrome na qual o paciente, de várias formas, tanto desejava quando não desejava mudar – levando à hipótese de que um tipo de impasse terapêutico, que ela denominou "equilíbrio psíquico", estava ocorrendo. Apoiando esta tese da necessidade do paciente de proteger um equilíbrio psíquico, outro achado emergiu: tais pacientes tendiam a utilizar a identificação projetiva não apenas para livrar-se de emoções e impulsos dolorosos, mas também para manipular ou manobrar o analista para que se adaptasse aos seus desejos inconscientes para criar um impasse analítico com o propósito de estabelecer um equilíbrio psíquico para ambos.

Feldman e Spillius continuam:

> *Ela deixou progressivamente de fazer interpretações globais, explicativas, para fazer descrições mais limitadas e precisas para o paciente sobre* como, em determinado momento, ele vê o analista, a si próprio e aquilo que está acontecendo entre eles. *Ela busca acompanhar cuidadosamente* quaisquer mudanças de comportamento, sentimento e atmosfera que ocorrem na sessão. *Em seu modo de ver,* tais interpretações imediatas, *embora muito limitadas,* oferecem a maior esperança de se trabalhar em direção à mudança psíquica. *(Em Joseph, 1989, p. 2, grifo nosso)*

Em outras palavras, Joseph, como um cirurgião experiente, demonstra respeito técnico pelos "tecidos moles" – a maneira de Joseph de reconhecer situações traumáticas da infância que retornam inevitavelmente através da compulsão à repetição (Joseph, 1959). Afirma-se que ela tinha particular interesse no modo "como estes pacientes usam palavras para realizar ações que têm impacto sobre o estado de mente do analista" (p. 2).

Feldman e Spillius (em Joseph, 1989) descrevem em seguida alguns temas distintos na obra de Joseph:

A. "Ênfase na necessidade do paciente de manter seu equilíbrio psíquico."

B. "Ênfase na 'mudança psíquica' e nos fatores que atuam contra ela e a seu favor."

C. "O modo particular de Joseph de colocar o foco na transferência e na contratransferência, na atuação dos pacientes na

66 A EVOLUÇÃO DA TÉCNICA KLEINIANA POR MEIO DA TÉCNICA...

transferência e em suas tentativas, geralmente inconscientes, de induzir o analista a juntar-se à atuação."

D. "Seu desvio daquilo que se poderia chamar 'conhecimento sobre' em favor da 'experiência com'" (p. 3).

E. *Trabalhar no "aqui e agora" dentro do contexto da "situação analítica total" como transferência.*

F. *Monitoramento do que o paciente faz com as interpretações do analista através de suas associações e comportamentos subsequentes.*

As categorias A e B são particulares à Joseph, enquanto as categorias C, D e E – particularmente a D – vêm diretamente das teorias de Bion (1959, 1965, 1970) sobre continente ↔ conteúdo, *rêverie* e transformações. O que se destaca para mim no pensamento pós-kleiniano é o que parece ser sua obsessão em entrar em contato com a vitalidade do analisando por trás de suas poderosas resistências. Conforme examino as contribuições dos pós-kleinianos de Londres, três parecem destacar-se. (a) Parece haver um tom suavizante coberto de empatia e uma linguagem dirigida a funções, primitivas ou não, em vez de a impulsos ou objetos parciais *per se*. As interpretações parecem ser dirigidas mais ao paciente adulto e são mais "amigáveis". (b) Elas parecem abordar não apenas a transferência em si, mas a situação irredutível de transferência ↔ contratransferência no "aqui e agora" dentro do contexto da "situação total" conforme ela se desenvolve. O analista é sempre parte da equação. (c) Como extensão do anterior, eles diligentemente enfatizam o efeito que o inconsciente do analisando busca causar sobre a disposição do analista para participar de atuações ou conluios em uma *folie à deux* para atingir "equilíbrios psíquicos", ou seja, estados suspensos nos quais o esquema de processamento da personalidade sadia do analisando torna-se cronicamente estagnada por outra subpersonalidade dentro do analisando que deseja manter o *status quo*.

Bion: o maior inovador pós-kleiniano

Bion, um revisionista kleiniano, foi o primeiro kleiniano e um dos primeiros analistas em geral a promover a abordagem intersubjetiva. Os conceitos de Bion de identificação projetiva comunicativa (1957, p. 92), continente ↔ conteúdo (1962b, p. 90) e transformações em O (1965, p. 147) trouxeram o modelo de duas pessoas (intersubjetivo) para a teoria e a técnica kleinianas, a partir das quais ele rapidamente se espalhou para outras escolas analíticas. Simultaneamente, Madeleine e Willy Baranger (1961-1962) estabeleceram os alicerces para o conceito de "campo analítico", no qual a transferência do analisando e a contratransferência do analista eram indivisíveis. Estas inovações na técnica kleiniana, com exceção das "transformações em O", determinaram o posicionamento do nome de Bion junto ao de Klein em "técnica Klein-bioniana".

Bion foi claramente um revisionista kleiniano. Seu conceito de transformações em, para e de O, no entanto, nunca foi incorporado à obra Kleiniana Contemporânea de Londres: ele foi assimilado particularmente pelos Klein-bionianos da América do Sul. As contribuições mais importantes à técnica bioniana, depois de Donald Meltzer e, até certo ponto, Betty Joseph, vieram de dois analistas relacionais de destaque. Thomas Ogden desenvolveu o conceito de Bion de "terceiro sujeito da análise" (1994) e expandiu os conceitos intersubjetivos de Bion e Baranger. De modo semelhante, Ferro (1992) ampliou o conceito de campo psicanalítico e, como Ogden, dentro do espírito de Bion, enfatizou os aspectos estéticos, literários, imaginativos e criativos da psicanálise. Ogden

68 A EVOLUÇÃO DA TÉCNICA KLEINIANA POR MEIO DA TÉCNICA...

e Ferro contribuíram com as extensões mais amplas e influentes da obra de Bion no que diz respeito à técnica psicanalítica.

Bion fez diversas ampliações radicais e inovações na técnica kleiniana. Em *Second thoughts* (1967a), vemos sua progressão do pensamento positivista kleiniano (instintos como causa primeira) para um modo interpessoal no qual ele propôs a identificação projetiva comunicativa realista (pp. 92, 104-105) e o conceito de continente ↔ conteúdo (p. 39); sua noção de "objeto obstrutivo" baseou-se originalmente em um objeto total (externo) intolerável na realidade (p. 91). Tais inovações viriam a se tornar testemunhos de sua visão binocular da situação do bebê e seu conflito entre "narcisismo" e "socialismo" – ou seja, de que o bebê requer um objeto materno que possa conter suas emoções não mentalizadas. De modo inovador, Bion definiu as emoções, e não os instintos, como causa primeira. Ele então propôs o conceito da necessidade de *rêverie* materna e função-alfa para que a mãe seja capaz de conter, mentalizar e traduzir as emoções cruas (não mentalizadas) de seu bebê. A função-alfa transforma (mentaliza) os elementos-beta em elementos-alfa disponíveis para uso mental. Ela constitui um exemplo de uma série de transformações em *O*.

A função-alfa, que é um dos modelos inovadores de Bion para o funcionamento mental implícito, pode ser concebida como um prisma que difrata o brilho ofuscante da iluminação impessoal de *O*, transformando-o em experiência emocional pessoal e tolerável (conhecimento pessoal) para o indivíduo – e como uma função de triagem para o exame de estímulos. Ao definir *O* como causa primeira, Bion transcendeu não apenas o positivismo de Freud e Klein, onde os instintos eram a causa primeira, mas toda a psicanálise do século XX, e tornou-se seu condutor no século seguinte. No sistema de conhecimento de Bion, a saúde mental e a psicopatologia interseccionam-se fundamentalmente na aquisição bem-sucedida pelo indivíduo da capacidade de conter para que possa ser capaz de transformar – ou seja, sonhar, pensar, sentir e reclamar a posse de suas *emoções* ou, por outro ângulo, ser capaz de reclamar seus demônios para que possa não apenas reunir-se com seu *self* emocional perdido, mas também transcender seu *self* atual para evoluir. A teoria do sonho de Bion tornou-se parte significativa da técnica de Ferro, Ogden e Grotstein.

Uma sinopse da teoria da epistemologia de Bion

O (incerteza infinita, numinosa e cósmica e Verdade Absoluta sobre uma realidade impessoal, infinita) atinge os sensores emocionais do indivíduo na forma de elementos-beta não mentalizados. Denota a turbulência emocional da antecipação intersubjetiva entre analisando e analista. Na situação clínica, existem três experiências de O: a do analisando, a do analista e a da relação entre eles.

A. *Mentalizados* (processados, decodificados) pela função-alfa em elementos-alfa.

B. Os elementos-alfa devem então ser *sonhados* para se tornarem narrativas visuais (e/ou outras modalidades sensoriais) que produzirão sonhos e/ou fantasias inconscientes para "ficcionalizar" (suspender, mediar) o impacto de O.

C. Os "pensamentos sem pensador" ("pensamentos selvagens") emergem *seletivamente* através da barreira de contato (sustentada e reforçada pelos elementos-alfa) como *hipóteses definitórias* (*intuições*) a serem consideradas pela mente. Esta última operação constitui a ação do *pensamento reflexivo* consciente e envolve o uso automático (inconsciente) da *Grade*. Os estágios anteriores de pensamento compreendem o encontro de pensamentos emocionais

transformados-em-constante-transformação com uma
mente pensante (transformações de *O* em K [*Knowledge*]).

D. O passo seguinte da transformação em *O*, no qual o indivíduo, tendo transformativamente reduzido *O* em K (Verdade
Absoluta impessoal em verdade subjetiva pessoal) e o conhecimento emocional sobre si mesmo no ato de relacionar-se
com outro indivíduo (presença, seja interna ou externa),
"*torna-se*" *O*. A maneira mais fácil de se compreender esta
última transformação é através da metáfora da alimentação.
Aquilo que ingerimos fisicamente *torna-se* fisicamente nós.
Bion (1965) afirma que "transformações em K são temidas
quando ameaçam a emergência de transformações em *O*. . . .
Resistência à interpretação é resistência contra a mudança de
K para *O*" (Bion, 1965, p. 158).[3] O significado disso é que,
uma vez que se obtém K, uma reação em cadeia emerge subitamente a partir de percepções que anunciam a instalação da
posição depressiva e os desafios que ela implica.

Em *Um facho de intensa escuridão* (2007), descrevo concepções
alternativas dos processos transformacionais de Bion. Apresento-
-as resumidamente a seguir: (a) é o *sujeito* que deve adaptar-se a *O*
para ajustar-se à sua Verdade e Realidade, já que estas não podem
ser transformadas; consequentemente, é o sujeito que deve transformar a si mesmo diante da Verdade e da Realidade; (b) mesmo
no esquema de Bion, deve-se conceber que "alfa" sempre vem antes
de "beta", assim como no alfabeto. Consequentemente, sugiro que
elementos-beta compreendem elementos-alfa descartados ou
renunciados (como na repressão e/ou cisão e identificação projetiva). Elementos-alfa existem desde o princípio, mas aparecem em
uma escala que parte dos mais primitivos, imaturos e elementares
até os mais sofisticados. Além disso, como Salomonsson (2007a,
2007b) sugere, aquilo que Bion denomina elemento-beta cons-

titui um *símbolo* [*sign*] na teoria semiótica e, assim, encontra-se sempre em um estado de *significar-se* a si mesmo; (c) não existem "pensamentos sem pensador", eles já são "pré-pensados" por um pensador numinoso – um pensador ao qual Bion (1970) se refere em alguns lugares como "divindade" ou "demônio", e que traduzo como "deidade" (p. 65).

Ao longo do caminho em praticamente todas as transformações anteriores, o analista irá empregar o equivalente mental da visão binocular, perspectivas reversíveis, senso comum, atenção, abstração, correlação e comunicação, além de estar receptivo ao que Bion (1962b) chama de "fato selecionado" (p. 72), uma associação particular do paciente que explica as associações anteriores, até então inexplicáveis. Em outras palavras, Bion instrui o analista a "abandonar memória e desejo" e, assim, situar-se em referência ao analisando para que possa utilizar efetivamente *sentidos, mitos* e *paixão* para compreender as associações livres do paciente. Sentidos referem-se à observação. Mitos dizem respeito às fantasias inconscientes pessoais do analisando, assim como aos mitos coletivos (isto é, o complexo de Édipo) subjacentes às fantasias. Paixão refere-se à capacidade do analista de vivenciar uma emoção contingente que corresponde àquela do analisando.

Um epítome da epistemologia transformacional de Bion

Esta consiste de mentalização (função-alfa) → sonho (fantasia) (operação do fato selecionado) → conjectura imaginativa (especulativa) → raciocínio imaginativo (especulativo) → pensamento reflexivo (uso da Grade; transformação *de* O → K) → tornar-se (transformação *em* O).

Deve-se apontar também que parece haver uma continuidade em espiral entre versões-fractais dos instrumentos epistemológicos de Bion. Em outras palavras, (a) a função-alfa atua como uma tela que separa os elementos-beta em seus menores componentes denominadores comuns, recombina-os para o funcionamento mental e, então, decodifica-os para diferentes usos mentais: memória, pensamentos, emoções, reforços para a barreira de contato e assim por diante. Pode-se considerar que a função-alfa atua de forma semelhante e em um nível superior ao da (b) barreira de contato, a qual ela reforça com elementos-alfa. A barreira de contato em si atua como uma tela que separa elementos-alfa combinados ("emoções sem alguém que as sinta" e "pensamentos sem pensador") e seletivamente os redistribui no consciente e/ou inconsciente. (c) A Grade constitui ainda outra forma de tela, superior e mais sofisticada, que separa, organiza e aloca emoções e pensamentos em categorias lógicas. Todas as entidades anteriores são genericamente habitadas por um princípio de cesura (separação), que é o denominador comum a todas elas.

Ao que foi descrito, devemos acrescentar o desenvolvimento feito por Bion da concepção de Klein referente ao casal parental e sua relação com os instintos epistemofílicos e sádicos do bebê. Quando a curiosidade sádica emergente do bebê sobre a cena primária inconscientemente ataca o vínculo entre o casal, ele internaliza um casal atacado na forma de um superego arcaico combinado, o qual então revida atacando *seu* próprio pensamento criativo e seus vínculos. Quando o vínculo entre o casal é restabelecido através da reparação na posição depressiva, um casal vivo e criativo é internalizado e pode agora funcionar como um protótipo e um canal para o pensamento criativo do próprio bebê.

Quando lemos Klein, sempre sentimos estar sob o domínio sombrio de seu apego ao instinto de morte e sua predileção pela destruição. Quando lemos Bion, por outro lado, embora ele não seja avesso às ideias de instinto de morte e destrutividade e as use com frequência, ele se anima e se entusiasma ao exortar a imaginação humana e nos encoraja a sermos receptivos à sua fonte interior imortal, o inconsciente. Ele plana *"per aspera ad astra"* ["através da adversidade até as estrelas" – o lema da Força Aérea Real]. Em outras palavras, Klein, a despeito de seus conceitos de amor e capacidade geradora [*generativity*] presentes quando a criança alcança a posição depressiva e dos esforços pessoais de Winnicott (1971) para despertar seu interesse pela criatividade, parece jamais ter sido capaz de abandonar a destrutividade. Bion, por outro lado, ao passo que mantinha uma mente monocular neste aspecto, foi capaz, com sua outra mente monocular, de ir além dela até os confins mais distantes da imaginação.

Conclusão: Em minha concepção, não pode haver Bion sem Klein, mas – e isso pode ser controverso – chegou um momento em que não pode mais haver Klein sem Bion! (Para um exemplo de caso envolvendo as ideias técnicas de Bion, ver Grotstein, 2007.)

A complexidade da "tríade kleiniana"

O subtítulo desta obra, "Teoria e técnica psicanalítica no modelo kleiniano/bioniano", é impreciso. A técnica de Klein desenvolveu-se em três direções distintas. A forma original da técnica persiste em Londres e em outros países e está associada à Hanna Segal como figura principal. Consiste na continuação direta e minimamente modificada da técnica original de Klein e pode ser considerada como a técnica "kleiniana clássica". A segunda é a técnica pós-kleiniana. A terceira é a técnica proposta por Bion, iniciando-se com "continente ↔ conteúdo", "função-alfa", "elementos-alfa" e "elementos-beta" (1962a, 1962b) e seguindo adiante até as "transformações em *O*", o que corresponde vagamente à ênfase de Joseph na díade indivisível transferência ↔ contratransferên-

74 A EVOLUÇÃO DA TÉCNICA KLEINIANA POR MEIO DA TÉCNICA...

cia e no "campo analítico" concebido pelos Baranger (Baranger & Baranger, 1961-1962).

O surgimento das contribuições de Bion resultou na elaboração, ampliação e modificação das anteriores, e o grupo kleiniano de Londres decidiu afixar o nome "Bion" ao lado de "Klein" para descrever a técnica. Isso, no entanto, significa uma coisa em Londres e outra coisa no resto do mundo analítico. Os pós-kleinianos de Londres – na verdade, "Kleinianos Contemporâneos" – reconhecem e respeitam as obras de Bion até o ponto em que ele formulou seu conceito de "transformações em *O*", o qual eles ainda não abraçaram. No entanto, seus trabalhos anteriores são tidos em tão alta conta que constituem agora parte integral da técnica kleiniana.

É importante salientar que tanto as ideias de Joseph como as de Bion referentes ao aqui e agora e à indivisibilidade da situação de transferência-contratransferência haviam sido antecipadas pelo trabalho do casal Baranger (Baranger & Baranger, 1961-1962) através de seu conceito de *campo analítico*, sua *natureza bipessoal* e sua propensão para o desenvolvimento de atuações, às quais eles denominaram "*enclaves*". Ao ler sua extensa obra, somos surpreendidos pelas semelhanças ou mesmo congruência com a obra posterior da Escola Kleiniana Contemporânea de Londres (Ferro, 2009).

Sinopse da perspectiva "(pós-)kleiniana" contemporânea

Tendo discutido as influências "kleinianas clássicas" e "bionianas", irei agora repetir e destacar alguns aspectos relevantes da perspectiva pós-kleiniana. Isso requer, primeiro, uma explicação referente à terminologia:

A. "*A situação total*", conceito que teve origem com Klein, mas veio a designar a concepção ampliada de Joseph sobre a unidade de todos os aspectos da sessão. Em íntima relação com suas considerações sobre a situação total encontra-se uma observação particularmente intensa e penetrante de cada momento da sessão, sobre o modo como o paciente vivencia a experiência de estar na sessão momento a momento. Cada órgão sensorial do analista, inclusive a intuição, está sempre em "alerta de radar".

B. A *transferênciacontratransferência indivisível* (dois mecanismos deliberadamente reunidos à revelia da grafia adequada) é compreendida como algo que exala entre o paciente e o analista e torna-se o principal foco do segundo.

C. O aspecto anterior é concebido como o *canal* imediato de *emoções, expectativas e demandas* inconscientes ou pré--conscientes que emanam do paciente e suas contrarreações inconscientes e conscientes evocadas no analista. No primeiro artigo que Bion apresentou à Sociedade Britânica em 1950, "O gêmeo imaginário", ele descrevia a experiência de um paciente que utilizava identificações projetivas inconscientes para manipulá-lo de forma a adequar-se ao papel que aquele desejava. Este artigo foi o primeiro registro do emprego da identificação projetiva por um paciente como forma de comunicação interpessoal.[4]

D. Como resultado do que foi descrito anteriormente, o paciente, que também deseja progredir, inconscientemente busca conter o progresso e produzir um *"equilíbrio psíquico"* ou impasse na análise ao tentar manipular o analista para interpretar papéis que impliquem conluio com sua *folie à deux*.

E. *Atuações* [*enactments*] do analista com relação ao paciente, embora não sejam legítimos, são perdoáveis quando considerados e entendidos como consequência inevitável e ferramenta útil para a compreensão do que o paciente está fazendo. [Já mencionei que o processo analítico pode ser concebido como uma peça passional – uma peça na qual o "diretor" inconsciente no interior do paciente cria um roteiro para si e para o analista compartilharem e executarem até que o significado se torne claro, quando então o analista deve retirar-se da peça como ator e ser capaz de partilhar seus *insights* com o paciente (Grotstein, 1981a, 2000). Ogden (1994) descreve essa noção como semelhante ao seu conceito de "terceiro sujeito analítico dominante" (p. 105).]

F. A *linguagem* empregada pelo analista difere significativamente da linguagem "kleiniana clássica". Ao passo que mantém seu interesse pela vida mental infantil, os Kleinianos Contemporâneos evitam termos relacionados a objetos parciais infantis tais como "seio", "pênis" e assim por diante, utilizando em seu lugar termos que designam funções, como "alimentar", "ansiar por contato com" e outros similares. A linguagem parece dirigida a um adulto, e não a uma criança. A justificativa para tal mudança é o desenvolvimento de uma linguagem interpretativa que seria mais agradável e compreensível para o paciente.

G. *Analisar no "aqui e agora"* tornou-se uma das características mais difundidas da técnica dos Kleinianos Contemporâneos de Londres, em contraste com o conceito kleiniano clássico de "*reconstrução*". A ideia da exclusividade do aqui e agora teve início com Bion. Ele (comunicação pessoal) acreditava que o que havia acontecido no passado tinha importância crítica, mas não poderia ser conhecido ou recuperado de forma decisiva na análise pois que altera inconscientemente a memória através da "transferência" e os fatos não podem ser conhecidos analiticamente, uma vez que o analista não poderia ter estado lá para analisá-los. O resumo disso é que o passado do qual nos lembramos não é um candidato à análise. O passado do qual não podemos nos lembrar nunca permanece no passado; ele continua e se repete até que seja encarado e compreendido ("passado apresentado", Bion, 1977b). Não obstante, devemos aceitar que não pode haver "aqui e agora" se não tiver havido um "lá e então". Em outras palavras, ambos se reúnem na análise.

H. Fundamentalmente, os Kleinianos Contemporâneos transformaram a abordagem técnica da análise do eixo horizontal, sequencial e linear para o eixo vertical, não linear e atemporal (eterno presente). Isso pode ser compreendido como a mudança do *texto* para o *processo*. Assim, em vez de interpretar o que aconteceu na realidade psíquica ao longo de um fim de semana, eles estariam mais interessados no que o paciente está pensando, fazendo e fantasiando no momento atual.

I. Outro aspecto central de sua técnica consiste no monitoramento atento de *como suas interpretações são vivenciadas* pelo paciente, o que este faz com elas e os efeitos que estas têm sobre ele.

J. Esta nova técnica empregada pelo Kleinianos Contemporâneos teve origem com os *pacientes difíceis de tratar*, como pacientes narcisistas, perversos e, eu acrescentaria, esquizoides. Uma das principais características destes pacientes é o conflito com seu desejo de ajuda analítica, por um lado, e uma necessidade inconsciente de subverter o progresso analítico – com a cumplicidade conspiratória do analista – a fim de estabelecer um equilíbrio – tanto para satisfazer o *self* que almeja o progresso como o *self* regressivo e resistente. Acredito que todos os pacientes sobre os quais li nas

78 A EVOLUÇÃO DA TÉCNICA KLEINIANA POR MEIO DA TÉCNICA...

descrições de Joseph e seus colegas sofriam de transtorno de estresse pós-traumático, dentre outros problemas: eles podem ter sofrido de catástrofe emocional e mental infantil e não conseguiram "continuar a ser". Aquele aspecto de si mesmos que não pôde sobreviver tornou-se "morto" a fim de sobreviver – "fazendo um pacto com o diabo"[5] para ser protegido, mas tendo que abrir mão da satisfação – e, em vez de simplesmente existir, ser capaz de viver a vida como um *self* vitalizado.

Finalmente, uma questão emerge, dentre várias outras. Irão as técnicas que constituem a tríade kleiniana reconciliar-se em algum momento para que o analista, ao abandonar a memória da técnica e o desejo de usá-la, possa acabar utilizando qualquer uma delas ou todas as três ao mesmo tempo em qualquer dado momento? O bebê meio-vivo-meio -morto acredita absolutamente que abriu mão de sua vida e seu futuro e está fadado a jamais escapar de seu "inferno protetor", o qual constitui seu refúgio psíquico penitencial (Steiner, 1993). Assim, este aspecto abandonado do paciente encontra-se em conflito eterno com seu gêmeo saudável que *pode* obter progresso analítico. O gêmeo negligenciado tenta sabotar o progresso analítico para evitar a catástrofe mental, uma cisão cataclísmica da personalidade.

O conceito de Fairbairn (1944) de estrutura endopsíquica oferece um bom modelo para esta situação clínica. Resumidamente, ele afirma que a criança que está sendo negligenciada ou traumatizada por sua mãe (e/ou pai) deve, por necessidade de sobrevivência, tentar manter os bons aspectos da figura parental ao preservá-los na consciência e expulsar as partes ruins para o inconsciente, primeiro como um "objeto rejeitado", o qual então se fragmenta novamente em um objeto que rejeita e outro que excita. Além disso, partes do ego central também se fragmentam para acompanhar cada um dos objetos agora reprimidos. Assim, um ego libidinal vincula-se ao objeto excitatório, enquanto um ego antilibidinal ("sabotador interno") vincula-se ao objeto que rejeita (ver Ogden, 2009, para uma discussão sobre as interações inconscientes que acontecem no mundo endopsíquico). Mais especificamente com relação à situação analítica que acabo de mencionar, o ego libidinal e o ego antilibidinal estavam outrora unidos como "ego rejeitado" ou *self* (com o qual Fairbairn não lidou), mas separaram-se um do outro com uma organização hierárquica na qual o ego antilibidinal subordina o ego libidinal. O último constitui a criança abandonada e indefesa – e rejeitada –, e o primeiro constitui o sabotador "vira-casaca" que se identifica com o objeto agressor no contexto de uma organização patológica separada (refúgio psíquico) (Steiner, 1993).

Minha crença pessoal com relação à "tríade" é de que as diferenças entre as três posturas são mais aparentes do que concretas. Considero que as contribuições de Bion e de Joseph são de valor inestimável e de relevância para a técnica, mas também considero que sejam extensões importantes da técnica kleiniana, e não rupturas com ela. Evoco novamente o símbolo dos trigêmeos siameses que são paradoxalmente separados e não separados uns dos outros. Acredito, consequentemente, que seria um bom conselho aos analistas que estejam bem familiarizados com os três – os dois últimos sendo "variações sobre um tema de Klein" – e permitam que o paciente selecione inconscientemente o aspecto mais adequado a cada momento.

Talvez a diferença mais sutil – mas mais importante – entre a técnica kleiniana tradicional ou clássica e a técnica pós-kleiniana contemporânea seja a implicação mais profunda da possibilidade da "transferência-contratransferência" intersubjetiva. Na primeira, o analista geralmente "observa" o paciente a uma distância respeitosa.

A EVOLUÇÃO DA TÉCNICA KLEINIANA POR MEIO DA TÉCNICA...

Nas últimas, os dois são claramente participantes mútuos, pessoal e emocionalmente, que se encontram.

Notas

1. Ver Spillius (2007) para uma discussão sobre o "aqui e agora" (pp. 55-57, 60, 76, 102-105, 190, 197).

2. Pertenço aos agora poucos selecionados, como Klein e Bion, que concebem a "contratransferência" como apenas uma manifestação da própria neurose infantil do analista. Como Bion, prefiro o termo "*rêverie*" para designar o uso das emoções pessoais do analista como instrumento analítico. Também sugiro que, durante a análise, o analista pode vivenciar ambas as situações – talvez até simultaneamente. *Rêverie* implica um estado de separação entre analista e analisando, ao passo que contratransferência implica um estado de fusão patológica entre os dois. As setas reversíveis entre os componentes denotam a existência de uma continuidade imperceptível entre eles.

3. Agradeço ao dr. Lawrence Brown por essa citação.

4. Agradeço ao dr. Joseph Aguayo por essa referência.

5. Refiro-me aqui ao "objeto obstrutivo" de Bion (1967a), que foi o precursor do "super"ego cruel (Bion, 1992, p. 32).

4. Contribuições dos descendentes de Klein

A primeira geração: Isaacs, Heimann, Riviere, Sharpe

Susan Isaacs

Susan Isaacs, uma das primeiras seguidoras de Klein, era analista de crianças. Sua contribuição seminal foi "A natureza e função da fantasia", que até hoje permanece como o trabalho definitivo sobre o tema (Isaacs, 1952). Durante as "discussões controversas" entre Anna Freud e Melanie Klein e seus respectivos seguidores, esta contribuição foi escolhida para apresentação porque acreditava-se que a fantasia inconsciente era a chave para as teorias de Klein. Ainda é.

Paula Heimann

O trabalho de Paula Heimann sobre a introjeção, assim como o de Isaacs sobre a fantasia, continua sendo a principal obra sobre este tema. Ela também foi pioneira ao descobrir que a contratransferência do próprio analista constituía um "instrumento analítico" e foi provavelmente importante para o desenvolvimento da teoria de continente/conteúdo de Bion (1962a, 1962b).

Ella Freeman Sharpe

Ella Freeman Sharpe, como Paula Heimann e Susan Isaacs, foi uma das seguidoras originais de Klein. Ela é conhecida por diversas contribuições para a teoria e técnica kleinianas e para a análise dos sonhos (Sharpe, 1951).

Joan Riviere

Joan Riviere foi mais uma seguidora fiel de Klein. Suas contribuições incluem a aplicação da teoria kleiniana a obras literárias. Ela tornou-se particularmente conhecida, no entanto, por sua contribuição sobre a reação terapêutica negativa, um trabalho revolucionário que continua a ser um clássico (Riviere, 1936).

A segunda geração: Rosenfeld, Bion, Segal, Meltzer, Money-Kyrle, Jaques e Joseph

Se Klein teve a sorte de ter tido colegas contemporâneos tão capazes, leais e brilhantes, ela foi abençoada por ter tido tantos analisandos talentosos, muitos dos quais estavam destinados a ter carreiras brilhantes. Seria difícil a tarefa de encontrar outro analista que "deu à luz" uma prole tão vasta e notável. Betty Joseph é da mesma geração e tem a mesma distinção dos outros, mas ela foi analisada por Paula Heimann – e por Michael Balint antes dela.

Herbert Rosenfeld

Herbert Rosenfeld representa a segunda geração kleiniana. Junto com Hanna Segal e Wilfred Bion, ele foi um pioneiro na aplicação das teorias e da técnica de Klein no tratamento de pacientes psicóticos. Seu interesse principal reside no tratamento psicanalítico não só de pacientes psicóticos, mas também daqueles que sofriam generalizadamente de graves transtornos narcisistas e *borderline*. Ele escreveu profusamente sobre organizações patológicas e transtornos narcisistas de pele grossa e de pele fina, referindo-se o último tipo aos transtornos *borderline* e o primeiro a entidades encapsuladas como o transtorno de caráter narcisista e o transtorno de personalidade esquizoide (De Masi, 2001; Rosenfeld, 1964, 1987). Ele distingue-se particularmente por seu trabalho inovador com a identificação projetiva (Rosenfeld, 1947, 1949).

Embora Rosenfeld tenha escrito muitos artigos, suas ideias principais estão reunidas em *Os estados psicóticos* (1965), *Impasse e interpretação* (1987) e *Herbert Rosenfeld at work: the Italian seminars* (2001). Rosenfeld era tão diligente quanto era formidável como supervisor, como posso afirmar por experiência própria. Ele me apresentou ao que defini genericamente à época como "técnica absoluta". A supervisão com ele era tão intimidante quanto recompensadora. Em seus anos derradeiros, no entanto, ele interessou-se mais pelos impasses na análise e passou a adotar um ponto de vista mais empático com relação ao paciente, às custas do analista. Cito de De Masi (2001):

> *Particularmente nos últimos 15 anos de sua vida profissional, Rosenfeld ficou cada vez mais interessado em tentar esclarecer as dificuldades inerentes ao encontro psicanalítico entre paciente e analista. Uma área de pesquisa na qual insistia com ênfase crescente envolvia os pontos cegos escuros ou nem tanto daquele analista que não conseguia compreender, entender ou colocar em*

84 CONTRIBUIÇÕES DOS DESCENDENTES DE KLEIN

palavras a comunicação extremamente sutil do paciente, que às vezes aponta para tais pontos cegos no analista de várias maneiras. Caso este processo seja erroneamente compreendido como agressão destrutiva ou apenas o paciente seja responsabilizado por tais dificuldades, podem ocorrer impasses perigosos, traumas adicionais no paciente. (p. xiii)

Rosenfeld, portanto, uniu-se à Heimann e Bion no desenvolvimento da teoria kleiniana de um modelo unilateral para um modelo bilateral.

Wilfred Bion

Wilfred Bion aparece talvez como um dos mais destacados teóricos da psicanálise do século XX e, hoje, um guia destacado para o século XXI. Sou um dos muitos que chamam esta de "A Era de Bion", tamanha a sua influência. Suas contribuições estão atualmente começando a definir o *Zeitgeist* psicanalítico. Elas penetraram em praticamente todas as escolas da psicanálise. Bion pode ser considerado, de um determinado ponto de vista, como uma das maiores contribuições de Melanie Klein para a psicanálise.

Hanna Segal

Depois da morte de Klein em 1955, Hanna Segal parece ter se tornado a líder não oficial do grupo kleiniano de Londres. De todos os seguidores de Klein, Segal oferece, em minha opinião e na de outros, a elucidação mais clara, precisa e compreensível dos trabalhos de Klein. Suas principais obras próprias constituem estudos sobre psicose, estética e pensamento. Seus livros incluem

Introdução à obra de Melanie Klein (1964), *Melanie Klein* (1979), *A obra de Hanna Segal* (1981c) e *Sonho, fantasia e arte* (1991). Ela foi a primeira kleiniana a analisar um paciente psicótico. Seu trabalho sobre o conceito de equação simbólica influenciou na decodificação da "gramática" da concretude psicótica (Segal, 1957, 1981). De acordo com a opinião geral, ela é a líder do pensamento e técnica kleinianos "clássicos", os quais incluiriam a leitura atenta do texto das associações do analisando, respeito pela reconstrução histórica do contexto do analisando, uso de interpretações de objetos parciais e ênfase na vida mental infantil inconsciente conforme aparece na transferência sob a forma de fantasias inconscientes. No Volume 2, no qual enfatizo a técnica, designo o "processamento pelo hemisfério esquerdo" à análise do texto e o "processamento pelo hemisfério direito" ao estilo defendido por Betty Joseph e os pós-kleinianos de Londres, a técnica da intuição das emoções que transpiram na situação de transferência ↔ contratransferência.

Donald Meltzer

Donald Meltzer foi autodidata, professor talentoso e o escritor mais prolífico dentre os kleinianos da segunda geração, além de, junto com Bion, ser um dos mais conhecidos no mundo, especialmente na Itália e na América do Sul. Em sua obra *O processo psicanalítico: da criança ao adulto*, ele elucida a técnica kleiniana ao discutir "a reunião da transferência"; a "confusão de zonas (partes do corpo)" pelo bebê e sua correspondente "confusão geográfica" de partes do corpo materno; sua revisão única da ideia de Klein (1928) sobre o "objeto combinado" arcaico; e vários outros temas importantes. Em seu livro *Os estados sexuais da mente*, ele ampliou a obra de Klein (1959a, 1959b) e mesmo de Abraham (1924) sobre as múltiplas relações entre a criança e seus objetos parciais e totais no contexto de seu autoerotismo em desenvolvimento. Ele foi o

86 CONTRIBUIÇÕES DOS DESCENDENTES DE KLEIN

maior metapsicólogo kleiniano, como demonstram os *Estudos em metapsicologia ampliada*. Sua introdução da disciplina da estética na psicanálise foi notável com *A apreensão do belo* (em coautoria com Meg Harris Williams).

Seu artigo sobre masturbação anal e sua relação com a identificação projetiva foi um marco no esclarecimento do modo como a criança podia acreditar que, na fantasia inconsciente, era capaz de controlar *magicamente* (onipotentemente) a mãe à distância (magia simpática) ao controlar o bolo fecal em seu reto, sendo as fezes equiparadas ao seio.

Outro trabalho revolucionário foi o desenvolvimento de seu conceito de confusão de zonas (Meltzer, 1967) e sua simplificação da relação da criança com a mãe como uma relação que parte da "zona" (dos orifícios corporais da criança: boca, ânus e genitais) para a "geografia" (do corpo da mãe: cabeça, seios, ânus e genitais). Esta ideia conduziu à sua obra posterior, *The claustrum* (1992), na qual Meltzer examina a perversão anal infantil e a claustrofobia e estabelece uma distinção entre a identificação projetiva a serviço do continente/conteúdo e aquela a serviço da intrusão perversa no corpo da mãe. Afirma ele:

> *Os dois estágios de acordo com minha própria compreensão sobre estas questões [a formação da organização narcisista], os quais surgiram como revelações ou descobertas clínicas, foram a identificação projetiva com objetos internos resultante da masturbação com fantasias inconscientes intrusivas. (p. 4)*

Sua concepção da tarefa precoce no desenvolvimento infantil de apreender a beleza da mãe, primeiro como esta aparece na

JAMES S. GROTSTEIN 87

superfície e depois a beleza que se esconde dentro dela, foi uma de suas mais importantes contribuições.

Meltzer, como Segal, foi um estudioso diligente e apaixonado da teoria kleiniana, mas também um excelente integrador das teorias de Bion e Klein. Ele também era profundamente envolvido com a estética, sobretudo na arte e na literatura. Meltzer foi talvez o único kleiniano londrino notável que respeitava o sistema de conhecimento de Bion em sua totalidade.

Roger Money-Kyrle

Roger Money-Kyrle foi outro analisando distinto de Klein. Como Bion, ele também lutou na Primeira Guerra Mundial, mas como piloto de caça da RAF. Ele era um *etoniano** e, como tal, o principal aristocrata do grupo de Klein. Ele também viria a ser um destacado antropólogo após a guerra. Money-Kyrle havia sido analisado por Ernest Jones e Freud e, muito tempo depois, por Klein. Suas contribuições foram publicadas no livro *Obra selecionada* (1978). Em "Contratransferência normal e alguns de seus desvios" (1956) ele defende a posição corajosa, contrária à de Klein, mas consoante com a de Heimann e, mais tarde, Bion, de que existe uma contratransferência normal e útil além da patológica, e, em "Desenvolvimento cognitivo" (1968), discute a teoria de Bion sobre o funcionamento mental e sua dependência persistente da busca da verdade.

Elliott Jaques

Elliott Jaques, psicanalista e psicólogo organizacional canadense, foi analisado por Klein e aplicou suas ideias à psicologia

---

* Nome dado aos alunos e ex-alunos do *Eton College*, tradicional colégio interno inglês da cidade de Eton. [N.T.]

88 CONTRIBUIÇÕES DOS DESCENDENTES DE KLEIN

social, tanto na teoria quanto na prática. Autor de vários livros e artigos sobre a visão psicanalítica da sociologia a partir da perspectiva kleiniana, ele é mais conhecido pelos psicanalistas por sua influente contribuição "Sistemas sociais como defesas contra a ansiedade depressiva e a ansiedade persecutória" (1955).

Os pós-kleinianos (contemporâneos) de Londres

Betty Joseph

Betty Joseph, que, diferente dos anteriores, foi analisada por Michael Balint e depois por Paula Heimann, tornou-se a maior clínica pós-kleiniana londrina da atualidade e a principal proponente dos conceitos psicanalíticos de "aqui e agora" e "situação total". Sua "oficina" vem operando há décadas e foi homenageada em *In pursuit of psychic change: the Betty Joseph workshop* (2004), editado por Edith Hargreaves e Arturo Varchevker. Até onde sei, esta é talvez a principal, senão a única organização de pesquisa psicanalítica focada exclusivamente na técnica psicanalítica e, especificamente, na situação de transferência ↔ contratransferência em casos difíceis. Suas principais contribuições estão reunidas em *Equilíbrio psíquico e mudança psíquica: artigos selecionados de Betty Joseph* (1989), editado por Michael Feldman e Elizabeth Bott Spillius.

Enquanto a técnica kleiniana "clássica" concentra-se na decodificação do *texto* das associações livres do analisando em termos de objetos parciais e fantasias inconscientes infantis relacionadas aos órgãos corporais como seio, pênis e ânus, Betty Joseph defende o foco sobre o *processo* – ou seja, o clima emocional momento a momento entre analisando e analista – com especial ênfase sobre a tentativa consciente e, principalmente, inconsciente do analisando de persuadir o analista de que progressos *estão* sendo feitos e, em outro nível, levá-lo a abrir mão da tentativa de fazer progresso com o intuito de interromper o progresso ao estabelecer um conluio regressivo, uma *folie à deux* ou um impasse. Ela considera que a totalidade da relação – isto é, a "situação total", tudo aquilo que emana durante a sessão – seja o tema da análise.

A obra inicial de Joseph (1959, 1960) parece encaixar-se na categoria do "kleinianismo clássico" ao passo em que se adapta ao padrão original de adesão ao texto da análise e enfatiza a reconstrução do histórico passado. A partir de "Contribuição clínica para a análise de uma perversão" (1971) e suas contribuições subsequentes, especialmente "O paciente de difícil acesso" (Joseph, 1975), no entanto, começa-se a perceber uma mudança em sua técnica – mais dirigida para funções derivadas da infância, mas adultas, em lugar de designações concretas de "seio", "reto" e equivalentes; considerações sobre o "aqui e agora" e a "situação total" da análise, e emergência dos "equilíbrios psíquicos". O paciente de difícil acesso tornou-se seu foco a partir daí. Joseph (1988) afirma:

> *Sugiro que, em nosso trabalho analítico, o foco deve recair primeiramente sobre a natureza da relação objetal vivenciada no consultório, a despeito de quão oculta ela esteja; a natureza desta relação irá nos mostrar algo da natureza da patologia do paciente, seus conflitos e seu modo de lidar com eles.* Acredito que se nos concentrarmos principalmente naquilo que está sendo vivenciado na transferência, algo da história de vida do paciente, *e da natureza e movimento de suas fantasias e defesas poderá desenrolar-se, em vez de ter que ser explicado teoricamente. (pp. 214-215, grifo nosso)*

Transformações em O, "K" e "–K" e continente-conteúdo de Bion: a ordem oculta da técnica de Joseph

Se olharmos detidamente para esta importante mudança de ênfase que Joseph busca impor sobre a técnica a partir de 1971, no entanto, podemos ver claramente a sombra de Bion. Feldman e Spillius, os editores de sua obra, destacam a influência de Bion sobre Joseph no que concerne ao manejo da realidade psíquica na sessão para se obter "experiência em" em vez de "conhecimento sobre". Eles citam o quanto essa mudança assemelha-se ao trabalho de Bion (1962a, 1962b, 1963, 1965, 1970) sobre "K" e "–K" e também suas "restrições relativas aos efeitos danosos da memória".

Sobre o ofício do analista durante a sessão (pp. 6-7). Bion é citado por *ela* em referência ao seu trabalho sobre "continente e conteúdo" e sua modificação do conceito de "identificação projetiva" (Joseph, 1988), mas ela (e seus colegas) não relacionam a transferência no "aqui e agora" com o conceito de Bion (1965, 1970) de "transformações em, de, a partir de e para O", a Verdade Absoluta sobre a Realidade Última incognoscível que paira obstinadamente no consultório, assim como dentro do analista e do analisando, na forma de "tempestades emocionais" e "turbulência mental". Além disso, o conceito de –K (conhecimento negativo ou falseado) de Bion (1963) é útil na compreensão de atuações do analisando e do analista.

Sumário da obra de Joseph

Aguayo (2007) afirma que Joseph defende o rastreamento momento a momento da experiência subjetiva do analisando na "situação-total-da-sessão-como-transferência" e privilegia as transferências "de-dentro-para-fora" sobre as do "passado-para-o--presente". As interpretações analíticas da transferência focam-se no "aqui e agora" dentro do contexto de "processamento paralelo" pelo analista tanto da transferência como da contratransferência. Assim que o analista oferece uma interpretação, ele monitora cuidadosamente a forma como o analisando a *ouviu* e aquilo que foi feito dela internamente. Joseph concebe atuações na transferência e na contratransferência como inevitáveis, e cabe ao analista interpretar sua contratransferência para compreender como foi manipulado ou pressionado inconscientemente pelo analisando para obedecer seus desejos (Aguayo, 2006; Hargreaves & Varchevker, 2004).

(Tive a sorte de ser supervisionado por breves períodos por Herbert Rosenfeld, Hanna Segal, Donald Meltzer e Betty Joseph. Achei cada um deles formidável, brilhante, intuitivo e, sobretudo, de grande ajuda.)

"Terceira geração": Britton, Steiner, Feldman e outros

Ronald Britton

Britton escreveu copiosamente sobre o "momento pós-kleiniano". Seu trabalho sobre *crenças* trata de um assunto não estudado até então. Escreve ele: "O status de crença é conferido a certas fantasias preexistentes. . . . As crenças podem ser inconscientes e, ainda assim, exercerem seus efeitos. Quando a crença encontra-se conectada a uma fantasia ou ideia, ela é inicialmente tratada como um fato. . . . Quando uma crença falha no teste de realidade, ela tem de ser abandonada" (Britton, 1988b, p. 9).

Em "O elo perdido: sexualidade parental no complexo de Édipo", Britton (1989) justapõe o complexo de Édipo de objetos parciais de Klein e o complexo de Édipo de objeto total de Freud. Ele vislumbra uma relação de três pessoas na qual pai, mãe e bebê/criança estão ao mesmo tempo representados de forma equivalente no triângulo como de forma não equivalente, já que existe uma relação de dois da qual o terceiro permanece de fora, como observador. No início da relação mãe-criança, o pai é o terceiro excluído. No complexo de Édipo, o bebê/criança torna-se o terceiro excluído, mas na fantasia inconsciente o bebê/criança pode imaginar uma união exclusiva com cada um dos pais que exclui o outro – ou pode imaginar-se como parte da união sexual parental. No fim, o bebê/criança tem que reconhecer a realidade factual (externa) e psíquica (interna) da exclusividade da relação parental, o que abre espaço para um casal pensante facilitador dentro da mente do bebê/criança. Como afirma Aguayo (2007):

> *Da perspectiva do analista, ele deve desenvolver a "triangularidade", a capacidade de posicionar-se fora da "exclusividade diádica" que caracteriza o par analítico, por tempo suficiente para considerar e pensar sobre como ele se organizou para pensar e sentir pelo paciente. Estar na posição de "perceber" e permitir-se ser percebido e "dar uma olhada nas coisas" é uma função que depende da elaboração da situação edípica como requisito para que se alcance a posição depressiva. (p. 4)*

John Steiner

John Steiner, outro prolífico pós-kleiniano de Londres, é conhecido principalmente por suas concepções relacionadas à "organização patológica" ou "refúgio psíquico" (1993), que resultou de sua ideia anterior de "posição *borderline*" (Steiner, 1979) – uma posição patológica situada entre as posições esquizoparanoide e depressiva. Refúgios psíquicos parecem caracterizar as personalidades de transtornos mentais primitivos. Como organizações patológicas, os refúgios psíquicos são onipotentes e têm o propósito enganoso de proteger o aspecto retraído do analisando da separação, ao mesmo tempo que aprisiona esse aspecto da personalidade e o impede de se desenvolver junto com o restante da personalidade. A atividade principal do refúgio psíquico é causar impasses e becos sem saída terapêuticos.

Na tentativa de alcançar analisandos em refúgios psíquicos, Steiner propõe a ideia de uma distinção entre interpretações "centradas no paciente" e interpretações "centradas no analista". Nas primeiras, o analista interpreta aquilo que acredita que o paciente está pensando e/ou sentindo, enquanto nas últimas o analista interpreta aquilo que acha que o analisando acredita que o analista acredita. Exemplos: (a) *Analista*: "Tenho a impressão de que você deseja atacar a *mim* com seu comportamento atual em casa". (b) *Analista*: "Fiquei com a ideia de que você acredita que eu quero que você mude de ideia sobre o que você se propõe a fazer em casa". No primeiro exemplo o analista pressupõe que o analisando possui um mundo interno à sua disposição que inclui representações simbólicas (diferenciadas) do *self* e dos objetos – isto é, que o analisando é capaz de diferenciar entre si e o objeto (analista). Analisandos com fronteiras egoicas fracas, em contraste, não podem contar com "superfícies de pensamento" (representações do *self* e dos objetos) sobre as quais possa pensar seus pensamentos. Eles precisam, em vez disso, usar o objeto externo (o analista) como uma superfície de pensamento – ou seja, um determinado aspecto do pensamento do analisando é projetado no ou sobre o analista e vivenciado como se se originasse a partir de lá.

Michael Feldman

Feldman trabalha de modo próximo ao de Britton e Steiner, assim como de Joseph. Suas contribuições lidam com as manifestações das fantasias inconscientes do analisando que causam impacto sobre o analista e provocam atuações por parte deste (Feldman, 1997, 2000, 2004, 2007a, 2007b, 2009).

Ressalva

Neste capítulo, discuti a escola de Klein de forma bastante breve: suas contribuições estão interconectadas com vários tópicos ao longo deste volume. Há também muitos pós-kleinianos contemporâneos proeminentes que mereceriam destaque, mas o exame de suas contribuições merece um outro livro, que tenho em mente escrever. Apresso-me, no entanto, a dizer que acabo de concluir a leitura de *Suportando estados mentais insuportáveis*, de Ruth Riesenberg-Malcolm (1999), e fiquei particularmente impressionado com suas contribuições para a técnica – isto é, "Interpretação no passado e no presente" (pp. 3-52).

5. "Em busca de uma segunda opinião": a tarefa da psicanálise

A tarefa do tratamento psicanalítico foi tema de consideração por Freud e outros analistas. O consenso da opinião geral é *tornar o inconsciente consciente* – mas esta formulação precisa ser revista. Ao mesmo tempo que *é* desejável revelar conteúdos do inconsciente dinâmico e reprimido – já que outrora estes *foram* conscientes – não se pode trazer à consciência o conteúdo do inconsciente não reprimido. Além disso, acredito que o inconsciente dinâmico e reprimido esteja localizado dentro das coordenadas topográficas do Sistema *Pcs*. Então, qual *é* a função da psicanálise e da psicoterapia de orientação psicanalítica, se apenas parte dela consiste em tornar o inconsciente consciente? A resposta frequentemente mencionada de Bion é "fornecer uma segunda opinião" ao analisando para que ele se dê conta daquilo que inadvertidamente já conhecia. Na verdade, o próprio Freud disse algo semelhante – que nunca aprendemos de fato pela primeira vez, mas que *reapren*demos, ou seja, percebemos aquilo que já sabíamos *inconscientemente* o tempo todo.

96 "EM BUSCA DE UMA SEGUNDA OPINIÃO"

Coloco aqui outro conceito de Bion, que é o da *transformação* da Verdade Absoluta (impessoal) sobre a Realidade Última em verdades finitas, pessoais e emocionais sobre si mesmo e as próprias experiências. Essa, para mim, é a resposta à pergunta sobre qual é a tarefa, a obrigação, por assim dizer, da psicanálise.

Na revisão radical de Bion da concepção de Freud (1915e) do inconsciente, ele, ao empregar a "visão binocular" (ou aquilo que chamo de "via dupla", Grotstein, 1978), transforma a ideia de Freud sobre a existência de um *conflito* obrigatório entre os Sistemas *Ics* e *Cs*, que consiste em uma teoria linear unidimensional, em uma teoria de três dimensões na qual os Sistemas *Ics* e *Cs* funcionam, são parceiros *opostos*, mas *cooperantes*, na apreensão (mediação) dialética de *O*, que é a maneira singular que Bion (1965, 1970) usa para se referir a uma entidade que existe em um domínio que está tanto dentro quanto fora do território dos dois sistemas e serve para designar a Verdade Absoluta sobre a Realidade Última, que ele também associa aos elementos *a priori* de Kant: númena ou coisas-em-si. Bion também faz uma conexão entre *O* e "elementos-beta" (impressões sensoriais da experiência emocional – elementos não mentalizados aguardando "alfabetização" para se tornarem "elementos-alfa" adequados à "digestão mental" na forma de memórias, sonhos e pensamentos). A isso, Bion acrescenta ainda a "deidade" como uma designação utilizada pelos homens tanto para personificar quanto para deificar a quintessência do Desconhecido e Incognoscível.

Lacan (1966) concebe independentemente este domínio como "Registro do Real". Resumidamente, a tarefa da mente normal é permitir as evoluções de *O* para que se interseccionem com seu *self emocional* – sua fronteira externa de defesa que confronta *O*. O *self* emocional registra sensações-impressões emocionais do impacto de *O* e transfere tais sensações-impressões à sua "função-alfa" para transformação, não de O em si, mas das *impressões emocionais pessoais de O.*

Bion (1965, 1970) fala de transformações *em O, de O* e a *partir de O* em "K", isto é, do Desconhecido e Incognoscível para o Cognoscível. Com base em minha leitura de Bion e minhas discussões com ele, coloco a questão de maneira um pouco diferente ao interpor alguns passos intermediários discretos. Acredito, em primeiro lugar, que a primeira tarefa da mente normal é a de transformar os resultados do impacto de O sobre o indivíduo partindo da *indiferença cósmica de O* para um sentido pessoal do significado *subjetivo único e pessoal de O.* Em outras palavras, o indivíduo deve ser capaz de aceitar a indiferença da vida e de personalizá-la para si próprio como uma estação intermediária epistemológica e ontológica no caminho de objetificação da experiência. Aqui, também, pode-se observar o uso da "visão binocular" ("faixa dupla") por Bion de um modo diferente. Eu colocaria o primeiro passo, a personalização subjetiva de O, como uma função da posição esquizoparanoide, e a objetificação como função da posição depressiva, com ambos os estágios interagindo em harmonia e sucessão opositiva dialética (EP ↔ D).

Transformação de O cósmica indiferente em experiências (impressões) emocionais de O pessoal

Retornando à tarefa da psicanálise, pode-se conjecturar que uma delas consiste em focar a "eterna criança da psicanálise", a criança virtual do inconsciente que o processo psicanalítico recruta, e facilitar sua progressão sucessiva rumo à "posse" de sua parcela[1] do destino indiferente (O) através da personalização da experiência subjetiva de O, para então auxiliar a criança no processo de tornar-se progressivamente mais separada e individuada para que possa, por fim, referir-se objetivamente a *O*, que agora se torna "a vida como ela *é*" – ou seja, circunstância, acontecimentos.

Em outras palavras, a psicanálise tem a tarefa de promover as próprias capacidades analíticas da criança para a transformação em série de *O* em constante evolução – até o ponto em que, nos termos de Bion, o homem finito possa integrar-se com seu *self* infinito – ou tornar-se encarnado por sua "deidade". Esta última noção com ares místicos significa de fato investir-se do próprio potencial até então desconhecido, sua enteléquia – assim como reintegrar-se com os próprios *selves* descartados através da cisão, dissociação e identificação projetiva. Dito de outra forma, isso significa que, ao ser capaz de "aprender com a experiência", o *self* finito do indivíduo progressivamente se reencontra com seu *self* infinito, sua deidade (divindade).

Psicanálise como reparação no sonho e na fantasia

Um aspecto particular da metateoria psicanalítica radical de Bion referese à sua concepção de que a psicopatologia origina-se essencialmente de um defeito no funcionamento da contenção interna do indivíduo e de um defeito em sua capacidade de sonhar. A teoria de Bion sobre os sonhos baseia-se na de Freud, mas é mais elaborada. Ele acreditava que sonhamos tanto de dia quanto à noite e que precisamos sonhar todo estímulo que surge do mundo interno e do mundo externo a fim de processá-los e codificá-los para o pensamento, a criação de pensamentos-sonho, a memória e o reforço da barreira de contato, a qual consiste em uma membrana seletivamente permeável entre o consciente e o inconsciente. Enquanto a função-alfa é responsável pela transformação de estímulos elementos-beta em elementos-alfa mentalizáveis (pensamentos emocionais), o sonho reforça o continente ou mente que pensa os pensamentos.

Como consequência desta linha de raciocínio, vemos que o id de Freud (1923b), agente do processamento primário, é concebido como a área vulnerável por Bion. Em outras palavras, a fim de processar e transformar (mentalizar) experiências emocionais, deve-se primeiro "sonhar" ou "fantasiar", que é a forma inicial de personalizar subjetivamente as experiências antes de se poder objetificá-las. Assim, quando o analista contém o paciente ao interpretar suas fantasias e/ou sonhos, o analista está de fato "sonhando as experiências emocionais do paciente" e, desta forma, realizando um reparo baseado na rede de fantasias do mundo interno.

O ano de 1897 trouxe uma crise na concepção de Freud da psicanálise. Foi nesse ano que, em uma carta ao seu confidente Wilhelm Fliess, Freud revelou que havia descoberto a presença e a importância da fantasia inconsciente (Freud, 1950[1887-1902]). Dois anos depois ele publicou sua decisiva *Interpretação dos sonhos* (Freud, 1900a) e, desde então e até recentemente, o sonho e sua gêmea fraterna, a fantasia, praticamente dominaram o modo como os analistas pensaram e clinicaram. Hoje, as coisas mudaram. Desde que Freud praticamente abandonou a relevância dos fatores ambientais, exceto na medida em que evocavam o id no trauma, os analistas atuais, com a exceção dos kleinianos, reagiram a essa polaridade ao reavaliar a importância do ambiente adequado ou inadequado do analisando e o impacto que relações boas e danosas ou mesquinhas tiveram sobre este como legado de seu desenvolvimento.

Bion é um dos poucos analistas importantes que manteve uma perspectiva equilibrada sobre a importância dos mundos interno *e* externo. Bion se destaca por conta de sua elaboração de um terceiro mundo, o mundo de *O* – um mundo extraterritorial que, ainda assim, interpenetra a realidade psíquica e o mundo externo, um mundo que se caracteriza pela Verdade Absoluta (emocional) sobre

100 "EM BUSCA DE UMA SEGUNDA OPINIÃO"

a Realidade Última, o infinito e o caos, e que está associado ao númena de Kant, às coisas-em-si, às categorias primária e secundária, às Formas Ideais de Platão e à "divindade" ("deidade") (a divindade imaginária que pode abraçar o Desconhecido inefável) (Bion, 1965, 1970).

Psicanálise como reparação da comunicação consciente ↔ inconsciente

Mas há ainda outro propósito para a análise que pode ser considerado sob a luz de algumas das ideias de Bion. Proponho a hipótese de que uma das funções das intervenções psicanalíticas seja a de ajudar a restaurar uma função-alfa danificada ou em relativo mau funcionamento. Esta ideia baseia-se na premissa de que a gênese da psicopatologia está no "funcionamento alfa" defeituoso ou disfuncional que, de acordo com Bion (1992) também corresponde ao "sonhar" – e "fantasiar" – defeituoso. Dito de outro modo, de acordo com esta linha de raciocínio, uma das tarefas das intervenções psicanalíticas é restaurar a "função-alfa" e a "barreira de contato" (entre o inconsciente e a consciência) do analisando ao ajudá-lo a liberar fantasias congeladas de suas amarras sintomáticas. Em outras palavras, o analisando não sofre dos efeitos de fantasias concretas. Ele sofre por sua deficiência ou empobrecimento para lidar com O. Intervenções psicanalíticas servem em parte para restaurar os efeitos facilitadores e de alívio da dor das fantasias ao auxiliá-las a atingir fluidez funcional como estágio intermediário no processamento de "elementos-beta" de O, antes de se tornarem objetos na digestão e nas transformações finais do pensamento.[2]

O conceito de que uma das funções das intervenções psicanalíticas é ajudar a reparar o "funcionamento alfa" e a "barreira de contato" do analisando e, consequentemente, sua capacidade de "sonhar" e "fantasiar" envolve a premissa de que o analisando não desenvolveu um "aparato alfa" e uma "barreira de contato" adequados. Isso pode ser devido a fatores inatos, mas mais provavelmente a (a) vínculo e apego defeituosos com os primeiros cuidadores, cuja responsabilidade era a de facilitar o desenvolvimento destes aparatos no analisando enquanto bebê, e (b) internalização dos efeitos dos ataques da criança contra o objeto. Bion (1962a, 1962b) acreditava que o bebê introjeta o "funcionamento alfa" da mãe e que seu produto, os elementos-alfa, são necessários para a manutenção da "barreira de contato". Embora eu não descarte esta ideia, sugiro alternativamente que o bebê nasce com sua própria "função-alfa" incipiente como uma categoria primária kantiana *a priori* e que a tarefa dos pais é a de contribuir para que ela alcance seu desenvolvimento ótimo.

Acredito que a barreira de contato seja a fonte da saúde mental e/ou da psicopatologia. A barreira de contato é uma "membrana" bidirecional seletivamente permeável que separa o Sistema *Cs* do Sistema *Ics* e regula o "tráfego" emocional entre os dois domínios. Acredito, também, que a barreira de contato possa ser considerada uma extensão da função-alfa. Assim, saúde mental e doença mental dependem fundamentalmente do funcionamento vital da barreira de contato, a qual situa-se entre os dois Sistemas no modelo topográfico e entre o id, o superego e o ego no modelo estrutural.

"Direitos (ritos) de visitação" à "eterna criança em constante desenvolvimento" e "resolução de negócios inacabados"

A meta da análise pode ser concebida, consequentemente, como um empreendimento que transcende o *insight*. Uma empreitada que se beneficia da possibilidade de se ter "ritos (e direitos)

102 "EM BUSCA DE UMA SEGUNDA OPINIÃO"

de visitação" ao *self* infantil inconsciente "eterno e em constante desenvolvimento" de modo a alcançar *aletheia* [desvelamento] e *Dasein* [ser-aí] (Heidegger, 1927). É uma tarefa de evolução, de tornar-se cada vez mais si mesmo ao reclamar *selves* cindidos. Ao fazer isso, o analisando deve embarcar repetidamente na excursão rumo aos seus *selves* cindidos e, com base na empatia, retomar a posse sobre eles. Isso é obtido não apenas através da compreensão transferencial da cisão, da dissociação e da identificação projetiva, mas também pela manutenção do contato com a orientação do analista, com o *self* infantil inconsciente que, a meu ver, constitui o "administrador da agonia existencial" do indivíduo – o indicador vivo de nosso sofrimento atual. Todo o exposto resulta em que a análise é um processo de se prestar atenção às questões emocionais não resolvidas do indivíduo e de reapresenta-lo às suas verdades interiores. Isso significa, por fim, um ato de reclamação de nossos objetos internos e externos constituídos por nossa *O* processada de maneira incompleta (elementos-beta).

Notas

Parte deste capítulo é a adaptação de uma contribuição anterior: The light militia of the lower sky: the deeper nature of dreaming and phantasying. *Psychoanalytic Dialogues*, 14(1): 99-118, 2004.

1. Os gregos antigos acreditavam que as três Moiras teciam, cortavam e entregavam a cada indivíduo sua "porção". [N.T.]: Em inglês, *fate* significa tanto "destino" como "Moira". Esta palavra de origem grega, por sua vez, designa tanto as três figuras mitológicas responsáveis pelo destino dos humanos, quanto uma fração ou porção desse destino a eles concedida.

2. Nesse contexto, o "metabolismo" final pelo pensamento é análogo ao ciclo de Krebs no que diz respeito ao metabolismo intermediário dos carboidratos.

6. O projeto analítico: qual é a tarefa do analista?

Estabelecimento do setting *e da atmosfera analítica e manutenção do enquadre e do "acordo analítico"*

A tarefa do analista é criar e manter a atmosfera, o *setting* e o enquadre analíticos e facilitar o progresso da análise de modo que a "peça passional analítica" possa desenvolver-se de maneira ótima e efetiva. No curso da análise, ele – não diferente de Michelangelo – se vê penetrando intuitivamente a pedra crua e não desenvolvida na qual seus analisandos encontram-se aprisionados e busca liberar seus *selves* "esquecidos" e ainda por desenvolver de seu aprisionamento (López-Corvo, 2000a, 2006b; Grotstein, 2007). A técnica que ele utiliza – tolerância, paciência, contenção, suspensão do conhecimento, "capacidade negativa", *holding*, interpretações e assim por diante – serve tanto para sintonizar o analisando emocionalmente como para "exorcizá-lo" de seus antigos demônios persistentes. É importante notar, acredito eu, que, dentro dos limites da análise em si, um demônio (frequentemente, mas nem sempre, um objeto interno mau ou malicioso) não é exatamente um demônio

104 O PROJETO ANALÍTICO

propriamente dito, mas um *mensageiro* cármico útil disfarçado, cuja suposta ameaça sintomática não passa de um estímulo para atrair a atenção do analisando e do analista para "assuntos inacabados" do mundo interno em constante evolução da realidade psíquica. Relaciono esta ideia à minha hipótese de que, ao cabo, a psicanálise constitui uma peça passional, e seus "atores" incluem *daimons* (objetos internos) que representam sintomas, entre outros papéis.

O analista como "canal" entre dois inconscientes

Em essência, o psicanalista revela-se como um verdadeiro *canal* entre o analisando e o inconsciente deste, bem como o do próprio analista (*rêverie*). Bion dizia frequentemente para mim, "O analista não poderia ser menos importante ou sentido como sendo mais importante". O que ele claramente queria dizer com isso era que a importância vivenciada do analista devia-se à transferência e todas as expectativas dela derivadas. A importância *real* do analista reside no fato dele ser *desimportante* como indivíduo para que possa se tornar um canal facilitador, um "psicopompo" (Jung, 1916, p. 256), por assim dizer, entre o analisando e seu próprio inconsciente, uma ideia que Bion tomou emprestada de Sócrates e de Freud e sobre a qual Lacan (1975) escreveu. A tarefa do analista, em outras palavras, consiste tanto em ser um dos "atores" na peça passional analítica como o detetive que é capaz de discernir a verdade emocional por trás de toda a sua camuflagem. Não é diferente de um jogo de adivinhação. Lacan (1975) tratou deste conceito através da ideia do "Mestre que sabe".

Enfatizando a experiência de solidão do analisando

Acredito que uma das tarefas cruciais do analista seja a de facilitar e monitorar o estado obrigatório de solidão (separação existencial) do analisando, ainda que este seja vivenciado e expresso em um contexto intersubjetivo ou bipessoal.

O "acordo psicanalítico"

Ao estabelecer as regras do enquadre e através da aceitação destas pelo analisando, o analista e o analisando estabelecem um *acordo* que compromete cada participante com a tarefa de proteger o "terceiro" – o procedimento analítico propriamente dito. Ironicamente, as regras do enquadre analítico guardam semelhança surpreendente com as regras que devem ser seguidas por atores no palco ou em filmes – ou seja, fidelidade disciplinada e adesão ao papel que está sendo representado. O analista deve representar o papel de analista, que é contraintuitivo para ele – ou seja, não corresponde ao seu *"self* natural". O que pode ser mais difícil de perceber é que o analisando também representa inconscientemente um papel não intuitivo (não natural) ao ser o paciente que revela sua dor emocional enquanto exige do analista, transferencialmente, que o cure. Indo além, desde a ordem de Bion (1965, 1970) para que o analista abandone (na verdade, suspenda) a memória e o desejo a fim de granjear sua capacidade de *rêverie*, o analista se vê seguindo os passos virtuais do ator metódico – isto é, evocando de dentro de si as verdades emocionais apropriadas que se aproximam da situação dramática ou da situação clínica (Stanislavski, 1936).[1]

O acordo analítico implica que analisando e analista são mutuamente responsáveis por cuidar da "criança analítica", uma criança "virtual" que designo como a "criança em constante evolução do inconsciente".

Quais são as metas da análise?

O conceito de metas analíticas é um conceito complexo. Quando uma análise tem início, é como se o analista e o analisando se dispusessem a uma tarefa de longo prazo indefinido cujas metas não é possível divisar. Em geral, a meta, quando considerada, parece ser a de continuar o tratamento até que o "término"

106 O PROJETO ANALÍTICO

paire no ar e seja reconhecido pelo analista e pelo analisando. Bion é mais específico ao convidar o analista a abandonar memória e desejo, sendo este desejo o desejo do analista de curar o paciente. Não acredito que Bion de fato tivesse este sentimento sobre a análise de modo geral, no entanto. Ele se referia ao estado de mente do analista durante a sessão. Recentemente, Westenberger-Breuer (2007) explorou a questão das metas analíticas e apresentou as seguintes ideias: "alívio de sintomas e queixas, mudanças no ajuste de vida, mudanças na estrutura da personalidade e metas procedimentais como a resolução da neurose de transferência" (p. 475). Ticho (1971) sugere que uma das metas principais seria a habilidade de realizar autoanálise.

Um dos problemas sobre a consideração de metas em análise reside no longo histórico de ligação entre psicanálise e psicopatologia. Hoje, acredito que estamos mais propensos a considerar que, junto com os sinais e sintomas de sofrimento agudo ou crônico, os pacientes buscam análise para lidar com "questões" que encontram em suas vidas. A psicopatologia, a partir deste ponto de vista, pode ser considerada como a demonstração de que o paciente negligenciou estas questões até que elas tivessem que se tornar sintomáticas o suficiente para atrair atenção. Nestes tempos em que os pacientes e outras pessoas buscam treinadores físicos ou outros métodos de exercício físico, vemos que o conceito de "melhorar-se" tornou-se parte do Zeitgeist. Uma das metas da análise dentro desta perspectiva seria o desejo do paciente de melhorar-se para atingir seu pleno potencial, recalibrar seu estado mental/emocional com um analista de modo a certificar sua progressão positiva na vida. Tenho em mente aqui o conceito de "enteléquia" de Aristóteles, conforme descrito anteriormente. Da perspectiva ontológica, um analisando pode buscar análise por causa da premonição inconsciente de que andou "traindo" sua tarefa existencial.[2]

Outra meta da análise pode ser a conquista da capacidade, ao fim da análise e depois dela, de realizar uma autoanálise limitada. A personalidade humana parece ser plástica ao passo que tem o destino de voltar à sua forma original. Isso é o que Freud (1920g) compreendeu como uma das funções do instinto de morte. Em outras palavras, assim que a análise tenha sido concluída, o agora ex-paciente pode, após algum tempo, vivenciar o retorno de antigos demônios analisados. Embora o ex-paciente não possa realizar uma análise formal *per se* por conta da incapacidade de sondar seu próprio inconsciente, ele não obstante adquiriu sabedoria derivada da dor e da experiência sobre quem ele é e quais são suas questões (demônios).

Rastreando a "criança em eterna evolução do inconsciente" e o "objeto analítico", O

Kleinianos/bionianos parecem colocar metaforicamente algo como um marcador radioativo na criança analítica inconsciente (virtual) para rastreá-la e às suas incursões inconscientes fantasiadas na realidade psíquica conforme esta criança busca lidar com suas ansiedades tanto durante a presença quanto na ausência do analista. A criança analítica ama, ataca, encanta e/ou busca fugir da experiência de estar com o analista ao longo da sessão – ou fica mentalmente (projetivamente) perdida antes mesmo da sessão. A *perturbação* do contato e sua *reparação* (Beebe & Lachmann, 1988a, 1988b) por cada um dos participantes são características. Minha forma de falar sobre a "criança analítica" é chamando-a de "criança em eterna evolução do inconsciente" para designar um *protótipo e arquétipo de criança virtual* que abrange não apenas a criança da infância real, mas também a *"criança virtual"*, a preconcepção constantemente atualizada da criança persistente e perseverante dentro da criança que está dentro do adulto e que representa a personificação dos sensores emocionais mais sensíveis do analisando. Esta "criança" constitui o *sujeito inconsciente* (Grotstein, 2000) que vivencia a ansiedade emocional inconsciente (objeto analítico, *O*). A meta da sessão é localizar o sujeito-criança e a dor que ele vivencia e descobrir seu significado *pessoal* e, depois, *objetivo*. A cura analítica pode muito bem consistir na capacidade do analista de oferecer "direitos de visitação" (e "ritos de visitação") ao analisando, aos seus *selves* perdidos em seu inconsciente e permitir que o analisando os reclame como seus.

O que deve ser analisado?

O sintoma do analisando no momento da sessão analítica é aquilo que Bion (1962b) chamou de objeto analítico (p. 68), o *O* (Bion, 1965, 1970) da sessão, que é o foco de busca comum para analisando e analista e inclui: (a) "negócios" emocionais inacabados, isto é, emoções e experiências, tanto passadas quanto presentes, processadas de maneira incompleta pela função-alfa nos sonhos (ou seja, resíduos diurnos); (b) demônios internos – isto é, objetos internos persecutórios – a serem "exorcizados" e reabilitados (livres de *O* não processada); (c) análise do imediatismo e intimidade dos momentos indivisíveis de transferência ↔ contratransferência (*rêverie*) em andamento; (d) esclarecimento da visão geral do analisando sobre as transferências; (e) facilitação da emergência da enteléquia do analisando (sua percepção mais evoluída de *self* que suas capacidades inatas podem prover).

Como ouvir

Em minha análise com Bion, ele frequentemente me instava não apenas a ouvi-lo, mas a ouvir *a mim mesmo* enquanto o ouvia. Ele seguia adiante e aplicava isso também ao analista, o qual também devia ouvir a si mesmo enquanto ouvia o analisando – ou seja, ouvir sua *rêverie*. No Volume Dois, entro em maiores detalhes sobre o processo de escuta do analista, que inclui modos relacionados tanto ao "hemisfério esquerdo" quanto ao "direito". Além disso, tomo emprestadas "As tarefas da escuta" de Jeffrey Eaton (2008)[3] e os quatro níveis associados a elas – interpessoal, intrapsíquico, intersubjetivo e continente ↔ conteúdo –, isto é, o modo como o analista é afetado pelas emoções e pelo comportamento do paciente. Como tento mostrar adiante, a escuta na forma recomendada por Bion é conduzida *passivamente* (modo hemisfério direito) em contraste com a escuta *ativa* (modo hemisfério esquerdo).

O elenco de atores

As categorias irredutíveis de atores da "peça passional" analítica incluem apenas o mundo interno do analisando, com as imagens que contém do analista. Essas categorias podem, por sua vez, ser subdivididas em: (a) analisando, (b) antianalisando, (c) analista, (d) antianalista, e (e) todos os demônios, presenças, e/ou "objetos" de seu mundo interno, inclusive preconcepções inerentes e adquiridas de objetos-demônios. A primeira categoria corresponde à "criança em eterna evolução do inconsciente", o aspecto subjetivo mais vulnerável e indefeso do *self*. Ela também está associada ao sentido mais profundo de ser do indivíduo, ao seu *"Dasein"*, seu *self* mais exposto, vulnerável e dependente. A segunda categoria corresponde ao *self* resistente, desestabilizador, sabotador, um "anti- -*self*" em si. A quarta categoria corresponde ao "não analista", assim como ao "antianalista", o lado obscuro do analista que determina a presença ativa de sua própria neurose infantil. No curso da análise, vários atores secundários entram no palco analítico, mas são todos essencialmente derivados de seus ancestrais fundamentais.

110 O PROJETO ANALÍTICO

Também não podemos ignorar a gemelidade analítica original – que consiste (a) no analisando que vivencia e (b) no analisando que observa,[4] cada um dos quais têm sua contrapartida no analista. Quando a experiência emocional da sessão é contida pelo analista, a emoção (crua, somática, não mentalizada) é transformada na aceitação de se *sentir* (reconhecer, vivenciar) a emoção – isto é, a autorreflexão sobre a emoção – e a experiência desta pode então ocorrer. O analista e o analisando funcionam de modo a estabelecer vínculos emocionais (L, H e K) confiáveis entre si e com o analista (e também outros objetos), enquanto o antianalisando e o antianalista funcionam com base na falsidade (confiança negativa: –L, –H e –K) (Bion, 1963; Lôpez-Corvo, 2006b), utilizando a "função-alfa invertida"[5] (Bion, 1962b, p. 25), que restaura uma ordem falsamente recriada na vida modificada do analisando.

Transferência ↔ contratransferência e rêverie *como* "exorcismo"

Na hoje longa história da psicanálise testemunhamos uma evolução gradual da questão sobre como a análise funciona. Os gregos antigos usavam o divã na psicoterapia e empregavam a retórica, a dialética, a catarse e a interpretação de sonhos (Entralgo, 1970; Simon, 1978). Freud (1890a) utilizou originalmente a *catarse* emocional e, mais tarde, a *interpretação*, inclusive a interpretação de sonhos, que continua sendo o principal instrumento do analista até hoje. A isso, somaram-se questionamento, comentário, confrontação, incitação, espelhamento, "*holding*", "continência" e *rêverie* (às vezes chamada de "contratransferência como instrumento analítico"). Não devemos perder de vista a ressalva de que uma psiconeurose deve primeiro ser transferida (talvez o significado mais fundamental de "transferência" para uma neurose de transferência antes que se possa lidar com ela analiticamente (1917a[1916-17],

p. 444). Vejo a ideia de Freud como um tipo de código ou criptografia, muito parecida com o conceito de função-alfa de Bion, no qual uma experiência emocional crua deve primeiro ser "alfa--betizada" e então modificada de acordo com determinadas regras estéticas (trabalho onírico) para tornar-se conhecida.

Passei a acreditar, como Bion (comunicação pessoal), que a linguagem da religião e das práticas religiosas é às vezes mais adequada para descrever conceitos psicanalíticos e fenômenos clínicos. Quando Meltzer (1978) afirmou que o aspecto mais verdadeiro da transferência é a transferência de dor mental de uma pessoa para outra – consoante com o conceito de Bion (1962a, 1962b) de continente e conteúdo –, acredito que ele (e Bion antes dele) podia estar se referindo à concepção religiosa arcaica de rituais de purificação, dentre os quais encontra-se a projeção em um bode expiatório – literalmente ou sobre seu equivalente humano (Girard, 1986), como exemplificado pela crucificação. Bion (1992) parece reforçar este conceito ao afirmar que o paciente não acreditará nas interpretações do analista caso sinta que o analista não experimenta as emoções que *ele* experimenta. O exorcismo foi realizado por séculos por clérigos católicos treinados e experimentados nesta prática (para um estudo em profundidade sobre o assunto, ver Whyte, 1974).

Eu concordo com Freud, Bion e Meltzer e gostaria de sugerir o termo teológico "*exorcismo*" para designar a ênfase kleiniana/bioniana sobre a identificação projetiva, ou, como prefiro chamar seu aspecto intersubjetivo, "*trans*identificação projetiva". A partir deste último ponto de vista, o tratamento analítico pode ser visto como a desintoxicação, pelo analista, do sintoma do analisando através de sua contenção e transformação dos demônios que se manifestam no analisando. Diferente do modelo religioso do exorcismo, no entanto, que culmina em *absolvição*, o "exorcismo" psicanalítico é uma tarefa compartilhada de *resolução* na qual o paciente

112 O PROJETO ANALÍTICO

projeta sua angústia endemoniada (na forma de objetos internos demoníacos) no analista-"exorcista" fazendo com que o analista "se torne" (sofra) o demônio antes que este possa ser desintoxicado pela compreensão. O analista processa e neutraliza a ansiedade (de modo semelhante à função médico-fisiológica de diálise renal) e manda os resultados purificados de volta para o paciente. Associo a versão psicanalítica misteriosa do exorcismo com a "situação de transferência ↔ contratransferência de Pietà" (Grotstein, 2000).

Strachey (1934) anteviu as ideias de continente, desintoxicação e "exorcismo" ao sugerir que a "interpretação mutativa" (cura analítica) ocorria quando o analisando fosse capaz de diferenciar seu superego arcaico onipotente da realidade do analista – ideia também sugerida por Winnicott (1969) quando este afirma que a criança deve destruir o objeto subjetivo (autocriado) que ela confunde com o objeto real.

Todos eles parecem estar dizendo a mesma coisa: primeiro, devemos permitir o surgimento da transferência, ou, como Meltzer (1967) coloca, *"juntar* a transferência" (p. 1) e "vesti-la" – isto é, tornarmo-nos ela – para então desconstruí-la.

Ogden (1986) discute transferência-contratransferência a partir de várias perspectivas diferentes. Cito aqui uma passagem de sua contribuição sobre a "matriz da transferência":

> *A matriz da transferência pode ser concebida como o correlato intersubjetivo (criado no setting analítico) do espaço psíquico no qual o paciente vive. A matriz da transferência reflete o interjogo de modos fundamentais de estruturação das experiências (posições autística contígua, esquizoparanoide e depressiva) que juntos conferem*

a qualidade distintiva do contexto experiencial no qual o paciente cria conteúdo psíquico. (p. 603)

A afirmação de Ogden remete ao conceito de Bion (1962a, 1962b) de continente ↔ conteúdo, o qual implica exorcismo. Ele (Bion) sugeriu mais tarde uma visão dialógica do fenômeno (continente ↔ conteúdo).

Barratt (1993), citando a obra de Claude Lévi-Strauss (1958), lança uma luz fascinante sobre a transferência a partir da perspectiva antropológica do exorcismo. Em 1947, os etnógrafos Holmer e Wasswn testemunharam uma "cura pela fala" utilizada pelos índios Cuna, discutida como segue por Lévi-Strauss (1958, pp. 187-191).

No caso de um trabalho de parto prolongado com riscos tanto para a gestante como para a criança, a parteira solicitava os serviços de um xamã. Este dispensava todos os presentes; ele jamais tocava a paciente, mas entoava um longo hino, invocando seus espíritos-guia para combater o Muu – o espírito do útero da mulher, responsável pela procriação e pelo crescimento fetal –, deixando claro que, embora Muu não fosse essencialmente malévolo, ao capturar a alma da futura mãe havia abusado de seus poderes. O xamã narra a jornada de seus espíritos assistentes, através da vagina até o útero da mulher, derrotando todos os monstros míticos pelo caminho. Neste caminho a narrativa detalha o que ocorre com a paciente, combinando um relato mítico com a descrição das minúcias das sensações internas da mulher e os eventos externos de que participa. Os espíritos assistentes finalmente vencem aqueles que estão impedindo o parto,

114 O PROJETO ANALÍTICO

a criança nasce e o encantamento termina com um relato do restabelecimento das relações amigáveis entre Muu, os outros espíritos corporais que compõem a alma da mulher e as forças terapêuticas evocadas pelo xamã.

A eficácia desta forma de tratamento psicológico provavelmente requer a autoridade especial do xamã, o clima excepcional que ele cria e a manifestação de sua preocupação com a paciente. Conforme a narrativa transita entre a descrição de experiências internas e sua tradução para um sistema de explicações místicas, um mundo ou universo de interpretações, de regras através das quais interpretações complementares podem ser geradas, e de pressuposições metafísicas ou epistêmicas sobre as quais se baseiam tais regras, o xamã oferece ao paciente um certo tipo de interpretações. Embora o mesmo hino seja usado para todas as pacientes grávidas, o encantamento toma as sensações dolorosas, caóticas e não verbalizadas da paciente e os eventos que ocorrem ao seu redor e os transforma em um sistema de significados que podem ser expressos e acessados por sua consciência e que estão de acordo com padrões públicos de explicação – não, é claro, um padrão "científico" nos termos da patologia obstétrica ocidentalizada, mas um padrão que é profundamente significativo para a própria paciente. Em resumo, vários aspectos daquilo que pode ser chamado de "transferência", bem como o conteúdo particular das palavras do xamã, são necessários para a eficácia da cura, uma vez que esta evidentemente facilita a resolução dos conflitos mais íntimos da paciente e de resistências ao nascimento de seu bebê ao explicá-los de acordo com um sistema cultural normativo de significação mítica (Lévi-Strauss, 1958, pp. 187-191).

Este constitui um belo paralelo da ideia de Freud de conversão de uma psiconeurose originada de uma neurose infantil em uma neurose de transferência: Em outras palavras, a psicanálise pode ser vista como consistindo em uma prática xamânica ao passo que o analista deve prover uma estrutura simbólica arbitrária (modelo) de terapêutica – a neurose de transferência – e induzir o analisando a trocar inconscientemente sua psiconeurose pessoal pela neurose de transferência! Ferro (1999), em seu trabalho sobre técnica, defende uma prática através da qual o analista pode relatar histórias contendo suas interpretações ao paciente. Os analistas contam histórias aos seus pacientes quando usam mitos para compreendê-los ou quando oferecem interpretações que consistem em fantasias conscientes e inconscientes. A eficácia de Cristo com seus seguidores não foi devida em grande parte ao generoso uso de parábolas por ele?

Identificação versus *"tornar-se" o analista*

A contraidentificação parcial corresponde ao conceito de Bion (1979) de "tornar-se" O (p. 26), um processo íntimo no qual o analista "torna-se" o analisando no sentido de que ele indiretamente experimenta (através de seus "neurônios-espelho" (Gallese & Goldman, 1998) facilitadores da empatia) o sofrimento emocional do paciente. Bion faria uma distinção, acredito, entre "tornar-se" e "identificação". Talvez "identificação parcial" fosse melhor definida como "tornar-se". A importância reside no fato de o analista ser capaz de manter a integridade das barreiras de seu ego ("barreira de contato") de modo que sua imersão no sofrimento emocional do paciente possa ser utilizada como um "instrumento analítico", o que é diferente da fusão total (identificação), a qual iria privá-lo do uso de seu instrumento analítico.

O analisando como supervisor: inconsciente como "oráculo"

Langs (1976a, 1976b, 1981a, 1981b) e Baranger (1983) estavam entre os primeiros a sugerir que o inconsciente do paciente

116 O PROJETO ANALÍTICO

age como supervisor da técnica do analista e a monitora de perto. Acredito que eles estejam certos e que sua ideia também se aplique ao bebê e à criança no que concerne ao seu julgamento oculto e/ou manifesto relativo aos efeitos da criação oferecida por seus pais. A criança e o bebê, assim como o paciente, revelam suas opiniões primeiro conscientemente através de protestos e, depois, inconscientemente por meio de sintomas e atuações. Na análise e na psicoterapia, a "supervisão" pode revelar-se primeiro no material clínico. Em minhas primeiras tentativas de aplicar a técnica kleiniana, notei que perdi e/ou quase perdi vários pacientes em minhas primeiras tentativas inexperientes de ser "kleiniano". Eu interpretava exageradamente quase tudo que ouvia dentro da transferência arcaica materna e jamais perdia uma oportunidade de interpretar a experiência do paciente de ser perseguido por uma transformação maligna de mim mesmo durante o intervalo do fim de semana e as férias ou feriados. Alguns de meus pacientes concordavam com minhas interpretações porque realmente sentiam, acredito eu, que elas estavam corretas, e suas associações subsequentes pareciam demonstrar isso. A prova da correção era determinada tanto por uma transformação do material clínico de EP em D – isto é, de protesto, projeção e dispersão (sintomas de desconforto) em uma sensação de alívio e segurança emocional – quanto pelo fato de suas associações se tornarem mais direcionadas em termos de significado, como se tivessem sido transformadas de forma a terem um propósito e significado pessoal.

Outros pacientes, no entanto, *pareciam* concordar com minhas interpretações e ofereciam associações desvitalizadas como se recitassem um catecismo. Associações e figuras oníricas podem caracterizar relações sadomasoquistas de submissão. Às vezes levava um bom tempo para que eu percebesse que estava me tornando sujeito de uma relação passivo-agressiva com o paciente na qual não havia progresso. Outros pacientes foram embora ou ameaçaram fazê-lo.

Aqueles que estavam nesta última categoria foram capazes de informar (indiretamente através dos derivados de suas associações ou mesmo abertamente) que eu vinha interpretando demais, cedo demais e esquematicamente demais – ou seja, eu havia me tornado mecânico. Comecei a perceber, através de sua ajuda "supervisória", que eu vinha provocando uma claustrofobia psíquica: ao interpretar com excesso de zelo (e, portanto, inadequadamente) a transferência, eu estava me impondo sobre o paciente e invadindo seu espaço psíquico. Também comecei a perceber que alguns pacientes que pareciam estar progredindo haviam estado o tempo todo projetivamente identificados comigo em meu suposto papel de superego. Sua necessidade de segurança parecia requerer que eu fosse aquilo que Tustin (1981) denominou "objeto duro" para corrigir seus déficits.

Conforme passei a compreender mais e mais as observações e teorias psicanalíticas radicais e incríveis de Bion, comecei a dar-me conta de que o inconsciente, que para Bion era místico e infinito, era ele próprio, como a criança, um "supervisor" vulnerável, sem palavras e incompleto que sabe a Verdade mas pode revelá-la apenas através de pantomimas ou charadas paradoxais e semelhantes às metáforas de um oráculo – e esperar, contra as possibilidades, que a compreendamos.

O analisando e o "antianalisando"

O conceito de Klein (1946, 1955) de identificação projetiva tornou-se tão popular no campo da saúde mental que a importância clínica de um de seus outros mecanismos esquizoides, a cisão, recebeu menor atenção. Penso que em praticamente toda análise inevitavelmente surja um par de gêmeos – uma estrutura binária opositiva, por assim dizer – composto por (a) um analisando (que

118   O PROJETO ANALÍTICO

no pensamento kleiniano corresponde à criança analítica) capaz de reconhecer sua dependência do "seio analítico" e (b) uma outra "criança" contumaz, invejosa, voraz e resistente que com frequência parece sabotar o progresso da outra criança na análise. Vim a aprender tristemente que nós analistas inconscientemente escolhemos favoritos (o "desejo" de Bion). Preferimos lidar com aquele aspecto do paciente que aceita sua dependência do analista e busca progresso – às custas de criminalizar o aspecto resistente. A vasta pesquisa sobre a contratransferência, no entanto, hoje exige que consideremos também o conflito entre o analista e sua contraparte negativa inconsciente que pode secretamente envolver-se em contraidentificações – isto é, conluios ou *folies à deux* – concordantes, complementares (Racker, 1968) ou opositivas (Grotstein, 2005) com analisando. O antianalisando precisa ser compreendido a partir de várias perspectivas diferentes.

"Fatos clínicos"

O conceito de "fatos clínicos" evoca um grande dilema psicanalítico: Quão científica *é* a teoria e a prática psicanalítica? Bion faria uma pergunta adicional: quão científica é a ciência? Desde Bion e alguns outros começamos a pensar na "ciência material (linear)", pela qual a psicanálise foi julgada anteriormente, como diferente da "ciência emocional (não linear)" ou mesmo a "ciência mística", como os junguianos a conceberiam. Bion acreditava que "ciência" como a conhecemos é adequada apenas para coisas não vivas, e não para seres vivos. Onde encaixam-se os fatos clínicos em tudo isso? Acredito que o analista possa ficar satisfeito com o fato de sua interpretação ressoar com ou revelar um fato clínico quando: (a) as associações livres do analisando subsequentes à interpretação parecem mais aderir do que dispersar e mover de EP (reclamação ou protesto) para D (equilíbrio); e/ou (b) quando o

JAMES S. GROTSTEIN 119

analista alcança um estado de *rêverie* (após a suspensão de memória, desejo, compreensão e preconcepções) e vivencia emocionalmente ("torna-se", "sonha") o analisando – e então sujeita sua experiência contraemocional à reflexão autocrítica (aplicação da Grade de Bion) –, o resultado é um fato clínico.[6] Tudo o que acabei de descrever longamente, Bion define sucintamente na seguinte forma: "Fatos clínicos são aquilo que você, analista, sente" (comunicação pessoal, 1978).

Rêverie

De todas as novas ideias de Bion, a ideia de "*rêverie*" parece ser aquela que vem adquirindo mais força como instrumento de técnica. Ela designa uma vigília sonolenta e sonhadora com atenção ampla e passiva sem foco definido, que cria assim uma atmosfera ultrarreceptiva no analista para comunicações inconscientes do analisando. É algo semelhante à "preocupação materna primária" de Winnicott (1956) e deve ser diferenciada da contratransferência.

A narrativa psicanalítica

A narrativa psicanalítica – ou seja, as associações livres, gestos e sonhos do analisando – são tanto auto-organizadas pelo paciente como produtos constituintes de um empreendimento intersubjetivo cocriativo ou coconstrutivo. Ferro (2005), baseando-se em Bion (1962b), afirma:

> *As associações livres do paciente são derivados limitados do pensamento onírico em vigília, com vários graus de distorção e camuflagem. O mesmo se aplica às associações livres. . . e rêverie do analista durante uma sessão.*

120   O PROJETO ANALÍTICO

> *A síntese delas nos permite "nadar corrente acima" para acompanhar as associações livres do paciente. . . que derivam da sequência de elementos-alfa continuamente construída pelo paciente (e pelo analista).*
>
> *Fica claro, a partir deste método de teorização, que uma mudança paradoxal surge na técnica: se, por um lado, é necessário estar em uníssono com o paciente e atribuir grande valor às comunicações manifestas, por outro, também é necessário buscar acesso ao pensamento onírico. . . desenvolver a função-alfa do paciente e expandir sua capacidade de pensar – em outras palavras, expandir o continente. O problema do conteúdo, na verdade, é de igual importância, porque aquilo que ambos os elementos comunicam é meramente a sequência de elementos-alfa. (2005, pp. 430-431)*

Conforme entendo a mensagem coerente de Ferro, é importante aplicar uma perspectiva binocular à narrativa analítica – isto é, uma configuração figura-fundo reversível na qual o conteúdo manifesto das associações do paciente deve ser tratado como conteúdo (contido) por um lado, mas a perspectiva mudaria, por outro lado, para o continente, o gerador de elementos-alfa, os quais permitem ao paciente (e ao analista) "sonhar" (pensar, processar, transformar) o conteúdo (elementos-beta) do paciente (e do analista). Colocando-se de outra forma, Ferro parece recomendar que, em casos difíceis, o analista deve continuar discutindo o conteúdo manifesto consciente do analisando de modo mais extenso e desenvolver narrativas sobre ele. Esta parece ser sua versão sobre "sonhar" os elementos-beta do analisando. (Para sua contribuição mais recente sobre narrativização, ver Ferro, 2009).

O impulso à verdade

Resumi em outro lugar (Grotstein, 2004b) a ênfase de Bion na busca do homem pela verdade e, tendo em mente seu conceito de O (Verdade Absoluta sobre uma Realidade Última infinita e inefável e que precisa passar por transformações através da função-alfa e dos sonhos para tornar-se mentalizável e, assim, pessoalmente tolerável e significativa), propus o conceito de um impulso à verdade de acordo com o qual o indivíduo ou, neste caso, o paciente, é atraído em direção à verdade e também se defende contra este impulso. Estou convencido de que *o impulso à verdade é o principal fator que permite que os pacientes reconheçam a verdade quando esta é interpretada pelo analista e para que sejam capazes de aceitá-la a despeito do sofrimento implicado – e que a verdade emocional é a essência do reprimido e, em última instância, de toda sintomatologia em sua forma inaceitável.*

O texto psicanalítico como palimpsesto

Quando Freud concebeu as ideias de sexualidade infantil (Freud, 1905b) e de neurose infantil (Freud, 1918b[1914]), ele se referia ao estágio do desenvolvimento que hoje chamaríamos de primeira infância; Klein, por outro lado, voltou-se para os primórdios da vida do bebê e estendeu a fase edípica até o segundo estágio oral (Klein, 1928). Bion (1977a), seguindo uma pista de Freud, explorou as possibilidades da vida mental embriônica e fetal. Por outro lado, muitos analistas, inclusive eu, acreditam que estágios posteriores, particularmente o período de latência e especialmente a adolescência, também têm enorme importância no contexto clínico. Os pacientes recordam-se apenas vagamente de muitos aspectos de sua infância e raramente se lembram do tempo em que eram bebês, mas nunca se esquecem de sua adolescência, que de muitas maneiras recapitula seu período como bebês (talvez até sua

122 O PROJETO ANALÍTICO

vida mental fetal). Assim, o material clínico que o paciente nos apresenta na forma de associações livres representa um *palimpsesto*, um *"pentimento"*, uma sobreposição de camadas de experiência que o passado exibe no presente – de novo e de novo em repetições sem fim – e que é trabalhado e retrabalhado indefinidamente. Aquilo que ouvimos no consultório, consequentemente, é o passado sendo apresentado na forma de presenças (objetos internos). Dito de outra forma, o arquétipo (mãe, pai, irmão, irmã e assim por diante) e suas relações originais com o paciente entram em um contínuo com outras que *parecem* tomar seu lugar, mas que na verdade apenas dão continuidade a elas no repertório.

Os conceitos do *"terceiro analítico"*

O conceito do "terceiro analítico", que se originou com Jung (1966) e foi desenvolvido por muitos de seus seguidores e também proposto por Hanna Segal (1964) e, mais tarde, por Thomas Ogden (1994), André Green (1975) e por mim mesmo (Grotstein, 2000), hoje parece ter diferentes significados na psicanálise. Ogden (1994) considera este como um conceito intersubjetivo único que inclui de forma indivisível a subjetividade tanto do analisando quanto do analista. Junto com sua subjetividade intersubjetiva, ele também inclui o "terceiro sujeito subjugante" (pp. 105-106) – o sujeito combinado operante que dirige inconscientemente os comportamentos do analisando e do analista, um conceito que complementa de forma bela a teoria bioniana de *rêverie*.

Benjamin (2004) propõe uma teoria que inclui uma forma elementar de terceiro que envolve experiências de união e acomodação, chamada o "indivíduo no terceiro", bem como formas posteriores morais e simbólicas de terceiro que introduzem a diferenciação, o "terceiro no indivíduo".

Relacionei o conceito do terceiro analítico a três aspectos diferentes da análise: (a) a "criança analítica" ("criança em eterna evolução do inconsciente"), a qual constitui o terceiro sujeito kleiniano e é de interesse (o "pacto") comum para analisando e analista; (b) o objeto analítico, o sintoma, a fonte do sofrimento emocional inconsciente; e (c) a partir da perspectiva bioniana, a análise em si, a essência invisível que interpenetra os dois participantes e constitui o terceiro analítico que, ainda assim, é extraterritorial em relação aos participantes. É o mistério, o fantasma do processo inefável.

A linguagem da psicanálise

Bion (1962a, 1962b) acredita que a linguagem derivada dos sentidos do discurso comum é miseravelmente inadequada para expressar experiências emocionais. Ela é talhada e calibrada por e para os sentidos para a detecção e discussão de elementos pertencentes ao mundo material da observação. Para Bion, ela constitui a "linguagem de substituição" – isto é, dos sinais, símbolos e representações. Dito de outra forma, quando utilizamos palavras, estamos usando imagens ou representações substitutas; não estamos vivenciando a realidade, a alteridade e inefabilidade singulares do outro (sua O). Bion opta por outra "linguagem": a "Linguagem de Êxito", uma linguagem que só pode ser compreendida pelo "Homem de Êxito", o indivíduo decisivamente paciente que é capaz de tolerar o fato de não saber, de *suportar frustração* e de, com serenidade, aguardar o "fato selecionado", o arauto da verdade sobre O em evolução.

Esse Homem de Êxito – o analista – deve ser capaz de abandonar memória, desejo, compreensão e preconcepções de modo a ficar vazio de conhecimento e, assim, estar disponível para a

124 O PROJETO ANALÍTICO

geração espontânea de informação emocional que ressoa com a experiência emocional do analisando – até o ponto em que ele "se torna" o sofrimento do analisando, não por fusão ou identificação, mas criado a partir de dentro dele mesmo (Grotstein, 2005). Em outras palavras, a Linguagem de Êxito é o produto arduamente conquistado de verdades emocionais que emergem do inconsciente do analista para sua percepção consciente na *rêverie* – isto é, de modo espontâneo e natural – como se elas mesmas, e não o analista, fossem o agente. Além disso, intuo a partir da discussão de Bion sobre a Linguagem de Êxito que ela também se aplica ao substrato emocional das associações livres do paciente.

Coloquei em itálico "suportar frustração" para indicar o ato de tornar-se, de fato, um "Analista de Êxito". Se fôssemos desconstruir o significado daquela expressão em termos da densidade de seus possíveis significados, poderíamos talvez chegar à seguinte hipótese: O analista deve ser capaz de tolerar sua propensão para EP e aderir à disciplina inerente ao alcance e manutenção de D – pois, se ele estivesse predominantemente em EP, não apenas ficaria mais vulnerável à frustração, mas assim estaria pois teria sentimentos de prerrogativas narcísicas que o deixariam na expectativa de que as associações livres do analisando se desenvolvessem para ele por conta própria; assim, ele pareceria estar aguardando pacientemente quando, na verdade, poderia estar apenas *aparentemente* aguardando pacientemente que o fato selecionado "o selecionasse". O analista que opera predominantemente em D não nutre tais expectativas. Ele desenvolve um modo proativo do caçador/explorador entusiasmado que está de fato observando ou mapeando seu objeto desconhecido de investigação: encontrando-o na metade do caminho, por assim dizer – deixando a agência para o momento.

Notas

1. Em resposta à minha indagação sobre Bion ter conhecimento de Stanislavski, Francesca Bion (comunicação pessoal) revelou que ele tinha, de fato, lido *A preparação do ator* (1936) e ficado impressionado com a obra.

2. De acordo com Dodds (1951), em seu *Os gregos e o irracional*, a culpa mais profunda de Édipo referia-se à fuga de sua *moira* (porção do destino) ao deixar Corinto, evitando assim a confrontação com seu próprio complexo de Édipo.

3. Sou grato a Jeffrey Eaton por sua gentil permissão para citar esses níveis, os quais estão incluídos em um manuscrito não publicado.

4. A distinção de Bion (1992) entre "narcisismo" e "socialismo" como uma diferenciação entre as personalidades individual e grupal do indivíduo é relevante aqui (p. 103).

5. "Função-alfa invertida" pode ser entendida como o "método na loucura".

6. O conceito de fatos clínicos foi abordado por Abrams (1994), Ahumada (1994), Hanly (1995), Jordán-Moore (1994), Ornstein (1994), O'Shaughnessy (1994), Quinodoz (1994), Renik (1994), Riesenberg-Malcolm (1994), Roiphe (1995), Sandler & Sandler (1994), Schafer (1994), Schlesinger (1995), Shapiro (1994), Spence (1994), Tuckett (1994) e outros. Minha tentativa aqui restringe-se à discussão da perspectiva kleiniana/bioniana.

7. Algumas notas sobre a filosofia da técnica

Inocência primária e "pecado original"

Acredito que seja importante para o clínico estar ciente de como sua atitude filosófica com relação ao analisando e o método de sua técnica analítica afetam a análise. Não me refiro exclusivamente a qual escola analítica o analista pertence, mas ao modo como ele concebe o analisando – além das considerações sobre transferência-contratransferência. Nós inadvertidamente vislumbramos o paciente de acordo com nossas preconcepções, tanto pessoais como profissionais – isto é, nossos sistemas de valores. A escola analítica à qual o analista pertence pode exercer algum peso sobre esta questão. Um freudiano ou kleiniano ortodoxo pode enfatizar o hedonismo, a destrutividade, a hipocrisia e a suposta onipotência inerentes do analisando (*"pecado original"*), por exemplo, e pode ainda assumir que o destino do analisando está restrito aos seus objetos internos e externos, os quais definem tanto a criança como o analisando. Um possível *koan* kleiniano afirmaria o seguinte: *o analisando tornou-se aquilo que ele acredita que tenha feito com seu objeto* (via identificação projetiva e introjetiva).

O analista intersubjetivo, interpessoal, da psicologia do *self* e relacional teria maior propensão, acredito, a enfatizar o modo como a personalidade da criança foi coconstruída por seu ambiente e que ela repete tal coconstrução na transferência. Assim, a escola kleiniana e escolas clássico-ortodoxas mais antigas podem enfatizar aquilo que eu chamaria de *"pecado original"*:[1] Ou seja, esperar-se-ia que o conceito de causa primária estivesse localizado na organização pulsional inerente da criança. Freud (1923b) afirmava que o destino da pulsão era ser exaurida na catexia de seus derivados. Em outras palavras, somos – e nos tornamos – primariamente aquilo que nossas pulsões nos levam a ser – com modificações secundárias pelo ambiente. As outras escolas que destacam a importância do ambiente podem ser vistas como escolas que defendem a "inocência original".

Há dois fatores atuantes sobre a tendência kleiniana e clássico-ortodoxa que eu gostaria de mencionar, no entanto.

A. Autores kleinianos desde a época de Klein parecem, por exemplo, não ser totalmente claros quanto a se a criança e seu destino estão *realmente* – ou seja, *concretamente* – atrelados ao destino de suas pulsões, ou se esta é a *crença* inconsciente (Britton, 1998b) sustentada pela porção infantil da personalidade do analisando – isto é, uma fantasia inconsciente. Minha impressão é de que meus colegas kleinianos *acreditam* na primeira proposição e, com frequência, *praticam* a segunda. Em outras palavras, a técnica kleiniana inconscientemente assume a existência de um bebê inocente que o analista kleiniano tenta resgatar de seus instintos pulsionais voluntariamente rebeldes e autoritários, particularmente o instinto destrutivo. Para mim, parece haver uma imprecisão na teoria kleiniana entre aquilo que a criança, levada por seus instintos, realmente fez com seus objetos motivada por sua voracidade, inveja, ataques destrutivos e assim por diante – e que circunstâncias externas foram introjetadas e possuídas pelo bebê através da autonomia secundária de modo a poupar o objeto necessário (Fairbairn, 1940). Como Bion apontou, podemos nunca vir a saber, pois a experiência que aconteceu não encontra-se disponível para nós e está disponível apenas de forma incompleta para o analisando (Bion, comunicação pessoal).

Proponho que o conceito de *inocência primária* existe em uma estrutura de oposição binária com uma *criança sempre potencialmente culpável*. Embora compreenda que isto não é científico, não posso evitar de pensar nos contos bíblicos de Caim e Abel e e Esaú e Jacó. Tausk (1919) foi o primeiro a sugerir que a criança nasce como uma psique e só gradualmente ganha consciência de seu corpo e de suas urgências pulsionais, os quais aparecem como intrusos com os quais ele precisa se identificar projetivamente. Freud (1913c) sugere algo similar ao afirmar que, após o nascimento, o bebê parece ter duas propensões: uma se separa como um gradiente do ego para tornar-se o ideal de ego, enquanto a outra se transforma no bebê real envolvido sensualmente, o bebê propriamente dito. Encontramos tanto o bebê inocente quanto seu impostor em casos de trauma e abuso.

B. Tenho a impressão de que, a despeito da propensão dos kleinianos de apegar-se à primazia das pulsões ("pecado original"), sua atitude em praticamente todos os casos que conheço é a de que estes analistas parecem experimentar grande empatia com relação ao que eu chamaria do aspecto

130 ALGUMAS NOTAS SOBRE A FILOSOFIA DA TÉCNICA

inocente do paciente que supostamente está sendo molestado e cooptado por suas pulsões e/ou objetos internos localizados em um outro *self* patológico. Se estou certo nesta última crença, então a inocência deve ser concebida como uma das ordens ocultas da técnica kleiniana. Resumidamente, o analista tem de lidar filosoficamente com o modo como se sente com relação à inocência e ao "pecado original" – a *primazia* das pulsões, se deve dar ênfase à inocência primária da criança de acordo com a qual ela precisa adaptar-se ou conformar-se com pais (e/ou pulsões) difíceis de tolerar e/ou com o modo como a criança parece crer que é o principal culpado antes de projetar tais conteúdos sobre um dado objeto. Kohut (1977) resume esta dialética como o debate entre o "homem culpado e o homem trágico" (p. 238).

Bion (1965, 1970) tentou resolver este dilema com seu conceito de "*O*", a Verdade Absoluta sobre a Realidade Última. Ele postulou que *O* tem duas ramificações ou componentes e que o homem encontra-se ontologicamente "sanduichado" entre elas. Uma das ramificações é a "impressão sensorial de significado emocional" (Bion, 1962b, p. 26), a qual compreende estímulos sensoriais tanto do mundo externo como do interno. A segunda ramificação é o inconsciente não reprimido e sua fonte de Formas platônicas e/ ou número de Kant ou coisas em si, designadas por Bion como preconcepções herdadas ou "memórias do futuro". A criança – e o paciente – são ontologicamente responsáveis (embora, paradoxalmente, tanto inocentes quanto "culpadas") pelo modo como inconscientemente conferem ou atribuem (projetam) as Formas ou número características de impressões sensoriais – isto é, como transformam e, assim, personalizam a experiência, a qual pode ter sido originariamente impessoal (*O*).

Homem dirigido pelas pulsões versus homem criativo e comunicativo

Em um de seus artigos "kleinianos", Winnicott (1971) falou sobre o "objeto subjetivo" (p. 38) e a "criatividade primária" (p. 2). Ele define o primeiro como segue: "Estou tentando fazer uma distinção entre esta fusão (referindo-se à sua citação anterior ao conceito de Milner de 'fusão pré-lógica' – entre sujeito e objeto) e a fusão e separação entre o objeto subjetivo e o objeto objetivamente percebido" (p. 38). O objeto subjetivo corresponde a um objeto fantasmático no espaço potencial (lúdico), um objeto que é criado imaginativamente, presumivelmente através da identificação projetiva.

Esse objeto fantasiado obstrui a visão do objeto real (o "objeto objetivamente percebido") pela criança. Pode-se ver prontamente que esta formulação constitui o modelo de Winnicott para o que geralmente chamamos de "transferência". A tarefa do desenvolvimento da criança consiste, portanto, em destruir o objeto subjetivo em sua brincadeira imaginativa para que possa entrar em contato com o objeto externos real e vivo.[2] Apreendo disso o seguinte: O bebê/criança brinca – e deve brincar – com os objetos de sua realidade externa e interna como um modo de *pensá-los* antes de ser capaz de *pensar sobre* eles. De forma independente, Bion (1992) chama esta atividade de "sonhar" ou "pensamento do sono em vigília" (p. 46). Tratei disso como "autoctonia", a criação pelo *self* do próprio *self* e de objetos internos e externos (Grotstein, 1997a, 2000).

A sessão psicanalítica pode ser vista, assim, tanto como (a) a narrativa do surgimento das pulsões (Freud e Klein) e suas consequências;[3] (b) o arquivo relatado de eventos dos quais o paciente se lembra ou pode evocar na análise do inconsciente dinâmico

132 ALGUMAS NOTAS SOBRE A FILOSOFIA DA TÉCNICA

reprimido; e/ou (c) como uma *peça* (uma *peça passional*) na qual todos os personagens que o analisando lista no conteúdo manifesto de sua sessão e em seus sonhos constituem *objetos subjetivos* – ou seja, objetos sonhados que são evocados pelo inconsciente para *atuar* aspectos pertinentes e pontuais do inconsciente do analisando para revelação dramática na análise (Grotstein, 1979, 2000, 2009; McDougall, 1985, 1989). McDougall (1985) afirma:

> *A linguagem nos informa que o roteirista é eu. A psicanálise nos ensinou que os cenários foram descritos anos antes por um eu ingênuo e infantil lutando para sobreviver em um mundo adulto cujas convenções dramáticas são muito diferentes daquelas da criança. Essas peças psíquicas podem ser representadas no teatro de nossas próprias mentes ou no corpo, ou podem ainda se desenrolar no mundo externo, às vezes utilizando as mentes e corpos de outras pessoas ou mesmo instituições sociais como palco. (p. 4)*

Minha concepção disso é de que o modo como o analista concebe filosoficamente o paciente é significativo. O conflito entre inocência e pecado original é um ponto importante e pode ser compreendido ao se pensar em ambos como agindo dialeticamente um sobre o outro – isto é, que inocência e pecado original formam uma estrutura binária opositiva na qual um afeta o outro. O outro aspecto filosófico – e também estético – para o qual chamo atenção aqui é a diferença entre a concepção da sessão analítica como uma entidade primariamente conduzida pelas pulsões ou como uma entidade mais complexa, uma revelação dramática, uma peça passional que serve para externalizar e exorcizar demônios ocultos.

A criança definida e não definida pelo objeto

Uma ordem oculta da teoria e técnica kleiniana é a noção de que o sentido de *self* da criança (identidade do ego) é uma função obrigatória de sua relação com o objeto: a criança primeiro *identifica projetivamente* aspectos de si mesma no objeto externo (e mais tarde em objetos internos também) e então *identifica introjetivamente* o objeto quimérico assim formado (objeto mais projeções da criança). Dito de outra forma, a criança identifica-se com o objeto "processado" e, assim, *torna-se* o objeto (Freud, 1917e). Enquanto Klein – e Freud – referem-se à criança como uma entidade única, Winnicott fala de uma "criança primária que é" e uma "criança que faz", sendo a última aquela que busca o seio. A teoria e a técnica kleinianas só permitem a existência da última. Kohut (1971) faz uma distinção entre a criança vista sempre em relação a um objeto e aquela que tem uma linha de desenvolvimento independente e autônoma. Bion, embora kleiniano, parece mais próximo de Winnicott ao afirmar um modelo bimodal independente, ao qual se refere concisamente como "narcisismo *versus* socialismo" (Bion, 1992, p. 30).

Concluo, a partir destas distinções, que há algo a ser dito sobre a existência de uma linha de desenvolvimento bebê → criança que é ao mesmo tempo independente e dependente dos objetos, uma linha na qual o primeiro interpenetra de modo imperceptível a criança definida pelas relações objetais.

Conceitos mais atuais sobre motivação e agência humanas: verdade emocional versus pulsões como causa primeira

A psicanálise como a conhecemos hoje surgiu a partir da segunda teoria de Freud sobre causalidade psíquica ou determi-

134 ALGUMAS NOTAS SOBRE A FILOSOFIA DA TÉCNICA

nismo, baseada na fantasia inconsciente, por trás da qual assomavam os impulsos libidinais e, mais tarde, os agressivos ou destrutivos. Bion (1965, 1970), ao passo em que mantinha sua crença nas pulsões, reconfigurou-as com o acréscimo do impulso epistemofílico: *L* (amor), *H* (ódio) e *K* (conhecimento). Ele os concebeu como *vínculos emocionais* entre o *self* e os objetos. Em outras palavras, "conhecemos" o objeto através do modo como vivenciamos o equilíbrio entre nosso "amor" e nosso "ódio" relacionado a ele. Consequentemente, as emoções ou, mais especificamente, a *verdade emocional*, torna-se o foco mais importante da investigação psicanalítica. Bion (1965, 1970) propôs o conceito de *O*, que substitui o positivismo clássico de Freud e Klein (pulsões como causa primeira) pela primazia da verdade emocional em toda sua complexidade e incerteza. *O* designa a Verdade Absoluta sobre uma Realidade infinita, caótica e impessoal. *O*, e não as pulsões, é a "causa primeira" e representa nossa confrontação diária inescapável, indiferente e impessoal com a crua Condição da Mãe – e do Pai – Natureza.

Como resultados destas ideias, a *verdade emocional* torna-se o principal conteúdo do material reprimido. A saúde mental normal, consequentemente, torna-se uma função de "continente → conteúdo", "função-alfa" e dos sonhos, os processos através dos quais a mãe (e o pai) processam o contato incipiente de seu bebê com *O* enquanto, ao mesmo tempo, modelam seu próprio confronto com *O* através de seu comportamento. Da mesma forma, a psicopatologia é compreendida como: (a) uma *dis*função de contenção (primeiro por parte da mãe e depois do pai) e/ou problemas de continente na criança resultantes do fracasso de seus pais; bem como de suas próprias limitações inatas – *e/ou ambos!* (b) falha da função-alfa, primeiro nos pais e depois na criança, de novo pela falta anterior; e (c) falha na capacidade de sonhar experiências conscientes e inconscientes. Ao conceito de verdade emocional, acrescentei o conceito de um *"impulso à verdade"*, que está intimamente relacionado à conceituação de Bion sobre Verdade Absoluta e necessidade psíquica de verdade nos seres humanos (Grotstein, 2005). De acordo com esta perspectiva, consequentemente, os impulsos convencionais (L, H e K), assim como continente, função-alfa e o ato de sonhar, são mediadores de *O*, a Verdade Absoluta sobre a Realidade Última. (Para uma exposição mais detalhada sobre estas ideias, ver Grotstein (2006b).

Enteléquia, conatus *(conação) e adaptação*

Enteléquia

Gostaria de justapor duas novas teorias sobre a motivação ao conceito de *O* de Bion e ao meu conceito de impulso à verdade. A primeira é a *"enteléquia"*, um conceito de Aristóteles expandido por Leibniz que designa a realização do potencial inato de um indivíduo. Cada entidade consciente contém seu próprio universo inteiro dentro de si. É a força vital (vitalismo) sempre pulsante que afeta a personalidade a partir de dentro. Uma árvore, por exemplo, é a enteléquia da semente, e o adulto formado é a enteléquia do embrião/feto/bebê/criança. Enteléquia é um conceito holístico ou de vitalidade que contrasta com a teoria das pulsões, sendo as últimas mais mecânicas e, assim, mais aplicáveis à psicologia das "criaturas" (Vladimir Lipovetsky, comunicação pessoal, 2006). Defendemo-nos, como consequência, não apenas do impulso à verdade, mas também contra nossa enteléquia sempre emergente que sempre nos impulsiona a realizar nosso potencial inato. Tornamo-nos conscientes de nossa enteléquia conforme envelhecemos – quando o "Departamento de Contabilidade Geral" de nosso ideal de ego nos recorda da discrepância crescente entre aquilo que realizamos e aquilo que legitimamente *poderíamos* ter realizado.

A fim de compreender o conceito de enteléquia com mais clareza, podemos imaginar uma cabine de vidro em uma casa de diversões na qual há uma cópia perfeita de um volante de automóvel afixada ao painel. Após inserir a moeda adequada, vê-se o simulacro de uma estrada ziguezagueando de forma imprevisível em direção ao piloto, cuja tarefa é mover o volante de acordo com a estrada que se move para permanecer nela. O que este modelo ou metáfora sugere para meus propósitos aqui é que a estrada que oscila imprevisivelmente em direção ao condutor é seu próprio futuro, que contém sua enteléquia – aquilo que o indivíduo deve tornar-se para se ajustar à mudança constantemente em curso. De acordo com esta perspectiva, sempre estamos às margens da "mudança catastrófica" (Bion, 1970, p. 106). Outra imagem é a situação da criança na fase de latência que adentra a adolescência com todas as suas mudanças dramáticas em termos físicos, mentais e sociais. Temos de nos ajustar constantemente à mudança necessária que se apresenta a partir do chão para o futuro constantemente mutável percebido como vindo inexoravelmente em direção ao indivíduo.

Acredito que a enteléquia seja a principal força do id e abranja as funções de todas as pulsões – e muito mais. É um termo mais abrangente que as pulsões de Freud e inclui o instinto de vida e todos os seus derivados. Quando uma garota na puberdade dá-se conta das mudanças em seu corpo, por exemplo, e torna-se consciente de suas emoções, ela passa por uma mudança catastrófica em todo o seu senso de identidade e deve aceitar este desafio "tornando-se" seu *self* em transformação. A enteléquia causa tais mudanças. Considero a enteléquia como um componente importante da O de Bion (1965, 1970) ao passo em que ela constitui uma força intangível que está destinada a adentrar nossos estados de mente e nos transformar e desenvolver conforme passamos pelas mudanças catastróficas que ela inexoravelmente induz.

Enteléquia é o que Freud realmente buscava, acredito eu, quando procurava a motivação ou agência inconsciente e então partiu em direção às pulsões. Também acredito que a enteléquia constitua uma terceira ramificação do conceito de O de Bion, sendo as outras duas as preconcepções inerentes (Formas platônicas e númena de Kant) e as impressões sensoriais provenientes dos mundos externo e interno. A experiência humana permite que um intercurso "divino" ocorra no qual a enteléquia (tudo aquilo que podemos ser) encontra-se com as Formas Ideais (tudo o que pode acontecer).

Conatus

Damasio (2003), citando Spinoza, afirma o seguinte com relação ao *conatus* (conação):

> *O conatus incorpora tanto o ímpeto de autopreservação diante do perigo e das oportunidades quanto a miríade de ações de autopreservação que mantém as partes do corpo juntas. A despeito das transformações pelas quais o corpo deve passar conforme se desenvolve, renova suas partes constituintes e envelhece, o conatus continua a formar o mesmo indivíduo e respeita o mesmo desenho estrutural. (p. 36)*
>
> *As emoções propriamente ditas, apetites e reações regulatórias mais simples ocorrem no teatro do corpo [e eu digo mente, JSG] sob a orientação de um cérebro congenitamente sábio projetado pela evolução para ajudar a gerenciar o corpo. Spinoza intuiu que a sabedoria neurobiológica congênita envolvia a intuição em suas declarações sobre o conatus, a noção de que, por necessidade, todo organismo vivo luta para preservar a si mesmo sem*

138 ALGUMAS NOTAS SOBRE A FILOSOFIA DA TÉCNICA

conhecimento consciente desta tarefa e sem que tivesse decidido, como um self individual, a realizar qualquer coisa que fosse. Em resumo, eles não sabem qual o problema que estão tentando resolver. (p. 79)

A versão de Damasio do *conatus* de Spinoza faz com que ele soe como um *instinto* de vida ou vitalizante em vez de uma *pulsão*. Acredito que, ao passo que a enteléquia representa o instinto de vida, *conatus* represente não apenas o instinto de vida, mas também os aspectos protetores do instinto de morte, os quais acredito que ocupem normalmente uma estrutura binária opositiva com o instinto de vida. Em vez de agir de forma autoritária, o instinto de morte, acredito, vem ao resgate de uma suposta vítima e ataca seus vínculos com seus objetos agressivos para protegê-la, embora com isso a lance na posição desfavorável da alienação. É este aspecto "cooperativo" do instinto de morte que desacelera os motores mentais da mudança quando uma "mudança catastrófica" parece de fato iminente. Esta estrutura binária opositiva pode cindir-se e passar por uma realocação dentro de uma reserva patológica ou refúgio psíquico e passar a operar separadamente, anarquicamente, avessamente e desobedientemente. Acredito que o *conatus* possa ser o princípio subjacente a todas as resistências psicanalíticas de modo geral e às reações terapêuticas negativas e desenvolvimento de equilíbrios psíquicos, especificamente. Além disso, o princípio de *conatus* parece incorporar o conceito de *adaptação* de Hartmann (1939).

Adaptação

Hartmann (1939) concebeu um princípio psicanalítico diferente dos princípios do prazer e da realidade. O princípio de adaptação, enquanto ainda reconhece as pulsões, sugere que todo indivíduo busca adaptar-se às circunstâncias tão bem quanto possível de modo a preservar seu senso de identidade e segurança. Quando lemos Damasio falando sobre Spinoza, podemos facilmente reconhecer que o *conatus* é o precursor adequado da adaptação. *Conatus*, conforme expresso através do conceito de adaptação, restringiria os conceitos clínicos à necessidade do indivíduo de se ajustar tão bem quanto possível a estímulos intrusivos, *O*, provenientes tanto do mundo interno quanto externos. O conceito de adaptação é outra das ordens ocultas da técnica kleiniana. Ele está envolvido no conceito de "contexto adaptativo", todas as circunstâncias sobre irregularidade do enquadre, das ausências e assim por diante às quais o inconsciente reage "adaptativamente".

A importância da adaptação, me parece, é um problema filosófico profundo para os psicanalistas. A questão, como a vejo, coloca-se da seguinte forma: O bebê e seus descendentes – a criança, o adolescente e o adulto – está sujeito aos ditames das *pulsões* ou a organizações mentais inerentes e posteriormente desenvolvidas que buscam proteger o sujeito contra supostos perigos? Um exemplo disso seria o instinto de morte. O instinto de morte possui vontade, senso de agência? Ou se descarrega de forma ditatorial quando onipotentemente lhe parece adequado? Pessoalmente, acredito na existência do instinto de morte, mas acredito que ele opera sob a orientação e as ordens de uma organização (ou organizações) mental que o recruta para propósitos específicos de suposta proteção do sujeito. Quando as condições de vida são vivenciadas como insuportáveis, a função do instinto de morte pode ser a de ajudar o sujeito a "morrer" um pouco para que possa permanecer vivo – ou talvez não! Ele funciona através do ataque, não ao objeto *per se*, mas aos vínculos com o objeto, liberando assim o indivíduo dos objetos que são sentidos como prejudiciais. A inveja, como mencionei antes, pode ser outro exemplo do uso da adaptação. O que estou sugerindo é que chegou a hora de reconsiderarmos como a

140 ALGUMAS NOTAS SOBRE A FILOSOFIA DA TÉCNICA

mente funciona. Acredito que existam "inteligências numinosas", "presenças", "homúnculos" ou "demônios" (bons e aparentemente ruins) que constituem organizações mentais que misteriosamente influenciam nossas vidas.

Outras considerações filosóficas

Sob o guarda-chuva da ideia de que a psicanálise constitui uma filosofia pragmática, teço as seguintes considerações:

A. Ninguém pode possuir o objeto. Pode-se, no máximo, partilhar experiências com objetos. Podemos interpretar para um analisando, "Você não precisa de mim. Você precisa de experiências comigo para que eu possa ajudá-lo a processá-las e a ser capaz de construir (não internalizar) o legado da experiência comigo em minha presença e, depois, em minha ausência".

B. O analisando e o analista são canais únicos entre um e outro aspecto do inconsciente. Descrevi este fenômeno em outro lugar como a relação numinosa entre o "sonhador que sonha o sonho" e o "sonhador que o compreende" (Grotstein, 2000). Em outras palavras, o processo psicanalítico é inefável; ele ocorre de modo totalmente inconsciente e autônomo. O analista e o analisando podem esperar apenas "sintonizar" sua operação. Os nomes do analista e do analisando estão situados abaixo do título desta peça misteriosa.

C. A psicanálise pode funcionar porque enquanto o analisando está associando livremente e o analista está ouvindo e interpretando, o inconsciente está ouvindo e processando a interação e preparando novas associações e sonhos para serem remetidos ao analisando.

D. Analisandos – e mesmo analistas – ficam confusos às vezes ao dar-se conta de que o processo analítico independe de seus participantes e parece às vezes sair do controle – isto é, ir além da compreensão de seus participantes a qualquer momento. Recordo-me de um analisando que me agradeceu por ajudá-lo a deixar o cigarro, e eu jamais tivera a mínima ideia de que ele fumava!

E. A linguagem da psicanálise é muito frequentemente utilizada em termos de mecanismos – isto é, de "objetos", mecanismos de defesa e assim por diante.

F. O analisando é como um ator que está inconscientemente participando de um teste para que o analista o inclua em um roteiro reescrito para compensá-lo por ou amenizar aquele que realmente ocorreu. Por outro lado, ele também testa secretamente o analista para julgar se ele é adequado para o papel – como seu salvador, redentor ou analista.

G. O analisando inveja não apenas a sabedoria de seu próprio inconsciente, que está associado ao analista, ele inveja também a relação única que se dá às suas custas e com sua cooperação entre o analista e o inconsciente do próprio analisando, uma relação na qual o último sente-se como o "intermediário excluído".

H. Os analistas não devem buscar compreender o inconsciente. Tentar entendê-lo é transformá-lo em um objeto, coisa que ele jamais pode ser. Pode-se tão somente esperar "tornar--se" o inconsciente pois, como a divindade, o inconsciente é sempre o sujeito (Bion, 1970). Um corolário para esta ideia é o fato de que o analista deve, como fizeram Klein e Bion, considerar os objetos da experiência consciente exclusivamente da perspectiva ou vértice do inconsciente.

142 ALGUMAS NOTAS SOBRE A FILOSOFIA DA TÉCNICA

Os modelos de técnica analítica de uma e de duas pessoas

Quando uso "modelo de uma pessoa", estou me referindo à concepção mais ortodoxa/clássica da relação analítica, na qual o analista era supostamente o observador "neutro" e "objetivo" e o analisando era mais o reator emocional e o coobservador. O "modelo de duas pessoas" surgiu com o crescente reconhecimento da utilidade clínica da contratransferência do analista. Deve-se notar desde o princípio que a própria Klein, assim como seus contemporâneos clássico-ortodoxos, seguiam o modelo de uma pessoa, mas alguns de seus seguidores, sobretudo Heimann (1950, 1960), Money-Kyrle (1956) e Bion (1962a, 1962b, 1963, 1970, 1992) e, simultaneamente ou logo depois, Racker (1968) e os Baranger (Baranger, 1983, Baranger & Baranger, 1961-1962) introduziram o modelo de duas pessoas – isto é, o uso terapêutico da contratransferência como praticado por quase todos os kleinianos atuais, especialmente sob a influência de Betty Joseph (1989). O modelo de duas pessoas que eles seguem, no entanto, difere daquele seguido pela maioria dos intersubjetivistas, relacionistas e psicólogos do *self* de hoje, assim como de muitos psicólogos do ego. Tal modelo pode ser visto como um "modelo de duas pessoas assimétrico". Ele inclui a subjetividade do analista, mas não de forma autorreveladora, ao passo que a abertura do analista para o analisando parece ser uma prática respeitada por muitos não kleinianos e não freudianos (Ehrenberg, 1974).

Minhas próprias crenças são as seguintes: O paciente entra em análise sofrendo de sua (uma pessoa) *neurose infantil* (embora parte de uma neurose familiar anterior e/ou neurose intergeracional). Esta neurose infantil é transferida em uma *neurose de transferência-contratransferência* (duas pessoas) na qual o paciente e o analista constroem a trama analítica em conjunto, na conclusão da qual a antiga neurose infantil resolve-se de forma significativa no paciente.

As várias camadas de intersubjetividade

Um caso clínico

Apresento um breve exemplo clínico para ilustrar algumas das complexidades do tema da intersubjetividade, o qual inclui a transferência, a contratransferência (na verdade, *rêverie*), a identificação projetiva e a transidentificação projetiva. Não inclui a história pregressa, exceto na forma de observações conforme avanço. O analisando encontrava-se em análise há três anos. Os contextos adaptativos são: (a) eu estivera de férias na semana anterior e este era o meu primeiro dia de volta; (b) durante minha ausência ele fora avaliado por seus superiores no trabalho.

Sessão de segunda-feira:

Analisando: Conforme eu caminhava para o seu consultório eu me sentia muito feliz de poder ver você. No momento seguinte, lembrei-me de que era apenas mais um de seus vários envolvimentos.

Analista: Você percebe como primeiro experimentou e expressou bons sentimentos com relação ao nosso encontro e logo em seguida atacou-os com o pensamento de que você é apenas um de vários, referindo-se, acredito eu, aos meus outros pacientes e às pessoas com quem passei minhas férias. Me pergunto se, naquele momento, você não teve medo de seus bons sentimentos – de quão vulnerável eles fazem você se sentir. Talvez uma

144 ALGUMAS NOTAS SOBRE A FILOSOFIA DA TÉCNICA

versão invejosa de que você não tenha conseguido tolerar sua percepção de alegria com nosso encontro.

Analisando: Sim, compreendo. Este sou eu escrito. Fui avaliado no trabalho. Apresentei meu grande projeto aos meus superiores. Eles ficaram pouco entusiasmados. Cada um deles fez breves comentários sobre o projeto – como eles o teriam concebido –, mas só no final o supervisor principal disse algo bom sobre meus esforços. Ele pode ter tido a intenção de fazer isso, mas soou como algo mecânico, como se ele tivesse que dizer alguma coisa boa. Eu não consegui aceitar o que eles estavam me dizendo. Fiquei muito decepcionado, não só pela falta de elogios, mas principalmente pela falta de supervisão real. Se meu projeto não está bom, me informem *onde* especificamente ele não está bom. Se ele *está* bom, me digam *onde* ele está bom. Me acompanhem de perto. Eu fui ignorado. Não me deram detalhes. Eu fui diminuído.

Analista: Quando você fala sobre os supervisores mecânicos e que diminuem você, acredito que também possa estar falando de sua avaliação sobre meu modo de me relacionar com você, sobre o qual o intervalo das férias apenas serviu para potencializar seus sentimentos.

Analisando: Agora que você falou nisso, eu realmente tenho dificuldade de entender suas interpretações às vezes. Eu não consigo ver onde você está. Você fala, mas às vezes eu não sinto que é você de verdade que está falando. Sinto frequentemente que você soa intelectual demais – que você não sente aquilo que está me dizendo. Não consigo sentir sua presença emocional.

Analista: Pode ser verdade que eu realmente *esteja* emocionalmente distante de você quando você está em sofrimento emocional, *ou* a distância emocional que *você* pode ter de assumir defensivamente contra *mim* – como você fez no começo desta mesma sessão – é atribuída a mim de modo que eu me torno o distante, remoto, quando você quer distância defensiva de si mesmo. Talvez em outro nível, no entanto, a atribuição de seu *self* distanciado a mim pode ter, sem que eu soubesse, feito com que eu ficasse emocionalmente indisponível, e agora você pode estar reagindo ao que se tornou de fato um eu distante que eu não me dera conta de que havia me tornado.

O analisando ficou em silêncio por algum tempo, mas pareceu ficar mais relaxado – então disse:

Analisando: Grotstein, eu sabia que você ia se esquivar dessa! Não, falando sério, eu acho que você está certo. Eu compreendo agora. Eu afasto as pessoas. Eu afasto você. Eu quero aceitação entusiasmada dos outros, mas não quero ter que aceitá-los. Isso significa ter que se envolver.

Camada Um: Eu, o analista, posso realmente ser o que o analisando percebe. Assim, sua percepção de mim e de minhas respostas a ele podem ser precisas e, ainda, exatamente por causa da precisão de sua percepção, ele pode projetar suas próprias questões inconscientes nesta realidade de mim (sobre sua imagem realista de mim como objeto interno).

Camada Dois: O analisando pode estar primariamente projetando seu próprio estado emocional sobre sua imagem "virginal" de mim, a qual pode ter estado emocionalmente envolvida o tempo todo como um objeto continente em *rêverie*.

Camada Três: O analisando pode ter projetado seu estado emocional sobre sua imagem "virginal" de mim, e eu *realmente* (não mais em fantasia inconsciente) fui afetado por este estado – e *tornei-me* tal estado.

146 ALGUMAS NOTAS SOBRE A FILOSOFIA DA TÉCNICA

Camada Quatro: O texto da sessão analítica inteira representa um esforço *intersubjetivo coconstruído* por parte dos dois participantes.

Camada Cinco: A conclusão de todo o exposto anteriormente é que a *função auto-organizadora* do paciente irá absorver, assimilar e acomodar-se àquilo que foi coconstruído em sua interação comigo – *dentro das limitações de sua natureza básica.* Caso isso não ocorra, então uma introjeção traumatizante terá ocorrido.

O legado oculto da solidão

Eu gostaria agora de abordar o tema psicanalítico da solidão,[4] tanto no sentido clínico quanto no ontológico ou existencial. Analistas clássicos, em sua reação à análise ortodoxa do id, parecem em retrospecto terem se distanciado daquele *legado de solidão* que antes constituíra um cânone fundamental da psicanálise, e podem, em minha opinião, ter continuado este distanciamento através de seus próprios descendentes reativos, a psicologia do *self*, a intersubjetividade e o relacionismo. A análise kleiniana/bioniana mantém o modelo de uma pessoa, mas, desde Bion, o faz dentro de um contexto[5] assimétrico de duas pessoas ao qual acabo de aludir. O que estou prestes a dizer baseia-se na postura analítica ortodoxa que ainda persiste nas obras de Klein e Bion, mas aparentemente não em outros casos. Pode-se dizer o seguinte: A psicanálise *não trata do que aconteceu* com o paciente em sua infância ou o que está acontecendo em sua vida atual. Ela trata de *como o paciente*, como criança ou adulto, *processou mentalmente* o evento de modo a transformá-lo em uma *experiência pessoal, emocional.* Bion reinterpreta este processo como *função-alfa* e *sonhar.* Em outras palavras, normalmente sonhamos os eventos de nossas vidas para assimilá-los.

JAMES S. GROTSTEIN   147

A psicanálise era formalmente considerada como sendo a tarefa de uma pessoa (o analisando apenas) que era "supervisionada" pelo analista. Desde os conceitos de Bion (1962a, 1962b) de continente ↔ conteúdo e *rêverie* materna e analítica, e desde o surgimento generalizado do tema da contratransferência, a psicanálise fez uma transição para um compromisso de duas pessoas caracterizado por uma relação *intersubjetiva* entre o analisando e o analista. Acredito que o surgimento da perspectiva intersubjetiva foi importante e digno de nota, mas que ele não deve ofuscar o tema de uma pessoa. A psicanálise constitui, em outras palavras, uma estrutura binária opositiva: é a atividade de uma pessoa conduzida no contexto intersubjetivo. Tudo o que acontece entre analisando e analista – em ambas as direções (↔) – é de importância e relevância fundamental para a análise, mas, na "análise final", aquilo que importa definitivamente é o processamento exclusivamente individual da experiência intersubjetiva pelo analisando apenas. Da perspectiva kleiniana/bioniana, portanto, a psicanálise pode ser concebida como um encontro assimétrico de duas pessoas, onde "assimétrico" designa a presença simultânea do modelo de uma pessoa.

A partir da perspectiva bioniana, toda psicopatologia deve-se fundamentalmente ao grau em que nossa capacidade de sonhar falhou ou foi insuficiente para converter tais eventos primeiro em experiências pessoais e, depois, objetivas. A introdução por Bion da importância metapsicológica do impacto da figura materna sobre a criança (continente ↔ conteúdo) representou uma mudança significativa na teoria e na técnica kleiniana e psicanalítica em geral; a despeito desta mudança, no entanto, a modificação trazida por Bion constitui uma teoria intersubjetiva sobre a causalidade presumida (realista) da psicopatologia, mas não altera a técnica através da qual o analisando aceita a *"responsabilidade psíquica"* por: (a) o modo como vivenciou

148 ALGUMAS NOTAS SOBRE A FILOSOFIA DA TÉCNICA

(processou, sonhou de maneira incompleta) o evento traumático, (b) como acreditou solipsisticamente (de forma autóctone, narcisista, onipotente) que criou a maldade da mãe (por exemplo), e (c) um senso de responsabilidade pelas armas e armadura que o objeto agressivo provoca ou evoca nele, não importa quão inocente aquele seja.

A importância da solidão, autoctonia e coconstrução (intersubjetividade) na situação clínica

O leitor pode se perguntar porque debrucei-me repetidamente sobre o tema da solidão. Aqui está a explicação: Quando lemos relatos de caso ou conduzimos supervisões com supervisionandos de outras escolas psicanalíticas, parece haver uma linha vermelha que atravessa suas considerações: a doença do paciente foi condicionada pela influência de seu ambiente. Eles então aguardam que as situações passadas se repitam na transferência e então as interpretam, assumindo que a compulsão à repetição permitiu que a situação se repetisse para que o paciente a processasse. Acredito que esta crença seja válida – até certo ponto. As considerações kleinianas, por outro lado, podem às vezes parecer ambíguas e contraditórias. Uma vez que a teoria e a técnica kleiniana clássica estão ambas ligadas às pulsões (instintos libidinais e de morte), assume-se com frequência, conforme acredito, que a agressividade, a inveja, o ódio e demais sentimentos semelhantes da criança foram os fatores causadores e genéticos reais. Em "Um aspecto da compulsão à repetição", que mencionei anteriormente, Betty Joseph (1989) apresenta o caso de uma mulher que fornece evidências de negligência significativa por parte da mãe quando era bebê e criança. Sua queixa era de que boas relações com homens sempre acabavam dando errado. Joseph então afirma:

> A *mãe* parecia esquecer-se *das crianças, minha paciente e seus dois irmãos – e aparentemente de* minha paciente

JAMES S. GROTSTEIN 149

> em especial, *a quem frequentemente se esquecia de servir em refeições com convidados ou deixava de buscar em festas até muito depois que todas as crianças já tivessem ido embora. Parece que a mãe amamentou A. por três meses, período após o qual seu leite acabou. Conforme A. descrevia os problemas de sua infância, sentia-se o delineamento de um quadro de ressentimento e hostilidade e uma sensação de que algo que ela queria estava faltando em sua casa e em seu relacionamento com a mãe; mas... a necessidade consciente de carinho de qualquer membro da família estava nitidamente ausente. (Joseph, 1989, p. 19, grifo nosso)*

Então, algumas linhas depois:

> *Surgia lentamente a impressão de que esta criança não era capaz de utilizar aquilo que estava disponível emocionalmente em seu lar. (p. 19)*

Como pode-se ter deduzido, Joseph acreditava que a inveja era a culpada. Reconheço que, em um relato de caso, não é possível incluir todas as nuances, sutilezas e fatos que organizam a formulação do analista sobre o caso. O que sinto aqui, no entanto, é que Joseph aparentemente negligenciou as experiências da paciente relativas à sua criação e colocou *automaticamente* a culpa na *inveja* real de sua paciente. Como um Klein-bioniano, eu teria levado em consideração o seguinte:

A. Joseph está correta em suas considerações, mas falha ao explicar porque a medida da inveja de sua paciente era tão alta – puramente inata?

B. Se a inveja era o fator causador, tratava-se de inveja *espontânea* ou secundária – isto é, provocada pela (suposta) negligência

150 ALGUMAS NOTAS SOBRE A FILOSOFIA DA TÉCNICA

da mãe? Tenho aqui em mente a "companhia viva" de Alvarez (1996) e a "mãe morta (deprimida)" de Green.

C. Poderia a paciente ter-se ajustado psiquicamente a uma infância realmente negligente através da criação de uma fantasia inconsciente de que na verdade foram seus sentimentos invejosos que afastaram a mãe – assim como seus impulsos vorazes, avarentos – como uma versão autóctone para reclamar a responsabilidade por sua negligência, com o propósito de proteger uma mãe falha? (Ver Fairbairn, 1941, 1943 e 1944 para uma posição semelhante.)

D. Minha abordagem teria sido: (a) *tema da solidão*: Eu teria conduzido a análise da paciente de modo parecido com o de Joseph – com estas exceções: teria "autenticado" psicanaliticamente a visão da paciente sobre suas experiências passadas e presentes – isto é, sem entrar em conluio com ela ou tomar seu partido, mas *respeitando* sua experiência sobre tais eventos. Mas, em seguida, eu analisaria o modo como ela hoje, assim como naquela época, tentou "sonhar" os eventos desagradáveis – ou seja, "autoctonizar", criar, personalizar – mas sem sucesso suficiente, dados os resíduos de sintomas. Em outras palavras, eu não teria feito, como Joseph, um julgamento sobre sua "inocência" ou "culpa" (inveja) quando a paciente discutiu o passado. Aqui, sigo a afirmação de Bion de que "a história é rumor". Na verdade, penso que a maioria dos kleinianos acredita nisso, uma vez que a história recordada é alterada pela revisão secundária [*Nachträglichkeit*]. Eu tentaria completar seu sonho com minha *rêverie*, contenção e o ato de "tornar-me" – isto é, modo como a vivenciei agora na forma de um "fato clínico", ("abordagem do hemisfério direito": *processo* emocional da sessão), em conjunto com minha capacidade de extrair sentido psicodinâmico de suas associações livres ("abordagem do hemisfério esquerdo": "desconstruindo" o *texto*). (b) Então, uma vez que ela tivesse trabalhado as ansiedades persecutórias inerentes à posição esquizoparanoide e pudesse entrar na posição depressiva, ela poderia então atingir a separação do objeto e individuação suficiente para ser capaz de distinguir entre um *perseguidor* (um fantasma de sua própria criação projetiva) e um *inimigo* (que *não* é ela). Então – e acredito que só então – ela poderia colocar sua mãe (e/ou pai) como legitimamente responsáveis e ser parcialmente capaz de se livrar da "falsa culpa", ao mesmo tempo que poderia elaborar a legítima *sensação* de culpa característica da posição depressiva.

Fotografia, um modelo para a psicanálise

Encerro este capítulo com uma metáfora: a fotografia. Um determinado estímulo penetra a câmera do fotógrafo, atravessando primeiro a lente, que é única em si no sentido em que controla quanta luz deve entrar e como capturar os detalhes do estímulo-objeto. Uma vez que atravessa as lentes, o estímulo torna-se uma imagem e registra sua impressão na emulsão do filme, o principal editor com que a imagem deve confrontar-se. É como se a emulsão do filme misteriosamente selecionasse os pigmentos adequados de sua paleta invisível de modo a reconstruir sua própria *impressão* da imagem de acordo com a ordem oculta de sua capacidade estética (Ehrenzweig, 1967). As operações da emulsão do filme são numinosas. E existe ainda o fotógrafo, cujo próprio julgamento estético misterioso exerce um papel significativo. A câmera não introjeta o objeto como imagem: com sua lente, a emulsão do filme e o fotógrafo, ela reconstrói uma imagem dentro dos limites da câmera que busca representar o estímulo-objeto original, mas de forma nova, esteticamente definida.

Notas

1. Há uma semelhança espantosa, em minha opinião, entre as concepções kleiniana e clássica-ortodoxa sobre a primazia das pulsões (aquilo que estou chamando de "pecado original") e o calvinismo e o luteranismo, que advogam a "servidão da vontade" (estabelecida antes de nascermos).

2. Ocorre-me que essa ideia é exatamente a razão pela qual Bion rechaça a linguagem de substituição e prefere a Linguagem de Êxito.

3. Freud (1923b) afirmava que o destino do instinto era ser consumido na catexia de seus descendentes.

4. Recomendo muito a leitura de *A solidão domesticada*, de J.-M. Quinodoz (1993), no qual esse tema é tratado de forma tocante e profunda.

5. Heimann (1950, 1960), Money-Kyrle (1956, 1968), Bion (1959, 1962b) e Racker (1968) introduziram o modelo assimétrico de duas pessoas no pensamento kleiniano. Eles acreditavam, individual e coletivamente, que a subjetividade do analista constituía um instrumento analítico (intuição), tanto quanto uma possível intrusa no processo analítico.

8. A sessão psicanalítica como sonho, teatro de improviso e drama sagrado

A sessão psicanalítica pode ser concebida como um sonho em si (os sonhos estendem-se continuamente pela noite e pela vigília, de acordo com Bion, 1970) e é consequentemente interpretável através da análise dos sonhos. Freud (1911c) afirma que, em uma sessão analítica, o sonho não deve ser tratado de forma diferente das associações livres do analisando (p. 92). Bion parecia pensar da mesma forma e, de fato, expressou esta ideia para mim em mais de uma ocasião. Em meu próprio trabalho psicanalítico e em minhas supervisões, considero este um ponto pacífico. Assim, um sonho relatado durante uma sessão constitui, por sua vez, um sonho dentro do sonho e é contextualizado dentro da matriz associativa das associações que precedem e sucedem o sonho na sessão. Em outras palavras, o sonho dentro do sonho e as associações circundantes se "interassociam" holograficamente.[1] Pedir que o analisando faça associações, embora seja uma intervenção válida por parte do analista, implica o risco de se isolar o sonho e suspendê-lo de sua matriz e contexto, assim como de despertar o analisando de seu transe analítico preconsciente.[2]

O corolário do fato de que o conteúdo manifesto de uma sessão analítica constitui um sonho em si possui importância especial para a técnica psicanalítica. Ele estabelece, em primeiro lugar, que todas as pessoas – incluindo todos os objetos, pessoais e impessoais – mencionadas pelo analisando no conteúdo manifesto de suas associações livres *não* existem *per se* – mas apenas no sonho! São significados, construções, "alter egos", imagens de objetos no mundo externo que foram escolhidas pelo "diretor de elenco" do sonho para representar aspectos particulares do mundo interno do analisando que são pertinentes durante um momento analítico particular. Mesmo o analista, não importa quão real ele pareça para o analisando, é transferencialmente construído como uma série de imagens do inconsciente reprimido e não reprimido – isto é, do depositório inerente das Formas Ideais de Platão e númena de Kant, que são a fonte mitopoietica-imaginária do analisando.

Assim, todo os indivíduos e/ou objetos relatados em uma sessão analítica devem ser considerados ficcionais – deslocamentos, significadores ou "alter egos" da realidade psíquica do analisando. Em outras palavras, são identificações projetivas (deslocamentos) de algum aspecto do *self* subjetivo do analisando, e sua relevância para o texto analítico reside na luz singular que lançam sobre um ou outro aspecto do mundo subjetivo[3] do analisando, como retratado na parábola da caverna de Platão, sobre cujas paredes recaem as sombras das Formas Ideais. As sombras são aquilo que entendemos normalmente como seres humanos e objetos reais no mundo externo. Elas são, nos termos de Kant (1787), *fenômenos* prefigurados por seus predeterminantes, númena. Em outras palavras, estes indivíduos em si não existem de forma propriamente dita na sessão analítica – estritamente dentro deste ponto de vista.

Há dois seres humanos que se comunicam assimetricamente durante a análise. O paciente pode acreditar que acabou por "conhecer" o analista, mas, como Bion me perguntou muitas vezes, "*Como* você me conhece"? Resposta: através de meus sentidos, os quais elaboraram uma imagem, uma representação, um objeto subjetivo. Apenas posso compreender o objeto ao "tornar-me", em transformação, o objeto (Bion, 1970, p. 26). A análise é limitada pela autorreferência. A psicanálise, do ponto de vista kleiniano/bioniano e ortodoxo (análise do id), e menos do clássico, envolve a exploração não de experiências com objetos *per se*, mas do "*toque*" pessoal, subjetivo, que o analisando atribui a tais experiências.

Além disso, cada pessoa ou objeto mencionado no conteúdo manifesto da sessão ou de um sonho dentro da sessão é *mutável* – isto é, capaz de assumir diferentes papéis, formas e identidades no teatro de repertório da psicanálise.

Uma outra inferência ainda a ser extraída deste ponto de vista é que, se a sessão analítica constitui um sonho, *então todo o seu conteúdo constitui transferência*, e os detalhes do conteúdo manifesto são meramente deslocamentos da transferência. Esta é a razão pela qual Klein e Joseph chamam isso de "situação total".

Quando nós, como analistas, falamos como se considerássemos os objetos descritos como reais ou válidos em si mesmo, estamos realizando "*psicoterapia*", que, dependendo das circunstâncias, pode ser perfeitamente justificável, mas não deve ser confundida com a psicanálise *per se*, a qual se dedica exclusivamente ao funcionamento das estruturas do mundo interno do analisando apenas, principalmente aquele mundo interno que Freud situou primariamente no domínio do *inconsciente não reprimido*, e apenas secundariamente ao *inconsciente dinâmico* ou *reprimido* que sucumbe à repressão após uma experiência traumática. Uma derivação desta ideia é que a versão do analisando sobre sua história pregressa deve ser compreendida como algo que foi alterado por sua neurose infantil e pela *Nachträglichkeit* ("ação diferida", Freud, 1918b). Bion (comunicação pessoal, 1973), afirmou sucintamente com referência a este ponto que a "história é rumor". Ou, colocando ainda de outra forma, "o passado não é como costumava ser" (Lee Rather, comunicação pessoal, 2005).

"Quem é o sonhador que sonha o sonho e quem é o sonhador que o compreende?": o papel do *"dramaturgo"* na psicanálise

A peça é a coisa, eu sei,
com que apanho a consciência do rei
Hamlet, Shakespeare

Acho útil, como afirmei antes, pensar na sessão analítica propriamente dita não apenas como um sonho, mas também como uma peça passional improvisada; "improvisada" no sentido em que ambos os participantes são estimulados a serem tão espontâneos quanto possível em suas respectivas associações livres conforme cada um reage àquilo que Bion (1965, 1970, 1992) chama de "objeto analítico", a máxima ansiedade sintomática inconsciente da sessão, O que deve ser comum a cada participante. Cada um é um ator de improviso em uma "peça passional" no sentido em que a sessão analítica torna-se o contexto no qual uma peça narrativa parece estar em constante construção ↔ desconstrução por um dramaturgo interno (Grotstein, 1979, 2000; ver também Ferro, 2009) onde a angústia ou agonia profundas do analisando e os demônios por elas responsáveis são trazidos à superfície da experiência como se por um emplastro mágico, a situação analítica em si. É como se nosso *self* mais sublime – aquilo que Nietzsche (1883) chamou de *"Übermensch"*[4] – estivesse sempre aguardando na coxia para surgir no palco para nosso amadurecimento conforme atua-

mos no teatro de nossas vidas cotidianas, atuando desesperadamente nossos sintomas e nossa insignificância – representando
nossas feridas internas. Pirandello (1925) expressou bem esta ideia
em *Seis personagens à procura de um autor*. McDougall (1985,
1989) também abordou este tema sob sua perspectiva em *Teatros
da mente* e *teatros do corpo*.

A própria psicanálise *é* o misterioso, inefável e invisível *terceiro*
(Ogden, 1994) que transforma numinosamente seus dois participantes. A psicanálise é um sonho/narrativa/peça singular em que
o analisando, como ator, pode calibrar a interioridade de sua alma
tendo a resposta confiável do outro como solo. É uma situação
especial na qual o analisando pode reclamar para um bom analista
sobre um mau analista.

Proponho uma nova hipótese: o paciente é fundamentalmente sempre normal, mas prejudicado por distorções tortuosas,
irregularidades do desenvolvimento e problemas de maturidade.
Sua assim chamada "psicopatologia" é aquilo que ele tem que
suportar – isto é, carregar ou "vestir" – até que seja aliviado pela
experiência psicanalítica bem-sucedida. Esta "psicopatologia"
é um *sinal* que mostra ao *self* e aos outros o sofrimento interior
ou mesmo exterior do sujeito. Este sinal ou estes sinais alertam o
outro, o analista, para a transferência e transformação através da
intercepção e do exorcismo. A psicanálise pode ser vista como uma
"peça passional" na qual o analisando indica espontaneamente os
sinais de seu sofrimento na forma de atuação dramática de improviso, uma peça na qual o analista é recrutado para representar um
papel complementar, seja na descrença persistente da atmosfera de
fantasia mutuamente aceita ou no *enactment* real – de modo que a
verdade inconsciente emocional possa emergir e, assim, a angústia passada e presente antes processada de forma incompleta possa
então ser curada e banhada e limpa nas águas da verdade.

158 A SESSÃO PSICANALÍTICA COMO SONHO, TEATRO DE IMPROVISO...

Colocando-se de outra forma, o paciente saudável – isto é, o analisando – é aquele que busca análise para seu gêmeo perturbado e em sofrimento, sua "psicopatologia". Ele precisa dramatizar, às vezes através de uma hipérbole perturbadora, seus *sinais* de angústia, como no contexto de um jogo de adivinhação – mas adivinhação de verdade, pois a psicopatologia é *sinalizada* ou criptografada em código para que o analista a decifre. Em *Quem é o sonhador que sonha o sonho?*, sugeri a ideia de que o inconsciente funciona como um romance ou peça criativo em que há um escritor, um produtor, um diretor, um diretor de cenografia e outros que produzem a narrativa do sonho na forma de associações livres. Eu os reuni sob o título abrangente de "sonhador que sonha o sonho", que também inclui o "sonhador (JSG inconsciente) que compreende o sonho". Uma designação alternativa é "o sujeito inefável do inconsciente" (Grotstein, 2000). Uma das funções desta presença numinosa dentro de nós é a de "dramaturgo" – a figura misteriosa que inconscientemente dirige tanto o analisando quanto o analista em sua produção aparentemente improvisada.

As contribuições minhas e de Ogden para este tópico da peça colocam uma questão crítica. Mason (1994) fala do fenômeno da *folie à deux* essencialmente a partir de uma perspectiva patológica, mas sugere que ela também pode ser normal. Acredito que é muito importante considerar que este fenômeno, a *folie à deux*, funciona como um instrumento analítico normal e necessário por um lado e como um instrumento patológico por outro – dependendo do uso que cada membro faça dele. É concebível que o analista deva necessariamente tornar-se momentaneamente um ator no drama de seu analisando. O exemplo clínico a seguir demonstra isso:

> *Um jovem médico na casa dos 30 anos entrou em análise por causa de dificuldades de intimidade com sua namorada.*

Ele imediatamente revelou uma história interessante. Ele tinha nascido e sido criado nos primeiros anos de sua infância durante a Segunda Guerra Mundial em uma pequena vila no oeste da Inglaterra. Seu pai, de quem ele não conseguia se lembrar, foi convocado, serviu no Oitavo Exército Britânico no deserto ocidental e supostamente morreu em ação neste local. O paciente recorda-se de que, quando era muito jovem, um "ianque rico" de uma base próxima do exército americano começou a paquerar sua mãe. Eles acabaram por se casar e se estabeleceram em Los Angeles, de onde vinha o "ianque". Este adotou o analisando e veio a ser um bom padrasto.

Em um certo verão, quando o analisando já havia se formado em medicina, ele decidiu visitar seus avós, que ainda viviam na vila onde nascera. Enquanto estava lá, seu avô levou-o a um pub para que eles pudessem se aproximar. No pub, o analisando encontrou um homem misterioso, que acabou provando ser o seu pai! Após recuperar-se do choque, ele perguntou ao recém-achado pai o que havia acontecido, ao que este respondeu com a seguinte história, conforme relatada pelo analisando:

Ele, o pai, era um "cara quebrado" (palavras suas) sem expectativas e temia que, ao ser dispensado do exército, "ele teria que voltar à sua vila e sustentar minha mãe e eu. Ele sentia que era incapaz de fazer isso e então fez um acordo secreto com minha mãe para que ele fosse declarado 'morto em ação' para que ela então pudesse unir-se legitimamente a este rico 'cara ianque'." Após relatar esta pungente história parecida com as de O. Henry, o analisando, que estivera deitado no divã, olhou para mim e perguntou em um lamento, "Você aceita ser meu pai"? Eu respondi, "Na análise eu sou o seu pai agora". Eu mal havia pronunciado estas palavras quando ele gritou enfaticamente, "Porque você fez isso" a peça havia começado!

Através de externalizações como estas, o analista recebe uma série de papéis para representar e vivenciar (Sandler, 1976) – assim como o analisando, de modo que algo até então oculto mas dinamicamente ativo – isto é, cenários de vida – possa finalmente ser revelado em fantasias, sonhos,[5] e atuações. Os sonhos constituem psicodramas criptografados. Além disso, a psicanálise pode ser vista paradoxalmente como um teatro de improviso, dos pontos de vista *conscientes* do analisando e do analista e um roteiro misteriosamente concebido do ponto de vista de seus respectivos *inconscientes*. Entretanto, nos estados de neurose de contratransferência, o analista pode então revelar a operação de seu próprio dramaturgo injustificado.

O analista descobrindo o papel correspondente do analisando dentro de si: psicanálise e "exorcismo"

Podemos facilmente ler o conceito de Stanislavski (1936) de "métodos de interpretação" como ainda mais um aspecto da "teatralidade" psicanalítica. No teatro clássico, o ator é treinado para colocar de lado sua própria personalidade para encaixar-se no papel do personagem que representa – ou seja, identificação projetiva com o papel. Stanislavski, por outro lado, convida o ator a submeter-se àquilo que eu chamaria de *"identificação introspectiva"* ou *"tornar-se"*, que é precisamente o que Bion (1962a, 1962b, 1963) quer dizer através da ação da *rêverie* materna e do uso da função--alfa. Stanislavski[6] acreditava que o ator deve encontrar a contraparte correspondente das experiências do personagem dentro de si mesmo. Em outras palavras, o ator deve abandonar o desejo de tornar-se o personagem ao despir-se da "técnica" e, em vez disso, permitir que seu inconsciente busque o papel e recupere a partir de dentro aqueles aspectos nativos de si que *reverberam* (simetricamente) com o papel. O mesmo princípio se aplica ao modo com que o analista ouve o analisando conforme recomenda Bion.[7]

"Exorcismo"

Em uma contribuição recente, tentei mostrar a conexão que existe entre o rito xamânico antigo e religioso do exorcismo e da situação de transferência ↔ contratransferência, assemelhando-se a última a uma peça passional na qual, como sugere Meltzer, demônios são transferidos do paciente para o analista (como um clérigo exorcista ou xamã). Durante o curso do ritual, o analista é "afligido" pelos demônios (contratransferência, *rêverie*). Winnicott (1956) aborda o mesmo tema com seu conceito de "preocupação materna primária" quando coloca a mãe como receptora dos demônios do filho, da mesma forma que Bion (1962a, 1962b) com seu conceito de continente ↔ conteúdo, e ainda mais em sua sugestão referente à atitude do analista antes de oferecer uma interpretação.

Bion (1992) expressa isso em seus conceitos referentes às transformações do analista em *O*, mas mais incisivamente no que segue:

> *Sugiro que, para uma interpretação correta, é necessário que o analista passe pela fase de 'perseguição' ainda que... esta seja em uma forma modificada, sem dar uma interpretação. Da mesma forma, ele deve passar pela depressão antes que esteja pronto para dar uma interpretação. Novamente, ele não deve dar uma interpretação*

162 A SESSÃO PSICANALÍTICA COMO SONHO, TEATRO DE IMPROVISO...

enquanto estiver vivenciando a depressão; a mudança da posição esquizoparanoide para a posição depressiva deve estar completa antes que ele dê sua interpretação. Não acredito. . . que um paciente jamais aceite uma interpretação, não importa quão correta ela esteja, a menos que sinta que o analista passou por uma crise emocional como parte do ato de fazer uma interpretação. *(p. 291, grifo nosso)*

As regras do teatro correspondem às regras da análise

A linguagem do teatro oferece ainda mais uma aplicação por analogia à técnica psicanalítica. Algumas das recomendações de Freud relativas à técnica poderiam ser pensadas do ponto de vista das regras do drama. O paciente deve concordar em suportar a privação – isto é, não atuar seus impulsos para que, neste estado de privação, possa permitir que seu impulso seja compreendido. Esta postura de privação também se aplica ao ator que deve abdicar de seu *self* natural para identificar-se com o papel a ser representado. O analista também deve abdicar de seu *self* natural a fim de assumir o papel de analista. Os Opie (Opie & Opie, 1959) estudaram os hábitos lúdicos de crianças inglesas em idade escolar e observaram que elas instintivamente criam e organizam seus respectivos papeis individuais em suas brincadeiras de faz de conta e aderem estritamente a estes sem necessidade de supervisão. É instintivo para elas agir desta forma.

Infância como ensaio*

Com relação às ideias de teatro, peças e ensaios, recordo-me de que Bion fazia alusões frequentes a "ensaios" em contraposi-

---

* O título original desta seção é *Infancy and childhood as rehearsal*. Em português, tanto a palavra *infancy*, que se refere ao período inicial da infância, quanto *childhood* são traduzidas como "infância". [N.T.]

ção às "coisas-em-si" durante minha análise com ele. Ele dizia algo como: "Sua irmã não é mais membro de sua família. Ela é membro da família de seu pai e de sua mãe. A infância é um ensaio para a vida adulta, a coisa-em-si quando você se torna capaz de encontrar a *sua* família". Aquilo que Bion parece abordar aqui relaciona-se ao conceito de entelequia de Aristóteles: A criança deve exibir o panorama completo de seu elenco de pulsões contra uma barreira parental de amor para revelá-las, descobri-las, domá-las e tomar posse delas. Suas garras devem ser lapidadas para que se tornem talentos. Desta perspectiva, a psicanálise seria a tentativa de completar ensaios incompletos da infância.

Por fim, há ainda um outro aspecto da "dramaturgia psicanalítica" que merece menção. Em contribuições anteriores, propus o conceito de que toda psicopatologia podia ser concebida como um pedido dramático de ajuda por parte de habitantes personificados do inconsciente. Houve um tempo em que estivemos em unidade com nós mesmos. Então, ao nos depararmos com a angústia mental, entramos naquilo que pode ser descrito como uma dissociação mental entre um *self* e outro, tornando-nos, portanto, em certo sentido, "múltiplos", e assim deixamos de representar um solilóquio para nos tornarmos o elenco de nosso mundo interno. Em outras palavras, os objetos superegoicos cruéis e aparentemente insensíveis que nos perseguem podem ser considerados, a partir deste ponto de vista, como atores internos que tentam reatuar os traumas que resultaram em seu exílio e ostracismo de nossa unidade original – a fim de chamar nossa atenção (analítica) para a resolução definitiva.

A análise e seus atores invisíveis

Acredito que nós, analistas e terapeutas, com frequência deixamos o processo analítico de lado ao enfatizar exageradamente o papel da pessoa do analista e esquecer do efeito da análise em si. Bion (comunicação pessoal, 1967) frequentemente dizia que a pessoa do analista não podia ser menos importante ou sentida como sendo mais importante. O que ele queria dizer com isso é que a análise em si é uma presença singular, invisível – mais que a intersubjetividade –, uma força misteriosa e dramática que emerge espontaneamente quando dois indivíduos se reúnem e um ouve enquanto o outro fala. Bion sentia que o maior mistério da psicanálise é aquilo que realmente acontece – e o porquê de isso acontecer – dentro das duas mentes envolvidas desta forma.

A relação entre drama e resistência

Desde que me deparei com o que acredito ser a importância metapsicológica do vértice dramático da psicanálise, passei a pensar de forma diferente nas resistências. Deixem-me primeiro afirmar minha hipótese de maneira demonstrável: quando consideramos as falas e o comportamento do analisando a partir do vértice dramático, a resistência como um conceito e um fenômeno parece desaparecer. Dito de outra forma, o analisando sempre coopera com a análise desde que frequente as sessões. Quando ele parece estar resistente, com base em qualquer critério que seja, ele está cooperativamente e dramaticamente (como no jogo de adivinhação) demonstrando um problema ou "bug" em seu mundo interno que precisa ser examinado e compreendido, e a "resistência" é a única forma que encontra naquele momento de trazê-lo à atenção do analista. A resistência é a imagem refletida da angústia.

"Quem sou eu dessa vez?"

Finalmente, um dos aspectos mais interessantes de ser um analista é a expectativa de qual papel iremos representar no teatro analítico de cada dia – de acordo com a premissa de que a imagem do analista esteja no repertório. O título de Jay Martins (1988) *Quem sou eu desta vez?* ilustra isso de forma admirável.

Notas

1. Cada célula do corpo contém o código genético completo do corpo todo "holograficamente", assim como cada associação na sessão analítica quando conectada às outras.

2. Devemos nos lembrar de que a psicanálise deriva da hipnose.

3. Quase escrevi "mundo interno" aqui, mas então me dei conta de que a realidade psíquica não pode ser restrita a um conceito de mundo interno.

4. "*Self* superior" é minha tradução do "*Übermensch*" de Nietzsche, um termo que, em minha opinião, representa o conceito de Bion (1965, 1970) de "transformações em *O*", uma realização que sugeri em outro lugar como descrevendo o alcance da "posição transcendente" (Grotstein, 2000).

5. Com respeito a esse tema, indico ao leitor as obras de Yablonsky (1976), Martin (1988) e McDougall (1985).

6. Ver Capítulo 6, Nota 1.

7. Conforme mencionei anteriormente, Francesca Bion me disse que Bion leu Stanislavski e ficou impressionado.

9. Dependência psicanalítica e regressão

A dependência analítica e a regressão estão intimamente relacionadas, especialmente quando a experiência de dependência é arcaica, infantil e patológica. A regressão geralmente é insignificante na dependência madura.

Dependência

Minha formação inicial em psicanálise enfatizou as várias manifestações e elaborações do complexo de Édipo (neurose infantil), os vários fatores instintivos-pulsionais da motivação inconsciente e, especialmente, eventos traumáticos reais da infância que se repetiam na transferência por conta da compulsão à repetição. Além disso, sempre havia uma ênfase na sexualidade (nem sempre "infantil") e na ansiedade de castração. Ainda me recordo da frequência com que minha "homossexualidade latente" era abordada por meu analista durante minha análise didática. Os sentimentos do analisando de *dependência* do analista, fosse o primeiro homem ou mulher, eram geralmente considerados no contexto

168 DEPENDÊNCIA PSICANALÍTICA E REGRESSÃO

edípico como desejo sexual pelo pênis do analista. Foi só quando entrei em uma análise kleiniana que a experiência de dependência se aprofundou até abranger anseios de estágios muito anteriores, enquanto a sexualidade era considerada sobretudo como uma defesa pretensamente igualitária contra a temida hierarquia – e, portanto, vulnerabilidade e vergonha – da dependência infantil do seio. Indo mais diretamente ao ponto, de acordo com minha leitura da visão kleiniana, a análise revela o *fato* básico irrefutável da *dependência geral*, não só do analista – embora particularmente dele durante o curso do tratamento.

Os analistas clássicos não ignoravam os desejos orais e anais, mas os viam como elaborações defensivas regressivas e desejos edípicos. Por causa de sua crença de que a criança autoerótica e narcisista era incapaz de ter relação com um objeto – isto é, narcisismo primário –, eles acreditavam que o bebê não possuía vida mental digna de ser examinada. Considerava-se que a primeira relação objetal não ocorria até o estágio fálico-edípico avançado.

Assim, enquanto estes são considerados importantes também por analistas de outras escolas, tenho a impressão e a experiência de que os kleinianos dão maior prioridade aos sentimentos de dependência do analisando e fazem de sua capacidade de *reconhecer* a dependência em relação ao objeto o tema central da análise. Sentimentos de dependência, sobretudo no nível infantil, são comumente associados a sentimentos de desamparo, impotência, vulnerabilidade aumentada e vergonha. O analista é vivenciado pelo analisando como aquele que, na fantasia inconsciente, sadicamente o obriga a vivenciar tais sentimentos. O analisando projeta sua raiva pela vergonha que sente por ter que vivenciar estes sentimentos de dependência sobre o analista – isto é, inveja do seio-mãe, que então se transforma, de acordo com a percepção do analisando, em uma imagem vingativa, sádica e persecutória –

enquanto se encontra na posição esquizoparanoide. Quando este aproxima-se da posição depressiva, ele pode se defender contra as consequências dolorosas destes sentimentos de dependência através da utilização de defesas obsessivas e/ou maníacas. A defesa obsessiva consiste no isolamento dos sentimentos do indivíduo relacionados à importância do objeto, cindindo o objeto entre bom e mau e buscando controlá-lo mentalmente ao transformá-lo em um objeto material passível de ser solicitado e controlado de maneira obsessiva.

As defesas maníacas consistem em um triunvirato de triunfo, controle e desprezo pelo objeto do qual se é dependente *e* pelo próprio *self* infantil-dependente que reconhece a dependência do objeto. O bebê maníaco destrói as qualidades criadoras do seio-mãe e apropria-se delas, identificando-se com elas em seguida. Concomitantemente, o bebê maníaco ejeta seus traços (sentidos como) dependentes desagradáveis, incluindo desamparo, carência e inadequação, sobre seu seio-mãe, realizando uma total reversão de identidade na qual o bebê é agora a mãe crescida e a mãe torna-se o indivíduo diminuído, desagradável e carente. Esta apropriação e identificação com a bondade da mãe e a reversão de posições constitui a anatomia do narcisismo patológico (Rosenfeld, 1965, 1987).

PK era um analisando de meia idade que tivera uma criação privilegiada. Sua mãe era aparentemente incapaz de criar a ele e a seu irmão, que nasceu três anos depois do analisando. Após seu nascimento, a mãe e o pai tiraram seis semanas de férias, deixando-o aos cuidados de uma empregada. A partir de então, ele idealizava sua linda mãe e sentia desprezo

170 DEPENDÊNCIA PSICANALÍTICA E REGRESSÃO

pela empregada. Mais tarde, casou-se com uma mulher com capacidade para cuidar que rapidamente identificou com a empregada desprezível. Ao entrar em análise (devido à impotência sexual), ele identificou-me com a linda mãe – além de identificar-se comigo de outras formas. No entanto, ele continuava sentindo desprezo por sua esposa enquanto se sentia inflado em sua vida profissional. Acabamos por descobrir que ele havia projetado seu próprio self, que sentia como sendo feio, em sua esposa e tinha desprezo por ela ao mesmo tempo que se sentia esplêndido como um chefe generoso em sua empresa. Por fim, ele acabou por me diminuir na transferência, sentindo-se desdenhoso, e quis encerrar porque, como viemos a descobrir, havia inconscientemente assumido minha "sabedoria" sobre ele. PK também utilizava defesas obsessivas contra sentimentos de dependência. Descobri que ele frequentemente tomava notas sobre nossas sessões e usava minhas interpretações como sugestões idealizadas que ele geralmente repetia obsessivamente quando estava ansioso.

Quase todos que já estiveram envolvidos com psicanálise ou psicoterapia, seja como paciente-analisando ou analista-terapeuta, está familiarizado com a experiência de dependência que acompanha a regressão terapêutica. Eu gostaria de dizer algumas palavras introdutórias sobre a distinção entre a *realidade* da dependência analítica e o *sentimento subjetivo* de dependência. Estritamente falando, minha impressão é de que a dependência analítica é presumida – isto é, "pensada" ou "sentida" como um fato. Esta experiência é parte de um estado de transe que sustenta a transferência analítica. Na verdade, o analisando *não* é dependente da análise ou do analista a não ser na fantasia inconsciente, de acordo com Bion (comunicação pessoal, 1969), uma vez que a análise, assim como a infância, constitui um *ensaio* para a vida, mas situa-se fora da vida real. Não é a "coisa-em-si", como ele dizia com frequência. Dito isso, no entanto, duvido que qualquer analisando ou paciente, a menos que esteja em um estado de resistência, concordaria com esta ideia.

Dependência normal e anormal

Fairbairn (1941) divide a dependência em "dependência imatura" e "dependência madura", com uma fase transicional entre elas. Winnicott (1949a) divide a dependência em "dependência absoluta", "independência relativa" e "movimento em direção à independência". Eu gosto de usar as categorias de "imatura" e "madura" de Fairbairn, uma vez que elas implicam que o ser humano é sempre dependente de um objeto e nunca é realmente independente, mas no máximo *autônomo*. Gostaria, então, de propor uma categoria adicional dentro da categoria de imatura, a categoria de "patológica" *versus* "normal". Na condição de dependência normal, a criança (ou a porção infantil do analisando) reconhece seus sentimentos de dependência do objeto provedor e, com efeito, "consulta-o" em busca de ajuda em *seu* cuidado com seu próprio bem-estar.

O que importa aqui é que, enquanto a criança reconhece a dependência do objeto, *ela mantém seu senso* de responsabilidade *por si mesma e seu bem-estar e continua sendo um indivíduo separado que "consulta" o objeto*. A criança patologicamente dependente, por outro lado, odeia estar separada e, assim, fragmenta e projeta seu senso de *responsabilidade* por si mesma sobre o objeto e então espera onipotentemente que este cuide atentamente dela, considerando o objeto responsável por todo e qualquer percalço

172 DEPENDÊNCIA PSICANALÍTICA E REGRESSÃO

e reagindo com uma crise temperamental. Este tipo anormal de dependência infantil imatura é a marca distintiva de pacientes *borderline* e narcisistas. Esta forma patológica de dependência pode ainda ser dividida em dois subtipos: (a) um tipo no qual a criança onipotente busca entrar no objeto e controlá-lo ativamente, e (b) um tipo no qual a criança onipotente busca desaparecer passivamente dentro da identidade do objeto.

Quando o paciente ou analisando regride, consequentemente, ele regride a uma dependência imatura normal e/ou a uma dependência onipotente patológica. Na situação analítica comum, a dependência imatura normal torna-se caracteristicamente o padrão do analisando cooperativo, enquanto a dependência onipotente patológica caracteriza o antianalisando ou analisando resistente. Portanto, a regressão analítica não é tanto uma "regressão à dependência" quanto é uma regressão à dependência imatura, não apenas do tipo orientado pela realidade, mas também do tipo onipotente.

Proponho que a organização patologicamente dependente constitui a peça problemática central que sustenta a resistência e a reação terapêutica negativa ou equilíbrio psíquico do qual falam Betty Joseph (1989) e seus seguidores (Hargreaves & Varchevker, 2004).

A *dependência maior: do próprio inconsciente*

Tenho a impressão de que analistas e terapeutas kleinianos – inclusive os pós-kleinianos – parecem geralmente enfatizar os sentimentos de dependência que seus analisandos experimentam com relação a seus analistas de acordo com o modelo da criança que depende física *e* emocionalmente de sua mãe-seio para o sustento. Faz-se uma conexão metafórica entre leite materno e "alimento para o pensamento". Ao mesmo tempo que concordo com esta metáfora para propósitos práticos, gostaria de acrescentar ainda mais uma dimensão ao tema da dependência. Devo o que segue, em certa medida, a uma ideia de Lacan (1966), cuja origem está em Platão. Lacan sugere que Freud reverteu as regras tradicionais da pedagogia, caracterizadas pela ideia de um novato que, em busca de sabedoria, procura um mentor ou guru de quem possa adquiri-la. Esta situação hierárquica posiciona o último como a fonte da sabedoria. Freud reverteu esta ordem ao sugerir que o analista, para ser de fato um analista, jamais deve ser aquele que sabe (uma ideia que remete à Sócrates). É o analisando, e não o analista, que realmente sabe, mas é incapaz de perceber aquilo que (inconscientemente) sabe. No encontro com o analista na análise, o analisando atribui a sabedoria ao analista sob a forma de expectativas onipotentes e oniscientes sobre o futuro conhecimento de si, enquanto o analista é apenas um canal entre o analisando e seu próprio inconsciente.

O analisando passa por um estado de identificação projetiva, em outras palavras, no qual ele inconscientemente e projetivamente atribui seu inconsciente (aquele que "realmente sabe, mas que está cego") ao analista, que então supostamente se torna "aquele que agora sabe". Na verdade, o analista só sabe aquilo que o analisando revela para ele e deve descartar outras informações ou teorias. Bion concorda plenamente com esta ideia de Lacan. Citei anteriormente Bion afirmando que "O analista não poderia ser menos importante ou sentido como sendo mais importante". Esta ênfase sobre a fonte da sabedoria como estando no inconsciente do analisando coloca Bion junto de Freud e Lacan e difere de Klein, que enfatiza o seio como a fonte. Bion (1970, p. 31), parafraseando uma passagem de uma carta de Freud a Lou Andreas-Salomé e com alguma ajuda de um poema de T. S. Eliot, propôs a ideia de se "abandonar memória e desejo", junto com a compreensão, as preconcepções e outros

174 DEPENDÊNCIA PSICANALÍTICA E REGRESSÃO

derivados do domínio sensorial, de modo a se estar otimamente receptivo ao inconsciente do analisando.

A resposta para a pergunta sobre "de quem ou de quê o analisando depende" pode agora ser revelada: *É de seu próprio inconsciente que ele deve inescapavelmente depender – assim como o analista!* O inconsciente do analisando é, afinal, a única fonte de informações autênticas, e tanto ele como o analista são fundamentalmente dependentes desta fonte. Ironicamente, o analisando é incapaz de "ler" seu próprio inconsciente e precisa consequentemente buscar um estranho profissional qualificado que não o conhece e que possa estar disponível para se tornar um "canal" subjetivamente objetivo entre o analisando e seu próprio inconsciente. Uma vez compreendido este paradigma, pode-se entender porque os analisandos têm inveja do analista – *o qual confundem com seu próprio inconsciente, aquele que sabe! Mas o analista, que realmente não sabe, é apenas um canal até aquele que de fato sabe!*

Regressão

Quando dois indivíduos se encontram e concordam em discutir os sentimentos de apenas um deles, segue-se uma compulsão à regressão na qual aquele que fala atribui ao outro (através da identificação projetiva) expectativas relacionadas ao papel que exerce (Sandler, 1976), que parece tornar-se cada vez mais grandioso (transferência positiva idealizada), enquanto aquele que fala sente-se tornar cada vez menor em maturidade e estatura. Muito deste desequilíbrio é ativado pela identificação projetiva de aspectos maduros do sujeito que fala sobre aquele que ouve. A regressão em si, idealmente "a serviço do ego" (Kris, 1950, p. 312), pode tornar-se cataclísmica – isto é, desorganizada, como ocorre em pacientes *borderline* e psicóticos) – ou pode ocorrer de forma ordenada, como nos neuróticos. A diferença na ocorrência de uma regressão cataclísmica em lugar da regressão ordenada depende de muitos fatores, dos quais um fator importante é aquilo que Bion (1962a, 1962b) chama de "contenção" (p. 91) e "função-alfa" (p. 35) e sua associação com uma "barreira de contato" (p. 17) intacta e seletivamente permeável, a qual garante a diferenciação constante entre as funções do inconsciente e da consciência, da qual depende fundamentalmente a capacidade do analisando de enfrentar e tolerar a distinção "como se" entre realidade psíquica (potencial, fantasia) e realidade objetiva.

Na regressão analítica, considera-se que o analisando está "regredindo a serviço do ego" (Kris, 1950). Isso significa regressão controlada com o propósito de revelação inconsciente – com a suposição de que o ego do analisando *e* o analista são capazes de conter (Bion, 1962b) a regressão. O que regride na regressão analítica? O nível de maturidade e de várias funções do ego pode incluir julgamento, funções executivas, tomada de decisão e regulação afetiva e pulsional. A regressão pode ser vista, paradoxalmente, não como uma descida a estados anteriores, mas, em vez disso, como uma *progressão* evocada de estruturas profundas de experiências de dentro do *self* (que podem originalmente ter-se formado e organizado no passado e permanecido fixadas ou encapsuladas) até a superfície da percepção pré-consciente – o que Bion (1977b) chamou de "passado apresentado" (comunicação pessoal).

Acredita-se geralmente que a regressão analítica tem início assim que a análise começa, mas conheço vários exemplos nos quais ela parece ter tido início assim que o analisando ou paciente decidiram entrar em tratamento. Esta regressão começa na forma de uma expectativa por parte do paciente de que o analista o ajude de alguma forma: compreendendo, encorajando, assumindo responsabilidade por ajudar a mudar as ocorrências desagradáveis que incomodam o analisando, e assim por diante. Em outras palavras,

176 DEPENDÊNCIA PSICANALÍTICA E REGRESSÃO

a transferência (e a contratransferência) tem início. Fundamentalmente, a regressão analítica constitui quase sempre um pedido de ajuda e recuperação – mas às vezes, quando desorganizada, uma revelação de desespero.

Os kleinianos tendem a ver a regressão como patológica e a concebem como um movimento de retirada para padrões ou organizações defensivas anteriores: da posição depressiva para a posição esquizoparanoide ou para um refúgio psíquico. Klein tentava contrapor-se à regressão através de intervenções interpretativas. Bion (1992) acreditava que a regressão era desnecessária na análise, uma vez que o analisando já se encontrava regredido. Britton (1998a) escreveu em profundidade sobre os bons e maus usos do conceito de regressão (pp. 70-72). Em particular, ele oferece uma concepção alternativa da ideia de Bion (1970) de EP ↔ D (p. 124). *Com base na perspectiva de Bion, podemos dizer que a regressão que aparece clinicamente durante uma análise constitui um estado regressivo estabelecido há muito tempo que agora vem à tona para ser reconhecido.*

Enquanto Bion vê as duas posições como concomitantes e reversíveis, onde D também pode regredir para EP, Britton acredita que não se pode regredir de D para a EP do passado – não (EP n+1), e assim por diante –, mas apenas a EP do futuro. Esta ideia de progressão inexorável é similar ao postulado de Freud (1914g) de que a criança não pode retornar ao narcisismo primário, mas apenas ao secundário. Equiparo a ideia de Britton de "EP n+1" ao narcisismo secundário. Colocando-se de outra forma, a porção infantil da personalidade *parece* regredir, mas entra de fato em um ciclo helicoidal no qual a, cada passo, ela se situa sobre D n+1 ou EP n+1, onde "n+" indica cada ação sucessiva que segue adiante.

Para nossos propósitos aqui, compreendo que a regressão seja uma perda sentida ou aparente pelo analisando da autonomia de seu ego adulto em direção à vivência de sentimentos de ser mais novo, menor, menos autônomo, mais dependente, mais vulnerável e mais desamparado. Tais experiências, que são o alvo da psicanálise, podem ocorrer, no entanto, não apenas por causa de um retorno topográfico e/ou estrutural aos sentimentos de como pode ter sido a experiência de ser a criança da infância real do indivíduo. Elas também podem dever-se à percepção emergente do analisando da "criança em eterna evolução do inconsciente", uma criança virtual do inconsciente que paradoxalmente mantém contato dom a criança da infância real *e* pode ser considerada uma criança "renascida" com e sem memória e que novamente, pela primeira vez (paradoxalmente), tenta firmar-se ao "seio" da experiência.

O que o analista deve fazer com relação à regressão?

Primeiro aguardá-la e, então, tolerá-la, ao mesmo tempo que tenta compreendê-la e, mais tarde, interpretá-la. Ouvimos com frequência terapeutas e analistas falando sobre sua capacidade de "tolerar a regressão". O encorajamento e tolerância da regressão podem ser frequentemente baseados na crença de que, se o ego está fora do caminho e o paciente/analisando regride, ele regride a um estado anterior de dependência no abandono (Winnicott, 1989, p. 44). Bion (1992) diz o seguinte:

> *Winnicott diz que os pacientes precisam regredir: Melanie Klein diz que eles não devem fazê-lo: Eu digo que eles são regredidos, e que a regressão deve ser observada e interpretada pelo analista sem qualquer necessidade de se fazer com que o paciente fique completamente regredido para conseguir que o analista observe e interprete sua regressão. (p. 63)*

178 DEPENDÊNCIA PSICANALÍTICA E REGRESSÃO

Quando estava em minha formação analítica, apresentei o que acabou por se mostrar um paciente *borderline* ao meu supervisor freudiano clássico-ortodoxo. Eu estava incomodado com a intensidade da regressão do paciente e não sabia se esta estava "a serviço do ego" ou "a serviço do id". Nunca me esqueço do conselho que o supervisor me deu: "Interprete para cima! Distraia-o do id!" Com isso, ele queria dizer que eu deveria oferecer interpretações no nível edípico. Naturalmente, elas não funcionaram. Obtive resultado melhor quando meus modos se tornaram mais calmos e pacientes – e quando permiti que o próprio "inconsciente" do analisando se tornasse meu supervisor.

Como *bioniano*/kleiniano, eu diria que, uma vez que o analisando já se encontra regredido mesmo antes do início da análise, o analista deve lidar com os sentimentos de falta de contenção por uma "analista-mãe imperfeita" (transferência) ou oferecer qualquer outra interpretação adequada que faça sentido para o paciente. Refiro-me novamente ao conceito de Bion (1962b) de barreira de contato, cuja função determina a analisabilidade e a segurança com que a regressão analítica pode efetivamente ocorrer. A barreira de contato, por sua vez, representa um fractal-avatar da função-alfa e/ou sonho – isto é, a capacidade do paciente de regredir a serviço do ego (regressão dimensionada e controlada) e é uma função de sua capacidade de sonhar e/ou de ter função-alfa disponível. Além disso, uma vez que a barreira de contato da mente ocupa os mesmos limites das barreiras e regras inerentes ao enquadre analítico, torna-se ainda mais importante que, ao analisar tais pacientes, o analista/ terapeuta mantenha o enquadre rigorosamente. Em outras palavras, o analista torna-se, nestes casos, a barreira de contato auxiliar para o paciente da mesma forma que a mãe serve inicialmente como função-alfa auxiliar e continente emocional para o recém-nascido. Mais precisamente, o enquadre analítico é a contraparte interpessoal da barreira de contato, que é intrapsíquica.

Quando tratamos pacientes psicóticos e *borderline* e principalmente aqueles com transtornos de estresse pós-traumático, deparamo-nos com frequência com regressões cataclísmicas ou desorganizadas que testam a determinação do terapeuta/analista, especialmente quando o paciente vivencia *flashbacks* dolorosos. Como Freud (1920g) sugeriu, o *flashback* ocorre sob o domínio da compulsão à repetição e seu propósito é dominar a situação de forma retrospectiva.

Bion (1962b, p. 21) expande o conceito de Freud sobre o propósito da repetição traumática com seu próprio conceito de "sonhar", com o qual quer dizer que todo estímulo (interno e externo) precisa antes ser sonhado e, assim, tornado inconsciente antes que o indivíduo possa tolerá-lo e utilizá-lo ou reprimi-lo. Isso inclui principalmente traumas passados que o analista deve ajudar o analisando a sonhar retroativamente. Este processo de sonhar de que fala Bion depende fundamentalmente do funcionamento intacto da barreira de contato, que é uma estrutura intrapsíquica limítrofe que funciona como uma membrana seletivamente permeável entre os Sistemas *Cs* e *Ics*. A barreira de contato difere da barreira repressiva de Freud (1915d) no sentido em que a última apenas defende o Sistema *Cs* de erupções instintivas-pulsionais provenientes do Sistema *Ics*, enquanto a primeira defende cada Sistema de excessos provenientes do outro e estabelece a fronteira entre os dois.

A regressão do analisando

A regressão possui muitos aspectos. O conhecimento acumulado até hoje sugere que, na regressão, o analisando regride a estágios ou épocas anteriores de sua vida – ou seja, volta no tempo até modos menos maduros de ser. Minha impressão pessoal é de que esta visão é apenas aparente. O que acredito que acontece é que as experiências passadas ou mesmo atuais ainda não processadas

180 DEPENDÊNCIA PSICANALÍTICA E REGRESSÃO

continuam atuantes no presente em constante desenrolar sob a forma de sintomas – o que Bion (1977b) chama de "passado apresentado" – como objetos internos perturbadores – até que sejam processados analiticamente. Do modo como vejo, a sintomatologia é uma função da presença de objetos internos ativados, cada um dos quais é composto por aquilo que Bion (1962a, 1962b) chama de "elementos-beta", impressões sensoriais emitidas pela intersecção de *O* em evolução sobre a fronteira emocional do indivíduo. Dito de outra forma, *objetos internos representam a contenção falha de experiências emocionais* onde a falha pode ter ocorrido por parte do ambiente de criação ou de si mesmo. O passado ainda não processado assim como elementos emocionais atuais ocultos nas profundezas das estruturas psíquicas do indivíduo no presente, emergem e aparecem no nível pré-consciente de funcionamento no aqui e agora, na "sala de prontidão", por assim dizer, para serem finalmente abordados: isto é, contidos, sonhados, transformados, interpretados. Porque a regressão acontece?

A situação analítica é estruturada de forma a constituir uma relação entre um emissor e um ouvinte, e quanto mais o emissor fala e o ouvinte ouve, mais regressão acontece conforme o emissor inconscientemente percebe o ouvinte como um "salvador" e/ou "redentor". Como consequência imediata, o emissor (paciente) então inconscientemente derrama os detalhes emocionais de sua angústia junto com expectativas projetivas mágicas de que o analista possa salvá-lo, curá-lo e redimi-lo. Os detalhes da angústia e as fantasias inconscientes de satisfação de desejos impostas sobre o analista devem ser interpretadas com tato, mas de forma decisiva.

Regressão designa o retorno da experiência de modos de funcionamento anteriores e mais profundos envolvendo várias áreas do processamento mental, especialmente aquelas relacionadas ao ego, superego e às funções afetivas/pulsionais, assim como cenários de relações objetais e fantasias inconscientes que estão sendo retrabalhadas no momento – o que Freud (1900a, p. 234) chamou de "*Nachträglichkeit*" ou revisão secundária. Em seguida, o analisando sente-se cada vez mais dependente do analista, como se este fosse um de seus pais, geralmente um "seio-mãe" no início. No processo de regressão, o analisando pode passar por estados de identificação projetiva nos quais atribui ao analista (à sua imagem interna dele) (a) suas próprias capacidades adultas de lidar com as coisas (funções executivas do ego), parecendo assim tornar-se mais jovem e menos responsável no que diz respeito ao nível de funcionamento; (b) seus sentimentos de carência e ódio (id), transformando o analista em uma figura onipotentemente insaciável e exigente e/ou odiosa e crítica; (c) seu superego, transformando o analista em uma figura de julgamento; e (d) o inconsciente inteiro (Sistema *Ics*), caso em que o analista é transformado em uma figura onisciente, "aquele que sabe", mas que, quando fica em silêncio, torna-se "aquele que esconde o que sabe". Junto com essas identificações projetivas, a porção infantil (regredida) do analisando projeta a onipotência e a vontade (intencionalidade), transformando a imagem do analista em uma figura sobrenatural (inatingível), todo-poderosa, intensamente superegoica.

Uma distinção importante deve ser feita, no entanto, entre os casos em que o analisando também projeta todo o seu sentido de *responsabilidade psíquica* por si mesmo sobre o analista e aqueles em que isso não acontece. A diferença crítica mais importante entre dependência normal e patológica é de cunho ontológico, em minha opinião, e é determinada pelo fato de a porção infantil da personalidade do analisando – e, da mesma forma, a criança da infância – manter ou não sua percepção de ser um *self* separado responsável (por si mesmo) que precisa "consultar" a mãe-seio para obter conselhos maternos – e paternos, no caso do pai – sobre como cuidar de suas necessidades vitais. A resposta infantil patológica

182 DEPENDÊNCIA PSICANALÍTICA E REGRESSÃO

(penso que um termo melhor seria "confusa" ou "problemática") é aquela na qual o senso de responsabilidade psíquica da criança por "cuidar"* de si mesma é projetivamente atribuída ao analista (ou mãe), após o que a porção infantil remanescente da personalidade trata de forma condescendente o analista ou a mãe como um serviçal e crê que ela ou ele são responsáveis por tudo aquilo que não vai bem – isto é, que não está funcionando de modo suave – criando assim uma relação "escravo-mestre" também conhecida como "narcisismo patológico". Este comportamento é característico de pacientes e analisandos agrupados na categoria de "pacientes difíceis".

Com frequência, quando o analisando vivencia sutilmente esta perda do *self* e o desequilíbrio crescente de sua importância na relação com o analista, na qual sente-se cada vez mais diminuído e desamparado e o analista é sentido como tendo importância crescente e tornando-se cada vez mais crítico e exigente, acontece de o analisando começar a sentir *claustrofobia* por estar tão fortemente identificado com o analista (psiquicamente situado dentro do analista na fantasia inconsciente) e portanto aprisionado e/ou sufocado aí (Mason, 1981). Além disso, a identificação projetiva de sua sensação de carência é transformada dentro do analista de modo que este se torna insaciavelmente exigente e controlador. Como resultado, o analisando sente-se perseguido pelo analista e geralmente tem a necessidade urgente de atuar defensivamente contra tais sentimentos, até mesmo através da interrupção ou encerramento prematuro da análise. Consequentemente, é muito importante que o analista ou psicoterapeuta seja capaz de reconhecer as várias manifestações da regressão, compreender sua psicodinâmica, sobretudo os aspectos operantes relevantes da identificação

---

* *Minding* no original, remetendo à ideia de fazer sentido mental de. [N.T.]

projeta, e de interpretar tais aspectos adequadamente para que possa tanto oferecer alívio ao analisando como proteger o futuro da análise.

O objeto mais verdadeiro destes sentimentos de dependência regredida é o próprio inconsciente do analisando, para o qual o analista é o único "canal". Creio que o principal objetivo adaptativo da regressão analítica seja o de impor sobre o analista toda a magnitude das *expectativas* infantis do analisando para reparar as feridas ainda abertas, do passado e do presente. Também é importante fazer a distinção entre (a) regressão a serviço do ego (Kris, 1950, p. 312); (b) regressão caótica e descontrolada, como é frequente nos casos de pacientes *borderline* e psicóticos; e (c) entre regressão emocional, perceptiva e cognitiva.

A regressão do analista

Assim que a análise tem início, senão antes – a "análise" pode muito bem começar no momento em que o futuro analisando entra em contato com o analista, ou mesmo *pensa* em fazê-lo –, o analisando se revela. Primeiro, ele demonstra seu ritual de cumprimentos: "Olá", "Como está"?, e assim por diante. Ele então deita-se no divã ou senta-se na poltrona designada[2] e começa, ou ficando em silêncio, ou associando livremente. Logo torna-se evidente que o analisando começa sutilmente a vivenciar uma *regressão*. Quando dois indivíduos se encontram e discutem os sentimentos de apenas um deles, ocorre uma compulsão à regressão naquele que fala, e a transferência começa a aparecer e se aprofundar por conta do crescente senso de expectativa do analisando dirigida àquele que ouve (analista). Percebemos agora que o analista, aquele que permanece em silêncio (a princípio), desenvolve sentimentos que vão "ao encontro" destas expectativas transferenciais (contratransferência)[3]

184 DEPENDÊNCIA PSICANALÍTICA E REGRESSÃO

e também podem ser independentes, sem relação com a transferência do analisando de seus próprios sentimentos para o analista. Assim, pode-se dizer que o próprio analista também pode regredir durante a análise.

A partir de minha experiência com meus próprios analisandos e as de meus supervisionandos, percebi que pode ser muito importante para o analista perceber – ou ser levado a fazê-lo por seu próprio analista – sua própria transferência independente e sua contratransferência com relação ao analisando a fim de liberar sua capacidade de *rêverie* para com ele. As transferências independentes e intervenientes por parte do analista podem percorrer toda a gama desde o contato com analisandos ricos, bonitos, em posições de destaque ou famosos, como as celebridades, até aqueles que o fazem recordar de figuras importantes de sua própria vida externa ou interna. Logo no início de minha experiência pessoal, descobri que me sentia intimidado por uma idealização de pacientes famosos ou poderosos e assumia uma postura subserviente diante deles – até que pude ter este aspecto analisado de forma bem-sucedida em mim mesmo. Um dos maiores presentes que podemos oferecer a tais analisandos é permitir que eles sejam "somente pessoas" sob nossos olhos, pois é isso que são.

Experimentei uma variação de transferência analítica independente no início de minha carreira – com meu primeiro caso controle analítico. Certo dia, logo antes do horário da paciente comigo, eu estava cruzando a rua vindo do outro lado de onde ficava meu consultório e estava prestes a entrar em meu prédio comercial. Logo antes de entrar, olhei rua acima e vi uma mulher muito bonita descendo a rua em direção ao meu prédio. Não pude deixar de notar como ela era adorável. Quando ela chegou mais perto, reconheci meu caso-controle! Fiquei surpreso com minha reação inicial à beleza dela. Eu nunca havia pensado nela como uma mulher bonita até aquele momento. Percebi, então, que esta tinha sido a primeira e única vez que eu a vira fora de meu consultório. Incidentalmente, devo dizer que sou míope e tenho dificuldade de ver à distância. Minha enfermidade permitiu que eu observasse minha paciente inicialmente como uma estranha – ou seja, aquela poderia ser qualquer mulher. Eu não teria sido capaz, de início, de reconhecer suas características distintivas únicas que teriam me alertado de que esta era minha paciente. Eu já tratei muitas mulheres (supostamente) bonitas, mas sua beleza, tanto para elas como para mim, parece ficar em segundo plano conforme realizamos nosso trabalho sério.[4]

"Violações de movimento" da regressão na transferência ↔ contratransferência

O analista pode experimentar uma contrarregressão associada à regressão do analisando. Esta experiência deve ser a própria "contrarregressão a serviço do ego do analista" (Bion, 1965, chama este fenômeno de "transformação em *O*" do analista, p. 132). Este é o tipo de situação em que Bion acredita que o analista deve "tornar-se" o paciente. Ela constitui uma identificação parcial, e não total, de modo que o analista torna-se capaz de *sentir a experiência do paciente e então afastar-se e refletir sobre ela*. Há um elemento especial em "tornar-se o paciente": o analista deve entrar em uma situação paradoxal com o paciente para que, ao mesmo tempo que se preocupa rigorosamente com o enquadre (tanto com a adesão do paciente ao enquadre como com sua própria posição interpretativa – isto é, interpretando a partir da, em direção à, e na transferência), ele também se acha experimentando emocionalmente seu desejo de entrar em conluio com o paciente para ajudá-lo a atingir o "enquadre sem limites", a ausência incondicional de fronteiras da infância mais primitiva – um estado de *folie à deux* (Mason,

1994), *mas sem atuar dentro dele!* Seu *desejo* suspenso de quebrar o "enquadre dissuasivo" constitui seu desejo de criar uma "violação de movimento", mas sem fazê-lo de fato. Quando o analista atinge este estado paradoxal, o paciente percebe e se sente aliviado com isso. Além disso, o analista consegue vivenciar a frustração passada e atual do paciente (sob a forma de "propriedade analítica comunitária") e também *como o pai ou mãe deve ter se sentido há muito tempo atrás.*

A teoria da regressão de Britton

Britton (2001) reexaminou o conceito de regressão. No modo prévio de pensamento kleiniano, aponta ele, o conceito descrevia uma regressão não apenas da libido, mas também do instinto de morte. Mais tarde, ele passou a designar uma regressão da posição depressiva para a posição esquizoparanoide anterior. Ao comentar sobre o uso da regressão por Betty Joseph em um relato de caso, ele afirma que ela descreve o paciente como *regredindo a um estado defensivo anterior,* e não a uma fase anterior (p. 65). Então, Britton afirma, "Isso é geralmente o que se quer dizer com o termo *regressão* nos escritos kleinianos a partir de 1952" (p. 65). Ele segue adiante citando Winnicott, Balint, Klein e Bion. Winnicott acreditava nos aspectos positivos da "regressão à dependência". Uma vez que este tema é de grande relevância técnica e terapêutica, permitam-me citar Britton de forma mais extensa:

> *Para escapar da armadilha da linguagem ao descrever regressão boa e regressão má, quero reservar o termo para o movimento de retirada a uma organização patológica que repete o passado e foge do futuro. Prefiro não utilizar o termo regressão para descrever qualquer*

movimento do desenvolvimento de uma situação seme-
lhante em direção a novas oportunidades, ainda que
isso envolva perturbações e dependência mais óbvias. . . .
A "regressão" da posição depressiva para um modo
de funcionamento esquizoparanoide foi descrita pri-
meiro por Klein. . . . Em meu modelo, refiro-me à orga-
nização patológica esquizoparanoide resultante como
EP (pat) para distingui-la da posição esquizoparanoide
do desenvolvimento normal, EP. . . . O que mais desejo
enfatizar é que, neste modelo, o movimento de uma
posição depressiva para uma posição esquizoparanoide
depressiva, EP (n+1), é parte do desenvolvimento nor-
mal: de uma crença coerente em direção à incoerência
e à incerteza. A regressão, quando ocorre a partir desta
posição esquizoparanoide depressiva normal, EP (n+1),
o faz em direção a uma organização patológica, uma
posição semidepressiva de certeza que chamo de D(pat)
("n" é um sinal matemático que denota o número des-
conhecido de sequências de EP para D ocorridas até o
momento presente). (Britton, 2001, pp. 66-67)

Assim, Britton propõe um modelo helicoidal tridimensional
de progressão no qual aparentes retornos, sob a forma de repetições de comportamentos e níveis de defesa, ocorrem repetidamente. Isso lembra a crença de Freud (1914g) de que não se pode
regredir ao narcisismo primário, mas apenas ao narcisismo secundário. Não é possível voltar para casa novamente!

O modelo de Britton, em minha opinião, constitui um avanço
significativo em nosso conceito de regressão. Ele lançou uma nova
e extraordinária luz sobre o tema da regressão. Ele começa por

188 DEPENDÊNCIA PSICANALÍTICA E REGRESSÃO

nos recordar de que, quando Klein pensou sobre a regressão, ela incluiu tanto a regressão do instinto de morte como da libido, daí o perigo da regressão. Após ter concebido suas posições, no entanto, ela pensou na regressão como algo que acontece entre as posições depressiva e esquizoparanoide; em outras palavras, de um nível mais alto para um nível mais baixo de funcionamento defensivo. Britton observa que os kleinianos como Joseph usam a regressão para designar um retorno a um sistema defensivo mais primitivo em vez de uma fase específica. Ele cita o modelo de regressão de Bion (1970), onde EP $\leftrightarrow$ D (p. 124) representa uma oscilação entre as duas posições que é necessária para o crescimento emocional e o desenvolvimento. O modelo de Britton (1998b) usa um aspecto modificado da ideia de EP $\leftrightarrow$ D de Bion junto com a organização patológica Steiner (1987, 1993) para criar um modelo que faz distinção entre movimento de desenvolvimento e movimento patológico. Ele apresenta seu novo modelo como EP $\rightarrow$ D $\rightarrow$ EPn (onde n designa uma sucessão linear ou helicoidal), como parte de um esquema contínuo de desenvolvimento que se estende pela vida toda. "O termo *regressão* está limitado à descrição de um recuo para uma *organização patológica* que pode parecer-se com D ou EP. Este [conceito de regressão] é diferente de seu uso costumeiro" (p. 64).

Britton revisa a literatura e organiza as contribuições de "regressão a serviço do ego", de Kris (1950), "regressão com o propósito de reconhecimento", de Balint, (1968) e "regressão organizada", de Winnicott (1954), na categoria de regressão positiva. Ele então segue adiante para afirmar:

> *O que mais desejo enfatizar é que, neste modelo, o movimento de uma posição depressiva para uma posição esquizoparanoide depressiva, EP (n+1), é parte do*

desenvolvimento normal: de uma crença coerente em direção à incoerência e incerteza. A regressão, quando ocorre a partir desta posição esquizoparanoide depressiva normal, EP (n+1), o faz em direção a uma organização patológica, uma posição semidepressiva de certeza que chamo de D (pat) ("n" é um sinal matemático que denota o número desconhecido de sequencias de EP para D ocorridas até o momento presente.... O que também precisa ser enfatizado é que a regressão de uma posição esquizoparanoide depressiva [EP (n+1)] para uma organização defensiva nos moldes da posição depressiva [D (pat)], isto é, de um estado atual e emergente de incerteza e incoerência [EP (n+1)] para um sistema de crenças pronto, adotado anteriormente e coerente [D (pat)]. Ativa-se um movimento motivado pelo desejo de acabar com a incerteza e os medos associados à fragmentação. D (pat) lembra a posição depressiva em sua coerência, seu modo autocognoscente e sua retidão moral. Mas é desprovida da angústia, humildade, resignação e tristeza da posição depressiva.... O que caracteriza D (pat) é seu sistema onisciente de crenças subjacentes. (pp. 66-67)

O esquema inovador e, para mim, fortemente persuasivo de Britton, reunindo as contribuições de Klein relativas às posições esquizoparanoide e depressiva como uma sucessão, EP ↔ D de Bion como uma oscilação do desenvolvimento, e a organização patológica (refúgio psíquico) de Steiner como uma posição patológica entre EP e D, parece sugerir a trajetória de uma hélice que se move para frente e para trás na qual um dos filamentos representa o desenvolvimento normal para a frente e o outro representa a o retrocesso patológico. Eu concordo com as formulações de Britton.

190 DEPENDÊNCIA PSICANALÍTICA E REGRESSÃO

Notas

1. Essa crença, hoje arcaica e desacreditada, contrastava fortemente com os conceitos iniciais de relações objetais que tiveram origem em Abraham (1924), que foi analista de Klein.

2. Digo "poltrona designada" pois, uma vez que sou o "anfitrião", sinto que é minha responsabilidade designar a poltrona a ser utilizada, não só como cortesia mas também para estabelecer estrutura.

3. Mais adiante, faço a distinção entre "contratransferência" propriamente dita, "contraidentificação introjetiva", "contraidentificação projetiva" por parte do analista e *rêverie* – todas independentes da transferência particular do próprio analista para com o analisando.

4. Esse fenômeno também aconteceu em minha vida pessoal. Um dia, enquanto dirigia para casa depois de sair do meu consultório, vi um carro se aproximando na direção oposta, com uma mulher extraordinariamente bonita atrás do volante e duas crianças no banco traseiro. Quando nos aproximamos mais, percebi que era minha esposa e meus dois filhos!

10. A concepção kleiniana do inconsciente

As teorias e a técnica de Klein foram formuladas durante a hegemonia da psicanálise ortodoxa (pré-clássica) e constituíram uma derivação desta – ou talvez, na mente de alguns, uma heresia reativa a ela – mas, de qualquer modo, foram definidas por ela. O Sistema *Ics* que serviu de ponto de partida para Klein foi o mesmo, consequentemente, dos analistas ortodoxos durante a predominância do modelo topográfico. Em 1923, pouco tempo depois que Klein começou a formular suas teorias, os analistas estavam geralmente lidando com os componentes do Sistema *Ics*,[1] o que significava principalmente inconsciente não reprimido e inconsciente dinâmico reprimido.

Após a elaboração de sua segunda topografia – o modelo estrutural (ego, id e superego) (Freud, 1923b) – e da exploração da psicologia do ego, foi como se Freud tivesse virado as costas para sua descoberta imortal, o inconsciente não reprimido – um direcionamento que Klein e Lacan iriam lamentar. Klein permaneceu fiel ao inconsciente não reprimido de Freud e elaborou os mecanismos

192   A CONCEPÇÃO KLEINIANA DO INCONSCIENTE

esquizoides,[2] dentre os quais os principais eram cisão, identificação projetiva, idealização e negação mágica onipotente como veículos para sua operação (como extensões retrospectivas da repressão de Freud). Dito de outra forma, muito da análise kleiniana – pode-se ver isso de forma inquestionável na *Narrativa da análise de uma criança* de Klein (1961) – é limitado pela exploração primordial de derivados do inconsciente não reprimido, além do inconsciente reprimido dinâmico (que contém as experiências reais que foram outrora conscientes e passaram por repressão – e também morada de fantasias inconscientes e objetos internos). Isto é, eles lidam com a criança em eterno desenvolvimento do inconsciente (id) como se esta fosse uma criança *in statu nascendi*.

Em outras palavras, os kleinianos/bionianos enfatizam o funcionamento do inconsciente não reprimido no que tange àqueles fatores que imaginativamente antecipam e/ou alteram a percepção de experiências objetais externa e internamente (no caso de Klein, incluindo os instintos de vida e de morte, aos quais Bion acrescenta as Formas Platônicas e númena), enquanto também destacam a importância do inconsciente dinâmico ou reprimido no que diz respeito à localização dos objetos internalizados – isto é, objetos que sofreram alterações perceptivas e conceituais através da cisão e da identificação projetiva antes de serem introjetados.

Há outros aspectos da noção kleiniana e Klein-bioniana do inconsciente que merecem discussão. Spillius (2001) estudou as várias formas com que Freud e seus seguidores utilizaram o conceito de *fantasia*. Freud, aponta ela, destacava os aspectos de satisfação do desejo da fantasia e geralmente, mas não exclusivamente, acreditava que as fantasias eram formadas pelo processo secundário na consciência e só depois eram internalizadas e trabalhadas pelo processo primário. Klein e Bion, assim como Kant e seguindo seus passos, acreditavam que elas eram inatas e *primordialmente* inconscientes. Bion, particularmente, recrutou as filosofias de Platão, Kant e dos místicos em sua revisão da concepção psicanalítica do inconsciente (Grotstein, 2004a, 2004b). Mais tarde, Bion – após ter concebido *O* – reformulou sua concepção do inconsciente. Daí em diante ele passou a pensar no inconsciente como "infinito" e que o homem encontrava-se em uma dialética entre seu *self* infinito e seu *self* finito (1992, p. 372).

O inconsciente, portanto, constitui o Sujeito numinoso e inefável essencial e, assim como a divindade, não pode ser objetificado. Ele corresponde àquilo que ocorre atrás da cabeça da pessoa aprisionada na caverna de Platão. Podemos apenas conhecer *sobre* o inconsciente ao discernir as sombras formadas pelos númena (atrás da cabeça) na parede da caverna. O analista deve "tornar-se o inconsciente" (que ele jamais pode conhecer) e considerar os objetos da realidade externa exclusivamente a partir do vértice do inconsciente. Bion faz referência frequente ao inconsciente, mas tenho a impressão de que ele às vezes se refere ao inconsciente não reprimido quando faz alusão a *O*, númena e formas ideais, ao inconsciente dinâmico quando aborda a passagem de estímulos sensoriais da consciência, e ao pré-consciente quando fala de *rêverie*.

A questão da perspectiva analítica

Enquanto o analista clássico geralmente ouve não apenas *a partir da superfície*, mas também *em direção* à superfície do material do analisando em busca de resistências e mudanças afetivas, o analista kleiniano/bioniano tenta ouvir *a partir de dentro* do inconsciente, no pré-consciente, abaixo da superfície da resistência, para detectar a ansiedade – particularmente a *ansiedade inconsciente máxima* ou máximo senso de perigo percebido que o analisando (a "criança analítica virtual") vivencia no momento, acreditando

194 A CONCEPÇÃO KLEINIANA DO INCONSCIENTE

que a ansiedade ("turbulência emocional") é o elemento motivador ou agente que instiga o desdobramento e a transcrição do texto psicanalítico, organiza e ordena os resíduos diurnos na forma de associações livres e recruta as pulsões e defesas como mediadoras da percepção emocional do analisando de perigo potencial, O. Bion (1962) chama a ansiedade inconsciente máxima de "objeto analítico", O (p. 38). Heward Wilkinson (comunicação pessoal, 2001) sugere que Freud observava o inconsciente do ponto de vista da consciência, enquanto Klein fazia o oposto; ela observava a realidade consciente do vértice da realidade inconsciente.

Assim, o analista clássico pode identificar-se com um analisando adulto (o ego que observa) para interceptar seu *self* (afetivo e/ou impulsivo) que vivencia a infância (não infantil), enquanto o analista kleiniano/bioniano posiciona-se junto à criança inconsciente (id) que observa os objetos da realidade externa através do véu da fantasia inconsciente. David Rapaport (1959), como observei antes, afirmou sarcasticamente que a análise kleiniana não era uma psicologia do ego, mas uma mitologia do id (p. 11). Ele estava parcialmente correto, mas não sabia do elogio que fazia a Klein: o pensamento kleiniano valoriza a importância do id em termos de fantasias inconscientes muito mais do que os analistas clássicos (ver Spillius, 2001).

Se os kleinianos inclinam-se demais em direção a uma perspectiva analítica que emerge do inconsciente, e se os analistas clássicos e outros o fazem em direção à realidade externa e à sua própria compreensão da realidade interna, Bion serve como um feliz mediador para restaurar o equilíbrio neste panorama. Enquanto defendia integralmente a supremacia do inconsciente, ele também criou a ideia da importância da realidade sobre o funcionamento do continente materno e, assim, ligou-se a Fairbairn, Winnicott, Erikson e Hartmann, entre outros. Em outras palavras, é necessário que o analista mantenha uma visão equilibrada, binocular. A mudança de perspectiva de Bion encontra seu paralelo nos trabalhos de seguidores atuais do movimento intersubjetivo e foi expressa de forma elegante por Daniel Stern (2004) através de sua concepção ontológica-fenomenológica do "momento atual" na relação diádica.

A importância do pré-consciente (Sistema Pcs)

A análise kleiniana, de acordo com minhas observações e experiências pessoais, parece desenvolver-se mais no pré-consciente (Sistema *Pcs*), tanto do analisando quanto do analista. É como se os dois, mas particularmente o analisando, entrassem em um estado sutil e quase imperceptível semelhante ao transe da *rêverie* durante o procedimento. Uma vez que as interpretações kleinianas são direcionadas à "ansiedade inconsciente máxima" da sessão (isto é, a turbulência emocional proveniente do *contexto adaptativo* constitui o *"objeto analítico"*),[3] e uma vez que Klein tendia a posicionar-se no mundo interno enquanto olhava para fora, em direção ao mundo externo, contrastando com os analistas de todas as outras escolas, a natureza e o nível perceptivo no último caso parecem mais semelhantes ao transe. Esta propensão foi complementada pela recomendação de Bion (1962b) de que o analista abandone memória, desejo, preconcepção e compreensão, tendo como resultado o alcance de um estado de *rêverie* parecido com o estado meditativo. Em minha própria análise com Bion, recordo-me de que frequentemente sentia que tinha entrado em estados de transe nos quais eu pouco entendia daquilo que Bion estava dizendo – para em seguida deixar seu consultório em um estado de clareza incomum e senso de consciência aumentado. Quando falei com alguns outros analisandos seus, eles pareciam ter tido experiências semelhantes.

196 A CONCEPÇÃO KLEINIANA DO INCONSCIENTE

Em uma contribuição recente, manifestei a opinião de que o Sistema *Pcs* é o cenário de toda atividade mental inconsciente, enquanto o Sistema *Ics* assemelha-se mais a um reservatório de potencialidades (Grotstein, 2000). O Sistema *Pcs* funciona como um verdadeiro mecanismo de busca, rastreamento e ativação[4] de potencialidades do Sistema *Ics*. Indo além, Freud (1915e) nos informa que o Sistema *Pcs* opera em duas fronteiras: uma no limite do Sistema *Ics* e outra no limite do Sistema *Cs*. Sou da opinião de que a análise kleiniana, que foca mais os derivados do inconsciente não reprimido, opera mais perto da fronteira inferior, e a análise clássica, mais focada no inconsciente dinâmico reprimido, opera mais próximo da fronteira superior.

Notas

1. Recordemos a afirmação de Freud (1923b) de que "o destino da pulsão é ser despendida na catexia de seus descendentes".

2. Pode-se inferir as origens das defesas esquizoide, obsessiva e maníaca de Klein na descrição de Freud (1915c) em "Os instintos e suas vicissitudes".

3. Esclareço esses termos e conceitos conforme sigo adiante. Por ora, digo que a tarefa do analista é revelar o objeto analítico, que constitui o tema doloroso da sessão e que Bion (1965, 1970) associa não às pulsões, mas a *O*, a Verdade Absoluta sobre a Realidade Última.

4. De forma muito parecida com o que o sistema reticular de ativação significa para o sistema nervoso central.

11. A "criança em eterno desenvolvimento do inconsciente"

Kleinianos, pós-kleinianos e bionianos admitem a presença potencial de uma "criança analítica" dentro do analisando, uma criança que corresponde em alguns aspectos à criança da infância real e, em outros, a uma criança contínua, sempre presente, em constante desenvolvimento, que representa o "sujeito analítico do inconsciente" (Grotstein, 2000) – o aspecto mais subjetivamente sensível e vulnerável do analisando a qualquer momento. Embora raramente discutida sob esta luz, a ideia corresponde ao "terceiro analítico" kleiniano – o foco comum do analisando e do analista durante a sessão.

Ela é o "administrador subjetivo da agonia ou angústia" (Grotstein, 2000). A eterna criança também é um juiz silencioso de como está sendo tratada pelo *self* e por seus pais e pelo analista e do modo como cada um destes adere ao pacto ou acordo não escrito que assegura que ela seja um convidado de honra ou sagrado em seu lar ou consultório. A ela dou o nome de "criança em eterno desenvolvimento do inconsciente", que é, acredito,

198 A "CRIANÇA EM ETERNO DESENVOLVIMENTO DO INCONSCIENTE"

o *"sujeito inefável do inconsciente"*. Ela é análoga ao id, embora mais na forma proposta por Nietzsche (1886) e Groddeck (1923) do que por Freud. A conotação destes autores aproxima-se mais de um "alter ego" personificado, um "segundo *self*" ou "Outro", assim como em Lacan, uma entidade possuidora de *subjetividade* – um verdadeiro *"alter ego"*.

Quando digo "criança potencial", refiro-me a uma "criança virtual" ou "fantasma", e não à criança real da memória, embora a criança real da memória histórica possa ser um elemento na composição desta criança fantasmática/mítica. No entanto, esta criança mítica da análise é compreendida pelos analistas kleinianos – e também na experiência dos analisandos – como idêntica em muitas de suas características à criança passada – uma criança em total dependência e desamparo, tanto biológico como emocional, incapaz de cuidar de si mesma, em absoluta vulnerabilidade, imobilidade e assim por diante. Por exemplo, quando o analisando sai de férias ou em um feriado, parece-lhe que é o analista, e não ele próprio, quem partiu.

Esta criança ou sujeito inconsciente é o aspecto mais vulnerável e emocionalmente sensível do *self*[1] e sua presença deve ser intuída pelo analista para que possa ser reapresentada por ele ao analisando (López-Corvo, 2006b). Consequentemente, esta "criança" pode tanto ser: (a) a criança da infância; (b) a criança da infância que ficou mais velha (mas não necessariamente "cresceu"); (c) a criança como adulto atual em seu estado mais sensível; e (d) uma "criança renascida", a criança de uma nova infância emergente que paradoxalmente se liga ao seio metafórico analítico pela primeira vez *novamente*. Em minha própria experiência, localizei ainda mais uma "criança", (e) o cuidador-provedor ativo (e proativo) de seu *self* passivo, que se sente infantil.

A criança ativa "consulta" a mãe-seio-analista para saber quais são suas necessidades no que diz respeito ao seu *self*, tanto passivo quanto ativo, carente e dependente, e busca aplicar e operacionalizar as provisões que consegue de sua fonte de suprimentos para seu bem-estar permanente. Este é um modelo de dependência infantil normal, que depende fundamentalmente da aceitação pela criança (ou pela criança que está dentro do analisando adulto) de um senso de responsabilidade por sua autonomia e de honrar e resguardar o pacto com o objeto necessário, assim como com seu *self* mais desamparado. "Eu sou o cuidador do meu irmão!" A dependência patológica caracteriza-se pela criança (ou a criança interna do analisando adulto) que abre mão ou rejeita seu senso de responsabilidade por seu bem-estar e o projeta no objeto como se esta fosse obrigação dele – e então toma para si a autoridade de julgar o desempenho do objeto. Este quadro patológico simboliza o narcisismo patológico, por trás do qual pode estar a criança subdesenvolvida, não crescida e fracassada, que é quem ocupa o refúgio psíquico.

Desde a introdução, por Bion (1962a, 1962b), do conceito de "continente ↔ conteúdo", "a criança em eterno desenvolvimento" transformou-se na concepção kleiniana/bioniana do "terceiro analítico", o "conteúdo", aquela presença invisível que é criada a partir do trabalho mútuo do analista e do analisando. Ela se torna o "administrador subjetivo da agonia ou angústia" e o "fiscal" que faz com que cada um dos participantes se adeque ao enquadre de frequência, regularidade e manutenção de limites, e é o sujeito fundamental cujos protestos mudos de "odioso" devem ser escrupulosamente reunidos a partir dos derivados associativos da sessão.

O conceito da criança requer ainda mais esclarecimento, no entanto. Eu gostaria de tocar em dois conceitos psicanalíticos dicotômicos sobre a criança. Um deles, (f), refere-se à *"criança culpada"*

200 A "CRIANÇA EM ETERNO DESENVOLVIMENTO DO INCONSCIENTE"

(por causa de seus supostos atributos inerentes de hedonismo, sadismo e destrutividade) de Freud e Klein, e o outro, (g) refere--se à "criança inocente" de Fairbairn, Winnicott e Kohut (definição minha, não deles; Grotstein, 2000). Juntos, eles constituem uma oposição binária, e cada um deles tem importância clínica. Outra dicotomia paralela ou oposição binária é a distinção normal de Winnicott (1963a) entre (h) a "criança que é" e (i) a "criança que faz", a primeira constituindo, na patologia, o "self verdadeiro", e a segunda o "falso self".

Por fim, eu gostaria de propor os termos (j) "órfão" ou "criança exilada" para designar aquela circunstância prematura na qual a criança ou bebê perturbado, desregulado e criticamente mal--compreendido psiquicamente, mas secreta e inconscientemente, "divorcia-se" de sua família e sem que ninguém perceba se torna um "inquilino", um estranho sem vínculo vivendo com sua antiga família (Grotstein, 2009). Em minha experiência, este órfão--inquilino cria uma vida psíquica separada, encapsulada, seme-lhante àquela descrita por Fairbairn (1941) como personalidade esquizoide e, mais tarde, por Winnicott (1960a) como a dicoto-mia entre "self verdadeiro/falso self". Esta circunstância geralmente ocorre quando houve incompreensão, negligência ou abusos con-sideráveis. Esta criança se dissocia de sua criança adaptada e reti-ra-se para um estado "não vivo" e, ainda assim, "não morto" de bloqueio de maturidade, apartada de seu gêmeo que se desenvolve. Esta criança exilada não crescida e incapaz de crescer acaba por se tornar o organizador do fenômeno de "refúgio psíquico" ou "orga-nização patológica" (Grotstein, 1997b; Steiner, 1993) e orquestra reações terapêuticas negativas, pois quanto mais sucesso a criança--gêmea tem em seu desenvolvimento e maturidade, maior a lacuna que se abre entre os dois gêmeos separados. Consequentemente a primeira criança, temendo a fragmentação da personalidade, por um lado, e o embargo de suas esperanças onipotentes de redenção e restauração de todos os seus direitos infantis perdidos, por outro, age para minar e sabotar qualquer tentativa da personalidade de crescer na análise e a deixa, assim, amarrada e falida.

É a esta "criança", a esta criança virtual, que tanto o analista quanto o paciente se vinculam em um *pacto* analítico. Quando o analista quebra o enquadre da análise, ele obviamente quebra o pacto. Quando o paciente quebra o enquadre, ele também quebrou o pacto com o terceiro analítico, a criança em eterno desenvolvimento do inconsciente. A criança eterna paradoxalmente se desenvolve, amadurece, e se transforma com a idade – embora sempre mantendo seu estado infantil: ela é a criança real, a criança virtual, e a criança adulta.

O "bebê dentro da criança dentro do adulto"

Os kleinianos iriam pressupor que, quando o analisando relata eventos sobre relações objetais antigas, os objetos e eventos descritos já foram eles mesmos sujeitos a transferências atuais (elaboração) que continuam fantasmática e progressivamente a alterar a verdade ou realidade das circunstâncias originais por causa da revisão secundária e/ou "*Nachträglichkeit*". Do ponto de vista kleiniano, isso significa que a criança da construção e reconstrução psicanalítica clássica já é sempre uma distorção, assim como sua percepção acerca dos objetos. Em outras palavras, esta criança possui um bebê não elaborado dentro de sua estrutura que, desde o princípio, está sempre a mistificar e fantasiar sua autoimagem e a imagem de seus objetos. Citando novamente a observação precisa de Bion, "a história é rumor", a "criança dentro da criança" constitui o "verdadeiro *self*", e a criança que a abriga pode ser considerada como seu "falso *self*".

Hipóteses sobre a "criança analítica" na técnica

Deixe-me primeiro sugerir uma ideia de Bion neste ponto: quando o analista é instruído a abandonar ou suspender a memória, inclusive a memória de associações anteriores, instala-se uma atmosfera ou *Weltanschauung* [visão de mundo] na qual, paradoxalmente, a sessão analítica atual automaticamente se torna "a primeira sessão *de novo* da análise", isto é, cada sessão é nova e o bebê-analisando recém-nascido pode ser visto, paradoxalmente, novamente pela primeira vez lutando outra vez para se ligar – ou evitar – o seio metafórico do analista. O bebê recém-nascido, como uma imagem paradigmática, é imaginado como sendo pequeno, indefeso, vulnerável, incapaz de movimentar-se e absolutamente, biológica e emocionalmente, dependente de sua mãe-analista. Esta condição é a constante. Este bebê vivencia apenas duas variáveis: (a) necessidades, urgências, e protoafetos que emergem espontaneamente de seu corpo (que ainda é externo à sua psique, posto que ele ainda não a reclamou como um *self* (Tausk, 1919)), e (b) as idas e vindas da mãe que ainda estão por ser encaixadas em um ciclo ou padrão antecipado e previsível de partida e retorno.

O bebê, privado da capacidade da linguagem verbal e do poder da locomoção, tem apenas uma capacidade a seu dispor: a de ligar estas duas variáveis através de fantasias inconscientes – a fome, por exemplo, torna-se equalizada com um "seio mau, voraz e que morde dentro do meu estômago e que quer me comer". Há um elemento mais pragmático a ser considerado, no entanto, quando falamos da ênfase de Klein sobre o bebê. O "bebê" é uma forma de se designar o aspecto mais abstrato, irredutível e elementar que habita nas profundezas atuais da psique em um indivíduo de qualquer idade. Ele é o "ponto de partida" e a "estaca zero" da experiência ontológica e fenomenológica.

Nota

1. Esse *self* especialmente sensível e não disfarçado pode ser aquilo que Heidegger (1931) tinha em mente em seus conceitos de "*Dasein*" ("ser aí", "existência") e "*alétheia*" (desvelamento).

12. O conceito de "solitude" e a ausência e presença do analista

A versão kleiniana/bioniana da "solitude"

O conceito referente à experiência de se ser deixado sozinho carece de alguma discussão. Durante a hegemonia da posição esquizoparanoide, que se caracteriza pela emergência e predominância da ansiedade persecutória, a presença da mãe parece manter a experiência do bebê com objetos maus (derivados da operação do instinto de morte) sob controle. Quando ela parte, estes objetos maus são liberados, preenchem o espaço criado por sua ausência e, a partir daí, dominam a psique do bebê sob a forma de objetos persecutórios (que os gregos chamavam de "Fúrias"). Estas imagens de objetos maus são criadas pela identificação projetiva dos protestos desesperados do bebê e de seu ódio por ser deixado sozinho, junto com a onipotência e vontade (intencionalidade), na imagem que tem da mãe, que confunde-se com o próprio ódio onipotente do bebê e, a partir daí, é internalizado como um objeto persecutório onipotente e voluntarioso. Também pode ocorrer, como sugeri, que estas imagens de objetos maus, concretas, sejam espontaneamente liberadas na ausência da mãe e surjam a partir de fontes arquetípicas – isto é, como Formas Ideais de Platão, númenos de Kant, encarnações do instinto de morte ou os arquétipos de Jung.

O ponto central disso tudo é a ideia de que ninguém nunca é deixado de fato sozinho quando levamos em conta a realidade psíquica. Somos "deixados sozinhos" com os legados de objetos internos bons (provedores ou generosos) ou maus (amaldiçoadores). A criança deve aguardar até atingir a posição depressiva, para que possa contemplar a verdadeira solitude – ou seja, ser capaz de tolerar a ausência da mãe sem que esta lacuna tenha que ser preenchida. Com esta conquista, a criança pode então contemplar a ausência sem perseguição. Dito de outra forma, a capacidade de tolerar a solitude implica a capacidade de tolerar o *luto* pelo objeto e a *ansiedade de separação*. Deve-se acrescentar, no entanto, que quando a criança entra na posição depressiva, eu, como Fairbairn (1941, 1943), acredito que ela não incorpora objetos, bons ou maus. Ela desenvolve internamente modelos (símbolos) que refletem o legado de sua experiência com objetos cujo luto já foi processado.

Bion (1962a) mostrou como a criança que pode tolerar a frustração difere daquela incapaz de fazê-lo. A primeira é capaz de contemplar o "não seio" como uma ausência e ter *fé* de que a mãe-seio real irá retornar no tempo devido. A segunda forma uma imagem do "não seio" como um objeto concreto que a persegue na ausência da mãe. Quinodoz (1993) propõe o conceito de "resiliência" para designar a capacidade do analisando de internalizar o que eu chamaria de "legado da experiência" ao trabalhar com um analista, de modo que possa tornar-se suficientemente habituado à ansiedade de separação para suportá-la em vez de expulsá-la.

Pode-se, no entanto, inferir ainda outra explicação a partir de Bion: a ausência da mãe boa e protetora tira uma distração protetora inestimável da experiência do próprio inconsciente pelo bebê, permitindo a eclosão de demônios inconscientes, tanto inatos, como os númenos (elementos-beta), como adquiridos. Uma vez que a criança tenha alcançado a hegemonia da posição depressiva, no entanto, ela se torna suficientemente individuada e separada de seu objeto materno e consequentemente capaz de experimentar ausências de forma descontaminada.

O texto analítico como arquivo da ausência e presença do analista – e os motivos potenciais atribuídos à ausência do analista

As associações livres da sessão analítica, coletadas a partir da transformação de resíduos diurnos, constituem o arquivo vivo e emotivo da resolução da criança analítica ao lidar com (a) o sofrimento entre contatos com a "mãe" ou "pai" analítico, e (b) o sofrimento na presença da "mãe" e/ou "pai" analítico. A primeira situação descreve a visão kleiniana tradicional. A última ganhou destaque com o conceito de Bion de "turbulência emocional" (pp. 48, 157) e/ou "tempestades emocionais" (Bion, 1970, p. 97), a O que *tanto* o analisando quanto o analista vivenciam na presença do analista – além da O da sessão compartilhada entre eles. Esta ansiedade frequentemente faz com que o analisando recorra a técnicas manipulativas inconscientes para manobrar o analista para que este entre em estados de conluio que impeçam o progresso. Os pós-kleinianos contemporâneos de Londres (1988) descrevem o conceito de "apreensão da beleza" da mãe pela criança na presença dela.[1] Esta ideia foi ampliada por Alvarez (1996) em seu conceito de importância da "presença viva" da mãe e do analista – ou seja, uma presença que pode efetivamente avivar o analisando na atmosfera analítica. Joseph (1989) e seus seguidores, seguindo a deixa de Bion, enfatizam o "aqui e agora" e a "situação analítica total" na técnica psicanalítica. Bion (1965, 1970) estudou profun-

208 O CONCEITO DE "SOLITUDE" E A AUSÊNCIA E PRESENÇA DO ANALISTA

damente as ansiedades, a turbulência emocional ou psicológica, as tempestades emocionais, e O que se desenvolvem toda vez que dois indivíduos se encontram, particularmente na análise.

De acordo com o ponto de vista kleiniano, a criança analítica acredita que, se a mãe realmente a amasse e se importasse com ela, jamais iria deixá-la sozinha em primeiro lugar. Assim, a separação da mãe analítica entre as sessões, nos finais de semana e em feriados automaticamente indica que a mãe não se importa com sua criança e deseja *voluntariamente* (por conta da identificação projetiva pela criança de seu próprio senso de agência) ver a criança-paciente sofrendo – assim como o fato de ela ser egoísta e aproveitar seus seios por conta própria ou achar uma outra pessoa que a agrade mais que a criança. Esta última ideia dá origem aos primórdios mais elementares do complexo de Édipo arcaico oral e coloca um dilema importante para a criança: o conflito entre a dependência infantil e a cena primária. A suposta intencionalidade por parte da mãe na acusação dela pela criança origina-se do uso da identificação projetiva da criança-analisando de sua própria intencionalidade ou vontade. Este tema, em minha opinião, constitui a ordem oculta, o conteúdo latente do mito do Jardim do Éden do Gênesis.

Bion (1965) faz uma distinção entre a criança capaz de tolerar a frustração e aquela que é incapaz de fazê-lo. A primeira é capaz de contemplar o "não seio presente" como uma ausência tolerável, enquanto a última concretiza o "não seio" em um objeto interno hostil, não sendo capaz de tolerar a ausência.

As explicações de Klein e Bion sobre os aspectos negativos do "não seio" concreto baseiam-se na identificação projetiva da criança de sua própria hostilidade relacionada à ausência da mãe nesta imagem. Pode haver outra forma de se compreender o surgimento do "não seio" hostil concretizado como objeto demoníaco. O próprio Bion

(1970) oferece a seguinte possibilidade: quando a mãe deixa seu filho, depende muito de quão bem a criança está desenvolvida para internalizar um modelo funcional da mãe – isto é, uma imagem evocativa dela e de sua bondade que funciona para que a criança mantenha sob controle a emergência de imagens fragmentadas, más e persecutórias dela. A outra possibilidade é a seguinte: quando a imagem da mãe boa está pouco concentrada no mundo interno da criança, inexoravelmente surgem imagens ruins para preencher a lacuna: não apenas imagens fragmentadas processadas através do ódio, mas também imagens arquetípicas do inconsciente não reprimido – mais próximas às preconcepções inatas (Formas Ideais) ou númenos.

A ansiedade vivenciada na presença da mãe pode dever-se à (a) culpa que a criança, inconscientemente atentasse ao suposto dano que pode ter causado à imagem do objeto em sua ausência, agora projeta em sua imagem do objeto que ora encontra-se presente, ou (b) à "apreensão da beleza" do objeto por ela: a discrepância entre seu próprio senso de valor e o do objeto, particularmente no que se refere à alteridade dela e ao mistério numinoso de sua interioridade (Meltzer & Harris Williams, 1988), ou (c) a obrigações e expectativas desconhecidas que transitam nos dois sentidos pela lacuna entre ambos.

Nota

1. Meltzer acredita que a "apreensão da beleza" começa no início do estágio oral quando a criança, em seu desamparo, descobre a beleza externa da mãe antes de intuir sua beleza interna. Eu acredito, como Wordsworth, que a criança nasce com e a partir da beleza e a atribui projetivamente à mãe. Em outras palavras, a criança cria de forma autóctone a beleza da mãe conforme a descobre.

13. Notas sobre os inconscientes

Nesse momento, eu gostaria de continuar minha discussão sobre o inconsciente. Antes de discutir as fantasias inconscientes, irei preparar o caminho com a apresentação de algumas noções preliminares sobre o local onde elas residem, o inconsciente. Desejo sobrepor as perspectivas de *vitalismo* e *teleologia*, e especialmente de *enteléquia*, com a concepção tradicional do inconsciente a fim de oferecer novas dimensões e perspectivas para nossa compreensão dele. O conceito de vida mental inconsciente adquire maior alcance, profundidade e credibilidade quando contemplado a partir de considerações baseadas no *vitalismo*, em vez do "*cientificismo*" – isto é, das pulsões. Vitalismo, que é na verdade um conceito holográfico, estabelece que o inconsciente é um sistema orgânico vivo, assim como "Gaia" está para a Terra, e é uma moradia habitada por *presenças numinosas, fantasmas e/ou demônios* indivisíveis que constituem o elenco permanente de uma série inconsciente dramática contínua, também conhecidos como *fantasias, mitos e sonhos* que destacam e representam temas ontológicos dos

212 NOTAS SOBRE OS INCONSCIENTES

"copiões"* de nossas vidas normais em uma verdadeira "sala de mixagem" cinematográfica.

Nesta "sala de mixagem", também conhecida como Sistema *Pcs*, uma dessas presenças, o "editor existencial", entrelaça as amostras ou ensaios cotidianos de nossa existência e suas contrapartes simétricas de nossos bancos de memória coletiva e histórica – tudo sob o pano de fundo de *O*. A *teleologia* determina um destino inato que o indivíduo se sente pré-ordenado a cumprir, um destino que parece confirmar-se no nascimento através da identificação primária com a mãe (Lichtenstein, 1961). *Enteléquia* é a *realização* deste destino. A vergonha é o reconhecimento de nossa evasão da meta de cumpri-lo. Conhecemos a enteléquia ao passo que ela se realiza incansavelmente sob a forma de crescimento, desenvolvimento e maturação.

De grande relevância aqui são as ideias singulares de Bion sobre sonho e fantasia (Grotstein, 2002). No início, assim como Freud, ele assume que os dois são praticamente sinônimos. Anteriormente, eu equacionava o uso de sonho e função-alfa por Bion (Grotstein, 2007), mas agora tenho razões para pensar de modo diferente: o sonho é aquilo que Bion (1965) chama de "cortina de ilusão" (p. 147), uma função que imaginativamente e protetoramente altera a resposta emocional à percepção da realidade essencial para que a verdade se torne tolerável, pessoal e significativa. Em outras palavras, ele pode funcionar tanto como uma função que se sobrepõe à função-alfa como um processo paralelo a ela, que *pode* constituir a forja do conhecimento e da sabedoria. Em outras palavras o sonho torna o pensamento possível ao proteger a função-alfa (Grotstein, 2009).

---

* Cópias cinematográficas preliminares a serem editadas no corte final. [N.T.]

Bion considera que toda experiência, tenha ela origem no mundo interno ou externo, deve primeiro ser sonhada (fantasiada inconscientemente) antes que possa ser mentalizada (processada pela função-alfa) – isto é, lembrada, pensada, reprimida ou refletida. Ele chama este processo de "função-alfa" (ou "trabalho onírico alfa") e seu produto de "elementos-alfa". Caso Bion esteja certo ao sugerir que toda experiência precisa ser sonhada (para que possa ser adequadamente trabalhada pela função-alfa), deduz-se que toda psicopatologia resulta do sonho (fantasia) inadequado, insuficiente ou malconduzido, ou função-alfa deficiente – por parte de um objeto continente, originalmente a mãe, depois o pai e depois internalizada no *self*. Consequentemente, o propósito do sonho/fantasia é o de realizar uma transformação mental da indiferença cósmica de O na aceitação da resposta individual pessoal, emocional e subjetiva a O, de modo a permitir que a função-alfa aceite tal resposta como uma porção individual legítima das circunstâncias. Toda psicopatologia, consequentemente, representa O não processada.

Uma *segunda hipótese*, que se segue à primeira, é a de que a interpretação acurada (suficiente) das fantasias – e sonhos – inconscientes, em vez da dissipação de sua ficção em favor da realidade, serve para reparar a rede de fantasia-sonho que continuamente acompanha, delimita e apoia nossa compreensão da realidade. Assim, o sonho (fantasia) constitui "a milícia da luz do baixo céu"[*] Uma *terceira hipótese* que se segue às duas anteriores é a de que toda psicopatologia é patologia do id. Uma *quarta hipótese* seria a de que a realidade psíquica e nossa concepção de realidade externa constituem oposições binárias obrigatórias que não são necessariamente conflituosas, mas, assim como o polegar e o indicador de cada uma das mãos, perspectivas diferentes, mas complementares e colaborativas sobre objetos internos e externos.

---

[*] Cópias cinematográficas preliminares a serem editadas no corte final. [N.T.]

214 NOTAS SOBRE OS INCONSCIENTES

O uso do inconsciente por Bion

Bion utiliza o conceito de inconsciente de várias formas, mas jamais especifica a quais aspectos do inconsciente ele está se referindo. Minha opinião é de que ele utiliza "inconsciente" de três formas distintas:

A. O "inconsciente não reprimido (inato ou coletivo)", matriz das Formas Ideais (Platão) e das coisas-em-si e categorias primária e secundária (Kant).

B. O inconsciente "dinâmico" ou "reprimido", que se torna o continente para os estímulos (O) da realidade externa que a função-alfa processou e realocou aí através da barreira de contato a partir do Sistema *Cs*.

C. Sistema *Pcs*, que compreendo como sendo o inconsciente "repressor" e "expressor". Para mim, isso é idêntico àquilo que Bion quer dizer com barreira de contato. Possui duas fronteiras, sendo uma com o inconsciente não reprimido e outra com a consciência. Tem permeabilidade seletiva que permite a passagem de informações específicas de ambos os lados através de sua membrana ativa.

O "impulso para a verdade"

Vamos contextualizar esta ideia com a concepção de O de Bion, que tanto transcende como interpenetra os Sistemas *Ics* e *Cs*. Em seguida, vamos evocar o conceito bioniano (1965) de "visão binocular", que concebo como "faixa dupla" (Grotstein, 1978). Os Sistemas *Ics* e *Cs* podem ser vistos como dois olhos ou dois hemisférios cerebrais receptivos às intersecções de O. Consideremos agora meu conceito de "instinto (pulsão) para a verdade", que é derivado das ideias de Bion (1992) em geral. O em constante desenvolvimento intersecciona (lança-se contra) de forma contínua e inexorável a fronteira inconsciente emocional do indivíduo nas formas de "Verdade Absoluta", de "Realidade Última" e causa um impacto sobre as emoções, que parecem funcionar como sentinelas para registrar o impacto da Verdade e passar o seu registro deste impacto para a mente do indivíduo para que ele possa tornar-se capaz de *sentir* suas *emoções* e, assim, perceber sua posição ontológica e fenomenológica a cada momento. Assim, o mecanismo de defesa do ego recruta o instinto de morte – e também o instinto libidinal (erotização como defesa) – para mediar as descargas inevitáveis do *impulso para a verdade*, que representa meu modo de falar sobre *curiosidade*, tanto emocional como objetiva.

Interpretação como restauração da fantasia (sonho) deficiente

Um dos princípios centrais do tratamento psicanalítico é o de que a cura vem quando o inconsciente se torna consciente, ato que pressupõe que uma crença ou fantasia inconsciente que constitui o núcleo do transtorno se dissolve ou esmaece uma vez que a interpretação correta (corretiva) seja feita. Associada a esta visão, existe a ideia de acordo com a qual a crença inconsciente era onipotente e resistente a ceder até que fosse sobrepujada pela verdade implícita na interpretação. Uma terceira premissa era a de que havia apenas duas realidades, a realidade psíquica do Sistema *Ics* e a realidade externa do Sistema *Cs*. Desde Bion, temos agora três realidades à nossa disposição, sendo a terceira a Realidade Última, *O*, a realidade que transcende a realidade imagística e simbólica, uma realidade que está além de nosso conhecimento ou compreensão e na qual não há objetos ou representação.

Com isso em mente, podemos agora ver que precisamos nos defender, não de nossas pulsões, mas contra *O* propriamente dita,

216 NOTAS SOBRE OS INCONSCIENTES

que é detectada e comunicada a nós pelo impulso à verdade. As pulsões (libidinais e destrutivas) agora se tornam compreensíveis nesta perspectiva como mediadoras de nosso contato emocional com O. Desta perspectiva, o sintoma torna-se compreendido, não como um conflito entre pulsões diferentes, mas entre aceitar ou não o veredito emocional que emana de nosso contato com O conforme ele é disponibilizado através do impulso para a verdade, a fronteira emocional inconsciente do indivíduo, para ser ponderado, aceito, absorvido, sentido e acomodado. É O que é sentida como onipotente e se impondo onipotentemente sobre nós. Assim, nossa capacidade de nos ajustarmos e nos acomodarmos a mudanças sem alterar nossa autenticidade (nossa flexibilidade, sem sermos elasticamente maleáveis) – em colaboração com nossa capacidade de fazermos o luto pelas perdas – torna-se decisiva em nosso encontro contínuo e incansável com O inexorável, em constante evolução. Em resumo, cada sintoma representa um potencial avanço de O, uma Verdade que acreditamos que não somos capazes de tolerar no momento.

Por que ocorre, então, que exista uma verdade que acreditamos que não podemos tolerar e, ainda assim, quando um analista interpreta adequadamente esta Verdade – no tempo e na dose adequados –, experimentamos alívio? Isso sugere que a Verdade contida na interpretação é algo sobre o que já tínhamos uma premonição, mas éramos incapazes de suportar por conta própria – mas que podemos suportar quando vem de outra pessoa com a qual temos uma relação singular de dependência, isto é, especialmente a mãe e/ou o analista, mas também o pai, irmão, amigo ou colega. Nossa recém-descoberta capacidade de tolerar uma Verdade *após* uma interpretação, a qual éramos incapazes de tolerar *antes* da ocorrência da interpretação, sugere que há mais na interpretação do que apenas acurácia ou relevância cognitiva e a mensagem emocional com ela articulada. Acredito que este elemento perdido

JAMES S. GROTSTEIN 217

seja a própria transferência, mas transferência reconsiderada de um modo novo – *contenção como transferência.*

Todos estamos familiarizados com o experimento do "penhasco visual", no qual um bebê e sua mãe são colocados em lados opostos de uma grande placa de vidro situada sobre duas mesas separadas. Conforme o bebê engatinha em direção à mãe sobre a placa, ele tem incialmente a solidez da mesa abaixo do vidro para lembrar que está seguro. De repente, o bebê aproxima-se do penhasco visual onde o vidro continua, mas a mesa não. O bebê olha para a mãe em busca de pistas. Caso a mãe pareça amedrontada, a criança não continuará a engatinhar. Se a mãe tiver uma atitude encorajadora, a criança irá continuar e cruzar o penhasco. Este é um experimento sobre o confronto colaborativo com *O* e sem objetos ou representações.

Assim, a interpretação do analista torna-se equivalente ao encorajamento da criança pela mãe. Dito de outra forma, a interpretação do analista não é apenas a interpretação da Verdade emocional: é também uma confirmação, por parte do analista, de que ele acredita que é seguro para o analisando aceitar a Verdade sobre aquilo que ele já sabe, mas que até então se recusou a acreditar, pois o analista, ao expressar a interpretação da Verdade, está afirmando a segurança do analisando para aceitá-la – já que o analista, ao expressá-la, demonstra que ele se sente seguro para conhecer a Verdade. *Eu acredito que a afirmação da segurança de uma interpretação pode constituir o significado fundamental de contenção.*

Antes de continuar, eu gostaria de definir "interpretação". Entendo que a interpretação seja uma intervenção que conecta a experiência emocional consciente do analisando e sua experiência emocional inconsciente, a qual é expressa em termos de uma fantasia inconsciente inserida em uma relação causal – junto com

218 NOTAS SOBRE OS INCONSCIENTES

a nomeação da ansiedade inconsciente máxima, das defesas e/ou impulsos recrutados para fazer frente a ela e do custo de utilização destas defesas. Segue o exemplo de uma interpretação genérica: "Você (analisando) não conseguiu tolerar minha longa ausência durante o feriado e, assim, tentou desaparecer como pessoa [*self*] para se proteger usando drogas, o que só fez com que se sentisse pior pela criação de imagens de um eu vingativo que iria te perseguir por fazer isso".

Neste exemplo, a interpretação do analista, começando com a nomeação da ansiedade inconsciente máxima atual, dirige-se empaticamente ao aspecto perturbado do *self* infantil do analisando no que diz respeito à sua própria contemplação de sua dor, aquilo que ele se sentiu obrigado a fazer para reduzir a dor na ausência da mãe-analista, e o custo de fazer uso desta defesa. Ela também aborda o fator do "por quê" (conectando consciente e inconsciente) e é articulada na forma de fantasia inconsciente. Ao prover a (o nome da) fantasia, estou sugerindo que o analista esteja fornecendo uma narrativa mais quase completa para remendar a inadequação de uma fantasia incompleta ou congelada ou inadequada que até então encontrava-se no analisando.

A interpretação do analista deve, consequentemente, não apenas buscar abordar a dor e todos os seus parâmetros de modo preciso, mas também acrescentar a compreensão empática do analista, que demonstra ter conhecimento de "onde o analisando está vindo" e uma parcela de pesar pelo fato de que ele, analista, não chegou lá a tempo para ajudá-lo. A interpretação de um fato emocional inconsciente converte-se em compreensão empática.

O modo de Bion (1965, 1970) de compreender este fenômeno clínico era concebê-lo como um processo no qual o analista, em um estado de *rêverie*, opera como um continente que, utilizando sua função-alfa, combina-se simetricamente com a natureza da dor do analisando – ao "sonhá-la" e "tornar-se ela". Bion refere-se a este processo como a transformação, pelo analista, da experiência de O do analisando em K, conhecimento sobre O, o qual pode então ser interpretado para o analisando.

É relevante para a nossa discussão aqui o fato de que a interpretação do analista emerge naturalmente de seu "abraço em sonho" do analisando e de seu sofrimento, de forma semelhante ao que ocorre no exorcismo ou em práticas xamânicas. Portanto, o ato de conter é equivalente ao "sonhar" do analista – e, assim, "tornar-se" o analisando – e sua posterior transcendência. Este ato de "sonhar" ou "fantasiar" e de "tornar-se" resulta em um compartilhamento da dor do analisando pelo analista, que mostra que pode suportá-la e efetivamente transformá-la, não só cognitivamente, mas emocionalmente. A experiência de "tornar-se", quando combinada com uma interpretação, serve como um ato de compreensão empática *e* como uma narrativa "reabilitadora".

Como consequência desta teoria, todos os sintomas mentais se traduzem em falhas por parte do analisando de conter O com sua função-alfa inata e/ou adquirida. Em outras palavras, o analisando foi incapaz de sonhar – isto é, conter, fantasiar, "tornar-se" – suficientemente sua parcela pessoal de O. O efeito corretivo do analista é obtido ao reforçar a capacidade de sonhar do analisando – isto é, de contenção, que consiste em reparação narrativa empática e reabilitadora.

O que significa "sonhar a sessão analítica"?

Bion sugeriu não só que a mãe precisa *sonhar* seu bebê e que o analista deve *sonhar* a sessão analítica, a qual interpreto como o sintoma do analisando, mas também que, no ato de conter (com

220 NOTAS SOBRE OS INCONSCIENTES

o uso da função-alfa em um estado de *rêverie*), a mãe deve *tornar-se* o filho e o analista deve *tornar-se* seu analisando. Bion faz uma distinção entre experiências fantasiadas de fusão entre sujeito e objeto, que são psicóticas, e o ato de "tornar-se", que consiste na experiência singular de evocação, a partir de dentro do próprio analista, as emoções virtualmente idênticas vivenciadas pelo analisando. Isso pressupõe a presença, tanto na mãe quanto no analista, de uma *barreira de contato* intacta. Bion (1965, 1970) dá a este tipo de "saber" o nome de "transformação em *O*". Acredito que, ao utilizar o verbo "tornar-se", que é gramaticalmente um verbo de ligação, Bion descobriu um modo não cartesiano de "conhecer" o sujeito sem transformá-lo em objeto.

Há mais a ser dito sobre a teoria do sonho de Bion, no entanto:

A. Bion (1992) acreditava que nós sempre sonhamos – de dia e de noite. Os eventos que vivenciamos interna e externamente precisam ser primeiro sonhados – isto é, codificados ou criptografados, esclarecidos e recombinados, mistificados e reorganizados de acordo com regras estéticas inconscientes (Ehrenzweig, 1967). Penso, no entanto, que o ato de sonhar está implícito no fenômeno da transferência. Lembremo-nos de que Freud (1912b) afirmava que a psicanálise não pode curar uma psiconeurose, mas apenas uma *neurose de transferência*. Consequentemente, para que ocorra uma cura psicanalítica, o analista deve facilitar a "transferência" (transformação?) da neurose infantil do analisando em uma neurose de transferência. Acredito que isso é o que Bion realmente queria dizer com o ato de sonhar: nós transferimos – transformamos – a associação livre do analisando em outra linguagem – a linguagem do inconsciente – e sobrepomos esta linguagem como uma grade sobre as associações. O analisando pode assim dizer "cobra", por exemplo, e nós estamos preparados para pensar "pênis". *Isso é sonhar!*

B. A ideia anterior – que o analista sonha a narrativa consciente do analisando ao transformá-la em uma expressão consciente de uma narrativa inconsciente (fantasia) – constitui parte de uma questão maior. Minha impressão sobre a episteme de Bion é a de que ele acredita que a cura psicanalítica depende fundamentalmente da compreensão do analisando pelo analista que se segue à sua *continência* das *experiências incontidas* do primeiro. Uma das principais funções da continência analítica é a *tradução* – isto é, a *interpretação* do conteúdo. Tal tradução ou interpretação consiste na opinião do analista sobre a fantasia inconsciente que representa o conteúdo do analisando: *o objeto analítico*. Ferro (2009) acredita, de forma semelhante, que o processo analítico constitui um "campo" (M. Baranger & Baranger, 1961-1962) que opera através da geração de temas narrativos, que *eu* interpreto como fantasias inconscientes. Também tenho a impressão de que a interpretação pelo analista da fantasia inconsciente relevante e apropriada constitui a "*consecução da fantasia inconsciente*" ou "*reparação*". O conceito de "visão binocular" (Bion, 1962b, p. 86) de Bion permitiu que ele fizesse a conjectura de que a consciência e o inconsciente, em lugar de estarem obrigatoriamente em contraposição, podem ser concebidos como operando na verdade como funções opostas binárias complementares que triangulam O mutuamente.

Além disso, se a psicopatologia resulta da contenção inadequada ou negativa daquilo que não se pode conter, então o resultado inescapável é que estava em operação uma função-alfa e/ou capacidade de sonhar insuficiente ou defeituosa. Como

222 NOTAS SOBRE OS INCONSCIENTES

resultado inevitável, fantasias pobres ou defeituosas foram criadas – ou mesmo nenhuma. Consequentemente, o objetivo da função-alfa, do sonho ou da interpretação é o de reparar ou restaurar fantasias inadequadas e/ou prover fantasias que tapem os buracos da rede mítica que age como contraponto constante do pensamento reflexivo consciente. *A função da interpretação psicanalítica, de acordo com este modo de pensar, é reparar o componente fantasia ↔ sonho da vida emocional/mental de modo a restaurar o equilíbrio do ecossistema mental/emocional.* Esta hipótese assume que a vida *mental* consciente e a objetividade que dela deriva é obrigatoriamente dependente de, e apoiada por, uma vida *emocional* paralela fantasmática, a qual funciona como uma rede de segurança interceptadora que dá início às transformações da Verdade Absoluta impessoal e infinita sobre uma Realidade Última em movimento, O, primeiro ao conferir (codificar) *significado pessoal* aos elementos-beta de O e seus elementos-alfa derivados para o *self subjetivo* antes de sua identificação na consciência (ver também Grotstein, 2009; Ogden, 2003, 2004, 2005, 2009).

A ordem oculta do sonho

Sonhar, de acordo com Freud (1900a), significa codificar ou criptografar resíduos diurnos através do trabalho onírico, o qual consiste em condensação, deslocamento e meios (simbólicos) de representação. Freud também afirmava que os sonhos atendem às exigências do princípio do prazer, que é o princípio organizador por trás dos processos primários que estruturam a arquitetura dos sonhos. Bion, revisando Freud como mencionado anteriormente, combina os processos primário e secundário (Freud, 1911b) naquilo que ele chama de "função-alfa" (Bion, 1962b), a qual utiliza os princípios combinados do prazer *e* da realidade e as capacidades estéticas do indivíduo para criar as pictografias (elementos-alfa) dos sonhos. Ehrenzweig (1967), em seu *A ordem oculta da arte*, refere-se a este ato criativo de inspiração estética como "'poemagógico', para descrever a função especial de indução e simbolização da criatividade do ego. (A palavra grega *poema* aplica-se a todos os tipos de criação, e não apenas à criação de poesia)" (p. 176). Consequentemente, nossa capacidade estética intrínseca é responsável por nossa função poemagógica que o inefável sonhador que sonha o sonho misteriosamente aplica à arquitetura do sonho. O analista que sonha a sessão analítica permanece à sombra do sonhador inefável e é misteriosamente guiado por ele. Isso me remete a um trecho da oitava das *Odes Píticas* de Píndaro:

> *O que é o homem?*
> *O que o homem não é?*
> *O homem não é senão a sombra do sonho.*

"Vitalismo"

O vitalismo é uma escola de pensamento que teve origem em Aristóteles, senão antes, e teve continuidade com Leibniz. Ela se opõe ao mecanicismo. O vitalismo propõe que existe em todas as coisas vivas um fator intrínseco – vago, inestimável e incomensurável – que ativa a vida. Freud (1913c) compreendeu os aspectos vitalísticos do mundo interno ao referir-se à característica do *animismo* nos rituais primitivos. Animismo e personificação (Klein, 1929) são caracterizados pelos habitantes do mundo interno da psique.

Notas sobre fantasias inconscientes

Isaacs (1952) afirmou que a teoria das fantasias de Klein referia-se às representações mentais dos instintos e, em uma contribuição mais recente, Spillius (2001) esclareceu as diferenças entre a compreensão das fantasias por Freud e Klein: "Na visão de Freud, embora *existam* fantasias no *sistema inconsciente*, a unidade básica do *sistema inconsciente* não é a fantasia, mas o desejo instintivo inconsciente" (p. 362); e "Klein via a fantasia inconsciente como sinônimo de pensamento e sentimento inconsciente, e. . . pode ter usado o termo *fantasia* em vez de *pensamento* pois os pensamentos de seus pacientes infantis eram mais imaginativos e menos racionais do que supostamente são os pensamentos adultos comuns" (p. 364).

A partir da descrição de Spillius, parece que Klein colocava as fantasias inconscientes em um papel mais central, acreditando que estas constituíam o *pensamento inconsciente*. Além disso, ela acreditava que todas as comunicações e relações entre o *self* e o próprio *self* (internamente) e entre o *self* e os outros (internamente *e* externamente) ocorrem por meio de fantasias inconscientes e, ainda, que todos os mecanismos de defesa – sejam eles mecanismos esquizoides (cisão, identificação projetiva, idealização e negação mágica onipotente), defesas maníacas (triunfo, desprezo e controle) ou defesas obsessivas, mesmo a repressão – são em si fantasias quase permanentes (concretizadas).

"O estranho dentro de ti": os fantasmas (presenças, demônios) do inconsciente

> *Em 1759, em suas Conjecturas sobre a Composição Original, Edward Young dava este conselho aos autores*

iniciantes: "Não apenas somos ignorantes quanto às dimensões da mente humana em geral, mas também quanto à nossa própria mente. . . . Portanto, mergulha fundo em seu próprio interior; Conhece a ti mesmo. . . aprende a profundidade, extensão, tendência e toda a fortaleza de tua mente; faz um acordo de intimidade total com o Estranho dentro de ti". (Cox, 1980, p. 3)

Nos séculos XVIII e XIX, romancistas e psiquiatras expressaram interesse considerável pelo duplo misterioso – o *Doppelgänger*, o alter ego ou o segundo *self*, considerado como sendo o *self* mais demoníaco e/ou sobrenatural do indivíduo. *O duplo*, de Dostoiévski, *O médico e o monstro*, de Robert Louis Stevenson, e *Frankenstein*, de Mary Shelley, são apenas alguns dentre muitos exemplos. Na mesma época, psiquiatras que estudavam a histeria descobriram o fator da dissociação, que caracterizava esta entidade. Freud e Breuer (1895d), em sua monumental monografia sobre o tema, listaram a "dupla consciência" como uma característica invariante dos histéricos.

Mais tarde, após Freud ter estabelecido os princípios originais da psicanálise, ele formulou a teoria topográfica, na qual faz uma rotação do eixo dos dois sistemas paralelos da consciência da posição horizontal para a vertical, situando o Sistema *Cs* acima do Sistema *Ics*, com o Sistema *Pcs* interposto entre os dois. Posteriormente, quando formulou a teoria estrutural, Freud (1923b) concebeu o id, o ego e o superego, e o conceito do "alter ego" ou segundo *self* como um sujeito propriamente dito foi completamente perdido na onda do positivismo analítico mecanicista. É a Lacan, à pesquisa sobre lateralidade hemisférica cerebral e à intersubjetividade que devemos o declínio desta onda positivista em

226 NOTAS SOBRE OS INCONSCIENTES

favor de uma concepção mais vitalística, animista e numinosa dos habitantes do inconsciente.

Também é possível representar os habitantes do inconsciente, como afirmei anteriormente, como *arquétipos* no sentido de Platão e Jung. Todo objeto externo com que nos deparamos, especialmente a mãe e o pai, não se trata meramente de pessoas propriamente ditas que calham de ser nossos pais. Eles são os atuais "detentores do título" dos papéis arquetípicos (Formas Eternas ou Ideais) estabelecidos antes do início do tempo. As preconcepções inatas de Platão e os númenos e/ou coisas-em-si de Kant (Bion, 1962a, 1962b) antecipam seu surgimento e atribuem a eles suas contrapartes fenomênicas na experiência ocorrida/realizada.

Já fiz menção a outras presenças e inteligências no inconsciente, o "sujeito inefável do inconsciente", que também é o "sonhador que sonha o sonho", o "sonhador que compreende o sonho" e o "dramaturgo", mas estes são apenas alguns dos incontáveis papéis que esta entidade numinosa assume.

Contando histórias

"Papai, conta uma história": a psicanálise como "reparadora de sonhos"

Estamos atualmente na época de *Harry Potter* e *O Senhor dos Anéis* e não é necessário nos perguntarmos porque estas fantasmagorias têm tido tamanha popularidade e aclamação. Aqueles de nós que são pais conhecem bem a súplica incansável das crianças: "Papai (ou Mamãe), me conta uma história". Histórias, lendas, contos de fadas, fábulas, parábolas e mitos são todos versões diferentes de sonhos e fantasias. São todos narrativas que conferem significado linear (hemisfério esquerdo) às emanações caóticas e não lineares do inconsciente de hemisfério direito. Mais especificamente, se empregarmos minha versão do modelo binocular de Bion, conforme mencionei antes, podemos chegar à imagem que já descrevi da torquês ou dos braços do paquímetro dos Sistemas *Ics* e *Cs* e de EP ↔ D que interceptam emocionalmente *O* – ou seja, os elementos-beta (devido à operação do impulso da verdade).

Se também podemos conjecturar que o Sistema *Ics* e EP funcionam de modo a estabelecer uma barricada de fantasia ou mito inconsciente para deter e então transformar miticamente os elementos-beta de *O*, e o outro busca oferecer uma versão mais realista da verdade junto com (em seguida) a fantasmatização (mitificação) da verdade, desenvolvemos então um modelo da importância das histórias para o bem estar inconsciente e do indivíduo. Histórias, fantasias ou sonhos são a primeira linha de defesa contra a subjugação. Temos primeiro que ser capazes de falsificar (alterar) ou atenuar a Verdade para que possamos tolerá-la e, em seguida, precisamos personalizá-la na forma de experiência subjetiva que (re)criamos a partir de nosso interior a fim de assegurar nosso senso de agência (Grotstein, 2000), após o que, graças à objetividade possibilitada pela posição depressiva, somos capazes de objetivar sua Alteridade.

Contar histórias como técnica

Quando realmente nos detemos para pensar sobre o tema, a técnica psicanalítica não está muito distante do ato de contar histórias, como acredita Ferro (2009) e como sugeri na descrição da cura de uma nativa em trabalho de parto complicado por um xamã, cujo canto, de acordo com Lévi-Strauss (1958), era equivalente ao conto de uma história ou mito que se sobrepunha aos sintomas da paciente. Freud dizia que a psicanálise é incapaz de

228 NOTAS SOBRE OS INCONSCIENTES

curar uma psiconeurose, mas apenas uma neurose infantil transferida para uma neurose de transferência, uma transferência que a análise busca promover. Em outras palavras, devemos mudar a "cena mental" do sofrimento do paciente de sua maneira própria de compreendê-lo (ou não compreendê-lo) (p. ex. seu "romance familiar) para *nossa* história sobre como compreendê-lo. Mas, para que este processo funcione, deve haver alguma correspondência entre as duas histórias. Em outras palavras, interpretações são narrativas que emergem da fonte de nossas histórias míticas psicanalíticas (p. ex. complexo de Édipo). Além disso, a história psicanalítica é uma falsificação da verdade da história original, que, em sua transformação na nossa história, paradoxalmente mantém a verdade básica da original. Assim, histórias, como os "veículos" existentes em várias medicações, alteram a *aparência* da história original de modo a permitir que a verdade venha à tona – disfarçada, por assim dizer – e seja "engolida".

A visão de Antonino Ferro sobre contar histórias como técnica

Ferro (1999) faz uma distinção entre a interpretação propriamente dita e "interpretações narrativas":

> *Por narração, refiro-me a um modo de ser na sessão através do qual o analista compartilha com o paciente a 'construção de significado' em uma base dialógica, sem cesuras interpretativas específicas. É como se o analista e o paciente estivessem juntos na construção de um drama no qual as várias tramas aumentam de complexidade, interseccionam-se e desenvolvem-se, às vezes de maneiras imprevisíveis e impensáveis para os dois conarradores,*

dos quais nenhum é o portador da verdade pré-consti-tuída. Neste modo de proceder, a transformação conar-rativa ou, na verdade, a conarração transformadora, toma o lugar da interpretação. (p. 1)

Em minha compreensão, isso significa que Ferro parece ser particularmente sensível àquilo que considero a "dosagem de sofrimento" (Grotstein, 2000, p. 5) – isto é, a delicada vulnerabilidade e sensibilidade do paciente para a potencial honestidade ou veemência de uma interpretação para a qual ele não está pronto. Em vez disso, Ferro "brinca" longamente com as metáforas das associações do paciente. Ele acredita que interpretações geram fechamentos, ao passo que narrativas preservam a não saturação das associações enquanto estas estão em gestação para interpretação posterior. Deixem-me citar um exemplo de Ferro:

O bode selvagem de Carlo

Ao começar a entrar novamente em contato com sua masculinidade e autonomia, Carlo tem o seguinte sonho: ele está em uma sala de operação onde um bode selvagem havia sido anestesiado para uma cirurgia no cérebro . . . a operação está em andamento . . . mas então o anestésico perde o efeito. Em vez de interpretar que "o bode selvagem é a parte que . . .", pergunto o que aconteceu com o bode. Ele teve que ser anestesiado pois não havia mais capim . . . apenas gelo. . . . Este era o único modo de ele sobreviver . . . a fome o tinha deixado louco . . . daí a operação. (p. 24)

230 NOTAS SOBRE OS INCONSCIENTES

Narrativas interpretativas como "objetos transicionais"

Se entendo corretamente o que Ferro diz, ele não se apressa para fornecer uma interpretação formal, ainda que as associações do paciente *pareçam* sugerir uma. Em vez disso, ele permanece na literalidade das metáforas e permite que o paciente e ele próprio (coconstrução) elaborem sobre elas de modo a deixá-las prontas para eventual interpretação.

Penso que, ao fazer isso, Ferro emprega a "introdução narrativa" como um objeto transicional interpretativo. Essa ideia conduz a outra mais fundamental. Interpretações analíticas tendem a promover o "desmame" ou separação progressiva e individuação, uma vez que a *aceitação* de uma interpretação pelo paciente sinaliza movimento para adiante (o conceito de Winnicott de ambiente facilitador e as interpretações *self*-objeto dos psicólogos do *self* podem ser exceções).

Intervenções "vinculantes" ("de apego") → "desmame" ("separadoras")

Ferro parece afirmar duas coisas nas quais acreditei em silêncio por anos:

A. Pacientes que tiveram uma criação tensa e traumática e/ou que podem ter dificuldades inatas de separar-se de seus cuidadores podem vivenciar uma "mudança catastrófica" quando recebem interpretações significativas – pois, embora verdadeiras, o paciente pode não ser capaz de suportar aquela verdade até que se sinta mais integrado e, assim, capaz de aceitar não apenas a interpretação, mas as implicações mais amplas que sua verdade traz. Em outras palavras, alguns pacientes podem apresentar a necessidade de serem "vinculados" ou "apegados" antes de estarem prontos para o "desmame" – isto é, a posição depressiva. Lembro-me de que, em minha residência psiquiátrica e na formação psicanalítica posterior, acreditava-se fortemente – e ensinava-se – que alguns pacientes precisam passar por uma psicoterapia antes de poderem ir para a análise. O que a psicoterapia faz que a análise não pode fazer? – uma questão retórica, mas importante! Acredito que Ferro tenha ciência deste problema e busque oferecer uma resposta a ele com sua "introdução narrativa" – da mesma forma que o dentista administra Novocaína antes de realizar uma cirurgia dental.

B. Apresentei o conceito de que a psicanálise propriamente dita lida exclusivamente com o mundo interno do analisando. Quando suas associações livres introduzem objetos, humanos ou não humanos, estes constituem significadores ou deslocamentos do mundo interno do analisando – ou seja, são partes ou derivados de seu ser inconsciente. Quando o analista lida com determinada pessoa, digamos, a mãe, como se esta fosse uma pessoa real na realidade externa, ele está fazendo – geralmente por necessidade clínica – psicoterapia. Não afirmo isso em tom de desaprovação. O analista pode experimentar a necessidade clínica de fazê-lo. Em geral, isto é feito para preparar o caminho para uma eventual interpretação transferencial, a qual geralmente começa com, "Mas, ao mesmo tempo e em outro nível...".

Caso ele continue a tratar da realidade do objeto externo, no entanto, isso é outra questão e certamente pode ser justificável.

14. O papel preponderante da fantasia inconsciente

No modo de pensar kleiniano/bioniano, todas as relações que ocorrem dentro do bebê, entre o bebê e a mãe, o bebê e o mundo e entre objetos no mundo são representadas na forma de fantasias inconscientes. *Todos os mecanismos de defesa em si constituem fantasias inconscientes sobre a inter-relação entre objetos internos e entre estes e o self.* Fantasias inconscientes são imagens narrativas em movimento e se originam durante o período pré-léxico de hegemonia das imagens (Shlain, 1998). As fantasias e os objetos que elas coreografam são vivenciados como se fossem concretos (reais), uma vez que surgem durante a vigência daquele estágio do desenvolvimento infantil que pode ser caracterizado como "ciclópico" ou "de um olho só" a partir da perspectiva absolutista e que foi chamado por Freud (1924d, p. 179)[1] e depois Segal (1957, 1981) de "equações simbólicas". Talvez possamos compreender melhor o uso kleiniano/bioniano da fantasia da seguinte forma:

A. Fantasias inconscientes são as transformações narrativas sensoriais (geralmente visuais, mas também auditivas e de

234   O PAPEL PREPONDERANTE DA FANTASIA INCONSCIENTE

outras modalidades) iniciais de impressões sensoriais ou estímulos internos e externos.

B. Elas surgem nos primórdios da infância antes da aquisição da linguagem verbal.

C. Fantasias inconscientes e conscientes sempre acompanham todas as formas de experiência, inclusive o pensamento cognitivo. Ainda que as capacidades de testagem da realidade da criança melhorem consideravelmente conforme ela aceita sua própria separação e a separação do objeto na posição depressiva, ela continua a fantasiar sobre si mesma e sua relação com os objetos; a natureza das fantasias tende, no entanto, a ter menos a ver com a perseguição pelo objeto e mais com o modo como ela, em estágios anteriores, perseguiu seus objetos. Pode-se considerar esta relação como equivalente em determinados aspectos à relação de combinação entre notas musicais na clave de sol e notas na clave base.

Praticamente tudo que pertence ao domínio mental pode ser concebido como tendo relação com uma fantasia inconsciente: partes do corpo, o corpo em si, impulsos, mecanismos de defesa, objetos internos e até mesmo os afetos. Deve-se fazer uma distinção entre fantasia inconsciente e fantasia consciente ou pré-consciente.* Por exemplo, um analisando que por acaso ouve o analista falando ao telefone pode fantasiar que ele está combinando um encontro com sua amante ou esposa. O correlato disso na fantasia inconsciente seria o de que o analista está demonstrando claramente que prefere outras pessoas ao analisando e o está humi-

---

*   Em inglês, a palavra "fantasia" pode ser tanto traduzida como "*phantasy*" ou "*fantasy*", conforme discutido em detalhe na seção final deste capítulo. Klein utilizava a primeira forma em seus textos. [N.T.]

lhando de propósito ao deixar que ele saiba da presença preferida de outra pessoa em sua vida.

Em um recente artigo de revisão sobre a fantasia, Spillius (2001) afirma:

> Na visão de Freud, embora existam fantasias no sistema inconsciente, sua unidade básica... não é a fantasia, mas o desejo instintual inconsciente. A formação de sonhos e de fantasias são processos paralelos.... Para Klein, pelo contrário, as fantasias inconscientes são os conteúdos inconscientes primordiais, e os sonhos são transformações destas. (p. 362)

Ela discute outros aspectos ainda do debate entre analistas kleinianos e clássicos. Um deles é a questão da origem das fantasias. Freud, de modo geral, acreditava que elas eram formadas pelo processo secundário e eram então internalizadas (inconsciente dinâmico, reprimido). Em outras ocasiões ele as concebia a partir da filogenética (inconsciente não reprimido). Klein acreditava que as fantasias podiam ser tanto filogenéticas como podiam assumir novas formas no inconsciente dinâmico e reprimido (como resultado da influência do inconsciente não reprimido). De qualquer forma, a análise da fantasia inconsciente ocupa a maior parte da análise kleiniana/bioniana (Spillius, 2007).

Notas sobre as fantasias inconscientes a partir da perspectiva kleiniana/bioniana

Quase desde o início da psicanálise, o conceito de fantasia inconsciente tem ocupado papel central no pensamento e na prática psicanalítica. Recordamo-nos de que a primeira teoria da psicanálise de Freud assumia que a neurose era o resultado da censura de memórias traumáticas de experiências sexuais reais na infância. Foi apenas a partir de 1897 que ele operou a importante mudança de considerar que a fantasia inconsciente tinha um papel central na neurose (Freud, 1950[1897-1902]). Na tentativa de entender a origem das fantasias inconscientes – isto é, a fonte da energia que as alimenta – ele desvendou a ideia da sexualidade infantil, as pulsões e o complexo de Édipo, que reunia as pulsões e a sexualidade infantil no contexto das primeiras relações objetais. Assim, ele concebia as fantasias inconscientes como a representação mental das pulsões emergentes ou, para colocar de modo mais místico, como a "encarnação narrativa" das pulsões.

Temática

Sugiro o seguinte:

Proposição 1: Fantasia inconsciente constitui "pensamento inconsciente" e serve normalmente como uma combinação dos princípios da verdade, da realidade e do prazer e também da função-alfa, que é em si uma combinação (oposição binária cooperativa) dos processos primário e secundário (Bion, 1962b, p. 54). A fantasia *não* serve necessária ou exclusivamente ao princípio do prazer, como proposto há muito tempo por Freud e seus seguidores.

Proposição 2 (como extensão da Proposição 1): A principal força orientadora do inconsciente é: (a) o impulso à verdade (Grotstein, 2004b), que dá apoio aos princípios da verdade e da realidade, (b) "enteléquia" (Aristóteles, em McKeon, 1941, p. 555), termo vitalístico que designa a ativação da totalidade do potencial inato do indivíduo. Nesta linha de pensamento, os impulsos libidinais e destrutivos de Freud *não* são primários, mas, em vez disso, oferecem suporte à entelèquia e são subordinados ao impulso à verdade; e *"conatus"*, o princípio que busca manter a permanência e identidade da personalidade conforme ela passa por mudanças, particularmente "mudanças catastróficas" (Bion, 1970; Damasio, 2003, p. 36). Em minha opinião, *conatus* (conação) provê suporte a uma organização estabilizadora da mente que pode "contratar" o instinto de morte *ou* o instinto de vida para servir aos seus propósitos.

Proposição 3: A fantasia inconsciente constitui uma das linhas de um processo paralelo ou faixa dupla (Grotstein, 1978) no qual a outra linha é a realidade lógica. Esta faixa dupla interpenetra tanto a distinção topográfica quanto a estrutural propostas por Freud (1915e, 1923b), uma vez que uma está intimamente entrelaçada com a outra ao longo de suas operações.

Proposição 4: A psicopatologia pressupõe uma falha na função de sonho-fantasia, a qual representa, por sua vez, uma falha de *rêverie*, contenção e função-alfa maternas (Bion, 1962a, 1962b). Eu, assim como Bion, considero o sonho o mesmo processo que a fantasia, mas vivenciado de um modo diferente – isto é, visualmente *versus* verbalmente. Partindo daí, levanto a hipótese de que, quando um analista interpreta a fantasia inconsciente de seu analisando, ele não está exatamente tirando o crédito da ficção da fantasia em favor da realidade lógica, mas, em vez disso, está concordando com o status da fantasia ou reparando uma fantasia bloqueada ou defeituosa (como faz um telômero em um cromossomo danificado) – ou mesmo fornecendo uma fantasia quando há falta delas de modo a permitir que a fantasia entre novamente no fluxo contínuo da corrente mítica.

Proposição 5 (como extensão da Proposição 4): O princípio de autoctonia (solipsismo, nascido do solo ou a partir do próprio indivíduo) (Grotstein, 1997b, 2000) assume que, da infância em

238   O PAPEL PREPONDERANTE DA FANTASIA INCONSCIENTE

diante, o indivíduo precisa acreditar que ele criou o objeto que descobre (Winnicott, 1971). O fracasso ao fazer isso resulta em trauma. A autoctonia ou solipsismo servem aos princípios de auto--organização e cocriação, onde o primeiro prevalece como árbitro definitivo sobre o segundo. Em outras palavras, após o sujeito ter sido influenciado por um objeto, ele sujeita o produto combinado à "personalização": a ser idiossincraticamente adequado às exigências arbitrárias de sua personalidade inata. Caso contrário, o sujeito fica vulnerável a uma subserviência obediente ao outro, tendo como resultado a ruptura da personalidade entre *"self* real/falso *self".*

Proposição 6 (como extensão de todas as anteriores): Impulso à verdade, princípio da verdade, enteléquia e *conatus* são os invasores vitalísticos constantes da serenidade e do senso de segurança do indivíduo ("mudança catastrófica", Bion, 1965, p. 11). Como tais, eles envolvem *O.*

Proposição 7: Entendo que o conceito de Isaacs (1952) de "princípio de continuidade da fantasia no desenvolvimento" significa que existe um molde místico que organiza a sucessão de fantasias desde o princípio – isto é, desde o período incorporador oral, passando pelo período edípico-genital e indo além. Assim, por exemplo, quando o menino começa a experimentar impulsos fálico-sexuais inconscientes com relação à mãe, ele deve confrontar-se com o horror da vagina. Do ponto de vista kleiniano, o horror da vagina e a imagem da "vagina dentada" são testemunhos de sua fantasia já desenvolvida de ter provocado a existência da vagina como um buraco aberto por causa de sua invasividade oral, voracidade e mordidas carnívoras. Ele deve reparar o dano com seu pênis bom dando à mãe bons bebês que compensem aqueles que ele destruiu no estágio anal quando, sadicamente e epistemofilicamente, invadiu o interior da mãe e estragou os bebês internos dos quais tinha inveja. Em outras palavras, parece haver uma força espiral para diante que faz parte de um plano principal: uma narrativa ou esquema fantasmático contínuo que retorna constante e repetidamente para integrar e reparar fantasias anteriores inacabadas.

Proposição 8 (como consequência de todas as proposições anteriores): A fantasia (sonho) é o processo necessário através do qual a realidade (psíquica e/ou externa) evolui continuamente, incansavelmente e inexoravelmente e encontra-se com (intersecciona) nossa fronteira emocional, criando impressões sensoriais que se tornam "elementos-beta" (Bion, 1962) na forma de protoafetos – ou sensações protoemocionais ainda não mentalizadas. Estas devem ser sonhadas ou fantasiadas através de uma série de transformações mentais (que ocorrem originalmente na função de contenção da mãe) e convertidas em "elementos-alfa" mentalizáveis adequados para serem mentalmente processados para formar memórias, emoções, elementos visuais para os sonhos, pensamentos e reforços para a "barreira de contato". Olhando-se de outra perspectiva, no entanto, pode-se postular que é o indivíduo que passa pela transformação ao permitir-se experimentar a verdade.

A tarefa da análise, consequentemente, torna-se a capacidade do analista de *reparar a rede de fantasias do analisando* – isto é, a barreira de contato entre a consciência e o inconsciente, que concebo como a corrente mítica contínua, para que esta possa ser restaurada na forma de um "serviço silencioso" para o indivíduo, a sentinela constante ("a milícia da luz dos baixos céus", Grotstein, 2004a) que intercepta os elementos-beta derivados de *O* para que estes possam ser transformados em pensamentos e sentimentos e, por fim, em um *self* evoluído.

Proposição 9: Em minha opinião, Bion (1962a, 1962b, 1992) parece ter absorvido as funções da fantasia em seu conceito abrangente de sonho (Grotstein, 2007, 2009; Ogden, 2009).

240　O PAPEL PREPONDERANTE DA FANTASIA INCONSCIENTE

As camadas arquitetônicas da fantasia

Existem três camadas da vida de fantasia. A *mais profunda* é aquela da corrente mística contínua dentro de nós – uma corrente arquetípica, que Jung (1934) chamou de *inconsciente coletivo*. Aí, abandonamos as restrições que os mitos – "Gênesis", "A Torre de Babel", o "complexo de Édipo" e outros – impõem sobre nós. Eles são arquetípicos no sentido platônico e categorias *a priori* no sentido kantiano. O *segundo nível* é o da fantasia inconsciente pessoal, construído como uma narrativa autocontida em seu próprio sentido mítico *pessoal*. É o diálogo constante entre objetos parciais. O *terceiro nível* da fantasia é o da nossa percepção dos objetos reais – isto é, as fantasias que realmente temos sobre eles. Pode muito bem ser que nossos mitos arquetípicos estejam tão intimamente ligados com nosso senso inconsciente de intencionalidade ou agência (impulsos instintuais sob a égide vitalística-holística da enteléquia) que possam ser compreendidos como os principais motivadores inconscientes da personalidade.

O Inconsciente como "retratista"

Llinás (2001), um cientista neurocognitivo, afirma que, na verdade, os processos conhecidos como introjeção ou incorporação são fictícios (ver também Damasio, 1999). Ele propõe a teoria de que, quando nos deparamos com objetos no mundo real, nós não os "botamos para dentro", mas os recriamos imaginativamente a partir da argila crua de nossos recursos interiores. Nós e o outro com quem interagimos somos duas unidades autorrealizadoras independentes que "ativamos", sinalizamos ou ligamos um ao outro. Desta forma, o inconsciente é um "retratista" que utiliza os pigmentos da imaginação e as formas numinosas arquetípicas prefiguradas para elaborar imagens que ganham forma final através da percepção da experiência com modelos vivos.

"Os pigmentos da imaginação"

Eu gostaria de falar um pouco mais sobre os "pigmentos da imaginação". Primeiro, deixem-me reapresentar a teoria das Formas Ideais de Platão, que podem ser entendidas como os protótipos de todos os objetos fenomênicos, vivos ou não. Consideremos então o processo de *metátese*, que pode ser visto como uma série de transformações desconstrutivas ↔ construtivas. Tomemos, por exemplo, uma solução química que contém HCl (ácido clorídrico) e NaOH (hidróxido de sódio). Então, podemos imaginar a quebra do HCl em H^+ e CL^- e do NaOH em Na^+ e OH^- e, então, uma recombinação entre H^+ e OH^- para formar HOH e H_2O (água), além de uma recombinação entre Na^+ e Cl^- para formar NaCl (sal). Este processo de metátese com a quebra de Formas Ideais e sua recombinação imaginativa é apenas um dos aspectos de como vislumbro os processos criativos de sonho e fantasia que ocorrem no inconsciente. A abstração e a separação da impressão emocional original ou mesmo o pensamento avançado em suas partículas mais elementares são realizados por um aspecto ou extensão especializada daquilo que Bion (1962b, p. 27) chama de "barreira de contato"; isso é reconstruído na Grade.

A comparação de Spillius entre as visões de Freud e Klein sobre a fantasia

Spillius (2001), em seu artigo definitivo "O Conceito de Fantasia em Freud e Klein", afirma:

> *Considerando-se sua importância, é... surpreendente que Freud não tenha dedicado sequer um artigo ao conceito de fantasia... Suas afirmações teóricas mais*

242 O PAPEL PREPONDERANTE DA FANTASIA INCONSCIENTE

explícitas sobre o tema são encontradas em seu artigo 'Formulações sobre os dois princípios do funcionamento mental', de 1911, e na Conferência 23 das Conferências Introdutórias à Psicanálise (1916). Em seu trabalho com crianças, Klein desenvolveu gradualmente uma visão bastante diferente daquela de Freud. (p. 361)

Ela então aponta que Freud parece falar da fantasia como uma atividade de realização do desejo devida à frustração instintual. E observa:

Embora Freud acreditasse que algumas fantasias inconscientes pudessem ser "integralmente inconscientes", ele pensava que a maioria das fantasias originava-se sob a forma de devaneios conscientes ou pré-conscientes e poderiam ser reprimidas subsequentemente. . . . O 'uso principal' de Freud, com sua ênfase no fato de as fantasias serem formadas de acordo com o pensamento lógico do processo secundário, é o uso adotado por Anna Freud e pelos outros analistas vienenses. . . . Este é o uso que foi adotado pelos psicólogos do ego. . . . Na visão de Freud . . . a unidade básica do sistema inconsciente não é a fantasia, mas o desejo instintual inconsciente. . . . Para Klein, pelo contrário, as fantasias inconscientes constituem o conteúdo inconsciente principal e os sonhos são transformações delas. Para Freud, o motor principal. . . é o desejo inconsciente; sonhos e fantasias são ambos derivados disfarçados do desejo. Para Klein, o motor principal é a fantasia inconsciente. (p. 362)

Mais adiante no mesmo texto, Spillius afirma:

> *Acredito que Klein via a fantasia inconsciente como sinônimo de pensamento e sentimento inconsciente. . . . e que ela pode ter utilizado o termo fantasia em vez de pensamento pois os pensamentos de seus pacientes infantis eram mais imaginativos e menos racionais do que se acredita que sejam os pensamentos adultos. . . . Isaacs. . . definiu a fantasia como o "principal conteúdo dos processos mentais inconscientes". (p. 364)*

E segue adiante, dizendo:

> *É notável. . . que, no que diz respeito aos aspectos inconscientes do mundo interno, Klein e Isaacs concebam as fantasias como combinações tanto de ideias quanto sentimentos – outra diferença de Freud, que falava do sistema inconsciente como o reino das ideias e traços mnemônicos e nunca se resolveu de modo definitivo sobre a natureza dos sentimentos inconscientes. (p. 365)*

E:

> *Está claro que, na visão kleiniana, a fantasia inconsciente é realmente sinônimo de conteúdo da mente inconsciente. . . . Talvez a importância da ideia kleiniana de fantasia inconsciente, de modo geral, seja a de que ela tendeu a manter a atenção dos analistas kleinianos ainda mais focada sobre as ansiedades e defesas incons-*

244   O PAPEL PREPONDERANTE DA FANTASIA INCONSCIENTE

cientes do que em outras escolas de pensamento psicana-
lítico. (pp. 169-170)

Spillius (2007) então afirma:

A visão de Klein era a de que fantasiar é uma capa-
cidade inata, e que o conteúdo da fantasia, embora
influenciado pela experiência com objetos externos,
não depende totalmente deles. Ela acredita que o ódio
é inato; mais tarde destacaria que o amor, também, é
inato. (p. 28)

Autoctonia, criatividade e fantasia/sonho

Em uma tentativa de preencher a lacuna entre Klein e Winnicott, particularmente no que se refere ao conceito de identificação projetiva, enxertei a versão intrapsíquica de Klein (1946, 1955) nas ideias de Winnicott sobre o objeto subjetivo (Winnicott, 1969) e a criatividade e obtive o conceito de "autoctonia" (Grotstein, 1997a, 2000). Originalmente um mito primitivo sobre o nascimento, a autoctonia designa o nascimento ou significado solipsístico (a partir de si mesmo), "da terra" (como em Mãe Terra), como distinto do nascimento a partir de mãe ou pai, e é sucedido pela partenogênese (a partir de qualquer um dos pais individualmente, sem relação com o outro), e então pela relação sexual. É uma ideia adequada como fantasia-mito para explicar o pensamento incipiente predominante na vida mental infantil. Subbotsky (1992), o estudioso russo do desenvolvimento infantil, chama isso de "lógica incomum da infância". Resumidamente, no estágio autóctone – narcisista, solipsístico ou ciclópico – a criança acredita que ela cria tudo e todos que vai descobrindo. Assim, se a criança vê a mãe brava, ela automaticamente acredita que causou isso através de algum pensamento ou ação de sua parte. Autoctonia é uma forma especial para referir-se à criatividade (Winnicott, 1971), a fonte dos sonhos e fantasias.

O princípio da autoctonia é importante na técnica psicanalítica, particularmente na perspectiva kleiniana/bioniana: por exemplo, o analisando revela que foi traumatizado por seu pai ou mãe durante a infância. Interpretações que pressupõe inicialmente que o analisando foi uma vítima inocente frequentemente não trazem alívio para o sofrimento do analisando – por conta da necessidade autóctone deste, sugiro eu, de acreditar que *ele* levou o pai ou mãe realmente culpado a cometer o ato. Esta necessidade da porção infantil da personalidade de assumir um senso de responsabilidade inicial pelo ato parece estar de alguma forma relacionada à necessidade da criança de fugir da experiência de desamparo abjeto através da posse de um senso de *agência*. É só depois que a porção infantil da personalidade alcança a posição depressiva e vivencia a individuação e separação do objeto que o analisando é capaz de contemplar a ideia de um pai ou mãe culpado por si mesmo e separado do *self* – isto é, um inimigo e não uma perseguição.

O papel técnico da "barreira de contato" na fantasia e no sonho

Enquanto Freud (1915d) concebia a repressão como a barreira que defendia o Sistema *Cs* do Sistema *Ics*, ele não considerava que ela também defendia o Sistema *Ics* de estímulos sensoriais provenientes do Sistema *Cs* – mas Bion (1962b, p. 27) sim.[2] A barreira de contato é uma membrana ou cesura seletivamente permeável entre os dois Sistemas que permite que tanto o *Ics* como o *Cs* funcionem

246 O PAPEL PREPONDERANTE DA FANTASIA INCONSCIENTE

de modo otimizado e como estruturas cooperativas opositivas. Sua capacidade seletivamente permeável permite que informações apropriadas sejam comunicadas em ambas as direções através da barreira. Para a técnica psicanalítica, é importante que a barreira esteja intacta, pois: (a) o funcionamento da barreira permite que o paciente tenha "duas mentes", por assim dizer: uma mente capaz de suspender a descrença e aceitar a realidade psíquica de uma fantasia e ainda preservar sua mente pensante racional; (b) a barreira de contato, por extensão, torna-se uma metáfora do enquadre psicanalítico – ou seja, as regras e limites que asseguram a relação entre paciente e analista – de modo que a peça analítica possa continuar de forma segura; (c) a condição da barreira de contato, em outras palavras, constitui uma medida de analisabilidade ao passo que permite a formação e emergência de fantasias, tanto inconscientes quanto conscientes.

A importância da fantasia na técnica psicanalítica

Do ponto de vista kleiniano/bioniano, o analista tem a incumbência de abordar (interpretar) exclusivamente aquelas fantasias inconscientes que acredita estarem prejudicando o analisando. O conhecimento psicanalítico acumulado em todas as escolas sugere que devemos interpretar a fantasia danosa ou patogênica a fim de definir sua lógica de processo primário e, assim, livrar o analisando de suas amarras ao demonstrar sua contradição com o teste de realidade. A teoria do sonho/fantasia de Bion vai diretamente contra esta visão e parece afirmar o oposto – isto é, que praticamente toda psicopatologia é decorrente de uma capacidade prejudicada de sonhar e/ou fantasiar.

Sofremos, em outras palavras, pois nossa capacidade de sonhar (função-alfa, originalmente derivada da função da mãe como continente para a projeção da criança) não lidou adequadamente com uma circunstância tóxica (interna ou externamente), o que pode ser equiparado à capacidade da criança de transformar a Verdade infinita Absoluta sobre uma Realidade Última, impessoal ou indiferente, que então se torna uma verdade rejeitada sobre a realidade e, consequentemente, um sintoma emocional. É meta da função--alfa e do sonho (fantasia) facilitar a transformação da Verdade Absoluta impessoal em uma verdade pessoal, subjetiva e finita que o indivíduo possa tolerar. Dito de outra forma, devemos inicialmente formar uma fantasia (sonho) sobre uma verdade impessoal para aceitarmos e nos adaptarmos às realidades pessoais (interna e externa) que nos confrontam. A tarefa da análise, de acordo com Bion, é facilitar a contenção de O do analisando, primeiro pelo analista e depois pelo analisando. Desta forma, a rede mítica inconsciente de contenção é reparada e restaurada e torna-se mais capaz de interceptar os elementos-beta de O de forma equilibrada.

Breve vinheta clínica

Quando eu estava prestes a partir para minhas férias de verão, uma analisanda expressou consternação sobre como seu marido desempregado a estava entristecendo por colocar sobre ela a responsabilidade por prover o sustento da casa. Consegui ajudá-la a enxergar que, por analogia, ela também via a mim como prestes a me tornar um analista-parceiro desempregado que a estava deixando sozinha com a carga de tomar conta de si mesma e de sua família. Ela sentiu algum alívio, mas continuou um pouco perturbada. Naquele momento, intuí que ela havia esperado que eu fizesse aquela interpretação e sentiu algum alívio por razões parcialmente falsas por conta do fato de que eu havia feito a mesma interpretação várias vezes no passado; assim, ela havia se tornado um clichê e eu comecei a sentir que um conluio inconsciente entre nós poderia estar em operação. Ao refletir mais sobre a questão, pensei no "divórcio" que ela acreditava ter obtido secretamente de sua família de origem quando criança (por causa da vergonha que sentia de serem estrangeiros: eles eram imigrantes). Pude então interpretar para ela que ela havia se sentido amaldiçoada ao ter que cuidar de si, do marido e de mim como punição por ter abandonado seus pais e que se sentia travada porque, caso permitisse a emergência de quaisquer bons sentimentos com relação a eles (gratidão), ela seria incapaz de tolerar a retaliação deles e meu desprezo por ela. Ela sentiu alívio instantâneo.

Enquanto ouvia a analisanda durante a primeira parte da sessão, notei que eu estava começando a me sentir ansioso e separado dela. Depois, comecei a me sentir um pouco envergonhado e não sabia por quê. O que acredito que aconteceu é que ela vinha sendo dominada há muito tempo por uma fantasia masoquista de estar condenada a ser um mártir obrigado a assumir as responsabilidades de outras pessoas por vergonha inconsciente (de sua família) e culpa relacionada a esta vergonha. A fantasia inconsciente era a de que ela era inútil, a qual refletia sua identificação inconsciente com os pais – que *eles* eram inúteis. Esta era sua fantasia *obstrutiva*. Minha interpretação sobre seu medo da gratidão agiu como uma fantasia *corretiva*, a qual era necessária para liberar a fantasia que estava travada – de modo que, com gratidão para com eles, ela pudesse emergir de uma visão negativa polarizada para uma ambivalência tolerável – em direção ao amor. Uma das questões mais profundas neste caso era sua sensação duradoura de empobrecimento interno de objetos bons e a consequente falta de contenção interna ("sonhadores"). O fato de eu sair de férias foi vivenciado em algum nível como uma crença de que eu não voltaria – em retaliação por seu "divórcio". Com isso, não haveria novamente ninguém para contê-la e ajudá-la a "sonhar" sua dor.

JAMES S. GROTSTEIN   249

Acima de tudo isso, no entanto, está minha impressão de que meu ato de tolerar (conter) o ato mental inconsciente de divórcio da analisanda, primeiro sentindo-o (ansiedade e separação, seguidas de vergonha) e então nomeando-o, não apenas reduziu sua ansiedade, mas constituiu um ato de "sonhar" sua ansiedade. Meu "sonho" dela fez com que eu me tornasse capaz de vivenciar indiretamente emoções que correspondiam a emoções equivalentes dentro dela, juntamente com minha compreensão cognitiva de suas associações verbais, permitiram que eu evoluísse de minha própria EP (paciência) para D (segurança) e fizesse a interpretação. Em termos bionianos (1965), isso pode ser representado como $Ta\alpha O \rightarrow Ta\beta\ K$ onde eu, analista, (a) passo por uma transformação, $O \rightarrow K$, de incerteza para conhecimento, e então comunico a interpretação para o paciente, que passa por $Tp\alpha\ O \rightarrow Tp\beta\ K$.

Phantasia versus *fantasia*

Quando um analista fala de "*phantasy*", ele geralmente está se referindo à "fantasia inconsciente". Nas hoje famosas "Discussões Controversas" de 1943, em Londres, durante o auge da "época dos problemas" entre Anna Freud e Melanie Klein e seus respectivos seguidores, firmou-se um "acordo de cavalheiros", iniciado por Susan Isaacs (1952, p. 80): ela recomendava que os dois lados deveriam concordar que o termo "*fantasy*" seria aplicado a fenômenos conscientes ou pré-conscientes, enquanto "*phantasy*" estaria restrito aos fenômenos inconscientes. (Para a história das Discussões Controversas, ver King & Steiner, 1992). Os analistas kleinianos tendem a utilizar o conceito de fantasia inconsciente como a espinha dorsal de sua teoria e técnica e consideram que ela seja o elemento essencial da vida mental inconsciente do mundo interno ou da realidade psíquica. Em outras palavras, para eles a *phantasia é* a realidade psíquica. Hoje, psicólogos do ego, psicólogos do *self,*

250 O PAPEL PREPONDERANTE DA FANTASIA INCONSCIENTE

intersubjetivistas, relacionistas e psicólogos interpessoais, mais devotados aos traumas agressivos e/ou de privação reais, tanto do passado quanto do processo paralelo atual da análise, tendem a dar menos atenção à fantasia inconsciente. Freud (1900a) disse que os sonhos eram a estrada real para o inconsciente. Acredito que meus colegas kleinianos e bionianos irão concordar comigo que os sonhos – ou seja, as fantasias – *são* o inconsciente.

Notas

1. Agradeço ao dr. Thomas Ogden por essa referência ao uso por Freud do termo "equação simbólica".

2. Indubitavelmente, o tumulto das batalhas que ele vivenciou na Primeira Guerra Mundial como um jovem comandante de tanques deve tê-lo influenciado a esse respeito.

15. A ubiquidade das relações objetais

Os kleinianos acreditam que o aspecto subjetivo da mente é dominado desde o nascimento por relações com objetos,[1] tanto internos como externos, bem como por objetos parciais e objetos totais. Os impulsos são sempre direcionados a um objeto para os kleinianos, e não exclusivamente descargas como no sistema clássico. Da mesma forma, os mecanismos de defesa sempre constituem relações objetais fantasiadas: repressão, identificação projetiva, negação, cisão e outros podem ser vistos como operações de grupos de um grupo de objetos internos sobre outro ou sobre o *self*. Na repressão, por exemplo, pode-se deduzir que o sujeito reprime por meio da cisão de um pensamento ou afeto intolerável e subsequente projeção dele em um objeto-continente real ou fantasiado, o qual é então introjetado, ou ainda sobre um objeto já internalizado, onde ele agora é "identificado" – isto é, situado e então reprimido. Assim, para um kleiniano, os objetos internos constituem a "anatomia" do mundo interno, e a fantasia, a relação entre o *self* e os objetos, equivale à sua "fisiologia". Além disso, deve-se lembrar que o objeto interno kleiniano é geralmente constituído como um

252 A UBIQUIDADE DAS RELAÇÕES OBJETAIS

objeto composto, incluindo: (a) a imagem (representação) que a criança faz do objeto externo, e (b) os afetos, impulsos e demais elementos que o sujeito projeta sobre esta imagem do objeto.

Klein trabalhou com bebês e crianças muito pequenas desde o início de sua carreira profissional. Como resultado, ela se viu obrigada a trabalhar com suas fantasias sobre objetos *parciais*, tais como "seio", "pênis", "ânus", emoções, necessidades instintuais e assim por diante. Estas relações de objeto parcial são características da posição esquizoparanoide e amadurecem para formar objetos totais (e objetos como novos sujeitos) na posição depressiva. Os pós-kleinianos de Londres parecem ter rejeitado gradualmente o uso de termos relacionados a objetos parciais primitivos, particularmente com seus analisandos adultos (Schafer, 1992).

Talvez uma das grandes diferenças entre a escola kleiniana e outras escolas analíticas seja a de que os kleinianos geralmente consideram que a criança cria o objeto na fantasia inconsciente através da identificação projetiva, ao passo que as outras escolas geralmente assumem que o objeto de fato (real) é primário e que o bebê ou a criança fantasia sobre ele de forma secundária.

Psicologia de objetos parciais e psicologia de objetos totais

O bebê, não sendo suficientemente e competentemente separado no início, trata seu objeto total como um objeto parcial – ou seja, como uma parte ou extensão de si mesmo – e como uma *função* da qual ele depende de maneira vital. É só depois que a criança entra na posição depressiva que ela começa a perceber – retrospectivamente – que vinha tratando um objeto total (alguém que vinha sendo um objeto total durante todo o tempo) como um objeto parcial. O horror e a culpa retrospectivos podem ser enormes. Deixem-me dar um exemplo vívido extraído de minha própria análise:

> *Uso a mim mesmo como exemplo: Quando eu estava em análise com Bion, tive os seguintes sonhos em uma noite: Eu entrava na seção de carnes de um supermercado e escolhia alguma carne branca (em retrospecto, peito de frango), levava a carne para casa, preparava-a e então a comia vorazmente. Acordei aterrorizado quando, durante o sonho, comecei repentinamente a perceber que os peitos de frango eram peitos humanos o tempo todo! – e eu os havia devorado! Era tarde demais!*
>
> *Voltei a dormir e tive um segundo sonho.*
>
> *Eu estava em um hospital sentado ao lado de uma mulher de meia idade que aparentava ter acabado de passar por uma cirurgia. Seu peito estava envolto em gaze e curativos. Ela estava acordada e olhava debilmente para a frente, desanimada. Eu me sentia ansioso sentado ao lado dela. Novamente acordei aterrorizado. Pensei imediatamente que ela tinha feito uma mastectomia dupla.*

Associações

Fui um bebê bastante prematuro e aparentemente tive dificuldade de usar o seio. Fui então alimentado com leite de cabra e aparentemente me desenvolvi com ele.

Ao "ensaiar" minhas técnicas de sugar, morder, mastigar e engolir, fantasiei que tinha mutilado os seios de minha mãe.

Os "seios danificados" foram internalizados de duas maneiras: (a) um dos aspectos foi internalizado em meu ego, identifiquei-me com

254   A UBIQUIDADE DAS RELAÇÕES OBJETAIS

ele e tornei-me tímido e inibido desde então; (b) um outro aspecto tornou-se uma consciência propensa a ataques de crítica. Winnicott (1969) descreve este fenômeno em seu modo singular. O bebê, em sua tentativa de usar o objeto instintivamente, cria um "objeto subjetivo" em sua mente, que ele interpõe entre si e o objeto externo. Ele tenta "matar" o objeto subjetivo ao mesmo tempo que assegura que sua contraparte externa sobreviva. Deve-se notar que o bebê, como na transferência analítica, não percebe de início a diferença entre sua criação, o objeto subjetivo e o objeto real (externo). Conforme o último sobrevive às mortes do objeto subjetivo, o bebê se torna mais confiante com relação ao "uso dos objetos". Objeto subjetivo é a maneira que Winnicott usa para falar de *transferência*.

A semelhança entre o uso do objeto e a Eucaristia é surpreendente. Quando o fiel penitente come a hóstia e bebe o vinho – como se estes fossem ou representassem a carne e o sangue de Cristo – ele está repetindo ritualmente o sacrifício original da crucificação. Com isso, sua culpa e sofrimento o conectam aos seus pecadores semelhantes e ao próprio Cristo. A permanência na posição depressiva tem este sabor de se continuar ritualmente ligado a um superego ritualizado com uma sinecura. É por isso que Bion concebeu a dialética entre EP e D (EP ↔ D), para que EP pudesse manter D "honesta", e também o oposto – ou seja, cada um medeia o outro em uma função binária opositiva.

O conceito de fantasias de "zona e geografia" e seu papel nas relações objetais perversas e na técnica

Meltzer (1967) descreveu resumidamente a natureza primitiva "somática" da teoria kleiniana das relações com objetos parciais da seguinte forma: "O bebê relaciona ou associa diferentes zonas de seu próprio corpo – isto é, boca (mente), genital e ânus/

reto – com aspectos correspondentes na geografia do corpo da mãe – seio (mente), genital e ânus/reto" (pp. 23-31). Por exemplo, a boca geralmente corresponde ao seio, mas, às vezes, a boca do bebê ou mesmo seu corpo inteiro podem, defensiva e excitadamente, relacionar-se ao genital ou ao ânus materno. O bebê pode substituir a função de seu ânus para evacuar sentimentos ruins no seio esperando que a evacuação de um seio ruim seja equivalente à incorporação de um seio bom. O bebê manipulador pode tentar escapar dos perigos de sua experiência de separação através da invasão furtiva (na fantasia inconsciente) do corpo da mãe pelo ânus e do controle dela como uma marionete a partir de seu traseiro. Perversão e perversidade geralmente constituem mau uso ou mal alinhamento das próprias zonas da criança às suas contrapartes geográficas pertinentes no objeto e, muito frequentemente, envolvem o uso sádico/masoquista desumanizante e objetificante da zona anal ou da uretra.

As manifestações clínicas de confusões geográficas e de zonas incluem os seguintes exemplos: um paciente *borderline* chega em praticamente todas as sessões com críticas a alguém ou alguma coisa, particularmente a mim, por não ajudá-lo. Uma das estratégias por trás deste comportamento é sua necessidade de evacuar sua tensão emocional em vez de apresentá-la como material a ser analisado. Este comportamento representa uma confusão de zonas na qual o ânus confunde-se com a boca – isto é, a evacuação de um seio ruim é equivalente à ingestão de um seio bom. O paciente que apresente material sexual abundante pode estar confundindo sua boca com seu genital. A contraparte geográfica desta confusão é sua confusão entre os seios (ou a mente) da mãe e seus genitais. Pacientes que recorrem à identificação projetiva e são intrusivos podem estar confundindo suas fezes com um pênis ("pênis fecal") e querem tomar posse da mãe ao invadir seu traseiro, neste caso, confundindo seu ânus com o seio.

256   A UBIQUIDADE DAS RELAÇÕES OBJETAIS

Os objetos internos de Klein como complementos das estruturas endopsíquicas de Fairbairn

Klein, diferentemente de Freud, que concebia as fantasias como servindo primariamente para descarga, via as fantasias como dedicadas a um objeto desde o início, mas, como Freud, acreditava que elas constituíam representações mentais dos impulsos instintuais e, consequentemente, eram os principais motores da vida psíquica. Fairbairn (1941, 1943, 1944, 1946) também foi um dos fundadores do movimento das relações objetais, mas chegou a isso vindo da perspectiva oposta: ele acreditava que o ego do bebê estava inteiro no princípio e relacionava-se com um objeto total. Ambos acabavam cindidos após a experiência de traumas. O bebê internalizava seletivamente e identificava-se com os aspectos inaceitáveis da mãe (e/ou pai) a fim de sustentar a ilusão da bondade dos pais da qual dependia sua psique imatura. Assim, para ele, a fantasia originava-se de forma secundária a uma realidade dolorosa.

Ele então construiu uma estrutura topográfica do mundo interno ("mundo endopsíquico") que continha três níveis com três egos e três objetos. Primeiro, haveria o Objeto Original (OO) e o Ego Original (EO). Com o acúmulo de decepções, o bebê rejeitaria os aspectos intoleráveis do objeto e, em seguida, internalizaria este objeto como o objeto rejeitado, que então se subdividiria (cisão) em um "objeto rejeitante"[2] (OR) e um "objeto excitatório" (OE). A excitação do objeto excitatório deve-se ao fato de que ele ainda é necessário para o bebê, a despeito de sua maldade. Em outras palavras, o bebê só é capaz de tolerar o OR inconsciente em sua perspectiva fragmentada excitatória (tantalizantemente "boa"). Junto com a internalização de OR → OE, aspectos correspondentes do ego são fragmentados do Ego Original (EO) e se juntam aos seus objetos internos degenerados. Assim, um ego antilibidinal (EA) ("sabotador interno") se liga e identifica com OR, enquanto um ego libidinal (EL) se liga a OE. Neste ínterim, as operações de cisão de egos e objetos transformaram OO em um Objeto Ideal (OI) e EO em um Ego Central. EO, em sua relação com OI, reprime as outras quatro estruturas endopsíquicas e OR ↔ EA constitui uma estrutura rejeitante que reprime indiretamente OE ↔ EL.

As estruturas endopsíquicas de Fairbairn comportam-se quase exatamente do mesmo modo que Steiner (1993) sugere que seu "refúgio psíquico" opera, como sugeri em outro lugar (Grotstein, 2002) – como uma organização patológica que promove impasses ou reações terapêuticas negativas na análise e na terapia. Para os propósitos da presente discussão sobre relações objetais, no entanto, sugiro que o conceito de Fairbairn de estruturas endopsíquicas é o *complemento* do conceito de objetos internos de Klein. Se utilizarmos o modelo de "oposição binária" (Lévi-Strauss, 1970), podemos contrapor o conceito da primazia da fantasia inconsciente de Klein ao conceito de Fairbairn da primazia de uma realidade externa disfuncional secundariamente modificada pela fantasia inconsciente. Isso é exatamente o que fez Bion (1965, 1970) com seu conceito de O, que emerge de forma ambígua tanto do mundo externo quanto do mundo interno (ver Ogden, 2009b).

Pós-escrito

Fiz o que pude para ser fiel ao uso que Klein faz do termo "objeto", seja ele parcial, total, interno ou externo, mas não o acho mais útil na clínica e na teoria. Sou mais favorável à substituição dos termos "objetos internos" e "objetos parciais" por outros como *demônios* subjetivos ("*daimons*" no sentido original do grego antigo) ou "Presenças", "Inteligências", "Subjetividades" ou "Homúnculos" – em outras palavras, "Seres" vivos sobrenaturais, numinosos. Também não sou mais a favor do uso de "objeto total", que hoje considero como um "sujeito". Aquilo que tanto as crianças quanto os adultos precisam são fundamentalmente *experiências* com eles que possam ser lembradas ("internalizadas", como se diria antes).

Notas

1. Continuo a usar o termo "objeto" pois isso se tornou uma convenção sancionada pelo tempo em nossa área, após ter sido emprestado por Freud de Descartes e Hegel. Prefiro termos como "demônio", "fantasma", "presenças" ou ainda "outros sujeitos", pois eles descrevem melhor aquilo que acreditamos que vivenciamos.

2. Fairbairn é vago no que tange a transformação do objeto rejei*tado* no objeto rejei*tante*. Klein (1946) conseguiu explicar isso por meio de seu conceito de identificação projetiva – isto é, o bebê projeta sua rejeição original do objeto sobre o objeto, transformando-o assim em um objeto rejei*tante* retalhador.

16. A versão kleiniana de epigênese e desenvolvimento e a teoria das posições de Klein

Klein seguia originalmente o protocolo ortodoxo/clássico das sequências de epigênese autoerótica (isto é, oral → anal → fálica). Seu pensamento sobre o desenvolvimento foi capturado da forma mais precisa por Susan Isaacs em seu artigo sobre fantasia (1952), no qual ela apresenta o conceito de *"princípio de continuidade genética"* – a saber, que a sequência do desenvolvimento evolui através das fases oral → anal → fálica, isto é, desde o início da vida. As escolas analíticas ortodoxa e clássica, por outro lado, sustentam há muito tempo que a fase edípica (fálica) é a posição inicial do desenvolvimento infantil, pois, de acordo com sua visão, ela representa a primeira relação objetal verdadeira, sendo o narcisismo primário desprovido de objeto seu precursor. O complexo de Édipo, de acordo com eles, constela (organiza e dá sentido a) retrospectivamente os estágios pré-genitais de desenvolvimento. Deve-se lembrar, no entanto, que Abraham (1924) elaborou um protocolo do desenvolvimento autoerótico paralelo ao desenvolvimento progressivo caracterizado por objetos parciais. O que Freud e os analistas clássicos e ortodoxos derivaram

260 A VERSÃO KLEINIANA DE EPIGÊNESE E DESENVOLVIMENTO...

de sua importante obra foi a validade da existência da oralidade e da analidade, mas eles parecem ter desconsiderado os aspectos das relações objetais, exceto em sua crença de que estes eram derivados edípicos retroativos.

Este modo de pensar estava ligado à visão ortodoxa/clássica de que o narcisismo primário impedia a *primazia* da significância das relações objetais nos estágios autoeróticos ou pré-genitais. Quando o analisando faz associações com material oral, anal ou fálico, os analistas ortodoxos e clássicos consideram estas diferenças como elaborações regressivas ou defesas contra a emergência de ansiedades edípicas, em vez de relações objetais ou de objeto parcial em si. Em outras palavras, eles acreditam que o bebê não possui vida mental até que o complexo de Édipo entre em cena.

As posições esquizoparanoide e depressiva

A teoria das posições de Klein

Klein (1935) começou a descobrir a existência de um aglomerado de ansiedades infantis caracterizado pela incidência de transtornos depressivos na infância. Ela postulou dois estágios: (a) um estágio inicial de relações com objetos parciais caracterizado por ansiedade paranoide ou persecutória, e (b) um estágio posterior de relações com objetos totais no qual a perda do objeto e as defesas contra isso se destacavam. É importante notar que a posição esquizoparanoide é caracterizada por estados de mente pré-reflexivos, pré-simbólicos, unilaterais, ciclópicos e onipotentes. O conceito de Freud (1924d) e Segal (1957, 1981) sobre a "equação simbólica", na qual o símbolo *é* aquilo que ele representa, nos ajuda a compreender a fenomenologia e a ontologia de crianças e pacientes que convivem com estados de mente aprisionados nas limitações e no terror desta posição. A infeliz criança encontra-se presa entre seus afetos e necessidades onipotentes e/ou infinitos, por um lado, e as contrapartes destes em seus objetos após terem sido projetados, por outro. A criança projeta tais elementos sobre o objeto, em primeiro lugar, para atingir aquilo que Freud (1911b) denominou estado de "ego de prazer purificado".

Klein expandiu sua concepção sobre a posição depressiva em 1940. Ela pensou em posições em vez de estágios devido à sua tendência de retornar e/ou continuar. Em 1946, ela reconheceu a primeira forma como a posição paranoide – e, mais tarde, esquizoparanoide.[1] EP caracterizava-se por um conjunto de ansiedades persecutórias relacionadas com objetos internos e externos maus e impositivos criados por cisão e identificação projetiva por parte da criança; D caracterizava-se por ansiedades depressivas relativas a objetos perdidos e/ou danificados e a introjeção de objetos era mais proeminente. Enquanto a *ansiedade persecutória* representava agora a fenomenologia preponderante da posição esquizoparanoide, Klein atribuiu o espectro de *culpa, arrependimento* e *remorso* à posição depressiva, acrescentando o fenômeno de *nostalgia* pela perda do objeto acompanhada do desejo de conduzir reparações e restauração pelo suposto dano causado ao objeto.

A questão principal implicada na transição entre as duas posições é a mudança no senso de responsabilidade por si mesmo, que passa do objeto para o *self*, com o acréscimo do senso de responsabilidade pela integridade do objeto também, representando assim duas fases sucessivas na experiência de um pacto. Além disso, ainda que a criança esteja nominalmente separada do objeto desde os primórdios da vida, de acordo com Klein ela não se *sente* separada por causa de contínuas identificações projetivas sobre o objeto, induzidas pela ansiedade, que fazem com que ela se confunda com ele. Na posição depressiva, a criança torna-se

262 A VERSÃO KLEINIANA DE EPIGÊNESE E DESENVOLVIMENTO...

mais individuada internamente e mais separada do objeto. É neste princípio de separação do objeto que começa a fase edípica inicial. Conforme a criança começa a afrouxar o controle sobre o objeto materno, ela começa a perceber que a mãe – agora um objeto total em si (na verdade, agora realmente um sujeito) – tem seu próprio objeto preferido de companhia.

A posição esquizoparanoide

O indivíduo em EP está mais inclinado a ser ciclópico (não-reflexivo) e a utilizar equações simbólicas (símbolos concretizados), ao passo que o indivíduo em D teria acesso a símbolos representativos, uma mentalidade de faixa dupla com relação ao outro (intersubjetividade e empatia), objetividade e capacidade de reflexão. O recém-nascido *precisa* começar a vida em EP para obter uma autoproteção onipotente que possa imunizá-lo contra O (Bion, 1965, 1970) das circunstâncias cruas da realidade na qual nasce. Uma vez que esta criança atinge a posição depressiva, ela afirma não apenas sua incompletude futura pela vida toda, mas também sua disposição para tolerá-la e lidar com ela.

Sugiro que EP faz a mediação entre a realidade pessoal incipiente do sujeito contingente *e* não contingente (narcisismo normal), enquanto D faz a mediação entre a realidade sóciointerpessoal do sujeito e o teste de realidade e a posição transcendente faz a mediação de sua relação com O (Bion, 1965, 1970), que representa um estado que está além das realidades privada, pessoal *e* social dos *selves* não contingentes *e* contingentes. Em EP, os objetos são concebidos em termos de objetos parciais – isto é, como extensões do próprio indivíduo – e vistos como meios para um fim, como alavancas.

EP é uma maneira de falar sobre o desenvolvimento do narcisismo normal, enquanto D é uma maneira de falar da necessidade social da criança de nomear objetos como pessoas separadas. EP caracteriza-se pela dependência imatura e pelas defesas contra ela, ao passo que D representa a aurora da consciência de dependência madura. Como Klein empregava uma via única (linear) na qual D vem depois de EP, a relação entre elas tornou-se inevitavelmente polarizada e descrita como linear, de modo que EP foi inadvertidamente demonizada (como patológica) e D idealizada como saudável. Bion e Britton tentaram solucionar este problema com a aplicação de uma via dupla (Grotstein, 1978) – isto é, fazendo uma distinção entre EP normal e patológica – e Freud (1911e) na verdade antecipou o conceito de Klein de EP com sua ideia de "ego de prazer purificado" (p. 223), o qual a criança tenta obter através da rejeição de seus estímulos dolorosos. Colocando-se de outra forma, *EP constitui a posição de protesto infantil contra a injustiça de ter nascido e de estar viva.*

Klein acreditava que D era um avanço sobre EP, e que a segunda poderia ser empregada regressivamente como defesa contra a experiência dolorosa de D. A proposição de O por Bion situou EP e D como estruturas binárias opositivas que fazem a mediação cooperativa de O (mais adiante, argumento que existem mais duas posições: a posição de inocência e transcendência e a posição autística-contígua de Ogden (1989)). Pode-se considerar que EP trata de dispersão e diferenças, enquanto D trata de inteireza e coerência. EP ↔ D, quando sublimadas, tornam-se os polos de diferenciação e integração, como no cálculo. EP representa "Vamos fingir", enquanto D representa "Vamos deixar de lado coisas infantis". Agora, desde o apego e a sintonia de afetos, vemos EP como um desafio ao conceito inconsciente da criança de sofrósina (equilíbrio), que deriva daquilo que Platão denominou "a Memória da Justiça".

264 A VERSÃO KLEINIANA DE EPIGÊNESE E DESENVOLVIMENTO...

Bion (1970) modificou a concepção de Klein sobre a posição esquizoparanoide:

> *Para descrever este estado [abandono de memória e desejo], cunhei o termo "paciência" para distingui-lo de "posição esquizoparanoide", que deve ser reservado para descrever o estado patológico para o qual Melanie Klein o utilizava.*
>
> *A "paciência" deve ser mantida sem "a busca irritante pelo fato e pela razão" até que um padrão "evolua". Este estado é análogo àquilo que Melanie Klein chamou de posição depressiva. Para este estado, utilizo o termo 'segurança'. . . . Considero a experiência de oscilação entre "paciência" e "segurança" como uma indicação de que um trabalho valioso está sendo realizado. (Bion, 1970, p. 124)*

Em essência, Bion afirma repetidamente neste trabalho e em outros que vieram depois que o pensamento normal depende fundamentalmente da parceria bem-sucedida expressa por EP ↔ D e ♀♂.

A posição depressiva (D)

De acordo com Klein (1940), o bebê "tem sentimentos depressivos. . . que atingem um clímax logo antes, durante e após o desmame. Este é o estado de mente do bebê que chamei de 'posição depressiva', e sugeri que se trata de melancolia em *statu nascendi*" (p. 345). "[P]erseguição (por objetos 'maus') e as características defesas contra ela, por um lado, e a saudade do objeto perdido, por outro, constituem a posição depressiva" (p. 348).

De acordo com a teoria kleiniana, a criança deve atravessar com êxito – isto é, elaborar – EP para que alcance D. Caso a criança

JAMES S. GROTSTEIN   265

se torne vítima de uma EP patológica, pode ficar presa neste ponto e/ou cair em uma posição de deficiência definida como "narcisismo patológico" por Rosenfeld (1987), "equilíbrio psíquico" por Joseph (1989) e "refúgio psíquico" por Steiner (1993). Estes são termos variados para designar uma posição intermediaria – um eterno "Purgatório", se preferirem – entre o "Paraíso" de D inatingível e o "Inferno" de EP inadequada.

Com relação à posição depressiva, Klein (1957) afirma:

> *Quando a criança atinge a posição depressiva e torna-se mais capaz de encarar sua realidade psíquica, ela também sente que a maldade do objeto deve-se muito à sua própria agressividade e à projeção que a acompanha. Este insight... traz grande sofrimento mental e culpa quando se está no auge da posição depressiva. Mas ele também traz sentimentos de alívio e esperança, os quais por sua vez tornam menos difícil reunir os dois aspectos do objeto e do self e a elaboração da posição depressiva. Esta esperança baseia-se no crescente conhecimento inconsciente de que o objeto interno e externo não é tão mau quanto se pensava com base em seus aspectos cindidos. (Klein, 1957, p. 196)*

Às vezes, as fronteiras entre EP e D tornam-se indistintas. Klein (1946) afirma: "Sempre ocorrem algumas flutuações entre a posição esquizoparanoide e a posição depressiva, e estas são parte do desenvolvimento normal. Não se pode, portanto, traçar uma distinção clara entre os dois estágios; ademais, a modificação é um processo gradual e os fenômenos das duas posições ficam, por algum tempo e em certa medida, entrelaçados e em interação" (p. 16).

A pergunta sobre se D deve ser alcançada ou vencida (elaborada) pode ser respondida de forma positiva nos dois casos. Sim,

266 A VERSÃO KLEINIANA DE EPIGÊNESE E DESENVOLVIMENTO...

D deve ser alcançada para que a criança possa reconciliar suas fragmentações de EP e tornar-se integrada e separada do objeto, mas a criança também precisa vencer ou transcender D. D possibilita o luto pelo objeto e sua reparação agora que se sabe que ele parte, retorna e decepciona tanto quanto satisfaz. O luto é restrito no tempo, de acordo com Freud (1917e) e o *Talmude*. Após um certo tempo, o luto deve terminar e o período crítico concedido para reparação termina para que a criança possa seguir adiante com sua vida.

Uma das tarefas da análise é ajudar o paciente a ser capaz de discriminar entre *perseguidor* e *inimigo*. O primeiro constitui um objeto que o sujeito criou ou alterou através da identificação projetiva. Assim, o perseguidor é sempre uma função do sujeito que projeta. O inimigo nunca o é. Frequentemente o indivíduo confunde os dois por causa da identificação projetiva. Na posição depressiva, quando se efetua a separação entre *self* e objeto, o sujeito pode retirar suas projeções do perseguidor e revelar o inimigo.

A relação entre as posições e o apego e o "pacto" que os une

> Conecte-se apenas.
> *Maurice*, E. M. Forster

Descrição esquemática da função das posições

O recém-nascido começa a se sentir "paranoide" assim que é separado do cordão umbilical e da placenta. Nascido como *pura psique*, de acordo com Tausk (1919) e Federn (1952), ele experimenta imediatamente a "invasão" de mensagens urgentes de carência provenientes de seu *self* fisiológico e emocional, os quais são inicialmente externos à sua psique (consciência). Ele imediatamente as associa ao objeto parcial mãe(-seio), seja através da

JAMES S. GROTSTEIN 267

cisão (origem de "esquizoide") ou um pouco mais tarde, através da reprojeção de objetos já introjetados que contém as projeções originais. A criança personifica seus demônios ao mesmo tempo que desumaniza sua singularidade e separação. A criança em EP funciona como uma criatura (Lipovetsky, 2005, comunicação pessoal). Na posição depressiva, a criança, agora menos uma criatura e mais "humana", dá-se conta de que sua mãe é humana e sente as agruras de ter que cuidar dela. Conforme a criança se aproxima do limiar da posição depressiva, ela toma consciência da transformação de sua mãe de objeto parcial em objeto total – em sua visão, em um objeto total sob a forma de *sujeito* inefável. Esta transformação demarca a mudança de "relações objetais" para intersubjetividade. *Ela agora percebe que não pode possuir ou utilizar o objeto como objeto*; ela deve, a partir daí, acomodar-se em sua recém-descoberta separação e individuação para aproveitar a experiência com o objeto, agora sujeito.

Simultaneamente, ela tem então de contemplar retrospectivamente o dano potencial que causou a ela, em termos reais e/ou em fantasia inconsciente, a fim de ter suas necessidades atendidas e sobreviver às suas ansiedades persecutórias (paranoides e esquizoides). Agora ela tem de confrontar-se com a culpa inescapável sob a forma de ansiedade depressiva.

Esquema do desenvolvimento infantil

Quando Freud (1905d) formulou o conceito de sexualidade infantil – isto é, autoerotismo e complexo de Édipo – a criança inocente de Wordsworth e Blake morreu e uma nova criança, mais intimidadora e maliciosa, surgiu: uma criança que Freud e principalmente Abraham (1924) conceberam como sujeita a uma metamorfose até então não imaginada sob os nossos olhos e seus

268 A VERSÃO KLEINIANA DE EPIGÊNESE E DESENVOLVIMENTO...

próprios olhos incapazes de ver. O primeiro esquema do desenvolvimento, o desenvolvimento psicossexual (oral, anal, fálico – passivo e ativo – e edípico) prevaleceu durante muitos anos. Ele foi modificado e expandido por Erikson (1959), que incluiu formas e modalidade psicossexuais-culturais de relação com objetos. Outros, como Ferenczi e Fairbairn, propuseram seus esquemas próprios, mas nunca capturaram a atenção da psicanálise mais convencional. Mahler (1968) propôs um tipo diferente de modelo de desenvolvimento infantil: um esquema baseado no grau de fusão/separação da relação da criança com seus objetos. Sobrou para Klein e seu antigo supervisionando, Bowlby, criarem seus próprios esquemas únicos, os quais estavam fadados a colidir na Clínica Tavistock, em Londres, gerando incêndios que só agora estão começando a ser debelados.

Opinião

Proponho que a teoria do *apego* de Bowlby (1969, 1973, 1980), o conceito de *ambiente facilitador* de Winnicott (1960b, 1969) em contraste com o *objeto de uso objetal*, a teoria de Klein (1935, 1946) das *posições esquizoparanoide* (EP) e *depressiva* (D) e modelo de continente ↔ conteúdo de Bion (1959) são conceitualizações diferentes que são fundamentalmente complementares em níveis variados de experiência e observação, sendo as duas primeiras consciente e visíveis externamente (antropologicamente ou etologicamente) e as duas últimas inconscientes e concebíveis apenas a partir de dentro do mundo interno da criança. Juntas, elas constituem um projeto geral da ontologia contínua da criança e de sua relação com os cuidadores. Stein Bråten (1998), um teórico do desenvolvimento infantil, oferece uma nova visão interessante sobre as origens da capacidade da criança de estabelecer relações objetais. Ele afirma:

A criança nasce com um outro virtual na mente que convida e permite sua realização por outros reais na proximidade vivenciada. Assim, a mente normal em desenvolvimento e aprendizado recria e transforma a si própria como uma díade auto-organizadora (i) na interação interna com o outro virtual, bem como (ii) na interação com outras pessoas reais que preenchem e afetam o espaço de companhia do outro virtual e, assim, são experimentadas diretamente em proximidade presencial. (Bråten, 1998, p. 26, grifo nosso)

As contribuições de Klein

Klein, sempre fiel à obra de Freud, utilizou a escala psicossexual do autoerotismo por muitos anos (Spillius, 2007), embora modificada por Abraham (1924) no que diz respeito às relações de objeto parcial correspondentes, até começar a formular seu próprio modelo do desenvolvimento, o modelo das posições: primeiro a posição depressiva (D) (Klein, 1935, 1940) e então sua precursora, a posição esquizoparanoide (EP) (Klein, 1946). Klein compreendeu de modo presciente que os estágios autoeróticos de Freud estavam baseados em uma sequência temporal, ao mesmo tempo que começou a perceber, de uma perspectiva mais fenomenológica, que a criança sofria de um conjunto cíclico padronizado de ansiedades e defesas que, embora aparentemente sequencial, parecia alternar-se ao longo da vida.

Enquanto Freud descobriu a criança deliberadamente *hedonista*, Klein revelou a criança *demoníaca*, inundada desde o início com destrutividade dirigida a si e aos seus objetos, uma criança destinada a fazer uma peregrinação até a posição depressiva para

270 A VERSÃO KLEINIANA DE EPIGÊNESE E DESENVOLVIMENTO...

revogar sua antiga crueldade – e para ganhar consciência, pela primeira vez, dos *"termos de afeição"* que deve aceitar para que possa ser cuidada por seu principal protetor, momento em que descobre o acordo oculto que asseguraria sua sobrevivência e prosperidade daí em diante, o *compromisso* de sua relação com o objeto que também inclui um compromisso recíproco por parte de seu objeto com esta mesma relação.

Algumas notas introdutórias sobre EP e D

A. EP é, em primeiro lugar, um estágio-posição normal no qual a criança se empenha em distinguir entre experiências objetais *boas* e *más*, quase como se funcionasse como um computador digital humano. Esta computação digital é necessária para adaptar os infinitos do inconsciente à finitude da consciência, utilizando a base dois – isto é, "bom" *versus* "mau".[2]

B. A criança projeta sobre o objeto não apenas para controlá-lo, evacuar nele ou tornar-se ele; ela projeta sobre o objeto para estruturar o ambiente externo a si (seus objetos, primeiro os familiares e depois os estranhos, como ocorre na ansiedade gerada por estranhos) de modo a *categorizá-los* ou *codificá-los* por motivos de segurança. Derivo esta ideia da concepção de Bion (1965, 1970) de que, conforme o sujeito experimenta uma impressão sensorial de significância emocional – isto é, um elemento-beta (na forma de impressão emocional gerada pela intersecção de O) – simultaneamente uma preconcepção inata ou adquirida tenta combinar-se com, ou encarnar, sua percepção: ou seja, a preconcepção de um seio é projetada sobre um seio real e *percebida* como uma concepção. Em outras palavras, EP, com suas cisões e projeções, é uma função valiosa e necessária na epistemologia ontológica da criança.

C. A ansiedade persecutória é precipitada na criança situada em EP como resultado do tropismo inescapável de *integração*. Em outras palavras, a posição depressiva, de integração, exerce uma força sobre o sujeito para integrar (repatriar projeções anteriores) e assim transcender EP ("retorno do reprimido").

D. Em EP, os objetos são meios para um fim – isto é, alavancas. Na posição depressiva, os objetos são fins em si mesmos.

E. Ao atingir a posição depressiva, a criança abre mão da onipotência de seu "narcisismo" e permite que seu "socialismo" se desenvolva (Bion, 1992, p. 122). Uma das consequências positivas deste desenvolvimento para cima é a aquisição do "código": das regras e da ordem oculta implicadas nas interconexões entre seus irmãos e amigos e com a cultura em geral. Ela se torna um membro reconhecido da sociedade em várias camadas.

F. Sugiro que a criança que atinge a hegemonia da posição depressiva torna-se sutil mas profundamente ciente de possuir uma *"alma"* e passa a atribuir uma propriedade semelhante aos outros.

G. Klein (1946) descreve quatro mecanismos esquizoides que operam em EP: cisão, identificação projetiva, negação e idealização. Eu acrescentaria *entorpecimento, desumanização, alienação, despersonalização, desrealização, "descorporificação", petrificação e encapsulamento.*

H. O movimento de EP para D constitui o início da consciência de cognição da criança na medida em que apresenta a

272 A VERSÃO KLEINIANA DE EPIGÊNESE E DESENVOLVIMENTO...

ela as diferenças importantes e as numerosas combinações de possibilidades de relacionamento de e entre objetos e sua capacidade de registrá-las através de imagens e representações (símbolos).

I. Uma vez que a posição depressiva serve de matriz para o teste de realidade, sua aceitação é importante para que a criança reconheça a existência do "*código*": termo genérico que se refere às relações humanas e ao modo de funcionamento das coisas em geral.

J. A criança – ou paciente – que faz uso do "pensamento" esquizoparanoide tende a "des-animar" as relações humanas (tratando seres humanos como "*objetos* parciais") e a tratar objetos não humanos como animados. Uma paciente relatou que perdera sua empregada – e que isso "tinha sido uma sorte" (defendendo-se contra o luto por sua perda). Então, mostrando-me o braço ferido, explicou que uma faca que ela estava usando na cozinha "de repente pulou de suas mãos e a furou". O conceito de "sorte" é uma extensão desta linha de raciocínio. A qualidade de animação é associada à ideia de que o objeto não humano possui *vontade* ou *intenção*.

Aspectos cognitivos e de concepção de mundo relacionados às posições

As posições esquizoparanoide e depressiva são geralmente discutidas em termos de relações de objeto parcial e das ansiedades implícitas em cada uma delas. EP designa uma visão de mundo narcisista na qual a criança se coloca no centro e é circundada por objetos parciais satélites, de forma muito semelhante à visão astronômica do tempo de Galileu que, podemos pensar, introduziu a posição depressiva na astronomia como Klein fez com a criança aprisionada no narcisismo, que agora precisa encarar o fato de sua separação e de ter-se tornado um "satélite" ao redor de seu objeto. Uma das perspectivas cognitivas desta mudança de posições é a que quanto mais a criança está separada de seu objeto, mais individuada ela se torna, e consequentemente mais capaz de compreender e empregar a lógica (processo secundário), enquanto sua antecessora narcisista, menos capaz de separar-se, tem maior dificuldade em separar um elemento do outro.

Mas há uma outra perspectiva cognitiva em questão. A criança narcisista, centro de seu cosmos, não é diferente de um rei que, dominado pelos processos primários e pelo princípio do prazer, espera que os "fatos" ("K") cheguem até ele espontaneamente (constituindo, assim, "–K"). A criança na posição depressiva começou a renunciar sua onipotência anterior e, sob a nova hegemonia do princípio da realidade, torna-se mais humilde e ansiosa por aprender e explorar ativamente o mundo externo de fatos e o mundo interno do sexo. O ponto realmente importante aqui, em minha opinião, é que as crianças ou seus descendentes adultos são mais capazes de discernir o "código": as regras das relações objetais, sejam elas do tipo humano ou não humano. Em outras palavras, eles descobrem mais facilmente aquilo que "faz o mundo girar" e têm maior probabilidade de obter sucesso na vida sob muitas perspectivas. A contraparte narcisista retardatária pode encontrar maiores dificuldades para atingir sucesso pois o "código" parece escapar-lhe.

A significância de EP ↔ D

Uma das primeiras reinterpretações criativas de Bion sobre as posições, às quais já fiz menção anterior, foi a colocação de setas recíprocas entre elas (EP ↔ D). A ideia de flutuações entre

274 A VERSÃO KLEINIANA DE EPIGÊNESE E DESENVOLVIMENTO...

as posições esquizoparanoide e depressiva não era nova. Klein já havia descrito regressões e progressões entre elas. O que Bion fez, no entanto, foi, em primeiro lugar, sistematizar sua inter-relação como uma constante (Bion, 1963). Esta mudança de paradigma teve efeitos em várias direções, uma das quais foi a concepção de que EP e D eram coexistentes – isto é, simultâneas e em interação dialética desde o princípio, como Ogden (1994) e eu (Grotstein, 1997b) viríamos a concordar. Já fiz a crítica referente ao conceito de "regressão de D para EP" como sendo uma designação errônea de "regressão de D (luto) para D (depressão propriamente dita – isto é, transtorno depressivo clínico)". Desde a inovação "binocular" de Bion, podemos hoje conceber a relação entre EP e D como uma estrutura binária opositiva: onde cada uma modifica e afeta a outra de maneira *opositiva*, mas não necessariamente *conflituosa*. Em termos clínicos e de desenvolvimento, podemos testemunhar e vivenciar um estado de hegemonia inicial de EP – um estado no qual D ocupa o plano de fundo. Posteriormente, quando se atinge D, EP ocupa o plano de fundo.

A justificativa para se considerar que a criança nasce tanto em D quanto EP está na consideração de que, ao nascer, a criança vivencia sua primeira perda objetal, mas esta é uma perda na qual ela é inicialmente incapaz de fazer a distinção entre a perda de um aspecto de seu *self* original ou a perda de um objeto (o qual pode não ser diferenciável por ela de si mesma neste momento inicial). Em termos pós-modernos, pode-se ver a partir desta perspectiva que a posição esquizoparanoide, principalmente por sua tendência à cisão, pode servir para desconstruir a rigidez que as representações simbólicas da posição depressiva acumulam com o tempo conforme se tornam preconcepções ou convenções "*instituídas*" – ou seja, autocomplacência. Portanto, EP, na melhor das hipóteses, serve como um guardião rebelde do frescor e vitalidade das realizações da posição depressiva.

Pós-escrito

A visão geral de Bion sobre o desenvolvimento infantil e, especificamente, sobre as Posições de Klein, podem ser resumidas em sua afirmação frequentemente repetida: "A infância e tudo que ocorre durante este período, dentro e fora, constitui um *ensaio* para a vida adulta, a coisa-em-si" (comunicação pessoal). Na experiência de atingir a posição depressiva, a criança agora desenvolvida torna-se ciente de que ela e seu "objeto", agora "sujeito", são únicos, incognoscíveis, e se tornam "almas". É aí que as "relações objetais" evoluem para a "intersubjetividade". É aí, também, que a criança descobre a interioridade e o mistério da beleza interna da mãe (Meltzer & Harris Williams, 1988).

Notas

Parte deste capítulo foi apresentada pela primeira vez na Terceira Conferência Anual James S. Grotstein, promovida pelo Centro Psicanalítico da Califórnia, Los Angeles, Califórnia, em 1 de março de 2003.

Sou grato ao dr. Ronald Britton por suas notas sobre este capítulo.

1. Ela tomou emprestado o termo "esquizoide" de Fairbairn (1941).

2. Bion (1970) propõe o termo "paciência" para EP normal e "segurança" para D (p. 124).

17. A visão de Klein sobre o instinto de morte

Freud (1920g) via o instinto de morte como a contraparte antagônica do instinto de vida, a qual incluía (a) os aspectos agressivos de seu conceito mais antigo de instinto libidinal e (b) a repetição à compulsão.[1] Sua concepção biológica do instinto de morte pode ter sido parcialmente defensiva, de acordo com Segal (1993, p. 55). Ele sugeriu que sua *raison d'être* era o alcance da constância em relação ao princípio do prazer-dor (princípio de Nirvana) – ou seja, de alcançar *constância biológica*, cujo análogo é a *morte*. Ele também o associou à experiência de agressão por parte de um superego rígido (Freud, 1930a) e sugeriu que todo sentimento de culpa tem origem nele. Ele também propôs que um aspecto do instinto de morte permanecia no indivíduo para causar o masoquismo primário, enquanto outra parte era projetada para fora, sobre o objeto primário. Klein foi mais Freud do que o próprio Freud ao praticamente concretizar seu conceito de instinto de morte. Ela acreditava que a criança sofre clinicamente de uma ansiedade cujas raízes iniciais projetam-se de sua emergência autoritária. De um ponto de vista prático, o instinto de morte era considerado por ela o culpado

278 A VISÃO DE KLEIN SOBRE O INSTINTO DE MORTE

em praticamente todas as operações de defesa. Ele pode ser personificado (após ser projetado em objetos e então reintrojetado) como um superego primitivo, autoritário, rígido, odiento e destrutivo. Ela também acreditava que a ansiedade inicial da criança devia-se à quantidade de instinto de morte que ela se via obrigada a absorver. Klein (1933) afirma:

> [P]aralelamente a esta deflexão do instinto de morte para fora e contra os objetos, ocorre uma reação de defesa intrapsíquica contra aquela parte do instinto que não pode ser externalizada. Pois o perigo de ser destruído por este instinto agressivo causa, acredito eu, uma tensão excessiva no ego vivenciada na forma de ansiedade, fazendo com que o ego tenha de encarar, logo no início de seu desenvolvimento, a tarefa de mobilizar a libido contra seu instinto de morte. No entanto, o ego só consegue realizar esta tarefa de modo imperfeito já que, devido à fusão dos dois instintos, ele é incapaz de realizar uma separação entre eles. Ocorre então uma divisão no id, ou níveis instintuais da psique, através da qual uma parte dos impulsos instintuais é direcionada contra a outra.
>
> Esta medida de defesa aparentemente precoce por parte do ego constitui, penso eu, a pedra de fundação do superego, cuja violência excessiva neste estágio inicial seria responsável pelo fato deste ser, na verdade, uma ramificação de impulsos destrutivos muito intensos e conter, junto com uma certa proporção de impulsos libidinais, quantidades muito grandes de impulsos agressivos. . . . Esta visão da questão também torna mais fácil compreender

porque a criança acaba por formar imagens tão mons-truosas e fantásticas de seus pais. (p. 269)

A partir desta citação, vemos que Klein parecia acreditar que o instinto de morte era a *causa primária* e a *força motora principal* da psique, necessitando do instinto libidinal (de vida) para aplacá-la. Ela fala de fusão instintual e aparentemente manteve a exclusividade desta ideia a despeito do conceito de Hartmann (1954) de *neutralização* dos impulsos instintuais como uma alternativa ao processo de fusão. Ela também veio a identificar a voracidade e a inveja como operações do instinto de morte. Segal (1993) afirma:

> *Na situação analítica, a projeção do instinto de morte é frequentemente muito poderosa e afeta a contratransferência. . . . Às vezes. . . o paciente projeta seu instinto de vida no analista, deixando a questão da sobrevivência nas mãos do analista e estimulando o desejo de proteção e preocupação. . . . Há sempre uma grande quantidade de dor envolvida na operação do instinto de morte. . . . A fonte primária de dor é o movimento interno do instinto de morte, um terror de aniquilação. Conforme o instinto é projetado, ele se traduz em terror e sofrimento de perseguição e culpa. (p. 57)*

Até os dias atuais, os kleinianos ainda parecem crer na importância fundamental do instinto de morte – isto é, tomam-no como sendo a força quantitativa essencial que a criança deve enfrentar e à qual deve reagir. Mais adiante, proponho uma visão diferente sobre a função do instinto de morte. Ao mesmo tempo que Bion parece concordar com as ideias de Klein relativas à primazia de sua

280 A VISÃO DE KLEIN SOBRE O INSTINTO DE MORTE

importância, ele também sugere sutilmente uma visão alternativa, descrita em seu conceito dos *vínculos emocionais* L, H e K com os objetos, redefinindo assim o instinto de morte (H) como uma resposta emocional a O e um tipo de vínculo emocional com os objetos. Penso também que Bion devia acreditar que o instinto de morte poderia muito bem ser um componente de O, senão também um mediador de O (Bion, 1962b, 1965, 1970).

Com respeito à fonte da ansiedade, acredito, seguindo Bion (1965, 1970), que seria razoável supor que a experiência de ansiedade primária é uma afirmação de O em constante desenvolvimento e intersecção. Acompanhando esta intersecção, a organização do instinto de morte (funcionando em nome de *conatus*) tenta mediar o impacto de O pelo ataque seletivo aos vínculos emocionais do sujeito (L, H e K) com seus objetos (os quais estimulam O) através de transformações negativas para atingir um estado de retraimento protetivo. Enquanto isso, a função-alfa do sujeito, a contraparte do instinto de morte, tenta mediar O através de transformações positivas.[2] Uma vez que o instinto de morte tenha tido êxito no rompimento das ligações do sujeito com seus objetos e funções emocionais, no entanto, ele fica ansioso por conta de seu isolamento. *A partir desta perspectiva, a ansiedade ao mesmo tempo precede e sucede a operação do instinto de morte.*

Embora Freud (1920g) concebesse o instinto de morte como um tropismo inato que guia o organismo em direção à morte, ele nunca atribuiu integralmente a ele *toda a gama de fenômenos agressivos*, tais como o sadomasoquismo. Klein (1928), diferentemente de quase todos os seguidores de Freud, levou seu conceito mais a sério e concretamente ao conceber o instinto de morte como sede de toda a gama de fantasias e comportamentos agressivos e destrutivos do indivíduo. Klein e seus seguidores, alguns dos quais ainda abraçam sua teoria do instinto de morte, assim se posicionam no contexto das pulsões e dos fenômenos delas derivados. Eles negligenciam o fator modificador dos princípios de adaptação. Além disso, eles parecem conceber a raiva, a agressão e assim por diante como impulsos capazes de pensar. Em outras palavras, eles atribuem vontade ou intenção a estes afetos imateriais. Eu acredito que a raiva e seus semelhantes afetivos são abstrações. Aquilo que vemos na clínica não é *raiva*. Vemos um sujeito enraivecido que encontra-se perturbado por uma experiência desconfortável e levado a influenciar um objeto a reconhecer isso e aliviar sua causa ao vivenciar e manifestar-se como estando bravo (um sujeito indivisível com raiva) por causa de uma injustiça ou perigo potencial. Bion (1962b) foi feliz ao afirmar que "Não se pode sentir o cheiro da inveja" (p. 59). Da mesma forma, o instinto de morte não tem vontade. Os kleinianos parecem tomar isso como uma verdade em vez de reconhecer isso – como eu, também um kleiniano, o faço – como uma maneira de falar sobre um *fantasma* ou *demônio*, uma *presença sobrenatural inefável* (sujeito), que brande o instinto de morte como sua arma para ajudar o sujeito a atingir um estado de homeostase, particularmente quando encontra-se em perigo, ao atacar os vínculos com objetos sentidos como ameaçadores.

Em outras palavras, faz mais sentido para mim conceber o instinto (pulsão) de morte como parte de uma *organização psíquica* mais complexa ou *conatus* (conação), cuja tarefa é garantir a manutenção do organismo na mesma forma e a fidelidade à sua natureza verdadeira quando se sente a presença ou iminência de mudanças catastróficas ou perigo (Spinoza, citado por Damasio, 2003, pp. 36-37). Além disso, acredito que a *agressão* pertença geralmente ao instinto de vida e deva ser diferenciada de *asserção*, e também que as duas juntas devam ser consideradas como operando sob o domínio da *enteléquia*, o potencial inato ativado que sempre se impõe na evolução incansável do organismo.

282 A VISÃO DE KLEIN SOBRE O INSTINTO DE MORTE

O instinto de morte é análogo a *O*: ele é, em si, impessoal, mas pode ser manobrado para se tornar silenciosamente mortal por presenças internas, sujeitos ou grupos de sujeitos como o refúgio psíquico. Neste caso, ele se transforma em uma milícia privada ou organização terrorista. Dito de outra forma, proponho que o instinto de morte constitui um coordenador inato do comportamento (Engel, 1977; Engel & Schmale, 1972) que atua sob a direção do *conatus*. *Conatus*, e, junto com ele, o instinto de morte, atuam potencialmente sob a direção de uma presença inconsciente – isto é, da inteligência, demônio, homúnculo. Em outras palavras, levanto a hipótese de que existe uma organização sinalizadora no cérebro/mente que engatilha a atividade do instinto de morte e de outras funções. Acredito que o fenômeno da "apoptose" – morte celular programada – seja um exemplo desta organização de comando. Nascemos com uma carga extra de neurônios e de outras células. O processo de apoptose ajuda a moldar nossa progressão ao longo do desenvolvimento ao matar seletivamente células supérfluas. Nós teríamos mãos e pés com membranas interdigitais, por exemplo, se não fosse pela *apoptose* (Schore, 2003a, pp. 117-118, 288-289; comunicação pessoal).

Na primeira perspectiva (contexto), é como se a criança tivesse nascido "má" por causa de seu "*hardware*" destrutivo inato, o instinto de morte, além da agressão, inveja e voracidade, e precisasse de uma figura parental, primeiramente um "seio-mãe", para salvá-lo de sua destrutividade atávica. Na outra perspectiva, pensamos em uma criança que, embora tenha nascido com capacidades destrutivas, é essencialmente inocente, assim como potencialmente culpada (pela atuação futura de sua carência sobre seus objetos) e é atraída a tornar-se agressiva e/ou destrutiva por causa de sua necessidade de reagir a um ambiente de criação não ajustado ou mal ajustado e/ou objetos maléficos criados por fantasias inconscientes que *atraem seletivamente respostas agressivas adequadas (ou mesmo inadequadas)* à negligência ou ao abuso que constituem contrapartes concordantes, complementares e/ou opositivas dos estímulos delinquentes que vivencia. Em outras palavras, a criança deve reagir *adaptativamente* de uma forma ordenada específica que está de acordo com as exigências do princípio do *conatus*, o princípio que supervisiona a defesa contínua de seu senso constante de identidade durante períodos de confusão, trauma e mudança. Ele ajuda a garantir seu próprio "continuar sendo" (Winnicott, 1960b).

Permitam que eu repita: o instinto de morte é um aspecto paradoxalmente defensivo do *self* que faz parte de uma organização maior, "*conatus*" ou "conação", o termo de Spinoza para designar uma função que busca manter a condição idêntica do organismo conforme ele passa por mudanças. É uma função de calibração. O instinto de morte pode ser uma de suas funções componentes que ataca objetos sentidos como impondo mudanças ("mudança catastrófica", Bion, 1970) no sujeito antes que este se sinta capaz de lidar com elas – ou seja, o desmame e todos os seus derivados posteriores. Além disso, acredito que há uma diferença significativa quando se considera que a agressão é dirigida inconscientemente pelo sujeito contra o *objeto* diretamente ou contra os *vínculos* com o objeto. No primeiro caso, pode ser que o sujeito esteja tentando alterar, modificar ou *reesculpir* o objeto através de seu ódio ou agressão destrutiva, o que consiste, portanto, em uma função do instinto de vida, ao passo que, se a agressão é direcionada aos *vínculos* com o objeto ameaçador ou persecutório, então o instinto de morte "protetor" estaria teoricamente em operação.

O instinto de morte não tem vontade. Ele é como O: impessoal, mas passível de ser manobrado para se tornar mortal por presenças internas ou agrupamentos como o refúgio psíquico. Ele então se torna uma milícia ou organização terrorista pessoal. Por outro lado, visto de forma mais romântica, ele pode tornar-se um "sol-

284 A VISÃO DE KLEIN SOBRE O INSTINTO DE MORTE

dado solitário": alguém sem afiliações. Em uma análise final, penso no instinto de morte como nossa última "estratégia de fuga". Dinamicamente, como o instrumento do *conatus* contra o qual ele age, potencialmente dificultando diferenças e mudanças.

A infância como "ensaio": inocência e culpa primária

Ao mesmo tempo, no entanto, os períodos da infância representam "estágios de ensaio", de acordo com Bion (comunicação pessoal). Estes ensaios incluem a necessidade, intrínseca do desenvolvimento, de que a criança *conduza experimentos* com o uso e abuso de seu arsenal inato – isto é, sua voracidade, egoísmo, sadismo, masoquismo, assertividade, agressividade e assim por diante – a fim de aprimorá-los para uso na vida adulta, quando estiver lidando com a coisa-em-si e não mais ensaiando (Bion, comunicação pessoal). A criança nasce supostamente inocente, mas descobre quase imediatamente que sua vida emocional e física está em perigo na ausência de uma figura materna (e, logo em seguida, paterna) amorosa e carinhosa. A inocência da criança é expressa através de seus gritos por conforto e sua raiva → ódio → fúria pelo fato de sentir-se decepcionada porque a mãe não simula o "serviço de útero umbilical" que ela acabou de experimentar. Em outras palavras, sua inocência é atacada pela *frustração* emocional e/ou física. Kohut (1977) chama isso de "condição trágica" do homem.

Devemos ainda estar cientes de outra perspectiva, a "condição inerentemente culpada do homem". Recordamos que Édipo, tendo sido abandonado em Tebas quando criança, foi resgatado por um pastor de ovelhas, levado para Corinto e adotado pela família real do lugar. Quando tinha 18 anos, Édipo consultou um oráculo que lhe disse que ele estava destinado a matar seu pai e casar-se com sua mãe. Por causa de uma sensação de terror e por amor e preocupação com seus "pais", Édipo vai para o exílio, para acabar exata e inadvertidamente em sua cidade natal, Tebas, onde de fato cumpre a profecia afinal. Dodds (1951) acredita que a culpa de Édipo advém não apenas do fato de ter cometido incesto e parricídio, mas também de ter tentado fugir de seu Destino (*Moira*) ao deixar Corinto, onde o oráculo profetizou que ele cometeria parricídio e incesto. Em outras palavras, o bebê/criança está destinado a ter fantasias inconscientes incestuosas e parricidas (na forma de experiências psíquicas) e está fadado a vivenciar a culpa por elas. Klein expandiu o senso de "destrutividade compulsória" da criança aos estágios orais iniciais e posteriores e estabeleceu a importância da voracidade, da inveja e da identificação projetiva, todas as quais têm o potencial de causar danos ao objeto cuidador. O bebê/criança *precisa* acreditar que está causando danos ao objeto, supostamente com o propósito de sobreviver, mas também deve logo (na posição depressiva) reconhecer com horror, sofrimento e culpa aquilo que ele acredita ter feito ao objeto para sobreviver – e se desenvolver.

Em resumo, o senso moral incipiente da criança constitui uma estrutura binária opositiva que envolve a operação dialética da inocência inata e da culpa inata.

Categorias de destrutividade

Ao categorizar os tipos de destrutividade que observo na clínica, devo admitir minha hipocrisia ao referir-me a estas entidades como "agressão" ou termos similares sem nomear o demônio ou presença sobrenatural interna que faz uso delas. Ajo assim por conveniência heurística. Primeiro, faço a distinção entre *assertividade* e as várias formas de *agressão*. Agressão, por sua vez, deve ser diferenciada de *destrutividade primária*, ainda que a agressão

286 A VISÃO DE KLEIN SOBRE O INSTINTO DE MORTE

se torne *secundariamente* destrutiva em si mesma. A agressão pode ainda ser subdividida em *raiva, ódio, ira, violência, sadismo* e *crueldade*. Associo todas as formas de agressão com a função do instinto de vida pois elas constituem, individual e coletivamente, tentativas desesperadas por parte do indivíduo de comunicar-se com, influenciar e modificar (a mente, o intuito e/ou a forma de) o objeto, ao passo que a destrutividade primária é uma característica silenciosa e mortal do instinto de morte. Quando o indivíduo passa por um trauma grave ou por um surto psicótico, este "surto" resulta de uma tentativa supostamente benéfica do instinto de morte de destruir os vínculos emocionais do indivíduo com os objetos para que estes possam entrar em um "modo de conservação/isolamento" (Engel, 1977; Engel & Schmale, 1972), um estado desvitalizado de torpor emocional.

Assertividade refere-se à ativação e operacionalização do *conatus* (conação – ou seja, força de vontade) do indivíduo e uma efetivação de seu senso de agência, bem como de parte de sua enteléquia – isto é, ambição. Para a criança, o simples fato de estar viva e de sentir-se carente e frustrada faz com que ela sinta, devido ao fato de viver em um universo hidráulico (ciclópico, primeira dimensão de ou isto/ou aquilo), que sua vida lhe é fornecida à custa da vida da mãe. Consequentemente, sua fantasia de ser destrutiva é inevitável. A enteléquia, em especial, demanda assertividade para que o sujeito seja capaz de formular e, mais tarde, atingir sua ambição.

A agressão e seu espectro têm início como um *protesto* do indivíduo contra uma situação injusta ou insustentável que o objeto deve restaurar. Em outras palavras, é um grito por socorro resultante da exposição do indivíduo a sensações de desamparo e vulnerabilidade. As pessoas ficam bravas para protestar contra sua exposição a um desamparo vergonhoso em relação a um objeto importante.

JAMES S. GROTSTEIN 287

Acredito, em outras palavras, que o instinto de morte pertence ao arsenal adaptativo (Hartmann, 1939) do indivíduo e existe em uma oposição – não conflituosa – cooperativa binária com o instinto de vida (Grotstein, 2000). Quando a vida é ameaçada ou quando se sente que as circunstâncias não conduzem à sobrevivência, acredito que o instinto (pulsão) de morte vem ao resgate do indivíduo ao abortar a continuação potencialmente desnecessária da vida. René Spitz (1954) proferiu uma palestra sobre a depressão anaclítica e sua relação com a Síndrome Geral de Adaptação de Selye. Nesta palestra, Spitz apresentou seus achados psicológicos e físicos em crianças órfãs da África Ocidental Francesa que sofriam de hospitalismo. Elas eram acomodadas de modo a poderem alimentar-se por conta própria de uma mamadeira, mas não gozavam de atenção humana. Todas elas morreram por volta dos quatro anos de idade. As descobertas de patologia tecidual foram fascinantes. Todas elas morreram de progéria – a rápida aceleração do processo de envelhecimento – e sofriam de degeneração avançada dos tecidos de vários órgãos de seus corpos, inclusive aterosclerose e degeneração cerebral.

Meu pensamento na época foi de que o instinto de morte tinha vindo piedosamente em seu resgate para acelerar a duração de suas vidas e facilitar o alcance imediato de uma morte benevolente. Pode muito bem ser verdade, e eu realmente acredito nisso, que o instinto de morte vague "benevolentemente" por trás das cenas da vida da criança sempre pronto para salvá-la de circunstâncias que podem ser sentidas como intoleráveis (sem consultar a criança para isso) e que este fato pode dar origem à ansiedade de que fala Klein, mas isso não tem relação com a ansiedade fundamental das evoluções de O. Tratei de uma analisanda que havia sido adotada. Seus sonhos e sintomas só puderam ser compreendidos através da percepção de que ela era atormentada pela crença de que nem deveria ter nascido e que seu "instinto de morte" estava sempre

288 A VISÃO DE KLEIN SOBRE O INSTINTO DE MORTE

pronto, de modo intrusivo e "benevolente", para acabar com seu sofrimento ontológico.

Breve relato de caso

MH era uma advogada de 40 anos que havia entrado em uma persistente transferência negativa comigo que durou várias semanas antes desta sessão. Neste ínterim, minhas interpretações sobre sua transferência negativa pareceram aliviar a situação analítica. Em uma segunda-feira que sucedeu o feriado de Ação de Graças, ela entrou na sala de espera esperando encontrar-me após o longo intervalo. Meu consultório fica no segundo andar de meu escritório de casa. Percebi que, logo antes de chamá-la para que subisse para sua sessão, eu havia olhado para o espelho perto da porta de entrada e notara um sorriso gentil em meu rosto, o qual mostrou-me que eu estava ansioso por vê-la. Segundos depois, ela subiu a escada e, conforme passou pela entrada da sala de atendimento, ela vomitou, "Você parece bravo"! Percebendo que eu não estava bravo – e tinha evidências disso, ainda que subjetivas – deduzi hesitantemente (hipotetizei de modo especulativo) que ela estivera brava comigo durante o feriado por causa de minha ausência. Após deitar-se, ela falou sobre um antigo namorado com quem se encontrara durante o feriado, alguém que ela havia descoberto durante a análise que não era bom para ela por várias razões. Ela revelou que fizera sexo com ele e que então ficara furiosa, como ocorria em sua relação anterior. A aparente razão por trás de sua raiva é que ele brincava com ela – ou seja, a seduzia e então a abandonava em um padrão repetitivo. Ela sentiu que ele havia feito uma armadilha para ela naquele feriado. Então relatou um sonho no qual *ela era uma terrorista que aterrorizava os homens e gostava de ver que tinham medo dela. Incomodava-a, no entanto, o fato de que, cada vez que ela aterrorizava os homens, havia dois resultados característicos: um deles era que o homem ficava bravo com ela e ameaçava retaliação. Ela afastava-se desta ameaça. Outro resultado possível, no entanto, era que outro homem que ela confrontava de modo beligerante tornava-se emocionalmente subjugado, mas carinhoso para com ela.* Ela despertou em lágrimas.

Interpretei que ela poderia ter restabelecido seu relacionamento com seu antigo namorado para me agredir através do ataque ao nosso trato analítico – isto é, tornar-se relapsa, impulsiva e autodestrutiva em minha ausência. Além disso, o amante problemático também representava a mim – alguém que a havia enganado com interpretações efetivas antes do feriado e então a deixado no meio do caminho. Interpretei, em seguida, a natureza bimodal de suas emoções raivosas: Ela estava brava inicialmente comigo como um *protesto* por minha ausência e por sua crença de que eu a havia enganado. No sonho, ela tinha me atacado e ficara com medo de minha retaliação (identificação projetiva de sua raiva em mim). Foi este eu que ela encontrou quando passou da sala de espera para minha sala de atendimento. O outro homem, aquele que respondeu carinhosamente a ela, era outro eu, um eu transformado pela raiva. Ao atacar os homens (na verdade, o homem, eu) no sonho, ela dava continuidade ao seu protesto e atacava aquele eu que a vinha enganando e frustrando – *a fim de destruir o aspecto ruim para que o aspecto bom pudesse retornar.* Com o tempo, passei a acreditar que esta é uma fantasia ou crença universal: que a raiva ou o ódio começam como um apelo ou protesto para que um objeto parental altere ou conserte uma situação intolerável e que, na falha deste processo, a raiva ou ódio se intensifiquem até se transformarem em ira e resultarem em um ataque ao objeto, externa e internamente, com o intuito de "reparar" ("co-

290 A VISÃO DE KLEIN SOBRE O INSTINTO DE MORTE

locar a falha em") um objeto bom danificado para restaurar o objeto bom.

Outra breve ilustração de caso

MJ estava na casa dos 30 anos e era uma fotógrafa que havia sido adotada por um casal judeu da Inglaterra que tinha se mudado para os Estados Unidos antes de seu nascimento. Ela então fora adotada neste país e alí havia crescido. Menciono isso pois ela falava com um sotaque da classe alta inglesa ao longo da análise, o que me alertou para a identificação incomumente forte com a cultura de seus pais adotivos. Durante uma sessão, ela se lembrou de um sonho – talvez seu primeiro sonho recordado, do início de sua infância. Neste sonho, ela era passageira de um grande navio que estava afundando e encontrava-se embaixo d'água sob a estrutura do navio que ia a pique, prestes a se afogar. Uma voz tranquila, desconectada, disse então a ela, "Vai ficar tudo bem". Ela acordou aterrorizada. Ao longo de sua vida desde então, ela vivenciara o retorno desta voz toda vez que estava em grande sofrimento. Quando entrou em análise, ela tinha forte ideação suicida e estava resignada a cometer este ato. A perspectiva do suicídio parecia proporcionar-lhe grande alívio.

Conforme começamos a analisar sua intenção suicida, ocorreu que, quando ela se sentia perturbada, esta voz interior (sem gênero específico) surgia aparentemente do nada e tentava tranquilizá-la. Seu mantra era, "Tudo vai ficar bem. Você não precisa se preocupar. Acalme-se, apenas. Você verá. Todos os seus problemas irão acabar". A voz era calma e tranquilizadora. Suas recomendações eram inquestionáveis.

A analisanda concluiu sua análise em um estado de mente mais favorável e a voz parecia ter desaparecido – ao menos por ora! Ela voltou para a análise vários anos depois. Havia se casado e seu marido morrera repentinamente de uma doença rara. A morte dele a deixara com sérias dificuldades financeiras. A voz retornou. Em uma sessão, ela relatou um sonho no qual *ela estava revelando um filme em seu quarto escuro de fotografia. Conforme a imagem apareceu na emulsão do filme, ela de repente se deu conta de que havia outra foto sendo revelada no outro lado do papel.* Quando estava prestes a virar o papel fotográfico, ela despertou.

Suas associações não tinham nada de surpreendente. Era difícil para ela lidar com este sonho. Ocorreu-me gradualmente que a analisanda tinha sido adotada e que deveria estar sendo assombrada pelo mistério de sua mãe (e pai) de nascimento, os quais agora podia ser que ela desejasse que viessem em seu resgate. Concordou que o mistério da imagem no outro lado do filme devia estar relacionado ao desejo de conhecer sua mãe biológica, mas discordou da parte sobre querer a ajuda deles. O que ela me disse a seguir me fez arrepiar! Ela afirmou: "Isso me lembra daquele primeiro sonho que tive, de estar sob o navio que afundava e da voz tranquilizadora. Sinto que minha mãe real está me convidando a morrer! Você sabe, eu nunca deveria ter nascido".

Interrompo a discussão da análise neste ponto e passo para a conclusão da narrativa. Sua "mãe de nascimento" estava associada à voz, e a paciente sentia que ela jamais deveria ter nascido. Tudo isso havia sido um erro. Alguma força estava tentando ajudá-la a *não* continuar existindo, por si mesma e pela mãe. Interpretei: "O que você quer dizer é que tem um amigo benevolente dentro de si, seu instinto de morte (utilizei o nome) que sempre serviu e ainda serve como seu *deus ex machina*"[3] (ela era uma estudiosa dos clássicos e sabia o que eu queria dizer). Ela pareceu sentir grande alívio. Conseguimos trabalhar nesta questão com grande êxito nos meses que se seguiram.

O instinto de morte, que, conforme penso, constitui junto com o instinto de vida uma estrutura binária opositiva cooperativa, pode em situações adversas apresentar-se violentamente cindido desta estrutura e ajudar a organizar um refúgio psíquico. Outra teoria mais provável seria a de que a estrutura binária opositiva propriamente dita pode ser cindida lateralmente, em vez de verticalmente, para criar uma estrutura de instinto de vida-morte "marginal" que utiliza o que Bion chama de "função-alfa reversa"[4] (p. 25) para fortalecer malignamente um refúgio psíquico.

Notas

1. Acredito que esse seja um termo questionável para designar uma função ou processo pertencente ao Sistema *Ics* e que, como tal, pertence a um domínio atemporal. Consequentemente, a "compulsão de *repetir*" deveria ser chamada de "compulsão de *continuar*" ou "*persistir*" até que determinado aspecto seja adequadamente sonhado (compreendido e codificado e então aceito como uma experiência emocional), em minha opinião.

2. Bion (1962b) deixa espaço para a ocorrência da "função-alfa reversa", situação em que a personalidade psicótica pode usurpar a função-alfa da personalidade normal ou neurótica e utilizá-la para seus próprios objetivos (p. 25).

3. "*Deus ex machina*", "o deus que vem da máquina", solução inesperada em peças gregas clássicas. Um deus saído de uma máquina (aparato ou criação) surgia para resgatar o herói.

4. Um exemplo interessante de "função-alfa reversa" ocorreu em um sonho de uma paciente *borderline* que se viu dirigindo em marcha à ré em uma rodovia.

18. A visão kleiniana dos mecanismos de defesa

A ênfase dada pelos psicanalistas clássicos à importância da repressão deriva amplamente do fato de que a teoria da técnica em que se baseiam tem origem na posição central do complexo de Édipo na fase fálica e em sua importância na organização da vida mental inicial como elaborações regressivas dele. A teoria de Klein sobre o complexo de Édipo é muito mais ampla retroativamente do que aquela dos clássicos: ela expande o complexo de Édipo até o segundo estágio oral da primeira infância e considera que ele surge simultaneamente à instalação da posição depressiva. Como resultado de seu trabalho com bebês e com a "criança dentro da criança", além da "criança dentro da criança dentro do adulto" (Segal, comunicação pessoal, 2001), ela descobriu um agrupamento de dois conjuntos de ansiedades, ansiedade persecutória na posição esquizoparanoide e ansiedade depressiva ou culpa na posição depressiva, além de defesas contra elas (relações objetais defensivas). Há outra importante distinção entre o uso do conceito de "mecanismos de defesa" pelas duas escolas: Os analistas clássicos se referem a eles como "mecanismos", enquanto os kleinianos, embora reconheçam o termo "meca-

294 A VISÃO KLEINIANA DOS MECANISMOS DE DEFESA

nismos", pensam nestes como atividades de fantasias inconscientes de relações objetais conflituosas.

As defesas esquizoides, maníacas e depressivas

Na posição esquizoparanoide, predominam os seguintes mecanismos de defesa: cisão, identificação projetiva, idealização e negação mágica onipotente, aos quais eu acrescentaria desumanização, desrealização, despersonalização, objetificação, alienação, encapsulamento e petrificação, pelo fato de observá-los na situação clínica. As defesas contra as ansiedades depressivas na posição depressiva incluem defesas maníacas e obsessivas, além do que eu chamo de *defesas depressivas* (Grotstein, 2000). Enquanto a defesa maníaca é dirigida ao objeto *externo* do qual a criança ou a parte infantil da personalidade é dependente, a defesa depressiva é dirigida ao objeto *interno* do qual o indivíduo depende – mas com o qual encontra-se introjetivamente identificado. Deste modo, um ataque contra si mesmo constitui um ataque simultâneo contra o objeto com o qual o indivíduo está identificado. A defesa depressiva pode ser equiparada a uma defesa maníaca interna. Em "Luto e Melancolia", de Freud (1917e), sua proposta principal é a descrição desta defesa, embora sem nomeá-la. Ela também pode ser vista como a dinâmica do martírio, uma situação em que o sujeito triunfa sobre seus objetos ao sofrer de melancolia – ou seja, ao internalizar seus objetos, identificar-se com eles internamente e então atacá-los como se estes fossem o próprio indivíduo.

As defesas como fantasias inconscientes de relações objetais internalizadas

Outra diferença importante entre a teoria ortodoxa-clássica e a teoria kleiniana no que tange aos mecanismos de defesa é a crença dos últimos de que todos os mecanismos de defesa consistem em fantasias inconscientes concretizadas associadas à relação entre o sujeito e o objeto e à visão do sujeito sobre a relação dos objetos entre si. Esta concepção centrada em objetos das pulsões e defesas não existe no sistema clássico. A defesa maníaca, por exemplo, representa uma fantasia inconsciente por parte do sujeito na qual ele acredita que se apropriou (inconscientemente) de fato das qualidades cuidadoras da mãe das quais necessita e as atribui agora a si mesmo sob a forma de autopromoção (grandiosidade, onipotência) enquanto atribui seus sentimentos de impotência (vulnerabilidade e carência infantil) à mãe – e triunfa sobre ela com desprezo e controle – e triunfa sobre o aspecto da criança que é dependente dela. A defesa consiste na criança como sujeito que diminui o objeto (e a si mesmo) do qual o sujeito agora modificado antes dependia. Pode-se ver que a defesa constitui uma "função" de uma fantasia inconsciente elaborada sobre as relações objetais.

Contra quê e/ou quem as defesas defendem?

Tanto no sistema clássico quanto no sistema kleiniano, acredita--se que os mecanismos de defesa do ego defendem principalmente contra os impulsos instintuais e seus derivados. Recentemente a importância dos afetos suprimidos tem sido amplamente reconhecida e estes hoje constituem talvez o principal conteúdo do material reprimido, especialmente no pensamento de Bion, conforme mencionado em outro ponto desta obra. Alexitimia (Taylor, 1987) é um conceito que abrange tanto a resistência primária como a resistência secundária à experiência de emoções e seu processamento através de sentimentos. O conceito de alexitimia está relacionado aos conceitos de Bion (1965, 1970) de falhas de contenção, função-alfa e sonhar/fantasiar para transformar os elementos-beta das impressões emocionais de O. Outros conteúdos reprimidos incluem aspectos danificados e cindidos do *self* infantil do indivíduo e objetos internos assustadores danificados e/ou destrutivos que correm o risco de serem liberados para a consciência em estados de regressão analítica. Nesta última categoria, devemos considerar os refúgios psíquicos (Steiner, 1993; Grotstein, 2003, 2007a). Em resumo, aquilo de que nos defendemos fundamentalmente é *O, a verdade emocional*, que constitui o lastro de afetos personificados como objetos internos.

Defesas esquizoides

Klein se interessou pela natureza específica das ações defensivas da criança relacionadas contra a imagem da mãe e chamou-as de "esquizoides" pela dificuldade apresentada pela criança de atribuir a ela simultaneamente tanto imagens ruins como boas. Se tomarmos os quatro principais mecanismos esquizoides de Klein e acrescentarmos a defesa maníaca, podemos ver que a linha vermelha que os atravessa é a fantasia de preservação da onipotência infantil – ou narcisismo infantil, uma vez que a criança não se sente capaz de apreciar objetos como se estivesse separada deles. Coletivamente, estes elementos podem ajudar a criança a lidar com seus conflitos de objetos parciais e, assim, prepará-la para a posição depressiva, ou, na direção contrária, atrapalhar suas tentativas de alcançá-la. Bion (comunicação pessoal) afirmava com frequência que o paciente de organização primitiva "estava *reduzido* à onipotência".

As defesas esquizoides, cisão, identificação projetiva, negação[1] e idealização são todas destinadas a proteger a criança sitiada contra objetos persecutórios, internos e externos. Uma vez que a criança é totalmente dependente, tanto biológica como emocionalmente, de sua mãe, ela tem a necessidade, durante momentos de estresse e frustração e por ser ainda incapaz de sustentar uma percepção ambivalente unificada da mãe, de cindir a imagem que tem dela em um objeto bom (que satisfaz) e outro mau (que não satisfaz). A porção boa ou má cindida da mãe – ou do analista na situação analítica – pode então ser projetada sobre outro objeto. Com frequência, a criança pode projetar uma imagem ruim da mãe sobre o pai, criando assim uma situação edípica prematura. A cisão pode ser do tipo polarizador ou de um tipo que envolve estilhaços e fragmentação. O primeiro ocorre tipicamente na histeria e em pacientes *borderline*, enquanto o segundo ocorre na psicose. A cisão do objeto parece ser necessária para manter separados aspectos incompatíveis do objeto. Caso eles se reúnam prematuramente (devido a uma chegada precoce no limiar da posição depressiva), pode ocorrer uma catástrofe infantil (fragmentação do ego).

A identificação projetiva, discutida de forma muito mais profunda em outro lugar, é idêntica à projeção e ocorre em três modalidades: (a) projeção de aspectos do *self* na imagem que se tem do objeto (interno ou externo), seja com o intuito de livrar-se de emoções ou sentimentos intoleráveis ou para controlar o objeto; (b) projeção do *self* como *self* sobre a imagem que se tem do objeto; e (c) a necessidade de fazer com que o objeto vivencie aquilo que o sujeito vivencia, o que pode ser uma forma de comunicação. Pessoalmente, dou a esta última função o nome de "*trans*identificação projetiva" (Grotstein, 2005). A identificação projetiva pode ser tanto defensiva como não defensiva, como ocorre na empatia. Quando defensiva, ela constitui uma fantasia inconsciente intrapsíquica e onipotente. O sujeito que projeta pode sentir confusão, desorientação e esvaziamento do *self*.

Na negação mágica onipotente, a parte infantil da personalidade, ao repelir a experiência de separação intolerável, nutre uma fantasia inconsciente onipotente de invadir o objeto de que neces-

298 A VISÃO KLEINIANA DOS MECANISMOS DE DEFESA

sita e assumir o controle dele, dando margem para a fantasia de que é possível modificar (negar) uma realidade desagradável em vez de ter que enfrentá-la. Um dos aspectos da negação mágica onipotente é a "magia empática" (Frazer, 1922). Meltzer (1967) descreve este mecanismo, mas utiliza o termo "masturbação anal" em vez do termo já estabelecido "magia empática" ao descrever a situação da criança que, sentindo-se frustrada e ansiosa pelo afastamento da mãe, pode recorrer à masturbação anal, seja com seus dedos ou sua mão ou ao comprimir as fezes em seu reto ou ânus. Primeiro, ele atribui uma identificação, por parte da criança, entre suas fezes e sua mãe (as fezes são os "descendentes" alimentares adequados do leite materno que foram do estômago para o reto). Assim, ao manipular suas fezes, ele está controlando à distância as ações da mãe. Este fenômeno nos remete à lâmpada de Aladim. A fantasia inconsciente pode ainda incluir a invasão da mãe por trás e o controle dela a partir de dentro.

O problema da idealização

Na idealização, a criança ou a parte infantil da personalidade projetivamente confere onipotência ao objeto bom a fim de se sentir segura e protegida contra objetos maus persecutórios. Este é um mecanismo de defesa normal na infância, mas que pode tornar-se patológico se utilizado em excesso. Uma complicação raramente mencionada da idealização ocorre quando o sujeito sente tanta inveja de seu objeto – ou seja, mãe, pai, irmão, amigo – que pode vir a acreditar que ele é realmente inferior de acordo com alguma ordem de classificação imaginária de sua cultura ("hierarquia social") e, consequentemente, este irá projetar suas próprias qualidades (subvalorizadas por ele) no rival invejado e então identificar-se com ele através de uma falsa admiração, escondendo assim seu ressentimento invejoso.

Resta ainda algo a ser dito sobre a idealização, no entanto. Embora Klein a reconhecesse como um mecanismo normal em crianças (p. 217), ela e seus seguidores destacam suas consequências patológicas quando utilizada como defesa contra a ansiedade persecutória. Neste último caso, a idealização parece ser a precursora daquilo que Anna Freud (1936) chamou de "identificação com o agressor" (p. 118) – isto é, negação do medo e ódio ao objeto de que se necessita. Kohut (1977) e seus seguidores, por outro lado, enfatizam a necessidade de que a criança experimente tanto o espelhamento como a idealização de seus cuidadores (pp. 10-11). O problema de ênfase que emerge entre as duas escolas no que diz respeito à idealização pode ser resolvido da seguinte forma: Enquanto a teoria e a técnica kleinianas são caracterizadas por interpretações que favorecem o desmame do seio (metafórico) para facilitar a separação e individuação progressivas, a psicologia do *self* foca-se na vinculação e no apego e, ao fazê-lo, protege o senso de inocência do bebê-criança e sua onipotência normal. Os pesquisadores do desenvolvimento infantil denominam este como um problema de "contingência" (Lichtenberg, Lachmann, & Fosshage, 1992, pp. 22, 40) – isto é, o comportamento da mãe deve primeiro ser estritamente condicionado (simétrico) ao comportamento de seu filho. Conforme o bebê começa a se desenvolver, ele busca aventuras em comportamentos não condicionados. Acredito que ambas as ênfases sejam necessárias, que o bebê/paciente deve experimentar a atração dialética (função binária opositiva) das duas funções opostas mas colaborativas.

Desumanização, desrealização, despersonalização, encapsulamento, esvaziamento, objetificação, alienação e petrificação são, assim como a idealização e a negação mágica onipotente, *todos variantes da cisão e da identificação projetiva, assim como todos os outros mecanismos de defesa.* Deve-se acrescentar que todos os mecanismos de defesa dependem da agressão como um agente de

300 A VISÃO KLEINIANA DOS MECANISMOS DE DEFESA

contracatexia. Pode-se ver prontamente quão intensa deve ser a agressão para que seja capaz de levar à desumanização ou alienação, por exemplo.

Exemplos de caso

A. MG é um médico casado de 44 anos que, após o intervalo do fim de semana, disse: "É muito engraçado; no sábado eu me peguei com vontade de ir à livraria e dar uma fuçada. Quando cheguei lá, procurei sorrateiramente pelo seu livro. Eu o encontrei e comecei a lê-lo. Você gosta mesmo de palavras compridas, né?" [*identificação projetiva do* self *inteiro para repelir a separação da análise ao longo do fim de semana e ataque invejoso contra mim e o meu modo de escrever – mesmo que o que ele disse seja verdade*].

B. SR é uma mulher solteira de 34 anos que, imediatamente após chegar ao meu consultório em uma manhã de segunda-feira, exclamou, "Você está com o cenho franzido! Você está bravo comigo!" [*identificação projetiva de aspectos do* self *pelas mesmas razões mencionadas no caso anterior*]. Na verdade, eu havia notado que *ela* tinha o cenho franzido quando abri a porta. Vim a saber durante a sessão que ela havia sido promíscua durante o fim de semana e estava incomodada consigo mesma. Ela cindiu seus sentimentos de autocrítica e projetou o fato de estar incomodada consigo mesma em mim.

C. RJ é uma mulher casada de 44 anos que durante muito tempo idealizou-me e manifestou desprezo por seu marido. Embora algumas das razões de seu desprezo parecessem justificadas, ela pôde finalmente reconhecer que era incapaz de tolerar bons *e* maus sentimentos com relação a ele. Como consequência, ela cindiu seus bons sentimentos, atribuiu-os (projetou-os) a mim e polarizou a bondade em mim e a maldade em seu marido.

D. SL é uma mulher solteira de 27 anos, *borderline*, que foi vítima de grave abuso infantil. Nos intervalos de final de semana e feriados ela tende a "desligar-se", conforme demonstrado por estados de confusão e desorientação. Certa vez, sua mãe recebeu uma ligação da polícia. Eles a encontraram vagando sem destino no centro da cidade – como se estivesse drogada. Ela não estava [*estados de identificação projetiva e dissociação*].

E. BR é um paciente esquizofrênico de 24 anos que acordou assustado do seguinte pesadelo que ocorreu após uma sessão analítica difícil na qual expressou raiva considerável dirigida a mim: "Eu estava caminhando em uma rua de uma cidade estranha durante o dia quando, de repente, o céu ficou preto! Então eu olhei para a calçada e vi milhares de ratos correndo ao meu lado – e então vi milhões de formigas rastejando por todas as paredes dos prédios" [*fragmentação ou estilhaçamento*].

F. TR é um analisando casado de 44 anos e um jogador inveterado. Certa vez, durante uma sessão analítica, ele explicou porque acreditava que jogava. Ele tinha uma fantasia de que, quando ganhava, ele tomava posse concretamente da "Dona Sorte", que ficava então sob seu poder e faria qualquer coisa que ele quisesse. Era como se ele tivesse, na fantasia inconsciente, entrado concretamente no corpo dela e se tornado capaz de usá-la a partir de dentro como sua marionete. Após ganhar no jogo, ele se sentia tão inflado que acabava assumindo grandes riscos em seus negócios, os quais às vezes funcionavam bem, mas na maioria das vezes, não [*negação mágica onipotente*].

302 A VISÃO KLEINIANA DOS MECANISMOS DE DEFESA

Epílogo

Eu gostaria de acrescentar minha perspectiva pessoal sobre as defesas e os mecanismos de defesa que desenvolvi ao longo dos anos. Acredito que o conceito de defesa pode ser abordado de maneira mais efetiva se considerarmos as defesas como "*farsas*" *inconscientes* distribuídas ao longo de um espectro de gravidade e resistência. Esta ideia encaixa-se no conceito de Bion (1977a) da Grade, particularmente na Coluna 2, que é a coluna da falsidade → mentira (–K). Bion sustenta que *O* representa a Verdade Absoluta sobre a Realidade (Emocional) Última e que qualquer tentativa de "conhecê-la" resulta em falsificações sob o domínio do princípio de realidade. Quando reina o princípio do prazer-desprazer, no entanto, o resultado é a mentira (pp. 10-11).

Nota

1. Segal (1964) descreve a "negação" como "negação mágica onipotente" (p. 14).

19. Refúgios psíquicos ou organizações patológicas

Herbert Rosenfeld (1987), Donald Meltzer (1978) e, mais recentemente, John Steiner (1993), começaram a perceber que a resistência crônica na análise e a reação terapêutica negativa poderiam ser colocadas em operação por um conjunto ou organização sabotadora de objetos internos conhecidos por termos variados como "máfia", "gangue",[1] "organização patológica" ou "refúgio psíquico". Suas ideias seguiam as pegadas do conceito de Wilhelm Reich (1928) de "couraça caracterológica". Steiner acredita que esta organização patológica deve sua origem a uma falha por parte da criança de atingir a posição depressiva; assim, o refúgio psíquico constitui uma posição intermediária entre as posições esquizoparanoide (EP) e depressiva (D). Entendo este conceito como análogo ao conceito de "sabotador interno" de Fairbairn (1944), em termos específicos, e de "estruturas endopsíquicas", em termos gerais, originando-se como um pacto faustiano ou um pacto com o diabo em troca de segurança – ou seja, a identificação "profilática" seletiva com os traços intoleráveis da mãe e/ou do pai a fim de purificá-los e mantê-los como ideais, uma vez que são necessários.

304   REFÚGIOS PSÍQUICOS OU ORGANIZAÇÕES PATOLÓGICAS

Acredito que o conceito de Bion (1967a) de "objeto obstrutivo" (p. 90) ou o conceito de "super"-ego também se encaixem aqui. Bion considerava que a fonte deste objeto residia na realidade externa – como a mãe incapaz de conter as projeções dos estados emocionais de seu bebê e que, assim, os projeta de volta nele – na forma reversa. A criança torna-se então mais desesperada ainda e projeta sua hostilidade na imagem já alterada dela. O objeto obstrutivo torna-se então um "super"-ego cruel e ataca os vínculos entre a criança e seus bons objetos e a própria capacidade de pensar.

A presença de refúgios psíquicos poderosos é geralmente observada em pacientes *borderline*, em transtornos narcisistas e em transtornos de estresse pós-traumático secundários a traumas da infância, assédio e abuso. Eles são o núcleo e a força organizadora que está por trás da reação terapêutica negativa. Podemos considerar os refúgios psíquicos como o "tecido cicatricial" das feridas mais precoces da personalidade. Como resultado, podemos descobrir psicanaliticamente que o paciente tem a experiência de estar aprisionado a um superego onipotente e cruel para obter alívio em uma segurança ditatorial sob a forma de um "objeto duro" (Tustin, 1981). O "objeto obstrutivo" de Bion (1967a), ou "super"-ego moralista maligno, representa uma coalizão nefasta entre uma mãe ou pai (ou ambos) que rejeita e um aspecto projetado de uma porção infantil da personalidade do paciente que representa a criança raivosa e angustiada que se identifica com esta figura parental cruel. O paciente faz isso por causa de sua crença (da criança) de que é incapaz de crescer ou se desenvolver.[2] Como consequência, a criança busca a proteção do refúgio como uma posição de evasão.

Em outra contribuição (Grotstein, 2002), integrei as concepções de Rosenfeld, Meltzer e Steiner sobre a "máfia" ou "gangue" interna e o "claustro" e as estruturas endopsíquicas de Fairbairn e o *"fantasiamento"** (no sentido de "Walter Mitty") de Winnicott (1971). Incluo esta contribuição na sessão seguinte deste capítulo. Desde que escrevi aquele trabalho, passei a acreditar que existem mais alguns componentes do refúgio psíquico:

A. O *self* "órfão" ou "exilado",[3] o bebê ou criança em sofrimento crônico que inconscientemente se afasta ("divorcia-se") de sua família e entra em um estado desesperado de martírio e pesar desconhecido para ele.[4] Seu novo senso de martírio torna-se uma causa sagrada para ele e a possibilidade de deixá-lo para trás para progredir na análise é carregada de vários perigos potenciais, um dos quais são as acusações de deslealdade por parte do *self* atormentado. Dei a esta entidade o nome de "vício na infância". Esta entidade, em minha opinião, junto com os objetos internos negativos aos quais se associa, constitui a organização patológica e atua como uma fortaleza disfarçada e poderosa que sabota tanto o progresso psicanalítico como o progresso na vida de modo geral.

B. Proponho a existência de uma conexão entre a formação do refúgio psíquico e o tempo de sucessão no complexo de Édipo arcaico ("fase feminina") de Klein (1928). A existência de um refúgio psíquico representa a corrupção perversa do interior do corpo da mãe pelo bebê sádico e desesperado, conforme descrito na visão de Klein do complexo de Édipo arcaico.

---

* Winnicott utilizava o termo *fantasying* para designar um processo de transformação de elementos da realidade que é diferente do ato de fantasiar – *fantasizing* – comum. Uma vez que no português não há termo equivalente e a distinção entre os dois processos é de grande importância, optou-se pelo neologismo. A leitura do capítulo deixa clara a diferença entre os dois processos mencionados. [N.T.]

306 REFÚGIOS PSÍQUICOS OU ORGANIZAÇÕES PATOLÓGICAS

C. A localização hipotética do refúgio psíquico é dentro do corpo da mãe, supostamente no útero, mas há razões para acreditar que ele também possa estar localizado no claustro (reto) materno na fantasia inconsciente (Meltzer, 1992).

D. Quando os analistas kleinianos se deparam com reações terapêuticas negativas, eles geralmente pensam na sabotagem do analisando e de sua relação com a análise e o analista por um objeto superegoico invejoso ou objetos destrutivos e cheios de ódio, os quais foram construídos inicialmente através de identificação projetiva pelo bebê insatisfeito. Minha impressão é de que tais objetos negativos parecem ser dominados pelos objetos corruptos e selecionados do refúgio psíquico e juntam forças com eles para formar um consórcio maligno que opera para impedir o progresso analítico.

O conceito de Freud (1937c) de reação terapêutica negativa instigou o início de nosso interesse em resistências do caráter contra o progresso na psicanálise por parte de alguns pacientes analíticos. O estudo das resistências do caráter levou inescapavelmente a uma necessidade de reexaminar a estrutura psíquica após a segunda topografia de Freud (1923b), na qual ele descreveu o id, o ego e o superego. A primeira topografia estava restrita aos impulsos instintuais e suas vicissitudes. O surgimento das relações objetais demandava uma nova estruturação da personalidade. Fairbairn (1944) parece ter sido o único a assumir a tarefa de estabelecer a estrutura e função da personalidade de modo a acomodar relações objetais internalizadas. Brown (2005), em uma contribuição inovadora sobre o trauma na qual ele evoca muitas das contribuições de Bion, afirma:

Sugiro. . . que o efeito destrutivo de traumas importantes [ocorre através do massacre] da função-alfa do ego, levando à formação de uma rede-beta rigidamente organizada que confere à psique um senso de estrutura diante daquilo que não pode ser processado. (p. 399)

Pontes entre Klein, Bion, Steiner, Fairbairn e Winnicott

Nesta contribuição, portanto, busco estabelecer pontes entre as concepções de Fairbairn e Steiner (e as visões mais correntes de Klein e Bion) do mundo interno, assim como o trabalho de Winnicott (1971) sobre o ato de "fantasiar". Essa última ideia, "fantasiamento",[5] embora remeta ao conceito freudiano (1900a) de "devaneio", não é equivalente a este. A diferença entre os dois é importante, pois o conceito de Freud situa o devaneio como uma continuação consciente ou revisão do sonho noturno, ao passo que Winnicott diferencia "fantasiamento" de "sonho" e de "realidade" ao propor que o primeiro sugere a criação de um mundo interno alternativo ou patológico. Apresentei o "fantasiamento" aqui pois acredito que este constitui o capítulo introdutório na formação de refúgios psíquicos e/ou estruturas endopsíquicas. Além disso, ele constitui uma alternativa patológica ao conceito de Winnicott (1951) de fenômenos transicionais. O "fantasiamento" representa uma desconexão com o objeto externo, enquanto os fenômenos transicionais constituem uma tentativa de manter os vínculos com o objeto. O termo captura o que eu quis dizer com "farsas" (–K).*

A importância da fantasia kleiniana sobre o interior da mãe como principal local da fantasia

Eu gostaria de acrescentar à nossa formulação revisada do mundo interno a ideia de Klein (1928) sobre as fantasias inconscientes da criança relativas à anatomia interna da mãe, particularmente o fato de ela conter "bebês internos (não nascidos)", o

308 REFÚGIOS PSÍQUICOS OU ORGANIZAÇÕES PATOLÓGICAS

pênis do pai e fezes idealizadas ou perigosas. Em outro trabalho, elaborei sobre esta visão fantasmática da anatomia interna da mãe relacionando-a ao mito grego antigo do Labirinto e do Minotauro (Grotstein, 1997a, 1999). É concebível que esta fantasia inconsciente sobre o interior do corpo da mãe e seus conteúdos possa ser a fonte de fantasias sobre uma "gangue" ou a "Máfia": "famílias" muito próximas e privilegiadas em segredo que detém poder onipotente. Em outras palavras, o "pênis paterno interno" e os "bebês não nascidos" são transformados de uma "família divina" ou "nobre" em um grupo nefasto pelas identificações projetivas invasivas, hostis e sádicas do sujeito. É possível considerar o interior do corpo materno como o castelo e a catedral da infância, uma entidade a ser adorada e atacada. O instinto de morte tem como incumbência fundamental trazer a criança agora separada para casa sob a forma de um *self* não nascido no refúgio psíquico, uma cópia improvisada de seu primeiro lar real, o útero. Os orgulhosos ocupantes fantasiosos do corpo da mãe, o pai-como-falo, os "bebês não nascidos" (irmãos "superiores") e as fezes poderosas da mãe[6] são todos escravizados pelo conquistador sádico-epistemofílico, a criança, e transmutados em seus fiéis seguidores e cortejo protetor.

Acredito que o conceito de estrutura endopsíquica de Fairbairn possa incluir o refúgio psíquico de Steiner em seu escopo e também auxiliar de forma complementar na formulação das origens das relações objetais patológicas, com Fairbairn ocupando-se dos objetos externos traumatizantes e Steiner do instinto de morte. O "fantasiamento" de Winnicott oferece ainda outra dimensão, relacionada à ideia de que existe uma "escolha" consciente ou pré-consciente por parte do sujeito de adentrar uma realidade falsa em busca de proteção. As elaborações de Klein sobre as fantasias infantis relativas aos conteúdos internos da mãe são mais uma contribuição, assim como o conceito de Bion (1962b) de "–K" (falsificação; p. 64). (Para uma reinterpretação instigante dos conceitos de Fairbairn, ver Ogden, 2009.)

Pano de fundo: o ego como "agente duplo" entre selves e objetos cindidos

Um aspecto particular destas estruturas cronicamente resistentes é o fenômeno do "agente duplo", onde o paciente temerosamente, e às vezes, em conluio e desonestamente, mantém uma aliança tanto com o analista *como* com os objetos internos patológicos do interior do refúgio psíquico. Refiro-me (a) ao que Fairbairn considerou como sendo a lealdade dividida do *self* aos objetos internos de suas estruturas endopsíquicas, por um lado, e aos seus objetos externos, por outro; (b) àquilo que Winnicott (1960a) chamou originalmente de dicotomia "falso *self/self* verdadeiro" e ao seu trabalho posterior sobre "fantasiamento"; e (c) ao conceito de Steiner de refúgios psíquicos ou organizações patológicas. Em cada um destes casos, parece estar em operação um estado de conluio consciente, pré-consciente e/ou inconsciente entre o *self* e objetos internalizados cujo propósito aparente é manter o paciente aprisionado, por assim dizer, com a promessa de proteção e segurança. Por fim, esta relação hierárquica entre a organização patológica e o sujeito assemelha-se ao "esquema de proteção" criminoso tornado célebre pela Máfia, onde esta "protege" seus clientes da própria Máfia enquanto incrimina projetivamente bodes expiatórios inocentes como a causa da insegurança de seu cliente.

Breve relato de caso

Durante uma sessão de fim de tarde na qual eu estivera em estado de *rêverie* (Bion, 1962b, p. 36) com uma analisanda psicoticamente deprimida que havia estado em resistência crônica,

310 REFÚGIOS PSÍQUICOS OU ORGANIZAÇÕES PATOLÓGICAS

imaginei subitamente ter visualizado (visto?... alucinado?) um brilho luminoso em um pedaço de vidro curvo. A visão foi extremamente fugaz, mas fiquei intrigado com ela. De repente, levantei a hipótese de que a parede de vidro representava a experiência da paciente de estar encapsulada, emocionalmente emparedada, esquizoide e indisponível. A visão, acreditei, era o "fato selecionado" (Bion, 1962b, pp. 62-63) que tornou coerente muito do material analítico disperso até então.

Logo antes de ter a visão, a paciente estivera falando sobre quanto progresso acreditava ter feito recentemente na análise. Eu não estava convencido. Para mim, faltava verdade emocional em sua fala. Então eu "via a luz"! Não sou capaz, a esta altura, de reunir todas as minhas memórias sobre sessões anteriores com a paciente que tomaram repentinamente minha percepção consciente quando eu disse:

"Vejo você agora como em um espelho (ela havia estudado a Bíblia). Vejo seu *self* encapsulado falando comigo sobre o progresso que você sente que fez, mas sinto que isso não é convincente e que quem fala é seu *self* protegido. Não parece que eu estou ouvindo a analisanda autêntica."

A paciente sofreu um abalo. O que emergiu dela como consequência de minha interpretação foi a admissão de que ela tinha que ser uma "agente dupla", tentando agradar a mim e ao mesmo tempo apaziguar seu demônio interno (superego depressivo e fonte de culpa). Com o tempo, percebemos que seu *self* encapsul*ante* era o agente duplo e agia como um propagandista duplo: seu *self* encapsul*ado* buscava minha ajuda através de suas associações livres. Estas eram interceptadas pelo *self* encapsul*ante* (o refúgio psíquico) e alteradas para me acalmar com a afirmação de que ela estava fazendo progressos. Por outro lado, o *self* encapsul*ante* também interceptava e distorcia minhas interpretações para a paciente para fazê-la sentir que eu estava de acordo com ela quanto ao progresso. Por fim, conseguimos desembaraçar a situação.

"Tratos faustianos" e "pactos com o diabo"

Àquilo que foi dito anteriormente, acredito que eu deva acrescentar os seguintes fatores: (a) a possibilidade de um "pacto com o diabo" dos dias atuais (Freud, 1923d[1922]; Klein, 1955) ou "trato faustiano" por parte do sujeito infeliz que acabou por obter mais do que pediu; (b) a probabilidade de que a criança estabelece tais acordos obscuros devido a um sentimento de perigo muito maior do que nossas teorias mais antigas podiam dar conta. Com respeito a isso, tenho para mim que o pior terror da criança não está relacionado aos objetos maus ou ao instinto de morte e suas várias facetas de destrutividade, mas a O (Bion, 1965, 1970, 1992), a experiência ontológica fundamental de "terror sem nome", "catástrofe infantil" ou "fracasso em continuar sendo".

O conceito de Winnicott de "fantasiamento"

Em seu artigo "Sonhar, fantasiar e viver", Winnicott (1971) afirma:

> O sonho adapta-se às relações com objetos no mundo real, e a vida no mundo real adapta-se ao mundo dos sonhos de modos bastante familiares, principalmente para os psicanalistas. Em contraste, no entanto, o fantasiamento continua sendo um fenômeno isolado, absorvendo energia sem oferecer contribuições – seja para os sonhos ou para a vida. Até certo ponto, o fantasiamento permaneceu estático durante toda a vida desta paciente,

312 REFÚGIOS PSÍQUICOS OU ORGANIZAÇÕES PATOLÓGICAS

isto é, data dos anos iniciais de sua vida, com o padrão tendo se estabelecido por volta de seus dois ou três anos de idade. Ele estivera em evidência mesmo antes disso e provavelmente teve início como uma 'cura' do hábito de chupar o dedão.

Há outra característica distintiva entre estes dois conjuntos de fenômenos: embora uma grande parcela dos sonhos e sentimentos pertencentes à vida possa estar sob repressão, isso é diferente da inacessibilidade do fantasiamento. A inacessibilidade do fantasiamento está associada à dissociação, e não à repressão. Gradualmente, conforme a paciente começa a se tornar uma pessoa inteira e a abrir mão de suas dissociações rigidamente organizadas, ela então toma consciência da importância vital que o fantasiamento sempre teve para ela. Ao mesmo tempo, o fantasiamento está se transformando em imaginação relacionada aos sonhos e à realidade. (pp. 26-27)

Há que se observar que o brincar criativo está associado aos atos de sonhar e viver, mas não tem relação com o fantasiamento. . . . Para mim, o trabalho nesta sessão produziu um resultado importante. Aprendi que o fantasiamento interfere na ação e na vida no mundo real ou externo, mas interfere muito mais nos sonhos e na realidade psíquica pessoal ou interna, o núcleo vivo da personalidade individual. (p. 31)

Acredito que a contribuição de Winnicott situa-se na faixa mais consciente e pré-consciente dos fenômenos gerais de autoenganação para alívio do indivíduo. Ele sugere fortemente uma interrupção no estágio transicional na qual fantasias autotranquilizadoras

JAMES S. GROTSTEIN 313

afastam-se da ilusão normal e da imaginação. Winnicott não deixa claro como isso acontece. Nesta categoria, podemos reconhecer uma vasta gama de criações autotranquilizadoras das quais um exemplo emblemático é o devaneio compulsivo do protagonista de *A Vida Secreta de Walter Mitty*, James Thurber (1942).

"Refúgios psíquicos"

Na introdução de sua obra *Refúgios psíquicos*, Steiner (1993) afirma:

> *Um refúgio psíquico oferece ao paciente uma área de relativa paz e proteção contra a tensão quando o contato significativo com o analista é vivenciado como ameaçador. Não é difícil compreender a necessidade de um afastamento temporário deste tipo, mas problemas técnicos importantes ocorrem com pacientes que recorrem a um refúgio psíquico habitualmente, excessivamente e indiscriminadamente. Em algumas análises, principalmente com pacientes borderline e psicóticos, uma residência mais ou menos permanente no refúgio pode ser estabelecida e é aí que surgem obstáculos ao desenvolvimento e ao crescimento. (p. 1)*

Steiner cita o exemplo de pacientes esquizoides que parecem distantes, sentem-se superiores e assumem uma atitude de rejeição desdenhosa. Eles entram em falsos contatos com seu analista. Sua motivação inconsciente é evitar a ansiedade intolerável. Incidentalmente, a necessidade da criança-paciente de evitar a ansiedade intolerável – e resultante daquilo que faz em fantasia com seus objetos da realidade – parece unir Steiner e Fairbairn, para não

314 REFÚGIOS PSÍQUICOS OU ORGANIZAÇÕES PATOLÓGICAS

falar de Winnicott. O termo "falso *self*" parece abarcar os esforços destes três autores mas, até onde eu sei, Fairbairn (1941, 1943) previu este conceito, assim como a noção de transicionalidade, da qual a dissociação do falso *self* emerge patologicamente. O refúgio psíquico designa uma terceira posição separada, uma posição fora das posições esquizoparanoide e depressiva e que resulta do fracasso do paciente em adaptar-se a uma destas posições ou a ambas. O termo mais antigo para descrever isso é "fixação" (Freud, 1911b, pp. 61-62).

De acordo com Steiner, organizações patológicas da personalidade representam sistemas defensivos caracterizados por defesas obstinadas que atuam para ajudar o paciente a evitar a ansiedade através do afastamento do contato com outras pessoas e com a realidade. Em análise, estes pacientes podem parecer travados, desconectados e fora de alcance, como se estivessem nas garras de um poderoso sistema de defesas. Os refúgios psíquicos aparecem nos sonhos, nas memórias e na vida cotidiana do paciente, manifestando-se geralmente como uma casa, caverna, fortaleza, ilha deserta ou local semelhante de relativa segurança. Alternativamente, os refúgios psíquicos também podem assumir formas interpessoais como organizações empresariais, colégios internos, seitas religiosas, governos totalitários e gangues semelhantes à Máfia. "*[É] útil concebê-los como agrupamentos de relações objetais, defesas e fantasias que elaboram uma posição* borderline *parecida com, mas distinta das, posições esquizoparanoide e depressiva descritas por Melanie Klein*" (1993, p. 2, grifo nosso).

O custo do uso de um refúgio psíquico para o paciente é o isolamento, a estagnação e o retraimento. A relação com os objetos do refúgio patológico pode ser persecutória ou idealizada. "Seja idealizada ou persecutória, o paciente apega-se fortemente a ela como uma opção preferível a estados ainda piores que ele está con-

JAMES S. GROTSTEIN 315

vencido que são as únicas alternativas" (Steiner, 1993, p. 2). Além disso, o apego a estes refúgios é um fator subjacente à reação terapêutica negativa e, como corolário desta situação, a própria análise pode ser transformada em um refúgio psíquico. Em resumo, o paciente que utiliza o refúgio psíquico torna-se patologicamente dependente dele ou viciado nele. Uma das consequências disso é que a fantasia e a onipotência ficam desimpedidas. Estes pacientes tentam manipular o analista para que este o ajude na organização de um refúgio. Steiner afirma que, em termos fundamentais, o refúgio psíquico deve seu poder à operação do instinto de morte dentro do paciente. Eu acredito que o instinto de morte, nestes casos, seja cooptado por um objeto interno ainda mais impiedoso, o objeto obstrutivo ou "super"ego hipermoralista de Bion. De volta a Steiner, ele parece conceber o refúgio psíquico de forma semelhante à sua visão do "claustro": uma estrutura de fantasia criada através da entrada no interior da mãe através de seu ânus.

Steiner acredita que fatores ambientais podem exercer um papel importante na formação de refúgios:[7] "Experiências traumáticas de violência ou abandono no ambiente levam à internalização de objetos violentos perturbados que, ao mesmo tempo, servem como receptáculos adequados para a projeção da destrutividade do próprio indivíduo" (p. 4). "Organizações defensivas servem para restringir, neutralizar e controlar a destrutividade primária, seja qual for sua fonte, e constituem uma característica universal da constituição defensiva de todas as pessoas... Em indivíduos normais, elas entram em campo quando a ansiedade excede os limites toleráveis e saem de cena novamente quando a crise passa" (pp. 4-5). "Traumas e privações na história do paciente têm um efeito profundo na criação de organizações patológicas da personalidade" (p. 8).

Steiner cita a distinção feita por Bion (1957a) entre os aspectos neuróticos e psicóticos da personalidade como sendo aplicável aos

316 REFÚGIOS PSÍQUICOS OU ORGANIZAÇÕES PATOLÓGICAS

refúgios psíquicos. Sobre a importância organizadora e agregadora do instinto de morte na formação de refúgios psíquicos, Steiner afirma que a descrição definitiva deste tipo de relação objetal narcisista baseada na idealização de partes destrutivas do *self* está no artigo de Rosenfeld (1971) sobre narcisismo destrutivo que trata do problema de se lidar com fontes de destrutividade, associado por Rosenfeld à atividade do instinto de morte conforme proposto por Freud e elaborado por Melanie Klein. "[Essa visão] propõe a ocorrência universal de fontes internas de destrutividade manifestada como inveja primária e que ameaça destruir o indivíduo a partir de dentro. A parte do ego que contém estes impulsos e fantasias é cindida e evacuada através da identificação projetiva e, assim, atribuída aos outros" (p. 45). Há uma relação especial com a realidade na qual esta não é nem totalmente aceita e nem totalmente desconsiderada. "Acredito que esta constitua um terceiro tipo de relação com a realidade... que contribui para a natureza fixa do refúgio. Ela está relacionada a mecanismos semelhantes aos que Freud (1927e) descreveu no caso do fetichismo e que exercem um papel importante na perversão" (p. 90).

Em resumo, de acordo com Steiner, os refúgios psíquicos (a) representam fatores esquizoides da personalidade que resultam em falsos contatos com os objetos; (b) são formados para evitar a ansiedade intolerável; (c) constituem uma família de organizações defensivas e relações entre objetos internos; (d) são geralmente representados como fortalezas, desertos e outras imagens; (e) o alívio que oferecem é obtido à custa de isolamento, estagnação e retraimento; (f) estão associados à reação terapêutica negativa; (g) a própria análise pode ser transformada em um refúgio; (h) as forças causais por trás dos refúgios são traumas ambientais em colaboração com a ativação do instinto de morte; (i) pode-se fazer uma analogia entre refúgios psíquicos e o conceito de Bion sobre a distinção entre as partes psicótica e não psicótica da personalidade; (j) o refúgio é uma posição do desenvolvimento propriamente dita (a posição *borderline*), que espreita na fronteira entre a posição esquizoparanoide e a posição depressiva; (k) o refúgio constitui uma representação errônea da realidade que se assemelha aos fetiches e às perversões.

Em uma contribuição posterior, Steiner (2000) faz novas elaborações sobre seu conceito de refúgio psíquico e descreve estudos sobre o tema com pacientes que estavam deixando ou já haviam deixado seus refúgios psíquicos:

> *[O] Refúgio Psíquico. . . funciona tanto no nível dos objetos parciais quanto dos objetos totais. No nível mais primitivo dos objetos parciais, o refúgio apresentava uma descrição física mais concreta que. . . advinha de fantasias primitivas sobre entrar no corpo da mãe e aí encontrar o refúgio idealizado buscado. A saída do refúgio, portanto, também foi experimentada fisicamente em termos de dores no corpo e da desintegração mental e física que dominou sua crise. . . . Conforme ele começou a desenvolver sentimentos mais humanos, seu objeto assumiu uma forma mais humana, mas o refúgio continuou importante, agora como um meio de lidar com relações de objetos totais, especialmente com os sentimentos de exclusão pelos pais na configuração triangular da cena primária. Sua Organização Patológica baseava-se na identificação com o pai, a qual permitia que ele assumisse suas qualidades e criasse a ilusão de que tinha adquirido capacidades adultas de tamanho, potência e superioridade. Neste cenário, ele sentia que a mãe entrava em conluio com a ilusão ao tratá-lo como*

318 REFÚGIOS PSÍQUICOS OU ORGANIZAÇÕES PATOLÓGICAS

*seu parceiro preferido, enquanto o pai deslocado era
visto como pequeno, inferior e excluído (pp. 2-3)*

"Saindo de um refúgio psíquico"

Mais adiante no mesmo trabalho, Steiner (2000) discute suas descobertas sobre o que ocorre com pacientes que conseguem deixar seus refúgios. Alguns pacientes, conforme entram mais em contato com seus sentimentos de dependência e amor, enfrentam grandes dificuldades para aceitar a bondade de seus sentimentos pelo analista e por outros objetos. Para isso, é necessário encarar a vergonha e a ansiedade de desintegração conforme alguns voltam para a posição esquizoparanoide e outros sofrem de ansiedades depressivas.

Por fim, na visão de Steiner, os membros da organização estão firmemente unidos e constituem personificações do instinto de morte do paciente, cujo propósito é combater o instinto de vida e a busca, pelo paciente, da "realidade" e de ajustes saudáveis aos seus objetos reais. Em outras palavras, o instinto de morte é moralmente perverso e antivida desde o início. De acordo com este ponto de vista, a análise kleiniana lembra a trajetória do "peregrino"[*] pelas "florestas do erro" conforme sugeri anteriormente.

Notas sobre as bases kleinianas do pensamento de Steiner

Do ponto de vista de Klein, a fantasia inconsciente é preponderante e a realidade externa é secundária – a despeito do paradoxo de que a meta da análise kleiniana é ajudar o paciente a se tornar mais "realista", reconhecer, aceitar e adaptar-se à realidade externa *e* interna. Klein foi acusada com frequência de ignorar a

---

[*] Referência ao livro *O peregrino*, publicado em 1678 por John Bunyan. [N.T.]

JAMES S. GROTSTEIN 319

realidade externa. Esta é uma acusação infundada e a obra de Steiner confirma isso amplamente. A maneira de Klein de reconhecê-la é compreender como a realidade externa seleciona preferencialmente as fantasias inconscientes específicas correspondentes na criança como suas contrapartes reativas. Bion (1962b, 1963, 1965, 1970) viria a estabelecer uma teoria psicanalítica de epistemologia emocional ao expandir estas considerações. Posto de outra forma, enquanto Klein acreditava estar seguindo Freud e seu conceito de determinismo psíquico puro, ela estava na verdade, segundo Bion, seguindo as pegadas de Platão e de Kant, especialmente no que diz respeito às preconcepções inerentes (as quais ela rejeitava claramente em conversas com Bion) que "formatam", isto é, antecipam, os estímulos da realidade. Em sua discussão mais recente destas questões, Steiner menciona o trabalho de Britton (1998b) sobre o complexo de Édipo onde ele propõe que, no agrupamento de três membros (mãe, pai e criança) um, o observador, é deixado de fora. A solução é a criança aceitar ser o observador (mas não o *voyeur*) da união indissolúvel de seus pais.

Discussão

As estruturas endopsíquicas têm em comum com os refúgios psíquicos ou organizações patológicas o fato de serem subjetividades cindidas ou alheias ("marginais" ou "selvagens") deslocadas nas imagens dos objetos internos e que constituem verdadeiras fortalezas ou cidadelas inconscientes que exercem influência onipotente e hipnótica sobre a subjetividade do paciente (Grotstein, 1997c). Estes objetos subjetivos "marginais" restringem os pensamentos, sentimentos e comportamentos relacionados aos outros e exercem uma poderosa força centrípeta que atrai o paciente de volta para sua esfera de influência – quase como se o paciente estivesse preso em uma trajetória orbital e fosse incapaz de escapar da atração gravitacional do núcleo temido e aterrorizante de seu adversário. Eles

320 REFÚGIOS PSÍQUICOS OU ORGANIZAÇÕES PATOLÓGICAS

também têm em comum a promessa de conforto ou abrigo para o paciente caso este se mantenha fiel à "organização", a despeito de sua natureza punitiva, perversa e ameaçadora. Esta qualidade é o que Rosenfeld, Meltzer e Steiner tinham em mente ao utilizarem o termo "máfia" para sugerir que a organização oferecia um "esquema de proteção" – isto é, "mantenha-se fiel a nós e nós lhe protegeremos – deles, que, na verdade, somos nós"!

Exemplos clínicos

Certa vez, tive uma paciente difícil de analisar cuja reação terapêutica negativa começou a se dissolver quando eu comecei a compreender o "esquema de proteção" de seu refúgio psíquico. Em um sonho, *ela se viu beijando apaixonadamente um namorado enquanto os dois estavam sentados em um carro. De repente, um assaltante ameaçou-a com uma arma (ela estava no lado do motorista), levou seu dinheiro e então a deixou inconsciente ao bater em sua cabeça com a coronha da arma.* Quando ela acordou, o assaltante ainda estava lá. Ele apontou para seu namorado, como se dissesse que tinha sido ele que a atacara. A paciente acreditou no assaltante. O namorado, é claro, era eu. Ela se transformou em uma agente dupla durante o resto da sessão, oscilando de um lado para o outro entre acreditar em mim e no assaltante.

Podemos ver aqui que ela estava nitidamente identificada com seu ego libidinal pego em uma relação proibida com seu analista, identificado como seu objeto de excitação. O ego antilibidinal, em sua relação com o objeto que rejeita, proibiu sua relação comigo, condenando-a superficialmente por uma suposta relação incestuosa com o analista-pai, mas proibindo-a, na verdade, em um nível mais profundo, de cooperar comigo no processo analítico, onde eu também era um objeto ideal em relação com seu ego central.

Em outro sonho, esta mesma paciente teve um pesadelo no qual *ela estava sendo perseguida por um homem de aparência perigosa que tinha saído de um carro que se parecia com os da Máfia. Havia outras pessoas no carro. Elas pareciam soturnas e perigosas. Ela correu para dentro de uma estação de rádio próxima para obter ajuda. Ela se viu diante de um microfone ao vivo, mas quando começou a transmitir seu pedido de ajuda, ela viu que gritava freneticamente, "Socorro, ele pegou o microfone!" Conforme ela dizia estas palavras, sua voz se transformou na voz do homem.*

Uma informação relevante sobre a história da paciente é que ela tinha dois irmãos mais velhos, um dos quais havia abusado agressivamente dela e a ridicularizado durante toda sua infância. Mais tarde, ela tornou-se assustada com os homens e nunca se casou. Na análise, ela se deu conta de que os objetos agressivos e ameaçadores de seu mundo endopsíquico consistiam não apenas de imagens de seu irmão ameaçador, mas também de seu próprio *self* secretamente contrabeligerante, combinados de forma indistinta com o de seu irmão. Ao mesmo tempo que esta imagem *ameaçava*, ela também a *alertava* contra uniões com homens pois estes seriam perigosos para ela. Ao "alertá-la" desta forma, este objeto ou estes objetos estavam projetando sua própria natureza perigosa sob os novos objetos externos. Além disso, em muitos de seus sonhos ela estava punindo inconscientemente seu irmão pelo fato deste a ter intimidado, por um lado, enquanto ele retaliava contra ela, por outro. A referência à "Máfia" transformou-se em associações relacionadas à sua crença de que seus pais privilegiavam os irmãos em vez dela, fazendo com que sentisse desprotegida e invejosa da posição privilegiada deles.

Mais tarde na análise, esta paciente teve outro sonho no qual *ela era prisioneira em um hospital psiquiátrico. Neste sonho*

322 REFÚGIOS PSÍQUICOS OU ORGANIZAÇÕES PATOLÓGICAS

específico, ela tentava fugir durante a noite, mas, assim que se via livre, ela ficava insuportavelmente ansiosa e tentava retornar sem ser notada. Este último aspecto parecia ser o ápice de sua ansiedade – o medo de que descobrissem (os agentes do refúgio psíquico) sua tentativa de fuga em primeiro lugar.

Sumário

Refúgios psíquicos ou organizações patológicas são apenas outras formas de nos referirmos a estruturas endopsíquicas de "objetos" internalizados cindidos, os quais na verdade constituem "objetos subjetivos marginais" ou estranhos cindidos – ou seja, aspectos subjetivos alienados do sujeito original. A principal diferença entre o conceito de estruturas endopsíquicas e refúgios psíquicos ou organizações patológicas está na tradição e na "política" de seus formuladores, sendo a primeira (Fairbairn) relacional e a segunda (Steiner) kleiniana (instinto de morte). Conforme vejo, ambos estão corretos. O conceito de Winnicott de "fantasiamento" expande nossa compreensão destas organizações ao revelar que seu propósito é o de evitar a realidade, seja a realidade externa ou a realidade psíquica. Ao mesmo tempo, estas organizações originam-se de uma trajetória que se desviou de uma tentativa fracassada de manter um apego transicional ao objeto. Elas são, paradoxalmente, supostos protetores e guardiães zelosos e invejosos do sujeito – e inimigos intimidadores quando o sujeito busca liberdade ao progredir na análise.

O conceito de que O e seus constantes desenvolvimentos são o conteúdo fundamental do reprimido – e não o instinto de morte – permite reconciliar a visão relacional e as visões kleinianas-clássicas sobre os refúgios psíquicos/estruturas endopsíquicas. Enfim, portanto, a criança fica apavorada com sua própria experiência de O, com a incapacidade da mãe de conter sua O ou com sua incapacidade de conter sua própria experiência de O, e inevitavelmente se retrai para o "terror sem nome" ou uma "catástrofe infantil" (Bion, 1967a, p. 37). Todos os traumas persistem a partir deste fracasso por um ou outro caminho.

O conceito de refúgio psíquico, como eu o interpretei aqui – como o "Inferno", paradoxalmente tanto protege como aprisiona a criança dissociada supostamente condenada a ser impossível de se resgatar. Os conceitos de auto-organização e de conatus *autorizam as operações do refúgio psíquico como resultado do desespero. Eles podem constituir a ordem oculta de todas as resistências analíticas.*

Notas

1. O conceito de "gangue" pode ser visto na história de Pinóquio, que se perdeu na "ilha dos garotos perdidos".

2. Acredito que, de acordo com o conceito de Bion (1965, 1970) de O, podemos acrescentar a contenção negativa de O à mistura da coalizão para conferir a esse objeto sua suposta malignidade onipotente.

3. López-Corvo (2006b), que também escreveu sobre essa condição, utiliza o nome de "*self* esquecido".

4. Só tive contato com os artigos "*Revenge and resentment in the Oedipal situation*", de Steiner (1996), e "*Grievance: the underlying Oedipal configuration*", de Feldman (2006), quando minha obra estava no prelo. Eu gostaria de ter comparado suas ideias sobre a queixa com meu conceito de martírio.

5. "*Fantasiamento*" é um termo utilizado por Winnicott de maneira idiossincrática e, portanto, tem um significado particular. Ele não deve ser confundido com "fantasia" [*phantasy*], que, diferente da imaginação [*fantasy*], é integralmente inconsciente (Isaacs, 1948).

324 REFÚGIOS PSÍQUICOS OU ORGANIZAÇÕES PATOLÓGICAS

[N.T.]: ver notas anteriores sobre as grafias alternativas de "fantasia" em inglês e sobre o *fantasiamento*, de Winnicott.

6. Depois de ficar muito tempo intrigado com a ideia de Klein de que a criança valoriza as fezes maternas, finalmente percebi que talvez o valor dessas fezes faça parte da ideia de que a criança, em seu treino para utilizar o banheiro, acredita que suas próprias fezes valiosas são roubadas pela mãe.

7. Nota-se aqui o quanto Steiner, um pós-kleiniano de Londres, dá crédito à situação ambiental.

20. Reação terapêutica negativa e resistência psicanalítica

Venha, Oh criança humana
Para as águas e para a selva
Com uma fada, de mão dada
Pois o mundo está mais cheio de mágoa
Do que você pode entender.
"A criança roubada", William Butler Yeats

Neste capítulo, trato do tema da resistência psicanalítica em geral, mas especialmente da reação terapêutica negativa. No capítulo anterior, estabeleci os alicerces de muitas das ideias que serão repetidas aqui relativas às organizações patológicas ou refúgios psíquicos. Peço ao leitor que perdoe minhas repetições sobre o tema. O conceito de resistência psicanalítica ocupa posição importante como uma sobra persistente sobre o processo psicanalítico. Ela tem muitas faces. Freud (1900a, p. 308) acreditava que o analisando neurótico apresenta resistência normal às erupções do id no processo analítico, caso contrário, ele seria esmagado por elas. O psicótico, em contraste, tem menos ou nenhuma resistência às erupções do id, pois lhe falta uma barreira repressiva suficiente

326 REAÇÃO TERAPÊUTICA NEGATIVA E RESISTÊNCIA PSICANALÍTICA

para isso. Os termos resistência e defesa parecem ter sido usados de forma intercambiável, mas, com o passar do tempo, a resistência adquiriu uma conotação negativa que designa o uso negativo particular que o analisando faz dos mecanismos de defesa para atravancar o processo analítico – e que devem ser superados. As resistências também passaram a ser compreendidas em termos de suas manifestações agudas e crônicas. Um analisando pode ser particularmente resistente para revelar um aspecto específico de si durante uma dada sessão analítica, ou pode ocorrer que uma resistência crônica, caracterológica esteja em operação. Enquanto os analistas freudianos clássicos *falam* das resistências como sendo um uso particular dos *mecanismos* de defesa, os kleinianos as *concebem* como *relações objetais internas fantasiadas*. Eles também acreditam que os objetos internos que estão envolvidos em resistências crônicas parecem combinar-se para formar organizações patológicas ou refúgios psíquicos (Steiner, 1993).

Desde Wilhelm Reich (1928) e seu conceito de "couraça caracterológica", os analistas ficaram alertas para aspectos resistentes crônicos e duradouros do caráter do analisando ou de sua personalidade. Tustin (1981) utilizaria mais tarde os termos "encapsulamento" (p. 21) e "confusional" (p. 34) para se referir aos tipos de resistências caracterológicas que se aplicam a crianças autistas e psicóticas, respectivamente, mas ficou claro que tais designações também se aplicam aos neuróticos e outros. Resistências patológicas crônicas ao processo analítico foram estudadas sob nomes como (a) reação terapêutica negativa, (b) estruturas endopsíquicas (Fairbairn, 1944), (c) organizações patológicas ou refúgios psíquicos (Steiner, 1993), (d) equilíbrios psíquicos (Joseph, 1989) e (e) "fantasiamento" (Winnicott, 1971). Desde o surgimento dos estudos sobre a contratransferência (Heimann, 1950) e dos conceitos de Bion (1962a, 1962b) de continente/conteúdo (incluindo o de "continente negativo") e –K, observou-se o surgimento de várias linhagens de intersubjetividade dentro do pensamento kleiniano e, junto com elas, a substituição do modelo analítico de uma pessoa pelo modelo de duas pessoas. Consequentemente, a fonte da resistência afastou-se da exclusividade da pessoa do analisando para ambos os membros da díade analítica. Pode-se usar o modelo de dirigir um carro como metáfora aqui. O "motorista normal" mantém um pé sobre o acelerador enquanto o pedal do freio está prontamente disponível caso seja necessário ajustar a velocidade. Um "motorista abaixo do normal" pode dirigir com seu pé constantemente no pedal do freio. Um "paciente psicótico" pode tentar delirantemente manter um pé sobre o acelerador e ir para a frente e para trás ao mesmo tempo.

Quando lemos ou ouvimos analistas discutindo seus casos, principalmente aqueles de seus pacientes ou analisandos mais difíceis, detectamos com frequência seu incômodo e frustração, mas também sua sensação de desafio e desejo de compreender as resistências de seus pacientes *a fim de superá-las e facilitar o progresso analítico*. Paradoxalmente, clínicos experientes já há muito tempo valorizam a presença da resistência pois sua ausência indica um ego de funcionamento pobre incapaz de impedir que material de processo primário não mediado surja no ego, como vemos em pacientes psicóticos. O tipo de resistência que tem sido estudado pelos pós-kleinianos contemporâneos de Londres é aquele associado às reações terapêuticas negativas e/ou equilíbrios psíquicos (estagnação analítica) ou impasses.

A reação terapêutica negativa

As resistências podem ser categorizadas como agudas e crônicas e como facilitadores dialéticos normais ou impedimentos deliberados e antagonistas do processo. A reação terapêutica negativa

328 REAÇÃO TERAPÊUTICA NEGATIVA E RESISTÊNCIA PSICANALÍTICA

é um exemplo especial de resistência no qual determinado aspecto da personalidade ou uma subpersonalidade desestabiliza o tratamento ao (a) atacar o vínculo colaborativo entre paciente e analista; (b) desacreditar ou censurar, separadamente, o analista ou o analisando; (c) causar uma dissociação na personalidade operante onde a personalidade cindida possa comportar-se de maneiras prejudiciais ou opostas ao bem estar do analisando e da análise (atuações inconscientes); e (d) manipular inconscientemente e persuadir o analista a entrar em uma *folie à deux* com o paciente para permitir violações dos limites do enquadre analítico ou outras atuações contra-analíticas.

Freud (1923c) descreveu incialmente a reação terapêutica negativa como resultando de uma sensação de culpa inconsciente. Riviere, em seu artigo clássico sobre o tema (1936), afirma:

> *A concepção corrente é de que, mesmo quando o analista entendeu e interpretou integralmente o material, o superego de certos pacientes é forte o suficiente para neutralizar os efeitos da análise. Tentarei demonstrar que outros fatores estão em operação nesta rigidez do superego e que até recentemente não foram completamente compreendidos. (p. 305)*

Citando Abraham (1924) com relação ao tipo narcisista de resistência caracterológica, ela diz:

> *eles apresentam uma incapacidade crônica... de associar livremente, mantendo um fluxo constante de material cuidadosamente selecionado e organizado, calculado para enganar o analista quanto à sua qualidade "livre";*

não oferecem nada além de coisas boas sobre si mesmos,
são muito sensíveis e se ofendem com facilidade; não
aceitam nada novo. . . . transformam a análise em uma
situação prazerosa, não desenvolvem transferência posi-
tiva real e depõem o analista de sua posição e alegam
fazer seu trabalho melhor que ele. (p. 306)
Minha contribuição para a compreensão de casos espe-
cialmente refratários do tipo narcisista consiste de duas
propostas: (a) devemos prestar mais atenção à análise
do mundo interno de relações objetais do paciente, que
constitui parte integral de seu narcisismo; e (b) não
devemos ser enganados pelos aspectos positivos de seu
narcisismo, mas olhar mais fundo em busca da depres-
são que, como se descobrirá, o sustenta. (pp. 307-308)

Essencialmente, Riviere está chamando atenção para a depressão profunda que é o aspecto reprimido mais profundo destes
pacientes difíceis e confusos. Ela propõe que eles desenvolvem
um sistema de defesas altamente organizado contra uma posição
depressiva especialmente persecutória. Mais adiante, ela afirma:

Se o paciente deseja preservar as coisas como estão e
até sacrifica sua cura por isso, não é exatamente porque
ele não deseja ficar melhor. A razão pela qual ele não
melhora e tenta evitar qualquer mudança é que, embora
ele possa desejá-la, não tem fé de que vá melhorar. O
que ele realmente espera inconscientemente não é uma
mudança para melhor, mas uma mudança para pior e,
mais que isso, uma mudança que afetará não apenas ele,
mas também o analista. (p. 312, grifo nosso)

330 REAÇÃO TERAPÊUTICA NEGATIVA E RESISTÊNCIA PSICANALÍTICA

Em outras palavras, estes pacientes que inconscientemente iniciam a reação terapêutica negativa estão apavorados com a perspectiva do encontro com suas ansiedades depressivas por medo da emergência do "fato" da morte de seus objetos internos e da futilidade absoluta da reparação. Esta visão continua sendo o modo kleiniano fundamental de compreender o dilema de tais pacientes – a temida perspectiva de deparar-se com o fato de que aquilo que fizeram inconscientemente com seus objetos é irreparável por causa dos danos causados por seus ataques assassinos. Este ponto de vista serve mesmo para casos em que o paciente sofreu um trauma quando criança. Quando abusado por seus pais, ele pode odiá-los ainda mais e inconscientemente buscar assassiná-los, configurando, assim, uma situação ainda mais terrível em seu inconsciente. Consequentemente, a criança ou paciente confronta-se com uma dupla ameaça às portas da posição depressiva: (a) deparar-se com o suposto dano assassino fantasmático causado aos seus objetos, que agora se tornam *perseguidores* temíveis, sem piedade e retaliatórios; e (b) o perigo de deitar suas "armas e armaduras" diante destes mesmos objetos que feriu em fantasia inconsciente e que agora se apropriam das armas e armaduras da criança indefesa para utilizá-las contra ela – e/ou contra objetos que foram *inimigos* abusadores ou perseguidores reais.[1]

Mais adiante, sugiro modos não *alternativos*, mas complementares, de ver essa situação. (a) Um deles se refere à questão da morte psíquica, não apenas à morte psíquica dos objetos do paciente – *mas dele próprio* junto com seus objetos ou sua identificação com eles. (b) O segundo é a hipótese de que *estes pacientes – assim como todos os outros – não tentam atrapalhar ou resistir ao processo analítico, mas dramatizar suas questões processadas de forma incompleta (pela função-alfa) no inconsciente – ou seja, representá-las para o analista como em um jogo de adivinhações reais, na esperança de que o analista as "pegue no ar".* A descrição destes pacientes específicos por Riviere sugere fortemente que seja assim.

Emergência, presenças sobrenaturais, tela beta

Antes de continuar, gostaria de apresentar mais uma vez, como fiz em capítulos anteriores desta obra, alguns conceitos novos que achei necessários para elucidar minhas ideias. Peço desculpas por introduzir o que podem parecer ideias fantásticas, obscuras e exibicionistas e, ainda mais, repetitivas. Acredito que elas sejam necessárias, no entanto, para abordar minha tese. A linguagem corrente e a linguagem da teoria psicanalítica são insuficientes para descrever aquilo que acredito que ocorra no Sistema *Ics* e sua relação com os Sistemas *Pcs* e *Cs*. Dentre tais conceitos, estão enteléquia e *conatus*.

Emergência está associada às teorias da complexidade e autoorganização (Johnson, 2001); o conceito nos ajuda a abordar a natureza imprevisível da formação de estruturas de resistência e suas funções aberrantes. Emergência, com sua propensão para resultados imprevisíveis, é um conceito importante para nos ajudar a entender como demônios aparentemente bizarros – monstros, a Esfinge e assim por diante – podem se desenvolver no inconsciente. O processo de "transmutação" (imaginação sem limites; transformações em formas fantásticas ou bizarras) tem sua origem no funcionamento imprevisível da emergência. A importância clínica disso está em que organizações patológicas bizarras desenvolvem-se principalmente como resultado de cisões substanciais da personalidade, após as quais a organização patológica, agora livre da supervisão regulatória da personalidade não psicótica, desenvolve-se de formas imprevisíveis e desreguladas (função-alfa reversa; Bion, 1962b).

Presença sobrenatural: (a) "*Sobrenatural*. . . (adj.) 1. Fora ou além do curso normal da natureza; diferente do natural; anormal, excepcional. . . . 2. Que transcende a ordem natural ou material, geralmente para indicar divindades; sobrenatural" (American Heritage Dictionary of the English Language, 1969). O termo psicanalítico "onipotência" não transmite a natureza esotérica e inefável das presenças sobrenaturais. (b) *Presença* (uma "inteligência") é um termo que personifica de modo mais místico, mas ainda fenomenológico, a potencial corporificação de nossas vozes interiores (Grotstein, 2000). Não faz sentido para mim, por exemplo, pensar que um indivíduo está sendo perseguido por suas pulsões ou mesmo por seus afetos. Faz mais sentido pensar que há uma presença ou inteligência interior inefável, um sujeito sobrenatural que manobra os instintos, pulsões e afetos. (Prefiro os termos "presença", "sujeito"[2] ou "inteligência" – ou ainda "fantasma" ou "demônio", ou mesmo "homúnculo", a "objeto interno", uma vez que considero "objeto" uma lembrança obsoleta do positivismo mecanicista da psicanálise do passado.)

Tela beta pode também ser concebida através de seu equivalente, o *continente negativo* ($-♀♂$) e, alternativamente, como uma *barreira de contato defeituosa*. Em uma revisão das teorias de Bion sobre a psicose, Brown (2005, 2006) propõe que suas ideias também se aplicam aos traumas. A tela beta (Bion, 1962b, p. 22) constitui um modelo no qual a personalidade psicótica é cercada por um anel ou tela rígida e impenetrável (não como a barreira de contato, a qual é seletivamente permeável) de aglomerados de elementos beta ameaçadores em suspensão. A importância da tela beta no que diz respeito à resistência é que o anel de elementos beta representa uma projeção prematura de experiências emocionais que uma mente frágil foi incapaz de conter e transformar em elementos alfa. *A tela beta, sendo composta por elementos beta rejeitados, representa, consequentemente, o cimento que mantém o refúgio psíquico unido.* Porque, pode-se perguntar, estes elementos beta prematuramente descartados se aglomeram e se agrupam ameaçadoramente em torno da personalidade desafortunada que não pôde tolerá-los? A resposta é que estes elementos beta prematuramente descartados representam o impacto e a subsequente *impressão* que O ocasiona sobre a personalidade. Ao recusar-se a aceitar estes elementos beta para metabolismo transformador, o sujeito recusa-se a aceitar sua própria experiência de um dado evento emocional. Consequentemente, a tela beta representa uma parte dissociada da personalidade do sujeito que aguarda inexoravelmente a reunião inevitável necessária com aquela personalidade quando ele for enfim capaz de aceitar seu retorno.

Função-alfa reversa e o objeto obstrutivo do "super"ego

Uma vez que o refúgio psíquico encontra-se cindido da orientação, do controle e da regulação da personalidade normal, ela parece cuidar das coisas por conta própria ao reconstruir uma visão de mundo nova e rebelde, marginal ou selvagem, caracterizada pela "função-alfa reversa". Isso significa que a lógica é virada de ponta cabeça e racionalizada de maneira bizarra. A Alemanha de Hitler, com os trens sempre andando no horário enquanto ele concebia a Solução Final, seria um exemplo disso. A função-alfa reversa também significa que os vínculos L, H e K são invertidos. O oposto de L não seria mais H, mas a indiferença; –H incluiria a agressividade passiva; –K significaria que mentir seria a nova "verdade" pervertida desta nova ordem mundial.

O objeto obstrutivo ou "super"ego designa um objeto interno forjado na mente da criança pelo trauma. Ele se forma da seguinte maneira: a criança projeta suas experiências emocionais (elementos beta não processados) na mãe como continente (Bion, 1967a,

334 REAÇÃO TERAPÊUTICA NEGATIVA E RESISTÊNCIA PSICANALÍTICA

p. 91; Eaton, 2008; Grotstein, 2007). A mãe, incapaz de conter, reprojeta estes elementos beta na criança, onde eles se agrupam. A criança então introjeta uma mãe odienta, cruel e moralmente crítica (a criança não deveria ter tais emoções, quanto mais compartilhá-las com a mãe). A criança então projeta seu próprio ódio reativo neste novo objeto construído para formar um objeto composto que ataca os vínculos comunicativos entre a personalidade mais normal da criança e a parte mais aceitável do objeto de que ela necessita. Este objeto obstrutivo é o princípio operacional do refúgio psíquico: sua ordem é atacar os vínculos entre o *self* e seus objetos. Ele amaldiçoa as conexões entre o refúgio psíquico e a personalidade normal. Tal objeto corresponde ao Objeto de Rejeição (1944) de Fairbairn em uma aliança com o Sabotador Interno.

Hipótese

A resistência, que elevo da categoria de mecanismo para a de presença interna ou inteligência sensível animada (termo antigo: "relação objetal"; termo ainda mais antigo: "espírito") que participa da organização vitalística de uma "presença" ou "inteligência" indivisível dentro da personalidade, tem a incumbência de avaliar quando o fluxo de desenvolvimento do aspecto mais saudável da personalidade está adiantado demais com relação a um aspecto atrasado e subdesenvolvido de "fracasso em prosperar". Quando isso ocorre, a resistência interrompe o progresso de forma definitiva ou até que o aspecto pareado atrasado possa alcançar o mesmo estágio. Sua fonte é o *conatus* (conação), o *self* auto-organizador, autorreorganizador e autoprotetor. Esta presença interior pode ser correlacionada à "divindade" (que traduzo como "deidade") de Bion (1970), ao "Demônio de Laplace" (Parker, 1996; Schermer, 2003) dos físicos, ou ao "homúnculo não consciente" dos neurocientistas (Koch, 2004, p. 298).[3] Essa

JAMES S. GROTSTEIN   335

presença sobrenatural é geralmente fortalecida pelos princípios de enteléquia e *conatus* – isto é, a força propulsora inexorável da totalidade do potencial do indivíduo (da qual as pulsões de Freud são apenas parte). A enteléquia é dialeticamente equilibrada por sua contraparte, *conatus*, ambas funcionando juntas em uma estrutura binária opositiva. O *conatus* avalia, calibra, retifica e equilibra constantemente o impulso irrefreável da enteléquia: seguindo a Lei de Hooke, ele busca preservar a continuidade da existência do indivíduo, sua integridade e *identidade* contra a "ansiedade catastrófica" da mudança (Bion, 1970, p. 92). Na infância, a ameaça é de uma catástrofe infantil, um "fracasso de continuar sendo" (Winnicott, 1965, pp. 49-50), na vida adulta, o risco é de uma crise traumática ou psicótica.

Sob circunstâncias relativamente normais, como ocorre em analisandos de alto funcionamento, a organização vitalística faz a mediação entre o progresso e sua interrupção e manifesta um certo grau de regressão-como-resistência. Em casos mais sérios, no entanto – e estes incluem aqueles descritos por Joseph (1989) e seus seguidores – proponho que ocorra uma cisão nesta organização e que uma estrutura de resistência regressiva, um "refúgio psíquico" (Steiner, 1993) ou enclave (Baranger & Baranger, 1961-1962), seja estabelecida de forma independente do resto da personalidade (normal) na qual o *conatus* cooptado enteléquia cooptada (como "funções marginais") são os principais operadores. Em outras palavras, o enclave cindido (refúgio psíquico) passa a possuir seus próprios *conatus* e enteléquia independentes, mas estes não funcionam mais em harmonia um com o outro e encontram-se separados do restante da personalidade e fora de sua orientação e controle[4] (Grotstein, 2009): Quando o bebê ou a criança acredita que é incapaz de "continuar sendo" (Winnicott, 1960a, pp. 50-54), ele inconscientemente atira aquilo que Winnicott (1960b) chama de seu *self* verdadeiro no esquecimento. Instala-se então,

336 REAÇÃO TERAPÊUTICA NEGATIVA E RESISTÊNCIA PSICANALÍTICA

aparentemente, uma situação semelhante a um carcinoma ou abscesso supurativo ou fulminante.

A entrada de Fairbairn

Sucintamente, Fairbairn sugere que, em situações de trauma ou abandono, a criança introjeta seletivamente e identifica-se com as características da mãe (e/ou do pai) sentidas como intoleráveis para ela – isto é, ela opta inconscientemente por se transformar nos aspectos ruins ou intoleráveis dos pais. Com isso, os aspectos rejeit*ados* da mãe se tornam, através da internalização, um objeto interno rejeit*ador* com o qual um aspecto do ego da criança (o ego antilibidinal ou sabotador interno) identifica-se (identificação com o agressor: A. Freud, 1936). Como o objeto agora internalizado, embora intolerável, é necessário para a criança, uma porção do objeto rejeitador é cindida e transforma-se no objeto excitatório (enganadoramente bom, mas frustrante). Uma outra parte do ego da criança, o ego libidinal, é cindida para identificar-se com este objeto excitatório. Minha hipótese é de que, no trauma, o ego antilibidinal, aliado ao objeto rejeitador, transforma-se em um refúgio psíquico com o tempo e constitui uma armadilha crônica ou prisão para o ego libidinal (carente). Este ego é o que chamo de "a voz da cripta" (Grotstein, 2009) e que López-Corvo (2006b) denomina "*self* esquecido". O objeto excitatório, com o qual o ego libidinal se relaciona, não é senão a outra face do objeto rejeitador. Quando os dois objetos são colocados juntos, vê-se imediatamente a imagem de Satã, que a um só tempo atrai o paciente e o pune uma vez que ele tenha sido efetivamente persuadido.

O ego central restante, relacionado a um Objeto Ideal, é geralmente reconhecido como o conjunto de aspectos funcionais do *self* na psicanálise – até que a criança exilada com a voz da cripta faça-se reconhecer através de várias formas de resistência – para que seja notada e resgatada.

É tentadora a possibilidade de equiparar o pobre ego libidinal ao precursor primário do ego ideal de Freud (1914g) – aquele que se separa do ego sensorial – e ao *self* "que é" (em oposição ao *self* "que faz") de Winnicott (1965), precursor normal do *self* verdadeiro.

Uma quarta personalidade componente para unir-se ao triunvirato

Anteriormente, descrevi três personalidades cindidas no modo de resistência: (a) a personalidade analítica cooperativa, que aceita seus sentimentos de dependência do analista, e (b) o "antianalisando", que luta contra a relação entre a personalidade cooperativa e o analista. Esta última pode ser vista como a suposta protetora da (c) personalidade exilada não crescida, não desenvolvida e "amortecida" (a "criança empacada"). A personalidade do antianalisando identifica-se com a organização do refúgio psíquico e se transforma em um "vira-casaca" contra a personalidade em desenvolvimento. Uma quarta personalidade, (d), é o "fantasma", o "espectro" *daquele que poderia ter sido* caso a criança empacada tivesse conseguido acompanhar o seu programa de crescimento, sua enteléquia. É aquela que espreita misteriosamente enquanto a personalidade saudável se aproxima da posição depressiva, quando então aparece e, como em "*O corvo*" de Edgar Alan Poe, grita, "É tarde demais! É tarde demais"! "Nunca mais"! – deixando *arrependimento* infinito atrás de si. Houve uma paciente que tinha sido abusada, abandonada e desiludida quando criança e que, durante uma sessão, afirmou de maneira tocante, "Há uma menina pequenininha deitada encolhida no fundo da minha mente. Tire-me daqui"!

338 REAÇÃO TERAPÊUTICA NEGATIVA E RESISTÊNCIA PSICANALÍTICA

Quando as resistências desaparecem deliberadamente e/ou persistem insistentemente?

A subjetividade das resistências como presenças vivas

Neste ponto, eu gostaria de propor uma questão: quando um analista interpreta corretamente seu analisando e o ajuda a elaborar o conflito interpretado e as resistências contra seu aparecimento ao longo do tempo, provavelmente o conflito será resolvido, mas o que acontece com a resistência? Proponho a ideia, como hipótese exploratória, de que existe um gradiente que vai desde o nível de alto funcionamento dos neuróticos até os transtornos mentais primitivos nos quais observa-se clinicamente que a resistência está estruturada de forma quase permanente – ou seja, forma uma organização patológica ou refúgio psíquico (Steiner, 1993) ou um enclave que não irá ceder facilmente – e, às vezes, jamais – à influência psicanalítica, principalmente por causa da cisão e da reorganização patológica secundária *emergente* sob o controle de um *conatus desinformado*. J. -M. Quinodoz (2002) escreve de forma tocante sobre esta cisão entre um *self* em desenvolvimento e um *self* infantil enclausurado e apartado do resto da personalidade. Ela fala a favor do uso de "palavras que os toquem" (p. 35), pois tais indivíduos estão travados no estágio sensório-motor (pré-verbal) do desenvolvimento. Ela também, assim como eu, defende "uma linguagem dirigida à 'parte louca' do paciente, mas que não se esquece da parte que não é louca" (p. 53).

Se pensarmos que as resistências, assim como as defesas e outros aspectos da personalidade, sutilmente se tornam *subpersonalidades*, "subjetividades autocriadas", "presenças sobrenaturais" ou "inteligências sensíveis" em si mesmas, então porque elas concordam em desaparecer – será que o fazem? – quando o trabalho interpretativo do analista foi concluído no que diz respeito a um conflito específico? Esta questão não seria feita dentro de uma teoria da mente baseada estritamente nas pulsões (Freud) ou mesmo em uma teoria da mente baseada em relações objetais (Klein). Mesmo Bion não parece levantá-la. Deve-se empregar uma teoria da mente estritamente subjetiva para que esta questão seja colocada: a teoria que sugere que a mente é um sujeito que consiste holograficamente de uma miríade de subjetividades formadas por subpersonalidades ou presenças quase separadas,[5] as quais criamos inconscientemente através da personificação (Klein, 1929). Faço a pergunta pois vejo isso o tempo todo em sonhos de analisandos:

Breve relato de caso

Um físico solteiro de 30 anos, que vinha lutando contra problemas relacionados à intimidade e ambição, estava prestes a sair de férias quando teve o seguinte sonho em sua última sessão antes do intervalo: *ele tinha ganhado um prêmio em um concurso e estava entrando em um hotel na cidade onde o prêmio seria entregue a ele no dia seguinte. Quando ele saiu do elevador do hotel em seu andar, sentiu que havia uma presença misteriosa seguindo-o. Ele estava assustado demais para olhar para trás. Ele colocou a chave na porta e ela não funcionou!* Ele acordou com a sensação de ter tido um pesadelo.

Em suas associações, ele disse que mesmo não tendo visto a pessoa, que presumia ser um homem, havia algo estranhamente familiar (*déjà vu*) naquela sensação. As associações seguintes estavam relacionadas à sua mãe, de quem ele sempre fora próximo quando criança. Quando ele terminou o ensino médio, ela pediu a ele que não fosse embora para cursar a faculdade. Ele foi de qualquer forma, mas com muita culpa.

340 REAÇÃO TERAPÊUTICA NEGATIVA E RESISTÊNCIA PSICANALÍTICA

Interpretei-o da seguinte forma: No momento em que você está se dando o prêmio de umas férias sem mim, uma mãe vingativa está lhe seguindo ameaçadoramente, impedindo você de aproveitar o prêmio de sua liberdade, ao mesmo tempo que aquele você pequeninho se ressente por eu estar, com sua partida, tirando uma licença hostil de você.

A resposta do paciente foi fascinante e é a razão desta contribuição: "Era só isso mesmo? Eu conheço você, conheço minha mãe e conheço a mim mesmo. Quem era aquele espectro aterrorizante atrás de mim – além de nós três"?

O paciente se sentiu aliviado com minha interpretação, mas esta questão me fascinou. Certamente estou familiarizado com a teoria de Klein (1946, 1955) sobre a identificação projetiva do ódio nos objetos, mas de alguma forma a consternação do paciente despertou-me de meu aprisionamento nas fórmulas teóricas. Sim, o espectro sinistro *era* a versão introjetada de um "objeto" no qual ele havia projetado seu ódio, e a situação atual estava relacionada à sua história passada com a mãe e presente comigo na transferência. Mas de algum modo, agora, pela primeira vez, estas pareciam formulações sem significado. O paciente me ajudou a compreender algo que está além dos mecanismos e das relações objetais, ambos os quais operam como expressões mecanicistas, não humanas.

O que comecei a ver foi um espectro misteriosamente vivo. O "vitalismo" (Bergson, 1913) e a teoria da "emergência" (Hofstadter, 1979) me vieram à mente. Quando personificamos – na verdade, "*vivificamos*" – um objeto interno, estamos soprando vida sobre uma "criatura" (como o "monstro" de Frankenstein) para que *isso* se transmute em um fantasma sobrenatural, um fantasma que então se torna uma presença subjetiva viva e misteriosa dentro de nossa psique. A resistência, para mim,

JAMES S. GROTSTEIN 341

constitui uma "força policial" especial ou "presença do sistema imunológico" dentro da mente que acredito hoje que está sempre lá para proteger uma outra presença oculta e ultravulnerável dentro de nós – a entidade que chamo de "criança exilada" (ver também o "self esquecido", de López-Corvo, 2006b). Estou falando aqui sobre a personificação fantasmática do conatus de Spinoza – um "conatus marginal"! Agora que, como Frankenstein, ela tem vida, a "resistência como presença (inteligência ou homúnculo) recém-reconhecida pode ter opiniões que devemos examinar com respeito. Acredito que a vivificação e a transmutação da resistência começam lentamente e avançam profundamente. Nem todas as resistências se tornam residentes subjetivos permanentes de nosso mundo interno, no entanto – quando elas são finalmente compreendidas – isto é, quando sua mensagem foi decodificada e recebida com gentileza!

"Lei de Hooke" e "conatus"

Acredito que todo ser humano é dotado de uma função misteriosa que corresponde, nas ciências físicas, à Lei de Hooke, um verdadeiro sistema de calibragem "termostático" que afirma que a pressão sobre um objeto é equivalente à carga que ele suporta vezes seu coeficiente de elasticidade (flexibilidade). Alguma organização intangível dentro do analisando-como-sujeito – ou seja, uma presença ou inteligência – parece inconscientemente "saber a verdade" sobre a carga de pressão emocional que o indivíduo é capaz de suportar antes que sua resiliência ceda. Eu chamo este calibrador misterioso de "conatus". Acredito que esta entidade inefável pode ter relação com o conceito de Freud (1911e) de princípio do prazer – na verdade, princípio do prazer-dor –, bem como com o princípio de realidade. O que desejo enfatizar é a afirmação de Damasio de que o conatus implementa a auto-organização

342 REAÇÃO TERAPÊUTICA NEGATIVA E RESISTÊNCIA PSICANALÍTICA

e a autorreorganização em estados de mudança. Ele é como uma faixa flexível ou elástico (fronteira do ego?) que circunda a mente e sabe o quanto ela pode ser esticada antes que a faixa estoure. Minha suposição, em outras palavras, é que *todas as resistências psicanalíticas, incluindo a reação terapêutica negativa e o refúgio psíquico, podem ser vistas como manifestações da função do conatus, normal ou "marginal" (cindido)!*

A ordem oculta da resistência: instinto de morte, trauma, "O" e conatus?

As concepções filosóficas do analista limitam fundamentalmente sua técnica, conforme discutido antes. Tomemos as concepções de Steiner (1993) sobre o refúgio psíquico como exemplo. Ele demonstra grande respeito pela importância de uma criação traumática e então combina esta ideia com aquilo que ele acredita que seja o agente essencial: o instinto de morte. Embora eu continue a falar, como faço há muito tempo, do ponto de vista kleiniano, tenho enorme dificuldade em concordar, não com a *existência* do instinto de morte, mas com a *primazia* do instinto de morte como um impulso inanimado absoluto (como causa primária). Essa ideia lembra, em meu modo de pensar, uma perspectiva religiosa arcaica – ou seja, "nascido do pecado original" (Lutero). Acredito que o princípio de *conatus* (assim como o de enteléquia), como causa primária, seja "personificado" (Klein, 1929) na fantasia inconsciente como uma presença sobrenatural (inteligência ou homúnculo), recrute e então manipule o instinto de morte para atacar os vínculos (Bion, 1959) entre o *self* e seus objetos que causam sofrimento e/ou para mediar *O*. Em outras palavras, o instinto de morte é incapaz de pensar e permanece inerte até que seja invocado por uma inteligência subjetiva dentro do *self* para realizar tarefas especiais.

"Equilíbrio psíquico"

Betty Joseph (1959, 1960, 1989) estudou casos difíceis cuja característica principal era a ocorrência de uma estagnação na análise, à qual ela deu o nome de "equilíbrio psíquico" (Joseph, 1989, p. 88). Esta estagnação consistiria em um equilíbrio entre o aspecto do analisando que é capaz de aceitar seus sentimentos dependentes e aquele que resiste a aceitá-los. Um equilíbrio entre os efeitos destas duas personalidades parece difícil de se estabelecer: é como se – e esta é minha hipótese – uma força desconhecida organizasse tal equilíbrio. Todos estes pacientes são difíceis de serem alcançados e, a despeito de seu progresso eventual, apresentam uma necessidade de manter-se apegados aos seus equilíbrios psíquicos. Hargreaves e Varchevker (2004) afirmam:

> *Joseph explorou as maneiras como o analista pode ser atraído para um conluio com uma parte aparentemente cooperativa do paciente. Este conluio, no entanto, não serve ao desenvolvimento, mas à manutenção da estrutura defensiva, enquanto as partes mais carentes e potencialmente responsivas do paciente permanecem fora de alcance. Sempre utilizando material clínico esclarecedor, ela observou as várias maneiras sutis através das quais os pacientes inconscientemente perpetuam este estado de coisas, não tanto pelo que eles falam, mas pelo modo como agem em relação ao analista para implicá-lo em atuações, vivenciando assim aspectos deles próprios e de seu mundo interno. (p. 5)*
>
> *É possível reconhecer, no final das contas. . . que a própria natureza do trabalho analítico implica que muitas vezes o analista não tem o que fazer senão deixar-se*

344 REAÇÃO TERAPÊUTICA NEGATIVA E RESISTÊNCIA PSICANALÍTICA

levar para algum tipo de atuação, embora sutil, com o paciente. E talvez uma das funções mais importantes do grupo ["The Betty Joseph Workshop"] seja não apenas a de ajudar na compreensão do material, mas, ao ficar fora da relação entre analista e paciente, ajudar o analista a ver como ele ou ela pode ser pego em uma atuação inconsciente. (p. 7)

Muitos outros exemplos neste volume esclarecedor mostram como os analistas podem se ver arrastados para um conluio com seus pacientes, para sua surpresa posterior.

"Violações de movimento"

Enquanto respeito e estou de acordo com as conclusões da pesquisa louvável e meticulosa de Betty Joseph e seus colegas, eu gostaria de acrescentar duas perspectivas alternativas para a questão complexa de como tais analistas altamente treinados acabam enfeitiçados por seus pacientes. A primeira tem a ver com "violações de movimento", e a segunda com minha crença cada vez mais forte de que o processo psicanalítico é elaborado como uma peça, cujo propósito é esclarecer as dificuldades do mundo interno do paciente ao exteriorizá-las na transferência e ao invocar inconscientemente a contratransferência do analista – *rêverie*, na verdade – para tomar parte do drama de modo a permitir que a verdade inconsciente seja conhecida. A relação do analista com o enquadre exemplifica o quero dizer. O analista precisa experimentar uma tensão dialética dentro de si entre o estabelecimento e a manutenção do enquadre e o *desejo* (não atuado), consciente ou inconsciente, de permitir que o enquadre seja momentaneamente quebrado para ajudar a restabelecer os primeiros tempos da infância quando o "enquadre sem limites" operava legitimamente (Grotstein, 1990c). Chamo esta tentação contratransferencial de uma "violação de movimento" por causa do apelo humano àquele aspecto oculto do analista que pode estar em identificação empática (Klein, 1930, p. 227) com os anseios regressivos do paciente – ou ele pode até ter seus "instintos maternais" secretamente ativados naquilo que pode parecer ser uma "experiência emocional corretiva" (Alexander, 1956).

A psicanálise como uma peça de "exorcismo" sagrado

Acredito que podemos ver alternativamente o processo psicanalítico, especialmente quando consideramos a situação de transferência ↔ contratransferência como indivisível e irredutível,[6] como um processo em que certa função interna do paciente que sente sua dificuldade, mas não tem palavras para explicá-la, recruta inconscientemente o analista para interpretar um papel complementar para a representação de uma peça ou atuação dramática. É como jogar um jogo de adivinhações sérias no qual o paciente sinaliza a experiência com seu demônio de um modo dramático que o analista possa interpretá-lo. No meio deste processo, no entanto, o analista é puxado para dentro da peça para que o drama definitivo possa desenrolar-se (McDougall, 1985, 1989). Além disso, no entanto, a peça acaba por revelar seu propósito "exorcístico" oculto: permitir que o paciente transfira seus demônios para o analista, o qual deve vivenciá-los (Bion, 1992, p. 291; Meltzer, 1986). Bion (1992) afirma que o paciente não aceitará as interpretações do analista caso acredite que este não compartilha empaticamente de sua dor (p. 29). Combinando as ideias de Bion e Meltzer, podemos vislumbrar um processo semelhante ao "exorcismo" xamânico, onde a contratransferência do analista confirma que os demônios do paciente foram efetivamente transferidos do paciente para o analista.

"Refúgios psíquicos"

Acredito que o guardião normal do interior da mãe é o *objeto materno/paterno combinado*, que reflete a incapacidade do bebê – ou da criança – de distinguir entre seus pais e/ou de situar o falo paterno dentro da mãe ou do próprio seio (Klein, 1959, p. 103). Este objeto combinado torna-se particularmente assustador, sinistro e ameaçador e constitui uma quimera (um monstro-objeto composto), como a Esfinge ou a Medusa, e emprega o "pensamento" onipotente absoluto, de via única – e não o raciocínio ou reflexão. Este objeto combinado representa o "Dom" da máfia interna e as "crianças não nascidas" maléfica ou perversamente transformadas, seus capangas.

O interior da mãe é o castelo e a catedral da infância. É o domínio do sagrado que a criança idealiza, mas também tenta profanar – devido à inveja, conforme a visão de Klein (1928). Minha hipótese é de que a inveja que esta "criança caçadora da arca perdida" experimenta – e talvez todas as experiências subsequentes de inveja derivem em parte desta noção – consiste de sentimentos de injustiça, rivalidade, desejo de vingança e da exigência de ser devolvido ao seu reino perdido: onipotência. É como se a criança dissesse, "O corpo da minha mãe era o *meu* lar e eu fui despejado dele sem cerimônia. Eu não desejo invadi-lo ou conquistá-lo. Eu desejo reclamar aquilo que é meu por direito. Toda vez que eu olho para o corpo da minha mãe, particularmente os seus seios, não consigo deixar de lembrar que eles foram meus e que *ela* já foi *eu*, e agora me vejo do lado de fora olhando para ela e para eles com anseio. Toda vez que olho para ela e para eles sou lembrado do quê e de quem não tenho mais – quem eu não sou mais"! Neste ínterim, a criança começa a perceber que o falo paterno é um intruso que está roubando seu lugar no lar materno. A função da inveja é, a partir de então, assumida pelo refúgio psíquico caso a con-

JAMES S. GROTSTEIN 347

tenção materna adequada não chegue *em* tempo e *com o* tempo. Com isso, sugiro que o refúgio psíquico busca, de modo desonesto, "proteger" a criança exilada de qualquer outra separação através, entre outras coisas, da sanção de sua inveja do casal idealizado, do analista-mãe e do analisando cooperativo.

Assim, a regressão pode significar: (a) uma entrega passiva à desdiferenciação (fantasia de voltar para o útero) por causa do comprometimento do ego devido ao trauma ou à não prontidão primária para nascer (Bion, comunicação pessoal); ou (b) uma tentativa ativa e agressiva de reclamar aquilo que o aspecto infantil do analisando acredita que é seu por direito – ser devolvido ao seu reino perdido de "serviço de útero umbilical" e possibilidades absolutas, a ausência completa de estímulos perturbadores e a anulação da necessidade de encarar os desafios da vida com todas as suas complexidades, obrigações e responsabilidades, inclusive a necessidade inescapável de enfrentar situações de presa-predador (Bowlby, 1969, p. 49; comunicação pessoal, 1968) e confrontos com rivais por comida, amor e sucesso. Estas considerações são como uma "via sacra" para o bebê, e Bion (1977a) nos permite considerar a possibilidade de que, conforme o feto se torna uma criança, ele pode ter tais premonições catastróficas. A retirada de um meio aquoso para um meio gasoso no qual a criança, diferente do feto, deve buscar *ativamente* o ar através da respiração pode causar o surgimento repentino de preconcepções inatas (Bion, 1962b, p. 91) do tipo que mencionei.

Notas

1. O perseguidor sempre indica a existência de um objeto no qual o sujeito projetou seu ódio e/ou outras qualidades. O inimigo nunca representa o sujeito, apenas o objeto (Grotstein, 2005).

348 REAÇÃO TERAPÊUTICA NEGATIVA E RESISTÊNCIA PSICANALÍTICA

2. Ainda que a teoria analítica kleiniana e bioniana seja definida como das "relações objetais", ela trata de fato, paradoxalmente, do surgimento da subjetividade tanto da criança quanto do analisando e da intersubjetividade que define os relacionamentos da criança e do analisando.

3. De acordo com Koch (2004): "A teoria da consciência de nível intermediário trata adequadamente de um sentimento amplamente compartilhado e persistente: de que existe uma pessoa pequena, um homúnculo, dentro de nossa cabeça que percebe o mundo através dos sentidos, que pensa e que planeja e executa ações voluntárias" (p. 298).

4. Não consigo deixar de associar essa ocorrência anárquica no mundo interno com uma notícia de muitos anos atrás. Aproximadamente 25 anos após o fim da Segunda Guerra Mundial, um soldado japonês foi visto saindo da densa floresta de Luzon. Ele aparentemente não tinha sido informado de que a guerra acabara muito tempo antes.

5. O termo "objeto" é totalmente inadequado para fazer justiça a essas entidades numinosas. Logo que comecei a escrever sobre essa questão, comecei a perceber que eu vinha trabalhando nesse tema em várias contribuições desde 1979. Parece que esse assunto tem me assombrado esse tempo todo. O fio de Ariadne que perpassa essas contribuições são os temas ontológicos do "trato faustiano" ("pacto com o diabo") em termos de ser e não ser.

6. A indivisibilidade e irredutibilidade da situação de transferência ↔ contratransferência estão no cerne dos conceitos de "campo psicanalítico" (Baranger & Baranger, 1961, 1962); "identificação projetiva comunicativa" (Bion, 1957); "transformações em O entre o paciente e o analista" (Bion, 1965, 1970); "terceiro sujeito intersubjetivo" (Ogden, 1994) e do conceito de "dramaturgo" (Grotstein, 1979, 1981, 2000, 2009).

21. Transferência ↔ contratransferência ↔ *rêverie*

Transferência: a visão kleiniana/bioniana

Em seu trabalho definitivo sobre a transferência, Klein (1952a) afirma:

> *Acredito que a transferência tem origem nos mesmos processos que determinam as relações objetais nos estágios mais precoces. Portanto, temos de voltar repetidamente na análise em busca das flutuações entre objetos, amados e odiados, externos e internos, que dominam o início da infância. Só podemos apreciar integralmente as interconexões entre transferências positivas e negativas se explorarmos a interação precoce entre amor e ódio e o círculo vicioso de agressividade, ansiedades, sentimentos de culpa e aumento da agressividade. . . . Por outro lado, ao explorar estes processos iniciais, convenci-me de que a análise da transferência negativa. . . é uma precondição para se analisar camadas mais profundas da mente. (p. 53)*

Origem das relações objetais e da transferência

Klein acredita que transferência começa praticamente desde o nascimento, momento em que se iniciam as relações objetais. Ela enfatiza a importância da inter-relação entre a transferência negativa e a positiva. Ela também acredita que a sessão analítica é inteiramente transferencial ("situação total", Klein, 1952a, p. 55).

O escopo mais amplo da transferência

A transferência foi revelada primeiro por Freud em um contexto patológico, mas ele sugeriu que ela era uma característica comum da vida cotidiana. Só na psicanálise podemos estudá-la, interpretá-la e tratá-la. Meltzer (1967) expandiu o conceito de transferência ao afirmar que seu significado mais verdadeiro é a transferência de dor mental de uma pessoa para outra. As ramificações destas duas afirmações são grandes: (a) A psiconeurose deve primeiro ser reconstruída nos termos da neurose infantil, e esta deve passar por uma conversão (encriptação) para se tornar uma neurose de transferência; (b) em outras palavras (visão de Meltzer e minha), a transferência (conversão) da dor mental do analisando (psiconeurose) para o analista – uma vez que a neurose de transferência (e acrescentaríamos aqui "↔ contratransferência") representa o significado mais profundo de transferência; (c) eu acrescentaria ainda o seguinte ao que foi mencionado: a transferência ↔ contratransferência psicanalítica constitui fundamentalmente em "exorcismo de demônios".

Bion (1992), em sua teoria do sonhar, afirma que os sonhos, sejam noturnos ou diurnos, são o resultado de algo que está sendo feito pelo sujeito com o modo que ele vivencia ou percebe o objeto (pp. 139-140). Este "algo que é feito" é a transferência. Bion (1965, 1970) vai ainda mais além. Ao propor que o inconsciente

JAMES S. GROTSTEIN 351

contém as Formas Ideais de Platão, as coisas-em-si (númenos) de Kant e uma provisão sempre crescente de elementos beta, Bion postula que, na verdade, a transferência inclui não apenas aquilo que Freud, Klein e Meltzer atribuem a ela (pulsões, objetos internos, afetos e assim por diante), mas também preconcepções inatas e adquiridas derivadas daquelas Formas e númenos, junto com os elementos beta que os evocam. Consequentemente, para Bion, transferência é "sonhar".

Transferência e a "situação total"

Klein fala da transferência como a "situação total". Eu posso confirmar esta visão a partir de outra perspectiva. Se a sessão analítica é um sonho, como pensavam Freud e Bion, então todos os objetos, humanos ou não humanos, sobre os quais o paciente fala em suas associações livres são figuras de sonho e, assim, são apenas significantes da realidade psíquica do paciente no contexto da transferência. Klein (1952a) parece confirmar esta ideia:

A compreensão das relações objetais primordiais. . . influenciou fortemente a técnica a partir de vários ângulos. Sabe-se há muito tempo que o psicanalista na situação de transferência pode representar a mãe, o pai ou outras pessoas, que ele também está representando na mente do paciente o papel de superego e, em outros momentos, os papéis do id ou do ego. Nosso conhecimento atual nos permite penetrar nos detalhes específicos dos papéis específicos atribuídos ao analista pelo paciente. Na verdade, há muito poucas pessoas na vida da criança. (p. 54)

352 TRANSFERÊNCIA ↔ CONTRATRANSFERÊNCIA ↔ *RÊVERIE*

A importância da relação entre transferências com objetos parciais e com objetos totais

De acordo com Klein, objetos parciais são objetos ainda não inteiros que a criança trata narcisisticamente como extensões de si mesma ou ainda como partes internas de si, incluindo os "objetos internos". Minha leitura de Klein sugere que as transferências primordiais da criança baseiam-se na identificação projetiva de objetos parciais (ex.: *self* agressivo ou amoroso) no objeto, criando-se assim um objeto combinado (a imagem do objeto externo – ou mesmo de outro objeto interno – além da projeção da criança). Dado o fato de que "há muito poucas pessoas na vida da criança", originalmente apenas sua mãe, somado ao fato de que a criança vê e trata todos os objetos como objetos parciais e/ou transferências de objetos parciais, praticamente todas as memórias primordiais da criança são tomadas por transferências de objetos parciais.

Interpretações transferenciais do passado e do presente

Enquanto os freudianos clássicos e analistas de outras escolas tradicionalmente tendem a conceber a transferência de um modo geral como o deslocamento de catexias de objetos passados (da infância) para o analista no momento presente, os kleinianos/bionianos geralmente pensam na transferência como identificação projetiva de aspectos do analisando (partes do *self* e objetos parciais) no aqui e agora, mas também reconhecem a importância de reconstruções do passado apoiadas pela transferência. Por outro lado, seria possível dizer que as diferenças entre transferências enraizadas no passado e transferências no momento analítico são falaciosas, pois: (a) as memórias podem refletir o passado, mas são armazenadas no mundo interno como representações de *self* e objetos no aqui e agora; e (b) transferências analíticas privilegiam memórias que foram e são traumáticas – ou seja, não suficientemente elaboradas. As memórias traumáticas diferem das memórias adequadamente processadas no sentido em que as primeiras continuam vivas sob a forma de memórias não processadas persistentes. Bion (comunicação pessoal) disse que "O propósito da análise é ajudar a pessoa a se lembrar daquilo que ela esqueceu, mas que nunca se esqueceu dela – para que ela possa escolher entre recordar ou esquecer de fato".

Também tenho a impressão, com base em minha própria formação como freudiano clássico e como kleiniano/bioniano, que os últimos tendem com mais frequência a interpretar na transferência. Uma das razões para isso está na diferença entre seus respectivos modelos teóricos. A neurose infantil da teoria clássica está relacionada ao complexo de Édipo no estágio fálico avançado. Fixações orais, anais e uretrais constituem elaborações regressivas a partir da fase fálica edípica, na qual os objetos com os quais se lida são objetos totais separados. Os kleinianos/bionianos, por outro lado, lidam com objetos parciais nas fases oral, anal e uretral, objetos que ainda não foram separados ou transformados em objetos totais. A criança, tendo pouca experiência com objetos além de sua mãe, vive em um universo pequeno. Na fase fálica edípica, no entanto, é necessário lidar com uma gama muito maior de objetos totais; assim, a possibilidade de se fazer interpretações transferenciais fica reduzida.

A transferência e a relação real

Se a sessão analítica constitui um sonho ou um equivalente dele, então todo indivíduo ou objeto mencionado nas associações livres é uma construção onírica – isto é, aspectos, significantes e objetos internos do mundo interno do paciente são representados

354 TRANSFERÊNCIA ↔ CONTRATRANSFERÊNCIA ↔ *RÊVERIE*

por "atores" que são selecionados pelo trabalho onírico a partir da vida não analítica do paciente para executar papéis na "peça passional" psicanalítica. Dentro de uma certa perspectiva, portanto, todos no conteúdo manifesto do paciente são fantasmáticos, inclusive o analista.

Em outra perspectiva, no entanto, o paciente pode frequentemente estar *projetando na realidade* de seus objetos, incluindo especialmente seu analista (Klein, 1955, p. 341). Deve-se lembrar, no entanto, que a análise também é um encontro intersubjetivo entre analisando e analista. Penso que aquilo que pode parecer à primeira vista uma inconsistência ou contradição, pode ser explicado da seguinte forma: o enquadre real da análise é um empreendimento de duas pessoas que permanece como pano de fundo da análise – isto é, a "aliança terapêutica" (Zetzel, 1956, 1963) ou "relação real" (Greenson, 1967, p. 169). Esta visão, a visão interpessoal ou intersubjetiva, emerge sob a perspectiva de um observador externo. Em minha opinião, no entanto, o procedimento psicanalítico em si consiste na observação, por parte do ego observador do analisando e do analista, do estado emocional do analisando – e que o estado emocional do analista é um instrumento analítico adicional para a observação do analisando – a menos que o analista desenvolva uma neurose de contratransferência – ou seja, uma *folie à deux* (Mason, 1994), um desenvolvimento que pode prejudicar a continuação da análise a menos que seja reconhecido e explorado.

Neste ponto, a seguinte questão deve ser colocada: De que maneira a transferência difere da identificação projetiva e da transidentificação projetiva? Minha resposta é: de nenhuma! Identificação projetiva e transidentificação projetiva são apenas formas melhores e mais claras de compreender os mecanismos fenomênicos da transferência e da contratransferência.[1]

O psicanalista como "psicopompo"

O psicopompo é uma figura mitológica que conduz os indivíduos que acabaram de morrer ao mundo subterrâneo. Os junguianos adaptaram o termo para designar o papel do analista como mediador entre os domínios do inconsciente e do consciente (Adams, 2000, p. 127; Jung, 1916, p. 256). O que tenho em mente especificamente é a singularidade da experiência analítica onde, conforme o analisando fala e o analista escuta (principalmente), o inconsciente é misteriosa e inevitavelmente evocado para a consciência. Assim, o analista, em seu papel (relativamente) silencioso, torna-se a figura temida, a lembrança (e o evocador) de tudo que há de errado com o analisando.

Classificação das transferências

Considero que existam as seguintes classificações da transferência: (a) em primeiro lugar e mais importante, a transferência da *neurose infantil* do analisando para uma *neurose de transferência* analiticamente compartilhada (todas as escolas); (b) um *deslocamento de catexias objetais passadas* (essencialmente clássica, mas também kleiniana); (c) *identificação projetiva e transidentificação projetiva*, principalmente kleiniana e sempre constituindo uma fantasia inconsciente, intrapsíquica e onipotente no sujeito que projeta – além de outros fatores (indutores) relacionados ao objeto (analista); (d) (trans)identificação projetiva como meio de comunicação entre a criança/analisando e a mãe/analista; (e) *transferências selfobjetais* (principalmente da psicologia do *self* até agora, mas expandindo-se para outras escolas); (f) *transferências de "penhasco visual"* (Gibson & Walk, 1960); e (g) transferência *"existencial de cartório"*. Este último é meu termo imaginativo para designar aquela que talvez seja a mais frequente e mais fundamental de todas as formas de transferência: a necessidade do analisando

356 TRANSFERÊNCIA ↔ CONTRATRANSFERÊNCIA ↔ *RÊVERIE*

de compartilhar suas experiências na vida cotidiana com alguém; em outros tempos, este alguém era a mãe, o pai ou o irmão e, mais tarde, um amigo ou colega, mas, de alguma forma, parece que hoje o ato de compartilhar as próprias experiências com um estranho profissional treinado que não está originalmente identificado com o paciente tem enorme valor. Nossas experiências precisam ser compartilhadas, confirmadas e reconhecidas por este estranho profissional e, depois que isso acontece, nos sentimos de algum modo diferentes com relação a elas. Em outras palavras, uma das necessidades do analisando é de que o analista "despache" sobre suas experiências antes que algum significado seja atribuído a elas. O homem sempre será uma criatura dependente e precisa de alguém para autenticar e registrar suas experiências como "*experiências reais*". Precisamos compartilhar com os outros e que os outros compartilhem conosco. Desta forma, o analista ou psicoterapeuta não precisa procurar a transferência. Tudo que o paciente diz e faz na sessão é inevitavelmente transferencial. A única consideração a ser feita diz respeito ao tipo de transferência que está ocorrendo.

Além do que foi descrito anteriormente – ou talvez sobrepondo-se àqueles elementos –, está o conceito da (h) "*presença (objeto) de fundo da identificação primária*" (Grotstein, 2000) – meu termo para um conceito que inclui o objeto "ambiental" ou "facilitador" de Winnicott (1960a), em contraste com o "objeto continente" de Bion (1962a). Esse conceito também inclui os objetos dos objetos ancestrais do indivíduo e, com isso, implica a ideia de herança e tradição. A existência desta presença ou objeto é tida como certa pela criança e pelo paciente – até que seja removida pelo abandono crítico materno ou paterno ou por violações do enquadre pelo analista. Pode-se conceber este objeto como um "colo" metafórico que abriga a criança que senta nele e olha para a frente. Uma de suas funções é o estabelecimento da estrutura psíquica, caso em que apresenta grande semelhança ao conceito de Ogden (1986) de

JAMES S. GROTSTEIN   357

"matriz". Outra de suas funções é atuar como um "treinador existencial" ou "objeto facilitador" (Bollas, 1987, p. 16) cuja tarefa é encorajar o desenvolvimento da criança por conta própria, à parte de sua relação intersubjetiva com os objetos – ou seja, o *self* narcisista normal.

"Coletando a transferência"

Em sua obra pioneira sobre a técnica kleiniana com crianças, Meltzer (1967) começa seu primeiro capítulo com "A Coleta da Transferência":

> *Nosso propósito é estabelecer uma relação nova e significativa que possa ser desenvolvida à parte da vida da criança em sua casa e vir a tornar-se um trabalho privado, cooperativo e responsável. Esta aliança quádrupla com os aspectos mais maduros da criança só pode. . . ser atingida pelos métodos propostos por Melanie Klein onde a interpretação, combinada com o esclarecimento do setting e do método da análise, é utilizada para manter o processo analítico em andamento. . . . Àquilo que acontece como consequência deste tipo de abordagem em seu período introdutório, dou o nome de "coleta dos processos transferenciais". (p. 3)*

Entendo que Meltzer esteja afirmando que a "coleta da transferência" é realizada pelo analista quando ele interpreta exclusivamente na transferência desde o princípio da análise. Acredito que o analisando responda, inconscientemente, de forma positiva a esta manobra, pois ela o ajuda a editar suas associações e lhe dá as boas-vindas a uma experiência controlada e contida. Também

358 TRANSFERÊNCIA ↔ CONTRATRANSFERÊNCIA ↔ *RÊVERIE*

acredito, no entanto, que o analista pode estar "preparando" [*"priming"*] o analisando – isto é, dando-lhe dicas sobre como proceder (influência inconsciente). A coleta da transferência pode ser realizada desta forma ou através de uma outra, o modo orto-doxo/clássico, no qual o analista permanece em silêncio durante a porção inicial da análise, *permite que a transferência se desenvolva* lentamente com o tempo e interpreta seletivamente apenas a resistência à transferência negativa (Fenichel, 1941).

Tenho alguma reserva com relação a esta recomendação: Embora pareça justificável interpretar exclusivamente na transferência, surge um problema relacionado ao fato de o analista revelar, com isso, seu *desejo* analítico. Ao fazer isso, o inconsciente do analisando detecta, reconhece e se adequa e/ou resiste ao desejo do analista e, por causa da própria existência da transferência, produz daí em diante associações "livres" que podem ser "interpretáveis na transferência". O que o inconsciente do analisando teria revelado, por outro lado, caso não tivesse ideia do desejo do analista? John Dryden resumiu este dilema ao afirmar: "A realização mais brilhante da arte é manter-se velada". (Quando eu estava em análise com Bion, ele fazia alusões frequentes a este problema paradoxal). Talvez eu possa colocar as coisas da seguinte forma: O analista deve sempre pensar na transferência e interpretá-la da melhor forma possível – sem que pareça querer fazê-lo!

Além disso, interpretações incansavelmente transferenciais geralmente implicam o risco de criar uma ansiedade persecutória no analisando – de pelo menos dois tipos. Em um deles, o analisando fica atordoado com aquilo que lhe parece ser o forte narcisismo do analista. Em outro, o analisando pode ter a sensação de estar preso nas garras sufocantes, carentes e exigentes do analista. A primeira complicação mencionada pode ocorrer por uma variedade de fatores. Em minha experiência, mesmo que os

JAMES S. GROTSTEIN   359

analisandos, especialmente aqueles em estado de regressão, possam acreditar que sentem falta do *analista* quando ele está ausente, eles realmente sentem falta da *função* (de forma semelhante à "diálise" humana bilateral – isto é, sintonia emocional) que o analista desempenha. A segunda complicação, a da *ansiedade claustrofóbica* do analisando, deve-se aos resultados das projeções do analisando no analista, que fazem com que ele fique aprisionado dentro do último.

Uma das formas de se lidar efetivamente com as complicações que acabei de mencionar é permitir que o analisando lide primeiro com os deslocamentos da transferência por um tempo indeterminado até que ele se sinta seguro para revelar as implicações da transferência de modo direto. Ferro (1999, p. 89; 2002a, p. 25; 2002b) refere-se a este tipo de intervenção como *"interpretações insaturadas".*

Níveis de interpretação transferencial

Roth (2001) mapeou o relevo dos níveis de interpretação da transferência a partir da perspectiva kleiniana. Ela distingue quatro níveis de transferência: (a) transferência para o analista como se ele fosse o substituto de uma pessoa real do passado do analisando – ou seja, o pai – na verdade, um pai interno; (b) "a interpretação sobre a transferência de qualidades específicas" do analista, diretamente; (c) "Há algo acontecendo nesta sessão agora, onde eu, ao interpretar você, sou percebido como o homem do sonho. É como se o sonho estivesse se repetindo aqui"; e (d) "Além disso, e em próxima relação, podemos considerar os modos pelos quais alguma combinação da pressão no paciente e das dificuldades que isso causa para o analista, levam a uma resposta apressada do analista que cria esta situação – uma relação interna está de fato sendo atuada na sessão, uma atuação da qual tanto o analista como

360 TRANSFERÊNCIA ↔ CONTRATRANSFERÊNCIA ↔ *RÊVERIE*

o paciente participam" (p. 354). Minha impressão é de que os três primeiros níveis do "relevo" de Roth são exemplos de identificações projetivas por parte do analisando, enquanto o quarto é um exemplo do que eu chamaria de "*trans*-identificação projetiva".

Contratransferência

A transferência tornou-se o gêmeo mais velho da contratransferência, mas agora as duas estão "associadas pelo quadril", por assim dizer. Antes considerada como psicopatologia do analista, a contratransferência é hoje vista como um instrumento psicanalítico incomparável para ele. Bion (1963, p. 18) e outros acreditavam que contratransferência era sempre inconsciente e, portanto, incognoscível para o analista exceto através de sua própria análise. Seus conceitos de continente/conteúdo e *rêverie*, no entanto, parecem ter subvertido sua opinião a este respeito e revolucionado nossas ideias sobre o modelo de transferência-contratransferência. Acredito que ele esteja correto, mas também acredito que ele colocou em movimento uma nova onda de compreensão sobre a autopercepção do analista com respeito ao analisando que agora tem força própria. Particularmente, o conceito de Bion (1970) de "tornar-se" anuncia um novo modo de se conceber a inter-relação analisando-analista, onde a mãe "torna-se" a criança assim como o analista "torna-se" o analisando.

Acredito hoje que o que Bion quer dizer com "tornar-se" é que o analista deve "tornar-se" sua própria resposta empática, internamente constituída, ao sofrimento do analisando (Grotstein, 2005). Tendo dito isso, no entanto, vejo-me no final das contas reservando o termo "*rêverie*", de Bion, para o monitoramento emocional pessoal do próprio analista das emoções de seu analisando, e a contratransferência (seja ela parcial ou total – Fliess, 1942) como manifestações da neurose infantil do próprio analista.

JAMES S. GROTSTEIN 361

Penso que é importante distinguir entre (a) contratransferência total (contraidentificação total com o analisando) – ou seja, conluio ou *folie à deux* (Fliess, 1942; Mason, 1994), a qual é patológica; (b) contraidentificação parcial, onde um aspecto do analista encontra-se livre para interceptar seu estado emocional "emprestado" (isso é o que geralmente se quer dizer com continente ↔ conteúdo desejável e estado de *rêverie* na situação psicanalítica); e (c) a transferência não provocada (pelo analisando) do analista com o analisando. A primeira categoria é patológica e geralmente envolve porções não analisadas da neurose infantil do próprio analista. A segunda categoria, geralmente normal e desejável, também pode ser patológica de acordo com as circunstâncias. A terceira categoria é inevitável e pode ser tanto normal como patológica. O analista que está em dúvida jamais deve hesitar em obter uma segunda opinião.

Também há uma distinção entre "contraidentificação introjetiva" (Money-Kyrle, 1956) e "contraidentificação projetiva" (Grinberg, 1979). A primeira designa aquilo que o analista experimenta diretamente com o analisando, mas que parece estranhamente alheia a ele, e a segunda refere-se a uma confluência de associações e emoções inconscientes que tem origem não apenas no analisando, mas também de forma independente no inconsciente pessoal do analista e que ele contraprojeta em sua própria imagem interna do analisando. Além disso, o analista deve ouvir com um "coração cauteloso".

Contratransferência espontânea e projeção na realidade

Outra distinção com relação à contratransferência deve ser feita entre contratransferência provocada (pelo analisando) e contratransferência espontânea. A última, não provocada de modo consciente ou inconsciente pelo analisando, surge de forma totalmente espontânea dentro do analista. Ela pode ser melhor compreendida como a "transferência do analista" (e não contratransferência) para o paciente. Esta forma de "contratransferência" é mais comum do que geralmente pensamos e geralmente ocorre quando o analisando é uma pessoa famosa, bonita ou de destaque. Eu mesmo já me senti várias vezes incomodado por emoções e memórias dolorosas enquanto ouvia meus analisandos. Às vezes era tudo o que eu podia fazer para me distanciar um pouco com o intuito de refletir sobre se o que eu estava sentindo era contratransferência espontânea pura e simples e/ou contratransferência provocada na qual o analisando era capaz de intuir meu estado de mente inconsciente (projeção na realidade, Klein, 1955, p. 341).

Processamento paralelo

Os Baranger (Baranger & Baranger, 1961-62, 1964; Baranger, Baranger & Mom, 1983) escreveram uma série de artigos sobre a situação de transferência-contratransferência, denominando-a "campo bipessoal". Acredito que sua obra possa ter dado origem ao conceito terapêutico do que veio a ser conhecido como "processamento paralelo" – isto é, a unidade indivisível da situação de transferência ↔ contratransferência. Suas ideias pioneiras serviram de base para os trabalhos de Langs (1973) e Ferro (1999, 2002a, 2002b, 2009).

Racker (1968), em sua monografia fundamental sobre a contratransferência, fez outras distinções categóricas úteis. Ele estabelece uma diferença entre (a) contratransferência concordante e (b) contratransferência complementar. Na primeira, o analista pode experimentar emoções ou o impulso de agir de acordo com um determinado papel que corresponde diretamente ao que ou como o analisando pode estar se sentindo ou atuando. Se o analisando está se comportando de maneira raivosa, o analista pode descobrir que está se comportando do mesmo modo. Na segunda, o analisando pode parecer estar se comportando de forma masoquista, enquanto o analista se vê com sentimentos sádicos dirigidos a ele. O sadismo induzido no analista complementa o masoquismo do analisando. Este último modo pode se desenvolver para formar um terceiro tipo extremo, (c) o tipo opositivo (Grotstein, 2002).

Em certa ocasião, tive uma analisanda obesa que relatou a história que se segue. Sua mãe era muito narcisista, tanto com relação a si mesma quanto à filha, e queria que minha analisanda encarasse grandes sofrimentos para ficar magra e bonita para que um dia pudesse se casar com um homem rico. A resposta de minha analisanda a estas imposições era comer excessivamente e tornar-se obesa desde cedo. Esta maneira *opositiva* de se comportar repetia-se comigo na transferência. Apontei que, ao opor-se à sua mãe e a mim com este tipo de comportamento, ela estava apenas provando inconscientemente o quão profunda era sua identificação com cada um de nós. Minha interpretação lhe deixou surpresa.

Rêverie

Embora Klein, em essência, não concordasse com o uso terapêutico da contratransferência do analista (Hinshelwood, 1994, p. 151), seus seguidores Paula Heimann (1950, 1960, 1978) e Roger Money-Kyrle (1956) viram imediatamente suas vantagens e utilidade terapêutica. Bion (1962a, 1962b, 1965, 1970), no entanto, concordava com Klein, mas trouxe um complemento valioso ao conceito, a *rêverie* (Bion, 1962b, p. 36). Bion (comunicação pessoal) acreditava que contratransferências eram aspectos inconscientes da neurose infantil do próprio analista transformados em

364 TRANSFERÊNCIA ↔ CONTRATRANSFERÊNCIA ↔ *RÊVERIE*

sua neurose de contratransferência e, assim, não estavam disponíveis para serem utilizados por ele. *Rêverie*, por outro lado, foi a ideia que ele aplicou para descrever a atitude do analista durante a sessão, podendo ser alcançada apenas depois que o analista tenha se tornado capaz de abandonar memória, desejo, preconcepções e compreensão. A *rêverie* também se aplica à "Linguagem de Êxito" (Bion, 1970, p. 125) que é "falada" pelo "Homem de Êxito" – o analista disciplinado para aguardar a chegada do fato selecionado, elemento que finalmente emerge das associações do analisando e/ou naturalmente a partir do inconsciente do próprio analista sob a forma de "imaginação especulativa", a qual é então transformada pelo "raciocínio especulativo" em ressonância intuitiva com o analisando (Bion, 1997, p. 40). Em outras palavras, *rêverie* representa a fé que o analista disciplinado tem de que, através da paciência (capacidade negativa), ele irá ouvir a si mesmo enquanto ouve o analisando e, por fim, "escutar" a "Linguagem de Êxito".

Modelos que representam transferências ↔ *contratransferências* ↔ rêverie

Peço ao leitor que imagine um conjunto de modelos que consistem em diferentes relações de círculos entre si.

Configuração 1: Imagine dois círculos, um menor por trás de outro maior, e considere que o círculo da frente representa a mãe e o de trás, a criança. A criança pode ser considerada como um bebezinho que está olhando na mesma direção que a mãe e, portanto, cai no domínio da transferência idealizada.

Configuração 2: Imagine o oposto do que foi descrito anteriormente: o círculo menor (criança) encontra-se na frente do círculo maior (mãe), mas ambos ainda estão olhando na mesma direção – como se a criança estivesse sentada no colo da mãe (ou pai). Esta é a configuração da transferência especular e destaca o objeto de trás como "objeto de apoio" – ou seja, o "objeto facilitador" (Winnicott, 1960b, p. 44) ou "presença de fundo da identificação primária".

Configuração 3: Imagine a configuração anterior com uma alteração: o círculo menor (criança) situa-se na frente do objeto materno (ou paterno), mas de frente para ele. Este é o modelo de "uso do objeto", de Winnicott (1969), e de "continente/conteúdo", de Bion. É também o modelo clássico e kleiniano de transferência. Dá-se um diálogo entre os dois e a identificação projetiva e a transidentificação projetiva (continente ↔ conteúdo; atenção para as setas reversíveis) estão em operação.

Configuração 4: Um círculo encontra-se atrás do outro, mas o círculo que representa a mãe olha para um lado, enquanto o círculo que representa a criança olha para o outro. Uma das compreensões possíveis desta configuração é a de transferência negativa. Outra possibilidade é que os dois se complementam cooperativamente ("Você protege minhas costas e eu protejo as suas").

Configuração 5: Os dois círculos encontram-se alinhados lado a lado. Os olhos dentro de cada círculo podem estar olhando na mesma direção (transferência de *self*-objeto gemelar) ou em direções opostas (transferência de *self*-objeto opositiva).

Configuração 6: Imagine três círculos, dois dos quais têm o mesmo tamanho e um terceiro menor. Esta é a configuração do complexo de Édipo. Os dois círculos maiores olham um para o outro (como no sexo) e o terceiro círculo tenta juntar-se a eles – criando um triângulo –, mas seus olhos encontram-se ou focados no casal (primeiro com inveja e depois com ciúmes, mas de modo voyeurístico em ambos os casos) – ou desviados dele, indicando ou que a criança aceita a união do casal parental, ou que afastou-se dela.

366 TRANSFERÊNCIA ↔ CONTRATRANSFERÊNCIA ↔ *RÊVERIE*

Todas as configurações anteriores comunicam aspectos diferentes do conflito dialético entre a dependência infantil e a cena primária – já que elas também podem ser vistas como um palimpsesto: um sobre o outro ou os dois misturados!

Transferência idealizada

O propósito da transferência idealizada é fazer com que a porção infantil da personalidade do analisando, supostamente (como resultado da regressão transferencial) desamparada, impotente e dependente, faça frente a esta impotência através da construção de uma imagem de um analista que é tão idealmente forte em proporção quanto a fraqueza sentida pelo analisando, e com resistência equivalente à força dos elementos beta que o analisando abriga dentro de si. Neste ato de fantasia, a porção infantil do analisando transfere (projeta) seu próprio senso de valor, ainda misturado com a onipotência e a noção de agências infantis, para o analista. O motivo por trás da idealização é, em geral, a experiência dolorosa de pequenez e desamparo da criança diante de objetos maus e persecutórios de seu mundo interno, mas que também podem ser projetados sobre objetos externos. Portanto, a idealização, embora seja uma função importante para o desenvolvimento da criança, é necessária também para defender contra a perseguição por objetos onipotentemente maus, a versão externa de objetos internos assustadores.

Se a função da transferência é a de transferir a dor emocional de uma pessoa para outra, e se a dor emocional é essencialmente a vivência do indivíduo do desenrolar de O, a verdade emocional, tanto cósmica quanto pessoal, então, quando a *rêverie* do analista para conter O não resiste, ocorre a contratransferência – normalmente porque a O do analisando entra em ressonância tão completa com a do analista que a experiência torna-se insuportável para o último.

Transferências e contratransferências eróticas

Analistas com qualquer nível de experiência não precisam esperar muito tempo para deparar-se com transferências eróticas e podem muito facilmente entrar em uma contratransferência erótica. Na teoria freudiana clássica, a transferência ↔ contratransferência erótica frequentemente ocorre por causa do foco no complexo de Édipo na fase fálica, onde os desejos e ciúmes sexuais se desenvolvem. No pensamento kleiniano, acredita-se que as transferências eróticas são defesas contra a ansiedade persecutória da posição esquizoparanoide, especialmente a experiência de sentimentos de dependência arcaica com relação ao analista. Sentimentos sexuais (eróticos) implicam igualdade entre analisando e analista, ao passo que sentimentos de dependência implicam uma hierarquia na qual o analista é sentido como superior e o analisando, inferior. Descobre-se com frequência que o analisando erotizado teve uma história traumática onde houve abuso infantil e/ou profunda decepção com as funções maternas e/ou paternas. Neste último caso, geralmente encontramos fantasias inconscientes no analisando, as quais são repetidas na transferência, onde a porção infantil de sua personalidade foge de um "seio" decepcionante para um "pênis" mais confiável. Há uma ressalva a ser feita neste caso, no entanto. Descobri que, mesmo que seja arriscado para o analisando interagir com seus sentimentos eróticos, também pode ser perigoso interpretar persistentemente sentimentos de dependência oral, uma vez que o analisando pode inicialmente – ou mesmo durante algum tempo – temer uma transferência materna por medo do retorno de experiências assustadoras com a mãe.

368 TRANSFERÊNCIA ↔ CONTRATRANSFERÊNCIA ↔ *RÊVERIE*

Transferência, contratransferência, rêverie e tornar-se O

A formulação de O por Bion (1965, 1970) sinaliza uma outra dimensão do fenômeno de transferência – contratransferência – *rêverie*. O que o analisando transfere para o analista não são apenas catexias objetais do passado, como afirma Freud, e identificações projetivas de estruturas psíquicas internas (incluindo afetos, impulsos e objetos), como afirma Klein, mas também um pavor ontológico, O, sob a forma de elementos beta não mentalizados. A partir de suas observações no tratamento de pacientes psicóticos, Bion (1959, 1967a) intuiu que, quando crianças, estes pacientes não tiveram a experiência de uma mãe que pudesse "conter" o pavor de seu filho. O conceito de continente ↔ conteúdo surgiu a partir destas observações e conclusões, e junto com ele, o conceito de "*rêverie* materna".

Bion, assim como Klein, nunca aceitou os aspectos terapêuticos positivos da "contratransferência" *per se* (1973; comunicação pessoal, 1970), a qual, ele acreditava, é inconsciente por definição para o analista. Seu conceito de "*rêverie*" (pensamentos oníricos em vigília), um estado de mente do analista alcançado através da suspensão de memória, desejo, compreensão e preconcepções, aproxima-se do estado de mente alcançado na meditação e corresponde à consciência de hemisfério direito, em contraste com a consciência de hemisfério esquerdo (Schore, 2003a, 2003b; comunicação pessoal, 2005). É apenas no estado de *rêverie* que o analista pode intuir o "objeto analítico" do paciente (o modelo inconsciente de seus sintomas, que Bion chama de O). O analista jamais é capaz de conhecer os aspectos mais profundos e inefáveis de O, o sintoma; ele só é capaz de "tornar-se" o sintoma. Com isso, Bion quer dizer que o analista deve se abrir para vivenciar – de forma indireta – aquilo que o paciente vivencia.

JAMES S. GROTSTEIN   369

Reflexões sobre o tema da transferência ↔ contratransferência ↔ rêverie

O que o paciente quer do analista?

Conforme a análise se inicia, o psicanalista toma ciência de que uma situação de transferência ↔ contratransferência ↔ *rêverie* começa a se desenvolver, de várias maneiras: Primeiro, o analisando desenvolve uma transferência imediata, geralmente interpretável, por causa do estímulo à regressão imediata que ocorre logo no início do processo psicanalítico, e frequentemente antes mesmo que a análise tenha começado. Segundo, pode-se ver que a transferência se desenvolve, aprofunda e expande com o passar do tempo. Conforme a transferência se desenvolve, o analista se dá conta de que, na transferência, o analisando está transmitindo comunicações inconscientes, algumas das quais constituem *expectativas de repetição* de relações objetais passadas ou atuais (externas e internas) e/ou *expectativas de que o analista irá (magicamente) remover os sintomas* e a angústia mental que os acompanha. Outro aspecto – que corremos o risco de aceitar sem questionar ou negligenciar completamente – é o *desejo* do analisando, bem como sua *necessidade, de ser analisado* – quase como se ele guardasse inconscientemente o esperado encontro com seu *self* interior e vislumbrasse o analista como um *guia*, um *psicopompo* –, ou seja, o analisando deseja ser compreendido.

Assim, comunicação inconsciente, expectativas mágicas de alívio emocional e acesso ao próprio *self* interior através do analista como guia parecem ser três aspectos centrais da transferência. Um quarto aspecto seria a eterna pergunta do analista: "O que o analisando *realmente* quer de mim, além das categorias listadas anteriormente ou incluído nelas"? Acredito que deva haver um grande número de expectativas específicas e/ou gerais. Uma delas é a de que o analista seria a "vítima do exorcismo" adequadamente escolhida, o *bode expiatório* legítimo e o *redentor* das feridas não curadas do analisando. Uma quinta expectativa seria a de que o analista atuasse como uma figura parental substituta idealizada e robusta ou um objeto parental facilitador (presença subjacente da identificação primária) – isto é, uma figura parental "cuidadora-impulsionadora". Outra expectativa ainda, a sexta, seria a de que o analista pudesse abrigar (conter permanentemente) aquele aspecto do analisando que deseja progredir e se desenvolver e concordasse em mantê-lo separado de um outro aspecto da personalidade que se comporta como se não pudesse se desenvolver e assume a postura de um "viciado na infância" ou "delinquente" (reação terapêutica negativa, equilíbrios psíquicos).

Anteriormente, apresentei o campo do *drama* como uma perspectiva psicanalítica. O conceito de drama poderia reconfigurar nossas ideias sobre a situação de transferência ↔ contratransferência ↔ *rêverie* da seguinte maneira: as produções do analisando (associações livres e comportamentos) não são mais vistos *exclusivamente* do ponto de vista tradicional das pulsões como as conhecemos. Passaríamos agora a compreender suas associações livres e comportamentos também como *revelações* inconscientes representadas no que parece ser uma peça passional improvisada, mas que não é improvisada para o inconsciente. O analisando retrata dramaticamente os temas atualmente emergentes que seu inconsciente (o "sonhador inconsciente") prioriza e, em seguida, escolhe para elucidação analítica sob a forma de um drama a ser revelado.

Interpretações centradas no analisando e interpretações centradas no analista

Outra complicação da interpretação transferencial foi abordada por Steiner (1993) em termos de interpretações "centradas no analisando" e interpretações "centradas no analista". Analisandos de alto funcionamento geralmente respondem às primeiras e são capazes de trabalhar com elas, onde o analista pode fazer interpretações como, "Você me odeia por lembrá-lo de suas fraquezas". Com analisando de funcionamento mais baixo, Steiner pode reverter o procedimento e dizer algo como: "Você acha que eu penso que você está bravo comigo por eu tirar folga no feriado". Para compreender a justificativa para a modificação valiosa feita por Steiner, deve-se lembrar que, para que um indivíduo possa pensar, de acordo com Bion (1962b), ele deve ser capaz de projetar seus elementos beta (recém-chegados ou impressões sensoriais não processadas persistentes da experiência) em um continente ou representação objetal simbólica. No início, este continente era a mãe externa que utilizava sua função-alfa em um estado de *rêverie*. Após a separação e individuação (alcance da posição depressiva), a criança internaliza a função continente materna e, daí em diante, "pensa" ao projetar em seu próprio continente processador agora internalizado. Analisando que não desenvolveram um continente apto a funcionar de modo adequado – ou seja, objetos internos benevolentes – não possuem o molde interno sobre o qual os elementos beta podem ser projetados, separados, processados, priorizados, categorizados, pensados e então contemplados (refletidos). Sem este molde, o pobre analisando precisa, na ausência de algo melhor, fazer uso do analista externo como seu molde-continente até que alcance a posição depressiva, quando objetos internos eficazes e úteis podem estar à disposição de seu pensamento. Alguns tipos adicionais de transferência ↔ contratransferência

Eu gostaria de propor mais duas categorias de transferência ↔ contratransferência. Uma delas é o conceito de "*transferência ↔ contratransferência de Pietà*", uma situação em que o aspecto infantil de um paciente negligenciado ou traumatizado passa por uma "transferência exorcística", projetando seus demônios no

372 TRANSFERÊNCIA ↔ CONTRATRANSFERÊNCIA ↔ *RÊVERIE*

analista para que este "se torne" – isto é, "vista" as identificações e, assim, represente o paradoxo do analista inocente que deve se transformar no cordeiro sacrificial para o paciente e sentir a dor, pena, responsabilidade e culpa que os pais foram incapazes de vivenciar ou demonstrar. Este conceito é descrito de modo tocante em "Diga que Sente Muito"!, de Kubie e Israel (1955). O caso de uma criança muda foi apresentado para uma junta médica na Clínica Infantil Yale New Haven. Todos os clínicos estavam intrigados com o mutismo da criança. De repente e inexplicavelmente, Kubie caminhou até a criança e disse, "Eu sinto muito! Eu sinto muito mesmo"! A criança levantou-se de um pulo, apontou o dedo para os observadores da primeira fila e repetiu para cada um deles, "Diga que sente muito"!

Outra categoria de transferência é a que chamo de *"ventriloquia inconsciente"*. As pesquisas mostram que, quando um paciente esquizofrênico tem alucinações auditivas, as vozes têm origem no nível subvocal em sua própria garganta. Um paciente que vive a experiência de ser perseguido (e não intimidado) por seu analista pode estar projetando inconscientemente sua voz (e senso de agência) no analista, acreditando que é o analista quem está falando. Esta forma de identificação projetiva transferencial é bem conhecida pelos kleinianos, mas minha ênfase aqui é na probabilidade de que a "voz" jamais deixa realmente o sujeito e fala para si mesmo, reflexivamente, utilizando o analista como canal. Acredito que este mecanismo de ventriloquia também influenciou a descoberta de Klein (1946) de que a origem do superego arcaico nas crianças ocorre como resultado da identificação projetiva sobre o objeto, seguida da introjeção daquele objeto modificado. A partir desta perspectiva, podemos sugerir que não existe superego; ele é uma invenção do ego – ou seja, falso *self*.

É possível, portanto, imaginar a criança falando consigo mesma sem perceber (inconscientemente) através do objeto como canal. É quando consideramos os aspectos contratransferenciais deste mecanismo, no entanto, que emerge um fenômeno interessante dentro do analista. O analista se sente controlado pelo inconsciente do analisando, quando, na verdade, está sendo controlado por sua própria "contraventriloquia" (disfarçada), que encontra-se em sincronia com a do analisando – ou seja, uma *folie à deux*. Ogden (1994) fala sobre o "terceiro intersubjetivo subjugante" (pp. 101, 105-106), o qual controla inconscientemente tanto o analisando como o analista, sendo meu conceito equivalente o de "dramaturgo" ou "psicopompo" (Grotstein, 1981b, 2000). Acredito que agora é justificável combinar o conceito de Ogden e os meus para formar um novo conceito da situação de transferência ↔ contratransferência como o sincronismo de ventriloquia mútua, uma situação que exige que o psicanalista avalie constantemente seu "pulso contratransferencial".

Outro aspecto importante da transferência é o tempo. Pode-se considerar que a transferência se desenvolve gradualmente *e é* também imediata. Greenson (1967, p. 162) descreve o desenvolvimento gradual da transferência e critica os kleinianos por interpretar a transferência de modo exclusivo e imediato. Dentre as várias coisas que podem ser transferidas para o analista, quase sempre testemunhamos a atribuição, pelo analisando, de expectativas, da responsabilidade por seu cumprimento e de capacidades onipotentes e oniscientes, assim como da agência. O processo de transferência pode ser concebido como uma ocasião singular onde o analisando "aluga a imagem do analista" em um ato de uso objetal (Winnicott, 1969), assim como de relação objetal (objeto facilitador, presença subjacente da identificação primária). Em outras palavras, o analista empresta sua imagem invisível como uma boneca ou estatueta para o paciente que a utiliza na fantasia e na ilusão, bem como na *magia empática* (Frazer, 1922).

374 TRANSFERÊNCIA ↔ CONTRATRANSFERÊNCIA ↔ *RÊVERIE*

Coconstrução versus *auto-organização*

Ogden (1994) e Ferro (1999, 2002a, 2002b), dentre vários outros novos autores, afirmam que a psicanálise é uma situação indivisível de duas pessoas e que o crescimento do analisando resulta da *coconstrução*. O conceito de coconstrução surge claramente do modelo hoje bem estabelecido da intersubjetividade, o qual tem raízes consolidadas em praticamente todas as escolas de psicanálise da atualidade. Os conceitos de continente/conteúdo, identificação projetiva comunicativa e transformações em, de, a partir de e para O, de Bion (1959, 1962a, 1962b, 1965, 1970), possivelmente deram início a esta tendência. Embora concorde com o coconstrutivismo – isto é, as contribuições mútuas do objeto e do sujeito para a determinação da identidade do indivíduo –, eu gostaria de acrescentar um segundo ponto de vista paradoxal ou dialético. Sou da opinião de que, não importa quão indivisível e completo o compartilhamento entre os pais e a criança ou entre o analista e o analisando possa parecer, o árbitro final que decidirá se a influência parental ou a interpretação do analista será aceita e mutativa para o bebê/criança ou para o analisando é seu *"gnomon"* (Bion, 1965, p. 94) ou *"daemon"* de auto-organização (Damasio & Damasio, 1989; Kauffman, 1993; Llinás, 2001; Schwalbe, 1991).

Breve caso clínico

MS era um paciente depressivo taciturno que apresentava o que pode ser chamado de "síndrome de Jó" e que se sentia testado pelo destino. Ele perdera sua esposa após 10 anos de casamento e um filho, com a idade de 10 anos, pouco tempo depois. Seu desalento era palpável. Seu mantra era, "Por que eu? Por que eu"? Durante os meses iniciais da análise, suas associações concentravam-se em uma teoria paranoide-narcisista de causalidade. "O destino está reservando algo para mim", ele dizia com frequência. Mais adiante, ele recorria a uma teoria de causalidade que tinha a ver com seu senso de maldade e ele costumava evocar memórias tanto do início quanto do fim de sua infância para demonstrar o "menino mau e encrenqueiro" que ele havia sido para seus pais. Em outras palavras, suas teorias sobre causalidade psíquica atravessavam duas camadas da posição esquizoparanoide, sendo a mais primitiva a camada do "Por que eu" e as memórias de sua maldade um nível mais avançado de EP situado no limiar da posição depressiva. Ambos os níveis refletem o pensamento onipotente, mas o segundo mostra uma internalização de sua paranoia – isto é, um transtorno depressivo clínico, e *não* ainda o alcance da posição depressiva. As tragédias reais precisavam ser "sonhadas", no sentido bioniano, antes que ele pudesse contornar os traumas. "Sonhar" consistia em anexar fantasias inconscientes à realidade dos traumas de modo a contrabalanceá-los. O próximo passo era o paciente começar a perceber que suas teorias prévias eram onipotentes (narcisistas) e tomadas como necessárias por ele na época para que ele fosse capaz de acreditar que possuía um senso de identidade e agência (controle) diante dos traumas. A partir daí ele tornou-se gradualmente capaz de aceitar os traumas como algo que ocorrera independentemente dele – ou seja, ele foi finalmente capaz de aceitar sua sensação de desamparo e também a indiferença do destino (*O*).

No passo a passo da elaboração de sua "síndrome de Jó", a transferência mudou de (a) sua crença invejosa e ressentida de que eu me sentia superior a ele por ter sido "abençoado" de não ter o mesmo destino que ele ou outro equivalente, para (b) uma crença de que ele e eu éramos parceiros (coconstrução) trabalhando para que ele reparasse seus objetos supostamente danificados e, finalmente, para (c) sua capacidade de aceitar seu destino *sozinho* (auto-organização) sem recriminá-lo.

Nota

1. Klein e Bion diferem de todos os outros analistas em sua crença de que a "contratransferência" *per se* é um indicador da neurose infantil do próprio analista. Dentre os termos substitutos propostos por Bion, "*rêverie*" parece ser o mais apropriado para designar a função normal chamada alternativamente de "contratransferência".

22. Sexualidade infantil *versus* dependência infantil e a visão kleiniana do complexo de Édipo

Sexualidade infantil versus *dependência infantil*

Embora o conceito de sexualidade infantil seja predominante no pensamento ortodoxo e clássico sobre o estado mental do bebê (na verdade, da criança), os kleinianos/bionianos acreditam que, com frequência, a sexualidade protege e defende contra a consciência de estados infantis de dependência e carência. Portanto, o material sexual em qualquer sessão de análise tem maior probabilidade de ser considerado por este grupo como tentativas do analisando de nivelar sua relação com o analista ao invocar uma conexão sexual como defesa contra a posição hierárquica (um acima, o outro abaixo) que a experiência de dependência implica. O próprio Freud (1905d) propôs que o início do autoerotismo infantil (sexualidade infantil) é precipitado pelo começo da experiência da criança de ser desmamada do seio da mãe.

Klein de fato empregou, originalmente, a teoria da sexualidade infantil de Freud e atribui tanto à fase oral como à anal fantasias de relações de objetos parciais, levando adiante e ampliando as ideias

378 SEXUALIDADE INFANTIL *VERSUS* DEPENDÊNCIA INFANTIL...

de seu analista, Karl Abraham (1924), cujos próprios empreendimentos nesta área constituíram o prenúncio do que hoje chamamos de "teoria das relações objetais". Foi só quando descobriu a posição depressiva (1935) e, depois, sua precursora, a posição esquizoparanoide (1946), que Klein deixou de lado os marcadores autoeróticos do desenvolvimento infantil em favor das posições, que eram muito parecidas com "estações da via sacra" para demarcar o sofrimento infantil.

Em outro nível, no entanto, temos que levar em consideração a proposição de Freud (1900a, 1905e, 1905d) de que a motivação mais básica do ser humano é a satisfação do desejo. Embora os kleinianos/bionianos possam dizer que aceitam este princípio na prática, eles parecem favorecer a *necessidade* sobre o *desejo*, ao menos nas fases pré-edípicas. Ao fazer isso, em minha opinião, eles estão atribuindo maior valor ao impulso de preservação da vida do que ao impulso sexual. Não desconheço o fato de que Freud (1914g) uniu os dois; não obstante, acredito que há razões clínicas para se fazer uma distinção entre eles.

Recentemente, revisei as obras de Bion e comecei a perceber a frequência com que ele se referia à necessidade do homem pela verdade e pela busca da verdade. Formulei, então, o conceito de "*impulso para a verdade*", que é mais fundamental do que a valorização por Freud ou Klein dos impulsos libidinais e de morte (Grotstein, 2004b). Em outras palavras, com o surgimento do conceito de um "impulso para a verdade", podemos supor que esta é a necessidade mais profunda e persistente do homem e que constitui o conteúdo essencial do material reprimido. Em última análise, verdade é aquilo que realmente sentimos sobre nossa relação com nós mesmos e nossos objetos.

Quase desde o início de sua obra, Klein, embora ainda pensasse nos termos das fases autoeróticas de Freud (1905d) e Abraham

(1924) – ou seja, *sexualidade infantil* – passou gradualmente a pensar em termos de *dependência infantil* (Heimann, 1955, p. 24; Klein, 1935, 1940). Ao fazer isso, ela reposicionou as fases autoeróticas da sexualidade infantil como secundárias a e mediadoras da dependência infantil. A percepção mais prematura da "outra vida" da mãe pela criança introduz sua primeira premonição da *cena primária*.[1] A análise kleiniana focou-se, a partir deste ponto, na tensão dialética presente na mente inconsciente do paciente entre a dependência infantil e a cena primária. Analistas ortodoxos e clássicos, em contraste, enfatizam a ocorrência do complexo de Édipo na fase fálica avançada como a primeira relação objetal do bebê – na verdade, da criança (pois o bebê nas fases oral e anal encontra-se preso no narcisismo primário sem relações objetais). Consequentemente, eles acreditam que, quando elementos das fases oral, anal e fálica inicial são predominantes nas associações do analisando, geralmente estão ocorrendo elaborações regressivas ou mediações (deslocamentos) do complexo de Édipo da fase fálica avançada (Fenichel, 1941). Portanto, a versão kleiniana do complexo de Édipo arcaico envolve, pelo menos inicialmente, *objetos parciais*, e a versão clássica, *objetos totais*. Outra diferença significativa entre as visões ortodoxa/clássica e kleiniana do complexo de Édipo é a base de pressupostos respectiva de cada escola, sendo a primeira a "sexualidade infantil" e a última a "dependência infantil".

O complexo de Édipo: fase oral feminina (objeto parcial) (Klein) e fase fálica masculina (objeto total) (Klein e Freud)

Após ter proposto que o bebê vivencia relações objetais desde os primórdios de sua vida, expandido a concepção de Freud do complexo de Édipo até a segunda fase oral e estabelecido o conceito de um estágio edípico oral com predominância da mãe ("fase

380 SEXUALIDADE INFANTIL *VERSUS* DEPENDÊNCIA INFANTIL...

feminina") que antecipava seu sucessor, o estágio edípico fálico, com predominância do pai, Klein relacionou o início do complexo de Édipo infantil com o surgimento da posição depressiva na segunda fase oral. É neste momento que o bebê, tendo vivenciado uma relação a dois exclusiva com a mãe, toma ciência da outra relação da mãe com o pai (também, inicialmente, como um objeto parcial – isto é, um falo bem como um rival no seio). Poderíamos chamar a fase edípica infantil de Klein de "complexo de Édipo oral", enquanto o de Freud seria o "complexo de Édipo fálico (objeto total"). A versão kleiniana do complexo de Édipo apresenta o estágio de hegemonia matriarcal, ou o que ela chama de "fase feminina", ao passo que a versão de Freud apresenta a hegemonia patriarcal (fase masculina). Além disso, na versão de Klein, o teatro de operações da atividade de fantasia da criança é o interior imaginado do corpo da mãe, assim como os objetos externos, e se desenvolve inicialmente em termos de objetos parciais.

É importante destacar o fato de que Bion (1959) acreditava que ansiedades primitivas ligadas a fantasias inconscientes sobre terrores relacionados ao conteúdo do corpo da mãe constituíam a ansiedade fundamental de grupos de suposto básico de resistência: "Minha impressão é de que o grupo se aproxima demais, nas mentes dos indivíduos que o compõem, de fantasias sobre o conteúdo do corpo da mãe" (p. 162).

Segal (1979) descreve as opiniões de Klein sobre o complexo de Édipo:

> *Ainda se considera, erroneamente, que o trabalho de Klein acabou por se ocupar exclusivamente da relação do bebê com o seio e que o papel do pai e do complexo de Édipo perderam sua importância na obra dela.*

Na verdade... uma das primeiras descobertas de Klein foi a de formas prematuras do superego e do complexo de Édipo antes da primazia genital. Ela descobriu que havia formas primitivas do complexo de Édipo e que pré-genital não necessariamente significa pré-edípico. Ela vê o pai – tanto o pai real quanto as fantasias relativas ao pai – como uma figura importante na vida da criança desde o princípio. (p. 1)

Fantasias edípicas deram origem ao medo de figuras persecutórias primitivas – maternas, paternas ou figuras combinadas bem no centro das fobias – pesadelos e temores. Estas figuras de fantasia exibiam características orais, uretrais e anais sádicas, bem como ameaças de castração devidas às projeções da sexualidade infantil e do sadismo. ... Ela descreveu a figura dos pais sexuais combinados como um fator importante nas ansiedades psicóticas. Esta figura de fantasia é, em parte, uma negação da relação sexual parental, combinando os dois em uma figura monstruosa, e também uma projeção da hostilidade da criança contra aquela relação, o que a transforma em uma figura particularmente ameaçadora. (p. 2)

O desafio epistemológico do complexo de Édipo

Deve-se lembrar, também, que Bion (1962b) acreditava que, assim que Édipo assumiu o papel de tirano de Tebas, ele soube da poluição que infestava Tebas e buscou uma resposta. Ele demonstrou sua arrogância no ato (p. 46). Bion combinou a história de Édipo, sua curiosidade com o mito da Torre de Babel e o mito do Jardim do Éden para demonstrar a proscrição divina da curiosidade humana. Se Bion tivesse desenvolvido mais este tema, ele teria

382 SEXUALIDADE INFANTIL *VERSUS* DEPENDÊNCIA INFANTIL...

citado a teoria de Klein (1928) sobre a fase feminina do complexo de Édipo arcaico, na qual a criança torna-se sadicamente curiosa quanto ao interior do corpo da mãe e invasiva em fantasia inconsciente – daí a conexão entre a curiosidade de Édipo e a transgressão do corpo sagrado da divindade (neste caso, a mãe). Em resumo, a proscrição divina da curiosidade humana acaba por ser transferida para a necessidade do bebê-criança de permanecer ignorante com relação à cena primária para que possa continuar sendo "Deus" em seu mundo de onipotência infantil prestes a desabar.

Dito de outra forma, a suposta arrogância de Édipo quando insiste em saber a causa da poluição pode ser compreendida da seguinte forma: O "desejo de saber", definido por Bion como uma violação da vontade dos deuses, que proibiram a humanidade de adquirir conhecimento – pode ser entendido como o conflito entre o "deus-bebê" onipotente que não quer saber sobre a cena primária e a relação sexual dos pais que deram origem a ele, por um lado, e o desejo da criança saudável de aceitar o fato da cena primária, por outro. Além disso, no mito edípico, Édipo, inadvertidamente culpado de incesto e parricídio, fugiu de Corinto, onde tinha sido adotado e criado, após ouvir de um oráculo que estava destinado a cometer parricídio e incesto, e viu-se então na encruzilhada de Tebas. O resto nós conhecemos pela peça de Sófocles, *Édipo Rei*. A culpa mais profunda de Édipo estava relacionada à tentativa de fugir de sua *moira* (destino), exatamente para encontrá-la no destino de sua fuga, assim como na história de James O'Hara *Encontro em Samarra* (Dodds, 1951). Em poucas palavras, a culpa de Édipo era uma culpa ontológica. Ele tentou em vão evitar seu encontro com seu "complexo de Édipo"! Quando a criança ou a porção infantil do paciente adulto começa a resolver suas ansiedades edípicas com a redução de sua onipotência infantil, ela se torna receptora do legado de um casal parental interno que estimula sua capacidade de pensar.

O complexo de Édipo e o princípio de continuidade genética (epigênese)

A concepção kleiniana do complexo de Édipo deriva daquilo que Isaacs (1952, p. 70) chamou de "princípio de continuidade genética", cujo significado de fato é que a formação da relação de três pessoas (edípica) depende fundamentalmente do desfecho de cada uma das fases anteriores desde a oralidade incipiente em diante. Klein (1928) pensou inicialmente que o complexo de Édipo originava-se quando a criança experimentava frustração com relação ao seio, particularmente durante o desmame, o qual ocorria, conforme acreditava ela, durante o período de sadismo oral máximo. Em seguida, a criança frustrada volta-se para o pênis do pai em busca de consolo, possivelmente por acreditar que o pai é uma mãe melhor que a própria mãe. Portanto, o conhecimento edípico inconsciente não apenas tem uma *base* oral; ele *aparece* na (segunda) fase oral, mas sua presença é sentida mesmo antes disso, caso, como acredita Klein, os conceitos de pênis, vagina e relação sexual forem inatos.

Segal (1979) afirma que para "preservar uma relação tolerável com o seio, o bebê cinde os aspectos maus do seio e de si mesmo e cria uma terceira figura má. O pênis do pai é um recipiente ideal para tais projeções" (p. 6).

É assim que o triângulo edípico entra nos primórdios da vida do bebê. Mais tarde, quando Klein (1935) descobriu a posição depressiva, ela começa a reestruturar sua visão do complexo de Édipo de acordo com suas ideias posteriores de que a fase edípica se inicia conforme o sadismo da criança começa a declinar e impulsos reparadores começam a aparecer. Um componente importante deste impulso de reparar pode ser visto na fantasia praticamente universal de que o menino deseja utilizar seu pênis para dar bons

384 SEXUALIDADE INFANTIL *VERSUS* DEPENDÊNCIA INFANTIL...

bebês para a mãe – supostamente para compensar o que teria feito contra a mãe e seus "bebês internos" (Klein, 1959, p. 326).

O medo mais profundo da menina, por outro lado, "é de ter o interior de seu corpo roubado e destruído. Como resultado da frustração oral que vivencia com a mãe, a menina afasta-se dela e toma o pênis do pai como seu objeto de gratificação" (p. 269). Ela "empreende reparações na mãe através da sublimação – isto é, torna-se um indivíduo bom e carinhoso para com o outro no contexto da identificação sublimada de uma mãe restaurada" (p. 300). Mais tarde, Klein afirma que o complexo de Édipo da menina tem início com seus desejos orais pelo pênis do pai: "Seu desejo de roubar o pênis paterno da mãe e incorporá-lo é... um fator fundamental no desenvolvimento de sua vida sexual" (p. 270). Portanto, desde o início e durante o percurso da fase edípica e da posição depressiva, as duas aparentemente se entrelaçam e afetam mutuamente o desfecho uma da outra.

Os fatores que Klein atribui à fenomenologia fantasmática do complexo de Édipo residem em diferentes contrastes entre os dois sexos: fase feminina *versus* fase masculina (receptividade *versus* penetração), libido *versus* agressão e/ou sadismo, reparação *versus* destruição e/ou posse, ansiedade persecutória *versus* arrependimento, culpa e impulsos reparatórios, objetos parciais *versus* objetos totais, interior *versus* exterior do corpo materno, seio *versus* pênis, vagina *versus* pênis, objetos totais *versus* figura parental combinada (p. ex. a Esfinge em "Édipo Rei"). Klein acreditava, como afirmei anteriormente, que o complexo de Édipo inicial que ela descobriu caía na categoria da "fase feminina" – ou, como eu prefiro denominá-la, da "hegemonia matriarcal". Embora os freudianos clássicos e outros não pareçam reconhecer a fase feminina do complexo de Édipo de Klein, os kleinianos/bionianos e os pós-kleinianos contemporâneos também parecem acolher a versão freudiana ("fase masculina") da hegemonia patriarcal.

O ponto essencial das fases edípicas complementares é a epigênese do desenvolvimento e da maturação na qual a criança passa da fase feminina de receptividade passiva para a fase ativa de utilização, tanto do seio quanto do pênis (a menina deve, posteriormente, redescobrir sua fase passiva receptiva com o pênis). A ansiedade persecutória acompanha o resultado de cada exploração no início e a culpa relativa à fase anterior conforme a criança passa dos objetos parciais, seio e pênis, para os objetos totais, mãe e pai. A ansiedade de castração está presente o tempo todo para o explorador infantil, mas, graças às características da posição depressiva, a criança é capaz de adaptar-se e organizar-se conforme é levada a fazer reparações e restaurações – e, com sorte, permitem que o casal parental seja reunido.

Os mitos do Jardim do Éden, o labirinto e a fantasia sobre o interior do corpo da mãe

Klein (1928) também acreditava que o instinto epistemofílico parcial, que emerge simultaneamente à sua contraparte sádica, torna-se um aspecto importante do complexo de Édipo arcaico. Neste momento, a criança desenvolve o impulso de invadir o corpo da mãe para explorá-lo e para saquear seus conteúdos valiosos e mágicos, os quais incluem o pênis do pai, os bebês não nascidos e as valiosas fezes maternas. Esta fantasia universal está claramente relacionada ao mito do Jardim do Éden e sua proibição relativa ao conhecimento sexual. O mito do labirinto pode ser associado aos instintos parciais inconscientes sádicos e epistemofílicos da criança de invadir e explorar o interior do corpo da mãe, o qual é ocupado pelo pênis paterno, o Minotauro.

386   SEXUALIDADE INFANTIL *VERSUS* DEPENDÊNCIA INFANTIL...

A ideia de que o pênis do pai reside dentro da mãe pode dever-se à fantasia arcaica de que o pai, como objeto parcial, é um concorrente na luta pelo seio e "sabe o caminho das pedras", por assim dizer. Além disso, uma vez que a mãe é a figura onipotente que predomina sobre o pai durante a hegemonia edípica matriarcal, sua voracidade onipotente (a qual a criança projeta para dentro dela) teria devorado o pênis. Uma versão posterior desta configuração é a figura parental combinada, os dois pais objetos parciais misturados sob a forma de um ser andrógino, cuja origem fundamental é a negação e o ataque da criança contra a relação sexual dos pais (Klein, 1940, p. 319). Os bebês não nascidos, tão abençoados que têm o privilégio de não ter que vivenciar o nascimento, a separação ou o desmame, são a origem da ideia da realeza e da aristocracia. As "fezes bem-aventuradas" podem ter alguma relação, na mente da criança, com suas próprias fezes boas, as quais ela sente que a mãe roubou durante o treino para usar o vaso sanitário. Este desejo de adentrar o corpo da mãe também prenuncia a instalação da posição depressiva, momento em que a criança deve renunciar à sua fantasia de posse e aceitar o fato de habitar o mundo externo a ela.

Contribuições pós-kleinianas sobre o complexo de Édipo

Desde a reformulação original de Klein do complexo de Édipo, alguns de seus seguidores "pós-kleinianos" fizeram suas próprias contribuições significativas. Em uma releitura singular dos moldes e da dinâmica da estrutura edípica, Britton (1989) expande sua configuração ao propor três vínculos a partir dos quais dois objetos se conectam e um terceiro é excluído, descritos a seguir: (a) a criança e a mãe, com o pai excluído; (b) a criança e o pai, com a mãe excluída; e (c) a mãe e o pai, com a criança excluída. Quando a criança é capaz de aceitar sua exclusão, ela aceita a fronteira da cena primária, o que resulta em sua capacidade de repressão e continência.

Em uma importante contribuição sobre como o complexo de Édipo é representado clinicamente na situação de transferência-contratransferência, Feldman (1990) demonstra a extensão do complexo de Édipo desde o início até seus estágios mais avançados, as reversões e projeções inevitáveis e as complicações que surgem a partir de identificações projetivas não contingentes de cada um ou de ambos os pais com o bebê ou a criança. O'Shaughnessy (1989) discute "o complexo de Édipo invisível", aquele que supostamente jamais aparece na clínica – uma vez que, conforme ela sabiamente adverte, "ele é tão importante e sentido pelo paciente (por razões indeterminadas) como sendo tão inegociável que ele emprega meios psíquicos para torná-lo e mantê-lo invisível" (p. 129). Não há como escapar dele, no entanto. (Para leituras adicionais sobre a versão kleiniana do complexo de Édipo, ver Klein, 1928, 1946, 1959; Britton, 1989; sobre os aspectos matriarcais e patriarcais do complexo de Édipo, ver Grotstein, 1997[a], 1997b, 2000).

O rito de passagem do herói edípico

A revisão radical de Loewald (1960) do complexo de Édipo foi sintetizada por Ogden (2009). Loewald não o considera mais uma fantasia exclusivamente inconsciente. Ele atribui ao complexo de Édipo uma perspectiva real de "rito de passagem", onde ocorre uma transmissão de autoridade dos pais para a criança, com destaque para a perspectiva edípica de como a criança alcança a individuação progressiva. Tal individuação é conseguida através da "morte" dos pais. Acredito que Loewald teria feito melhor ao associar sua própria ideia sobre o complexo de Édipo à de Klein (1928), o que fiz depois dele, mas sem citar seu trabalho, pois eu não tinha conhecimento dele (Grotstein, 2000, pp. 192-193). Proponho o mito do labirinto como o veículo que contém as ideias de Klein relativas ao complexo de Édipo *arcaico*:

388 SEXUALIDADE INFANTIL *VERSUS* DEPENDÊNCIA INFANTIL...

a fase oral, feminina-matriarcal; em contraste com o foco de Loewald na fase fálica posterior, patriarcal. Propus, naquela ocasião, que Teseu, ao matar o Minotauro, vence sua batalha com o falo-pai (objeto parcial) interno localizado dentro do "labirinto" da mãe e, assim, ganha o "estímulo" para sua identidade e sentimentos de controle.

Afirmei, também, que existe algo que se assemelha a uma trindade no superego, formado pelos espectros dos três sacrifícios do *self* e dos objetos que a criança vivencia: o sacrifício totêmico do pai (Freud, 1913c), o conceito de Klein (1935, 1940) sobre o sacrifício da mãe e o conceito de Freud (1913-1914) sobre aquilo que acredito ser o sacrifício do ideal do ego e que, em minha opinião, remete ao assassinato de Abel por Caim, com o primeiro representando seu alter ego interno, *inocente* (Grotstein, 2000, pp. 267-268). Em outras palavras, o mito do labirinto relaciona-se com um aspecto específico da fase feminina do complexo de Édipo que revela os rituais dos ritos de passagem através dos quais a criança deve "merecer seus estímulos" para tornar-se um "herói". Este pequeno herói precisa matar o dragão (cobra, falo paterno) que ameaça a mãe. Uma vez que tenha matado o dragão (derrotado o Minotauro) e, com isso, salvado a mãe de seu outro predador (pênis do pai), ela torna-se capaz de aceitar a lei do objeto total pai (externo) e de submeter-se à ameaça da ansiedade de castração. A trajetória mítica da menina não é muito diferente conforme ela assume um papel masculino transitório no que diz respeito às fantasias sobre o corpo da mãe.

Uma leitura ontológica da saga de Édipo

Édipo nasceu e foi sacrificado (exposto) por causa de um oráculo que disse a seu pai, Laio, que ele o mataria e casar-se-ia com a mãe.

Laio, com a permissão de Jocasta, abandonou-o então no Monte Citéron. Ele foi resgatado por um pastor e levado para Corinto, onde foi adotado pela família real do lugar. Quando Édipo tinha 18 anos, ele consultou um oráculo que repetiu a mesma mensagem que seu pai ouvira antes de seu nascimento. Por amor à sua mãe e ao seu pai e por seu desejo de poupá-los, Édipo fugiu de Corinto para chegar inadvertidamente a Tebas, local de seu nascimento. O resto da história é bem conhecido. O pecado mais grave de Édipo foi tentar fugir de seu destino (Dodds, 1951). Em outras palavras, a camada mais profunda, o conteúdo latente do mito de Édipo refere-se à sua tentativa inconsciente de escapar de seu complexo de Édipo determinado pelo Destino [*moira*]!

Combinando Dodds com Freud e Klein, eu diria que todo bebê e criança têm o dever de não fugir de sua *moira* de desejar adentrar o corpo materno, na fantasia inconsciente, para desenvolver fantasias sobre seu conteúdo – isto é, o pênis paterno que bloqueia a entrada – e ansiar pelo combate com este pênis-monstro e vencer. O ponto crucial é que o pênis-monstro é uma *criação* da própria criança, não o falo real do pai real. Em outras palavras, o bebê → criança não deve fugir da realização da "*moira* do desafio" e deve vencer – na fantasia inconsciente – apenas para dar-se conta de que tudo não passava de uma fantasia. Uma vez que tenha demonstrado sua coragem e força (enteléquia), ele estará então qualificado e convocado a submeter-se à "lei do pai (real)". Mais tarde, quando tiver aceitado a impenetrabilidade da mãe e a invencibilidade do pai, a quimera da Esfinge-monstro (combinação de mãe e pai fantasiados como objetos parciais) desaparecerá espontaneamente. O bebê → criança deve então empreender reparações em ambos os pais por causa da agressão fantasiada, a qual constitui, na verdade, o primórdio de sua capacidade de desenvolver a *curiosidade*.

390　SEXUALIDADE INFANTIL *VERSUS* DEPENDÊNCIA INFANTIL...

Além disso, a morte (suicídio) da Esfinge deve ser revista. A Esfinge era uma quimera essencialmente feminina, ou, em termos kleinianos, um "objeto parental combinado". Nos termos de Winnicott (1971) trata-se de um objeto subjetivo, um objeto da imaginação criativa da criança que se interpõe entre ela e o objeto real. Pode-se ver prontamente que o subjetivo (*imagem* projetivamente identificada do objeto) constitui o modelo para a transferência psicanalítica. Winnicott (1969) afirma que o objeto subjetivo precisa ser destruído (p. 91) para que a realidade do objeto real possa ser experimentada ("Agora através de espelho; e então cara a cara"). Quando Édipo decifrou o enigma da Esfinge, ela se entregou ao seu destino. Na verdade, ela desapareceu, pois era o próprio enigma que tinha que ser – e foi – interpretado para que pudesse desaparecer como ameaça.

Em outras palavras, o bebê → criança só pode alcançar sua individuação *legítima* ao submeter-se definitivamente à "lei do pai", que é, na verdade, o *pacto* que une o pai, a mãe e a criança. Uma fronteira mutuamente respeitada torna-se, assim, conjuntamente ratificada e estabelecida. Só então a individuação torna-se possível – com a aceitação do caráter inviolável da união parental. Assim como o bebê → criança deve abrir mão de sua exigência possessiva original sobre a mãe e o pai (através do reconhecimento de sua separação e alteridade), cada um dos pais também deve abrir mão de *sua* exigência original sobre o bebê → criança, que jamais foi seu bebê ou criança para que tivessem posse sobre ele. A única autoridade que os pais têm sobre seus bebês ou crianças deriva da "confiança" no pacto.

Esta ideia possui relevância especial na psicanálise de pacientes que, quando bebês e/ou crianças, foram molestados, abusados e negligenciados. Bion (comunicação pessoal, 1976) sugeriu para mim que minha família parental não era, de modo algum, minha família real. Eles eram minha *"família de ensaio"*. Minha família verdadeira eram minha mulher e filhos, que constituíam a coisa-em-si.

O complexo de Édipo como uma neurose intergeracional

Dodds (1951) lança ainda mais luz sobre o conteúdo latente do mito edípico. De acordo com o pensamento grego antigo, afirma ele, a culpa por crimes ou "poluições" (violações dos deuses) cometidas por indivíduos de uma determinada geração pode ser projetada adiante para uma geração futura, de modo que uma pessoa inocente torna-se o bode expiatório moral para aquele pecado (p. 31). Mesmo antes de seu nascimento, Édipo tornou-se a vítima inocente das maldições acumuladas da dinastia Labdácida, a casa real de Tebas.

Em termos clínicos, isso significa que a criança está destinada, por suas características hereditárias (internas), a confrontar o complexo de Édipo em suas duas partes. Além disso, no entanto, ela também está destinada ou amaldiçoada, talvez, a tornar-se o bode expiatório das ansiedades edípicas não resolvidas de cada um ou de ambos os pais e de seus antecessores.

Algumas considerações conclusivas

A fase edípica representa o auge da onipotência infantil e a aceitação do princípio de realidade pelo bebê → criança. É por isso que Klein acreditava que havia uma íntima conexão entre esta fase e o funcionamento da posição depressiva. Na "fase feminina" kleiniana (Klein, 1928), concomitantemente ao alcance da posição depressiva, a criança deve liberar seu apego (oral e anal) à mãe como objeto parcial e reconhecê-la como um objeto total – isto é, como um sujeito diferenciado propriamente dito. Mais tarde, na

392 SEXUALIDADE INFANTIL *VERSUS* DEPENDÊNCIA INFANTIL...

fase edípica masculina (versão freudiana), o bebê – agora criança – deve abrir mão de seu apego genital à mãe como objeto total e "devolvê-la" ao pai.

Qual é a (suposta) razão para se passar por estas fases edípicas? Uma explicação possível é o estabelecimento de uma fronteira significativa e legítima para que o bebê → criança possa expressar e descobrir com *segurança* a gama completa de sua herança instintual – suas capacidades inerentes e em desenvolvimento contra uma barreira – ou seja, testar seus limites. É também neste momento que se estabelece uma definição mais clara entre o que Bion (1992) chama de "narcisista" (personalidade individual) e "socialista" (personalidade social ou de grupo) (p. 93). A primeira irá se tornar o *self* único e a segunda o "traço comum", um aspecto que está em contato com sua carência mundana comum e com os objetos que a suprem – e que se sente em casa no meio de outros indivíduos carentes comuns.

Nota

1. Basta dar uma olhada no "Gênesis" para uma ilustração arcaica desse conflito: Deus (a criança) descobre a relação sexual de Sua mãe, Eva, com seu marido e "pai de Deus", Adão, e expulsa os dois de Seu paraíso infantil, o Jardim do Éden, o que constitui uma identificação projetiva e uma reversão. É a criança, Deus, que deve agora deixar seu Jardim do Éden e abrir mão de seu título. O ato de Eva de comer a maçã da Árvore da Sabedoria pode representar o terror que a criança começa a experimentar quando antevê o conhecimento sobre a cena primária: a história do Jardim do Éden no "Gênesis" constitui um mito edípico.

23. A importância dos conceitos kleinianos de voracidade, inveja e ciúme

Ao refletir sobre seu trabalho com bebês e crianças, assim como com adultos, Klein (1957) começou a perceber que a voracidade e a inveja tinham um papel predominante tanto no desenvolvimento normal quanto na patologia. Voracidade representa o exagero ou hipérbole da necessidade (necessidade mais ansiedade excessiva) e pode se tornar inadvertidamente prejudicial ao objeto, enquanto a inveja consiste no ressentimento pelo fato de o objeto ser bom e necessário. Ela faz uma diferença entre inveja e ciúmes ao atribuir a inveja à situação inicial de duas pessoas e o ciúme à situação que envolve os três participantes da situação edípica. Klein (1957) acreditava que tanto a inveja quanto a voracidade deviam originar-se a partir do instinto de morte (pp. 190-191).

Com base em minha experiência clínica, tenho a impressão de que a inveja não é primariamente dirigida a um objeto *per se*, mas ao objeto como uma *lembrança* (significador) daquilo que o sujeito que inveja acredita que falta a si mesmo. Como resultado da inveja que sente do objeto, o indivíduo passa a odiá-lo e tenta danificar ou mutilar sua imagem de modo a equalizar a relação e

394 A IMPORTÂNCIA DOS CONCEITOS KLEINIANOS DE VORACIDADE...

reduzir sua sensação de carência vexatória e perigosa. A voracidade e a inveja podem ser projetadas no objeto e, com isso, podem transformá-lo (de acordo com a projeção) em um objeto insaciavelmente exigente e possessivo e/ou em um objeto destrutivo invejoso, respectivamente. Além disso, uma vez que a porção infantil da personalidade se entrega a sentimentos invejosos relacionados ao objeto agora invejado, surgem sentimentos de raiva, mas também de vergonha. A criança invejosa se sente vergonhosamente ridicularizada por um objeto interno superegoico. Dito de outra forma, a vergonha é o outro lado da inveja.

Outra transformação – complementar – também ocorre, no entanto, quando a criança voraz ou invejosa contempla inconscientemente a imagem de um seio danificado ou mutilado por seus ataques contra ele. O seio mutilado-pela-voracidade-ou-inveja é internalizado e identificado, dentro do ego, com sentimentos correspondentes de impotência, empobrecimento e incompetência, ao passo que o objeto transformado pela voracidade, ao ser internalizado, torna-se um superego insaciavelmente exigente, enquanto o objeto transformado pela inveja assume a forma de um superego supercrítico que despreza e diminui.

A descoberta da inveja infantil continua sendo uma das descobertas mais importantes de Klein (1957). Freud já havia escrito sobre a inveja do pênis em crianças de ambos os sexos, mas não havia pensado sobre sua precursora na relação do bebê com o seio. Klein tornou-se clinicamente alerta ao paradoxo da inveja na criança. Ela elaborou a hipótese de que o bebê invejava o seio precisamente por causa de sua bondade e capacidade de satisfazê-la, e não por sua tendência de frustrá-la. Este paradoxo, raciocinou Klein, deve ter relação com o contexto em que o bebê existe junto com o seio bom e satisfatório. A própria bondade do seio e sua capacidade de satisfazer o bebê serve apenas para *lembrá-lo* mais ainda de sua pequenez e desamparo e do caráter degradante de sua dependência. A bondade do seio – principalmente quando ele está ausente – lembra o bebê de quão pequeno e indefeso ele é. Assim, ele se sente compelido a atacar, diminuir e desvalorizar a importância do seio para "nivelar o terreno", por assim dizer.

Klein acreditava que a inveja era uma manifestação mental do instinto de morte e ocorria espontaneamente. Ela não conhecia o conceito de Hartmann (1939) de adaptação. Minha opinião é que, se evocamos o conceito de adaptação, a inveja pode ser vista como psicodinamicamente condicionada a estratégia evolutiva e adaptativa de sobrevivência (*conatus*) da criança.[1] Em outras palavras, se considerarmos que a criança vive no universo hidráulico de isso-ou-aquilo da primeira dimensão absoluta (Grotstein, 1978, 2000), ela pode acreditar "adaptativamente" – embora não adaptativamente em longo prazo, na verdade – que quanto mais ela aceitar a bondade do seio, maior este se tornará e menor e mais incapaz ela se tornará. A inveja parece constituir, portanto, um dos indicadores mais significativos de *sinal de alarme de ansiedade*. Quando a criança experimenta um desequilíbrio crítico com relação à sua identidade em comparação com a identidade da mãe ("mamãe está se tornando mais ideal e eu estou ficando mais desamparado e vulnerável"), o alarme da inveja dispara.

A inveja como rivalidade com o seio

O conceito de inveja é muito mais profundo do que pode parecer. Ele dominou uma parte tão grande do pensamento clínico e da prática kleiniana que podemos acabar negligenciando a importância de sua metapsicologia. A inveja representa a primeira quebra importante na relação entre o bebê e a mãe e caracteriza-se pela experiência espantosa de *rivalidade* por parte da criança com relação a sua mãe – pela posse do seio. Quando o bebê nasce, é compli-

396 A IMPORTÂNCIA DOS CONCEITOS KLEINIANOS DE VORACIDADE...

cado para ele compreender quando perdeu o objeto, a mãe, ou um aspecto de si mesmo, o qual é atribuído ao seio como uma continuação da mãe-cordão umbilical, como a placenta. Esta experiência de rivalidade prenuncia a rivalidade edípica posterior e assinala que houve uma mudança no relacionamento da criança com a mãe onde a criança fica cindida entre seu "narcisismo" e seu "*socialismo*", para usar os termos de Bion (1992, p. 103), com a rivalidade marcando o ponto de divisão. Em outras palavras, a inveja surge na linha do desenvolvimento para demarcar o ocaso da onipotência e a aurora da consciência de separação da dependência absoluta de uma mãe que agora encontra-se separada da criança.

A rivalidade invejosa da criança com a mãe com relação ao seio antecipa a rivalidade posterior com o pai ou a mãe no complexo de Édipo. Pode-se considerar a inveja como uma categoria inerente pertencente ao instinto de morte, ou ainda, como penso, ao instinto de vida também – um afeto primordial inegável e um lembrete da inadequação e incompletude do indivíduo.

Spillius (2007) nos fala sobre a inveja impenitente:

> *Observei que, em casos de inveja e injustiça impenitentes, as defesas são utilizadas não apenas para manter e ampliar a sensação de injustiça, mas também para evitar o reconhecimento da dor aguda e da sensação de perda e, às vezes, o medo do colapso psíquico, que surgiriam com a percepção de que o indivíduo quer um objeto bom, mas na verdade teme não tê-lo ou nunca tê-lo tido. Tal reconhecimento de perda significaria ter que encarar os sentimentos agudos de inveja consciente, não só do objeto bom que a pessoa deveria ter tido, mas também do self que ela deveria ter sido mas jamais será. (p. 150)*

Penso que Spillius revelou um tipo importante de refúgio psíquico, o de martírio e fatalismo. O padrão que ela habilmente descreve constitui um tipo definido de personalidade que desenvolve reação terapêutica negativa na análise.

Alguns pensamentos finais sobre a inveja

Acredito que seja difícil para um adulto avaliar quão terrível e assustadora é a experiência da inveja para a criança – ou, talvez eu devesse dizer, quão terrível e assustadora é a situação que provoca a inveja. A criança vive em um universo hidráulico (a primeira dimensão de "ou isso/ou aquilo"). Conforme vivencia a perda de sua onipotência e, simultaneamente, a perda do (início da separação do) seio, a polaridade absoluta entre ou isso/ou aquilo a convence de que ela é totalmente vulnerável e desprezível e de que o seio-mãe é tudo. A rivalidade invejosa e a agressão emergem, então, como sua única defesa.

Uma obra lançada recentemente chamou minha atenção exatamente no momento em que eu dava os toques finais neste livro. Tive tempo de ler apenas a Introdução de um dos editores, Priscilla Roth, e recomendo fortemente o livro baseado na forma como ela o introduz (Roth, 2009). Dentre outras coisas, ela destaca algumas mudanças atuais no pensamento pós-kleiniano no que diz respeito à inveja, à gratidão e ao instinto de morte nas contribuições feitas.

Voracidade

A voracidade também deve ser considerada do ponto de vista adaptativo. A voracidade provavelmente nunca é primária, exceto como *possibilidade inata* (potencial). Deve ser por causa da ansiedade da criança que ela deve tomar o que puder no momento

398 A IMPORTÂNCIA DOS CONCEITOS KLEINIANOS DE VORACIDADE...

em que puder, caso contrário, irá perecer. Portanto, a voracidade deve constituir uma necessidade normal somada à ansiedade de que não haverá amanhã para sua satisfação – sem fé, em termos bionianos. A voracidade deve certamente aparecer como regra, fenomenologicamente, a partir da desregulação ou má adaptação ao seio, uma falha inicial em uma relação de dependência que se desenvolve entre mãe e filho. A experiência da criança deve ser, no entanto, mais próxima da versão de Klein: de que a criança sente a voracidade como se fosse primária e a situação descrita apenas revela e amplia seu funcionamento. Os resultados são desastrosos. A criança freneticamente voraz devora a comida sempre que a encontra, mas é incapaz de ficar calma por tempo suficiente para sentir seu gosto e apreciá-la. O alimento então entra sem que tenha sido digerido sensorial ou emocionalmente, o que tem como resultado o fato de a criança continuar emocionalmente faminta em um estado de gula.

As fantasias inconscientes da criança sobre as consequências da voracidade para o objeto são de que ela "arrancou" os seios da mãe e a deixou mutilada – ao mesmo tempo que fantasia ter criado uma mãe vorazmente exigente e/ou sufocante através da identificação projetiva. Em seguida à internalização destas duas imagens, o ego da criança torna-se inconscientemente identificado com o seio mutilado pela voracidade, e seu superego fica identificado com o seio exigente/sufocante (Mason, 1981). O resultado final deste processo é a consequência depressiva de se sentir acossado por um superego insaciavelmente exigente com nada que possa satisfazê-lo por causa do empobrecimento do indivíduo resultante de sua identificação com um seio esvaziado e mutilado.

Os objetos internalizados transformados pela voracidade e pela inveja constituem superegos insaciavelmente exigentes, críticos e invejosos e objetos mutilados no ego, respectivamente. Os efeitos que estas transformações complementares implicam para o sujeito que as contém causam a experiência composta de um "cabresto duplo" imposto por dois objetos empobrecedores, o primeiro fortemente crítico com relação ao sujeito e o segundo miseravelmente incapaz e com o qual ele se identifica. Quando estes dois objetos internos são reprojetados sobre objetos externos, o resultado é a degradação ou deterioração, por exemplo, de um romance, onde o parceiro antes agradável é agora sentido como decepcionante e excessivamente exigente e controlador, fazendo com que o indivíduo precise de "mais espaço" – ou seja, ansiedade claustrofóbica.

Enquanto a voracidade impede o sujeito de saborear, aproveitar e apreciar o alimento que ele recebe – impedindo, assim, que ele "aprenda com a experiência" (Bion, 1962b) – a inveja é tão destrutiva para o ego invejoso quanto se pretende que seja destrutiva para o objeto invejado. Seu aspecto mais pernicioso é seu armazenamento final como um superego no sujeito invejoso, onde se sente que ele possui o poder onipotente de destruir os vínculos do sujeito com objetos bons e arruinar seus talentos, ambições e realizações.

O impacto das contribuições de Bion

Até este ponto, discuti a inveja, a voracidade e o ciúme a partir da perspectiva de uma única pessoa. Se acrescentarmos a perspectiva de duas pessoas de Bion (1962a, 1962b) a partir de seus conceitos de continente ↔ conteúdo e função-alfa, primeiro materna e depois da própria criança, temos subitamente uma nova perspectiva tridimensional. A criança normal e com apego adequado (como resultado da contenção e função-alfa adequadas por parte da mãe) irá indubitavelmente experimentar uma inveja mínima ou, ainda que esta seja maior, ela será abrandada pela modulação emocional de uma mãe continente. Quando a inveja – e também a

400 A IMPORTÂNCIA DOS CONCEITOS KLEINIANOS DE VORACIDADE...

voracidade e o ciúme – assume importância no desenvolvimento ou na clínica, deve-se deduzir que a criança sofreu falhas de contenção materna e/ou paterna, modulação emocional e apego que poderiam ajudá-la a sublimar ou neutralizar a inveja (ideia muito próxima ao conceito de Bion de "objeto obstrutivo"). Em outras palavras, a existência clinicamente significativa de inveja, ciúme e/ou voracidade graves em determinado paciente sugere fortemente um histórico de relações disfuncionais entre ele e seus objetos de criação. Esta formulação não exclui a possibilidade que a criança tenha nascido com a capacidade para inveja, voracidade e ciúme em excesso. A análise de pacientes com estas condições permanece, no entanto, a mesma: análise exclusiva das fantasias inconscientes do paciente conforme estas emergem na situação de transferência ↔ contratransferência.

24. A visão kleiniana do superego

Embora Klein sustentasse a visão freudiana de acordo com a qual o superego era o herdeiro da resolução da psicologia de objetos totais do complexo de Édipo na fase fálica avançada, ela também percebeu que precursores arcaicos do superego aparentemente surgiam na psicologia de objetos parciais dos primórdios da infância. Ao passo que o superego de Freud conteria os valores e ideias que a criança adquire a partir de seus pais e sua herança, o superego arcaico de Klein parece ser seu antecessor mais primitivo. Onde o superego de Freud, o qual ele considerava inicialmente ser o ideal de ego (Freud, 1913c, 1914g), reage com *culpa*, o de Klein reage inicialmente com *ansiedade persecutória* enquanto a criança está na posição esquizoparanoide e só reage com culpa depois que a criança atinge a posição depressiva. Ela propôs que o superego arcaico se desenvolve a partir da projeção, pela criança, de vários aspectos de sua personalidade (ódio, amor, voracidade, inveja, carência, sadismo e assim por diante) sobre o objeto, junto com onipotência, onisciência e intencionalidade ou vontade. Quando a imagem assim composta é internalizada e a criança identifica-se

402　A VISÃO KLEINIANA DO SUPEREGO

com ela, ela se torna um superego arcaico pernicioso incontrolável. A onisciência e a autoridade do superego têm origem na identificação projetiva da onipotência da criança; sua vontade poderosa vem da identificação projetiva de sua intencionalidade. Mais adiante nesta seção, elaboro a hipótese de outra origem possível para o superego arcaico: imagine a criança como um ventríloquo que inconscientemente projeta sua voz através da imagem do objeto externo. A criança ouve sua própria voz disfarçada. Lembro de um sonho que tive certa vez no qual *eu estava sendo interrogado pela polícia. Eu havia atacado uma pessoa cruel que estava me seguindo. A polícia colheu as impressões digitais do outro homem, as quais provaram ser as minhas!*

Klein também acreditava que o superego era o continente arcaico do instinto de morte, o que, junto com a natureza onipotente e maliciosa do superego (adquiridas através da identificação projetiva de intencionalidade pela criança), faz com que este se torne uma força demoníaca espantosa e intimidante dentro da mente da criança e da porção infantil da mente do adulto. Deve-se ter em mente, ainda, que a mente infantil não tem uma via dupla (Grotstein, 1978) de reflexão, ou aquilo que Bion (1965) chama de "visão binocular" e Fonagy (1995) de "outra mentalidade". O superego arcaico, consequentemente, obtém poder absoluto. As lendas gregas antigas da Esfinge, da Hidra, da Medusa e dos Ciclopes são análogos sinistros desta instância.

A análise kleiniana parece focar-se geralmente na análise do superego (Strachey, 1934) e do id, ambos como fantasias inconscientes. A análise do id acaba por se transformar em análise do superego, no entanto, pois os impulsos do id que não podem ser expressos diretamente são projetivamente identificados[1] no objeto cuidador, o qual é então introjetado e re-identificado internamente sob a forma de estruturas superegoicas inconscientes. Quando somos criticados por outra pessoa, muitos de nós podem se sentir mais magoados do que o necessário porque o objeto crítico parece ecoar ou unir-se ao nosso crítico superegoico interno, e ambos parecem somar forças para nos "encabrestar". Quando nos sentimos tão sobrecarregados pela crítica e a "levamos para o pessoal", frequentemente vivenciamos uma situação de barreiras enfraquecidas do self na qual não conseguimos estabelecer a diferença entre nós mesmos e o objeto que critica. A diferença fundamental entre um *perseguidor* e um *inimigo* é que o inimigo é sempre o outro e nunca nós mesmos, enquanto o perseguidor somos sempre nós mesmos desconectados (projetados).

De acordo com o conceito de Bion (1959) de "objeto obstrutivo", quando uma mãe foi realmente um continente negativo para as projeções de seu filho, a imagem que a criança faz dela torna-se contaminada por: (a) sua própria raiva inerente; (b) a raiva não mediada de seu filho por ela; e (c) sua própria raiva contraprojetada (no filho; projeção reversa), para criar um objeto monstruoso que é introjetado pela criança e, a partir daí, passa a atacar os vínculos que a criança formou com os aspectos bons de seus objetos. Bion (1962b) referiu-se mais tarde a este objeto interno como "super"ego:

> *Para começar, o único modo de descrever sua característica predominante é "ausencidade" ["without-ness"]. É um objeto interno sem exterior. Um canal alimentar sem um corpo. É um superego que não tem praticamente qualquer característica do superego como ele é entendido na psicanálise: ele é "super"ego. Uma afirmação invejosa de superioridade moral sem qualquer moral. Em resumo, é o resultado de um despojamento ou desnudamento de todo o bem e está destinado em si mesmo a continuar o*

404　A VISÃO KLEINIANA DO SUPEREGO

*processo de despojar-se. . . como algo que existe, desde
sua origem, entre duas personalidades. O processo de
desnudamento continua até que –C e –X representem
pouco mais do que uma superioridade-inferioridade
vazia que, por sua vez, se exaure em nulidade. (p. 97)*

Ao se referir ao superego, estariam Klein e Bion falando sobre
entidades diferentes e/ou a diferença é de ordem quantitativa?
Minha impressão é de que o conceito de Klein de superego arcaico
baseia-se na fantasia inconsciente da criança conforme ela altera a
percepção de um objeto *parcial* que é introjetado como uma estrutura superegoica arcaica. Este superego representa mais o efeito das
projeções da criança do que necessariamente o objeto real. Ele poderia ser chamado de "criança com as roupas da mãe". O "super"-ego
de Bion, o "objeto obstrutivo" anterior, designa um objeto *total* (uma
mãe incapaz de conter as projeções de seu filho), além das transformações pelas quais ele passa como resultado da projeção das fantasias inconscientes da criança e sua subsequente introjeção na forma
de um "super"ego hipermoralista. Bion, em outras palavras, enfatiza
o fato do *trauma infantil*, que tornou-se a base para seu conceito de
continente/conteúdo (Bion, 1959, 1962a, 1962b).

A teoria de Bion (1965, 1970) sobre transformações em, de e
para *O*, no entanto, acrescenta uma dimensão inteiramente nova
à construção do superego e, porque não dizer, de todos os objetos
internalizados. Consequentemente, proponho a hipótese de que o
objeto obstrutivo de Bion – o "super"ego – é uma combinação que
envolve: (a) a projeção da criança sobre sua imagem de um objeto
de contenção inadequado; (b) a realidade do ódio inerente do
objeto; (c) o contraódio do objeto por seu filho devido às suas projeções; (d) *O* não contida da criança (elementos-beta); e (e) *O* não
contida do próprio objeto. Um outro fator adicional, (f), "emer-

gência", é o conceito que descreve uma entidade claramente nova e inesperada, uma *quimera* onde a nova entidade representa mais do que a soma de suas partes – isto é, a emergência inesperada de uma nova presença sobrenatural que surge como uma fênix a partir do consórcio descrito anteriormente.

Além disso, essa nova entidade mantém sua natureza arcaica como uma equação simbólica (Freud, 1924d, p. 179; Segal, 1957, 1981) e emprega uma perspectiva ciclópica (de um olho só, unidimensional) – como a Esfinge ou a Medusa. Tenho a impressão de que, embora Bion pareça ter tido o intuito de diferenciar seu conceito de "super"ego do de Klein e restringir sua aplicação aos estados psicóticos, sua formulação, conforme a reinterpretei e aos seus componentes, descreve mais precisamente a origem e elementos daquilo que é comumente chamado de "superego arcaico" – e é fundamental para a análise de estados traumáticos e pós-traumáticos.

Em seu trabalho incisivo sobre a relação entre o ego e o superego, Britton (2003) afirma:

> *O julgamento baseado na experiência é função do ego: através de seu sistema de crenças e sua função de teste da realidade; ele fala a partir da autoridade da própria experiência do indivíduo. O superego, em contraste, reclama autoridade com base em sua posição e suas origens: ela é reclamada com base no princípio de autoridade parental, reforçada pela autoridade ancestral. (p. 71)*

Ele segue adiante, no mesmo trabalho, para discutir, entre outras coisas, os aspectos destrutivos para o ego contidos no superego.

406 A VISÃO KLEINIANA DO SUPEREGO

Bion (comunicação pessoal, 1976) também concebia o superego, bem como o ego e o id, de maneira singular: o id é visto como o órgão do presente, o ego é o órgão do passado e o superego, o órgão do futuro.

Outras perspectivas do superego

O propósito do superego severo ou cruel também pode ser compreendido como compensação cosmogônica, onde o superego é utilizado no lugar do ego. Tustin (1981) chama atenção para a prática de crianças autistas que usam objetos rígidos para tampar os "buracos" que sentem possuir em sua identidade. Elas parecem obter conforto ao sentir a *dureza* do objeto, o que parece fornecer-lhes uma sensação de firmeza. Este conceito sobre o conforto que um objeto rígido concreto ou material é capaz de oferecer à criança autista parece estender-se metaforicamente para o paciente traumatizado que experimentou a perda do senso de identidade do ego e recorre à localização de objetos rígidos para, metaforicamente, tampar sua identidade comprometida. Tais objetos rígidos podem surgir sob a forma de seres humanos cruéis, sádicos, agressivos ou perversos e/ou podem constituir a emergência ativada de um "super"ego cruel, no sentido bioniano. Nesta situação, o superego interno rígido parece substituir a função do ego.

Ao mesmo tempo que estou totalmente de acordo com as ideias discutidas e expressas anteriormente, eu também gostaria de acrescentar algumas "conjecturas imaginativas" alternativas:

> A. *Em minha experiência clínica, descobri que existe uma razão interessante entre o suposto poder e autoridade do superego, por um lado, e a fragilização do ego, por outro – isto é, quanto mais forte o primeiro,*

mais fraco o segundo e vice-versa. Elaborei então a hipótese de que não só Britton deve estar correto ao afirmar que um superego poderoso pode enfraquecer seriamente o ego e suas funções, mas que o oposto também pode acontecer: um ego primariamente fraco (enfraquecido por qualquer que seja a fonte) precisa mais ainda criar, encontrar e/ou autorizar um objeto idealizado e superpoderoso para garantir sua segurança. A partir deste ponto de vista, portanto, o superego é a criação desesperada e imaginativa do ego e o ego entrega seu "poder de procurador" a ele.

Resumidamente, o ego cria e autoriza o superego, de maneira passivo-agressiva (sadomasoquista), a controlá-lo e mediá-lo. É como se o ego se tornasse um ventríloquo inconsciente: ele inadvertidamente projeta seu discurso em um objeto pré-criado fantasiado e o personaliza. Mais tarde, o objeto criado desta forma ilegítima, que agora é o superego, é investido de características pertencentes aos pais, aos avós, à religião e à cultura. Nesta figura alternativa, a rigidez do superego representa, em última instância, a criação desesperada de um "objeto rígido" (Tustin, 1981, p. 61) pelo ego para tampar seus "buracos" (metafóricos) – ou seja, sua vulnerabilidade. Este processo lembra a identificação com o agressor, mas com um agressor que a própria pessoa cria para submeter-se a ele. Enquanto isso, o superego, que é inicialmente inocente – e talvez nem mesmo exista – torna-se o bode expiatório sadomasoquista do ego. Em outras palavras, a rigidez do superego deve ser equivalente ao perigo sentido na interação com O pura e em evolução, e é o ego enfraquecido que se volta para o superego equivalentemente rígido em busca de proteção.

408　A VISÃO KLEINIANA DO SUPEREGO

B. Outra maneira possível de se conceber a origem do superego seria a seguinte: (a) ele constitui uma trindade[2] de concepções-fantasmas idealizadas e sagradas de mãe, pai e filho; (b) estas são internalizadas e idealizadas pois cada uma delas já havia sido feita sagrada na fantasia inconsciente sob a forma de sacrifícios humanos para o bem-estar umas das outras. Freud (1913[1912-1913]) tratou do sacrifício totêmico do pai (p. 222), Klein (1933) enfatizou o sacrifício do seio-mãe e Fairbairn (1940), Winnicott (1963a) e Kohut (1971) abordaram o sacrifício do bebê e do filho em lares disfuncionais. Após cada um deles ter sido tratado como bode expiatório ("cordeiro sacrificial"), eles são consagrados e santificados como figuras superegoicas (Girard, 1972, 1978, 1986; Grotstein, 2000).

Exemplo de caso da versão kleiniana do superego

Uma advogada casada na casa dos 40 anos reclamava de sempre estar sujeita a cumprir obrigações, impostas tanto por um outro aspecto de si mesma quanto por outras pessoas. Ela não se sentia livre para ser ela mesma ou para seguir seus próprios desejos. O tema tornou-se ainda mais pronunciado quando, após uma discussão na análise sobre sua hesitação em tirar férias, ela então desenvolveu a ideia de que estava obrigada a fazer isso por minha causa. A análise de sua sensação de ser obrigada a fazer o que ela passou a acreditar que era minha sugestão insistente levou-nos a perceber que ela era incapaz de possuir suas próprias necessidades ou desejos. Ela inconscientemente os projetava sobre seus objetos, neste caso, eu, e era então capaz de obedecê-los como se fossem obrigações provenientes de uma fonte onipotente e inquestionável. Ela finalmente acabou por perceber que havia se tornado uma "esposa de Stepford" como analisanda.* Ela havia crescido dentro de uma seita evangélica peculiar onde a autodisciplina era uma exigência. Ninguém jamais lhe falara sobre sexo durante a adolescência, exceto no que dizia respeito ao rigor do código de vestimenta. Ela finalmente pode perceber que teve de cindir suas necessidades e seus desejos, atribuindo-os a outras pessoas e então sujeitando-se sem questionar às ordens de seus objetos.

Exemplo de caso da versão bioniana de "super"ego

Durante a análise de um físico solteiro de 31 anos, eu sentia frequentemente que era incapaz de pensar com clareza de vez em quando durante nossas sessões. Ele relatava que muitas vezes se sentira assustado com relação ao pai distante, indiferente e emocionalmente apagado, o qual a mãe descrevia como uma pessoa punitiva que iria bater no analisando caso a mãe lhe contasse como ele havia se comportado mal naquele dia. Em uma ocasião particular, quando ele estava discutindo alguns acontecimentos do trabalho, tive a sensação de estar com a mente turva e me senti distante e ansioso. Era como se o analisando estivesse envolvido em um projeto interessante do qual eu havia sido excluído. Minhas próprias associações livres se dirigiram estranhamente para a guerra do Iraque e o incidente em que uma coluna motorizada do exército dos EUA fora dividida e emboscada por paramilitares iraquianos. De algu-

---

* Referência ao romance *The Stepford Wives*, de Ira Levin, lançado no Brasil sob o título de *Mulheres Perfeitas*. No romance, as esposas de uma pacata cidade norte-americana parecem perfeitas demais para uma recém-chegada, que vai atrás de descobrir o que está acontecendo. [N.T.]

410   A VISÃO KLEINIANA DO SUPEREGO

ma forma, eu podia me identificar com as tropas emboscadas. Repentinamente, outra imagem me veio à mente. Lembrei-me de um filme de terror que assistira quando era muito jovem em que um homem sinistro estava usando um chapéu de copa chata como o do *"Sandman"*, com a face escondida nas sombras. Ele era um assassino e surpreendia suas vítimas à noite. Algumas passagens do filme ainda me assombram às vezes. O perfil do homem continuou em minha cabeça enquanto o analisando falava. As associações do analisando giravam em torno de alguns experimentos novos que ele estava conduzindo em seu laboratório. Por alguma razão, os detalhes pareciam vagos e sinistros. Quase me pareceu que ele se achava algo como um Dr. Frankenstein moderno que era capaz de dar vida a partículas inanimadas.

Finalmente consegui me desvencilhar de minha *rêverie* e interpretar: "Acho que você está tentando colocar seu self infantil aterrorizado dentro de mim para me assustar da mesma forma que você se sentia assustado quando criança por uma versão cruel e odienta de você mesmo que uniu forças com sua contraparte em seu pai. Você se uniu à imagem que tem de seu pai malvado para ficar em segurança e tornou-se agora um parceiro daquele ele para intimidar um você-eu".

O analisando ficou visivelmente relaxado e continuou de forma mais cooperativa.

Exemplos de minha teoria alternativa do superego

Os casos que ilustrariam minha teoria de forma suficientemente clara são muito conhecidos em minha comunidade, então irei apresentar apenas um resumo e uma descrição coletiva. Todos os pacientes nos quais estou pensando vivenciaram traumas, abusos e/ou abandono grave quando eram bebês ou crianças, com base no que tendo a acreditar a partir de seus relatos individuais e coletivos de suas histórias de vida. Eles entram em análise com a queixa geral de serem infelizes com seus parceiros amorosos, os quais, conforme eles sentem, não os compreendem, são cruéis e insensíveis para com eles e, frequentemente, também infiéis. Conforme a transferência se desenvolve, eu me vejo colocado por estes pacientes na posição de um objeto ideal para mitigar e contrabalancear os efeitos de seus objetos "maus" sobre eles. Em pouco tempo, a transferência com o objeto "mau" é lançada sobre mim. Sou visto como insensível e cruel em minha forma de interpretá-los ou mesmo por conter minhas interpretações. Ainda assim, suas transferências se mantêm fortes e profundas. Eles se tornam profundamente dependentes de mim. Em minha *rêverie*, começo a me sentir ferido por seus ataques de ódio e, em seguida, inexplicavelmente culpado por não ser um objeto bom o suficiente para eles.

Logo dou-me conta de que eu havia me tornado a re-criação de seus próprios objetos violentos, os quais eles internalizaram e contraviolentaram em seu mundo interno. Tomo consciência, também de minha própria atitude crítica (como a de um superego) para com eles.

Reunindo as duas últimas experiências de *rêverie*, observamos que, após o declínio da transferência positiva inicial, eu havia me tornado (a) um superego rígido: um superego que veio a representar seus próprios objetos externos maus; (b) e também aquele que eles podiam odiar e culpar por seu sofrimento – isto é, o bode expiatório. (c) Dei-me conta, então, da experiência fantasiada do fenômeno de transferência ↔ contratransferência de Pietà, onde o analista, que é na verdade inocente, aceita (em fantasia) a culpa por aquilo que o analisando sofreu quando era bebê ou criança em um

412   A VISÃO KLEINIANA DO SUPEREGO

lar disfuncional. Minha tarefa sacrificial era a de sentir a culpa e o sofrimento penitente que os pais originais não expressaram – ou não puderam expressar.

Sumário

O conceito de Klein sobre o superego arcaico enfatiza os aspectos projetados e subsequentemente introjetados da personalidade da criança; portanto, pode-se dizer que sua versão é a da "criança travestida" (criança dentro da mãe dentro da criança). A versão de Bion é a mesma de Klein, com a adição de O e da participação de um continente-mãe inadequado cujas próprias raiva, destrutividade, indiferença e projeção reversa são combinadas com as de seu filho. A versão de Freud do superego, que Klein e Bion também aceitam, consiste no legado internalizado de valores éticos e morais originários dos pais (mãe e pai) após a resolução do complexo de Édipo e a renúncia à onipotência. Ela representa o estabelecimento de um *pacto* entre a criança e a figura parental e o reconhecimento mútuo da hegemonia da "lei do pai". O estabelecimento e a manutenção do enquadre analítico é sua manifestação na psicanálise. Proponho uma concepção adicional do superego como um fantasma inventado arbitrária e desesperadamente pelo ego na forma de um objeto rígido para garantir sua segurança. No "fenômeno de transferência ↔ contratransferência de Pietà" o psicanalista se torna um bode expiatório-sacrifício moral substituto em seu papel de superego.

Notas

1. Mesmo tendo considerado os termos "identificação projetiva" e "introjeção" obsoletos anteriormente neste texto, utilizo-os aqui por razões pragmáticas e talvez até sentimentais. Eles podem não

ser mais cientificamente adequados, mas parecem ser metáforas apropriadas se não tomados de forma concreta.

2. Utilizo o conceito de trindade que inclui o pai, a mãe e o filho, diferente da Trindade Cristã que, em minha opinião, "castrou" a influência da mãe e a submeteu à hegemonia patriarcal e masculina: por que "Deus" é, ainda hoje, chamado de "Ele"?

25. "Esta casa contra aquela casa": cisão do ego e do objeto

Klein desenvolveu pela primeira vez seu conceito de cisão em "O Desenvolvimento de uma Criança" (Klein, 1921, p. 56), onde descreveu como uma criança divide a imagem que tem da mãe em boa e má:

> *A bruxa. . . introduz uma figura. . . que ele [paciente criança] tinha. . . obtido a partir da divisão da imago materna. Vejo isso também na atitude ocasionalmente ambivalente com relação ao sexo feminino que recentemente tornou-se evidente nele. . . . Esta segunda imago feminina que ele cindiu de sua mãe querida, a fim de mantê-la como ela é, é a mulher com o pênis através de quem. . . a trilha conduz à sua homossexualidade agora claramente apresentada. (p. 56)*

Cisão versus *ambivalência*

Mais tarde, após Klein ter formulado o conceito da posição depressiva, ela fez uma distinção entre a cisão do objeto e a atitude

416 "ESTA CASA CONTRA AQUELA CASA"

ambivalente com relação a ele. Quando ocorre cisão, acontece uma desconexão radical entre dois aspectos separados do objeto, na verdade, do objeto parcial – isto é, entre um "seio bom" e um "seio mau" –, ao passo em que, na ambivalência, que implica o alcance da posição depressiva, o indivíduo pode experimentar amor e ódio, bem como outras atitudes com relação a um mesmo objeto. O objeto permanece íntegro, assim como o ego (o qual se divide em conformidade com a divisão do objeto no primeiro caso). Klein também estabeleceu uma conexão íntima entre cisão e projeção (posteriormente, identificação projetiva) uma vez que a projeção depende fundamentalmente da cisão inicial de uma parte do ego daquele que projeta (Klein, 1929).

Estilhaçamento e fragmentação

Rosenfeld (1965) nos fala sobre cisão anormal e excessiva e também sobre o surgimento de estados confusionais quando a cisão grave começa a perder força – principalmente como resultado da liberação do impulso agressivo (p. 57). Ele também se refere ao *estilhaçamento* e à *fragmentação* como exemplos extremos de cisão quando o impulso agressivo está exageradamente ativo. Estilhaçamento e/ou fragmentação caracterizam o estado psicótico, no qual a capacidade de coerência mental é perdida e uma mente disforme toma seu lugar.

Cisão versus dissociação

A dissociação diferencia-se da cisão principalmente em termos quantitativos. A primeira está associada a uma ruptura importante no indivíduo na qual emergem *selves* supostamente separados. Freud e Breuer (1895d) descreveram sua ocorrência frequente em casos de histeria. Hoje, ela pode ser observada na síndrome de múltiplas personalidades e está invariavelmente associada ao trauma. Eu acredito, no entanto, que Fairbairn (1944) caracterizaria suas estruturas endopsíquicas como sendo não apenas esquizoides, mas também dissociadas.

Divisões *do* self

O empreendimento psicanalítico de Freud (1915e) depende fundamentalmente da compreensão de que o *self* está dividido, mesmo sob circunstâncias normais, em: (a) divisões topográficas dos Sistemas *Ics*, *Cs* e *Pcs*; e (b) aparelho psíquico: ego, superego e id. Ele também faz uma separação entre a experiência do analisando e seus aspectos que observam, uma divisão que ele também aplica ao analista. Freud também concebia a repressão como uma forma de *cisão lateral* do ego e do objeto.

Em estados patológicos, vemos ainda outras divisões:

> *Fairbairn (1940, 1944) concebeu um self esquizoide criado quando o ego original e o objeto total original sofrem cisões como resultado de traumas, dando origem a uma estrutura endopsíquica que consiste em um ego central residual normal em relação com um objeto ideal, um ego antilibidinal que se identifica com um objeto que rejeita e um ego libidinal identificado com um objeto de excitação. Enquanto o self central (ego central mais objeto ideal) reprime tanto o self que rejeita como o self libidinal, o self que rejeita também reprime indiretamente o self libidinal.*

Winnicott (1960a) concebeu a criança que falha em continuar sendo, sugerindo o aparecimento de fissuras ou divisões profun-

418 "ESTA CASA CONTRA AQUELA CASA"

das em sua personalidade e a dicotomia entre um "*self* verdadeiro" secreto e um "falso *self*" submisso que contrastam com suas contrapartes normais, o "*self* que é" e o "*self* ativo" (Winnicott, 1963a).

Bion (1957a) descobriu que, em pacientes psicóticos, existe invariavelmente uma distinção entre as personalidades psicótica e não psicótica, e eu descobri uma distinção semelhante entre as personalidades traumática e não traumática em pacientes vítimas de traumas.

Jung (1934) concebeu divisões como o consciente e o inconsciente pessoal e coletivo, a sombra, a persona, os arquétipos, *anima* e *animus*, os complexos do ego, funções superiores e inferiores, a alma e o espírito (Storr, 1988).

26. A importância organizadora da identificação projetiva

De todas as teorias associadas a Klein, nenhuma supera em importância, em minha opinião, a sua concepção de identificação projetiva. Ela própria a considerava estritamente uma fantasia inconsciente intrapsíquica. Foi Bion que revelou sua dimensão comunicativa. Em primeiro lugar, deve-se considerar a projeção e a identificação projetiva como sendo *idênticas* ou inseparáveis. Não se pode projetar sem considerar o seguinte: (a) o sujeito *des*-identifica um aspecto de si mesmo e (b) transloca este aspecto *des*-identificado para o (a imagem do) objeto, que então se torna *identificado* com ele na opinião do *sujeito que projeta*. Ao mesmo tempo, no entanto, os aspectos projetados-translocados do sujeito, assim como ocorre com crianças adotadas, conservam sua *identificação* com o sujeito-pai que o abandonou. Seu desejo de retornar é sempre vivenciado como sendo urgente e vingativamente hostil e isso se traduz na situação clínica como *ansiedade persecutória* – ou seja, o retorno do reprimido.

Nós nos identificamos com objetos que modificamos através de nossas expectativas projetivas a fim de dar forma às nos-

420 A IMPORTÂNCIA ORGANIZADORA DA IDENTIFICAÇÃO PROJETIVA

sas experiências com eles. Realizamos tal procedimento por meio de uma identificação introjetiva com o objeto assim modificado. Ironicamente, pode-se dizer, a partir do ponto de vista dos kleinianos, que nós nos *tornamos* aquilo que *acreditamos ter feito aos nossos objetos!*

Eu gostaria de refinar a definição deste conceito – isto é, sugerir as limitações de seu uso ao mesmo tempo que, paradoxalmente, apresento sua ocorrência frequente na vida mental e social para explicar a relação entre projeção e identificação. Passei a acreditar que projeção e identificação projetiva são inseparáveis e que o último conceito é irredutível. Busco também distinguir a identificação projetiva de um conceito que escolhi chamar de *trans*identificação projetiva, que comparo com a hipnose mútua e/ou a *folie à deux* como sua contraparte realizadora, indutiva e evocativa na comunicação interpessoal e na contratransferência pré-léxica.

Existem, além disso, formas intangíveis de comunicação que foram, em minha opinião, confundidas com a identificação projetiva ao longo do tempo, a saber: transformações em *O* (Bion, 1965, 1970), hipnose (Mason, 1994, p. 648), preocupação materna primária (Winnicott, 1956) e telepatia (Freud, 1941d[1921]), as quais, com seus contornos que se sobrepõem, constituem a *língua franca* fundamental entre filhos e mães e analisandos e analistas em estados de *rêverie*. Quando a *rêverie* materna falha, no entanto, a criança então recorre à *transidentificação projetiva evocativa (comunicativa)* para empurrar a mãe de volta a um estado de *rêverie*, e algo semelhante acontece entre o analisando e o analista.

A introdução do conceito de identificação projetiva por Klein (1946, 1955) libertou a teoria e prática psicanalítica das limitações das reconstruções da história clínica do analisando ao permitir que a criança inconsciente da análise exista no presente em cons-

JAMES S. GROTSTEIN 421

tante desenrolar para *criar* seu próprio mundo de objetos solipsisticamente sob nosso microscópio analítico. Ela também reduziu a proeminência da repressão, da qual é precursora.

Este capítulo trata da identificação projetiva propriamente dita, como uma fantasia intrapsíquica estritamente inconsciente e onipotente, como um conceito irredutível (não pode haver projeção sem o envolvimento obrigatório de intercâmbios de identificação; no entanto, nem toda identificação envolve projeção – ou seja, a identificação introjetiva) e como a essência da transferência. Acredito que é impossível haver transferência sem identificação projetiva. O próximo capítulo trata da introdução de um conceito novo, o de *transidentificação projetiva*, que, acredito, constitui a realização da comunicação afetiva não verbal entre dois ou mais indivíduos e é o molde da contratransferência e da psicologia de grupo.

Definição e afirmação de posição

O termo "identificação projetiva" foi objeto de considerável debate ao longo dos anos, especialmente no que diz respeito às limitações potenciais que a identificação coloca sobre ele. Duas questões importantes devem ser levantadas: Pode haver projeção sem identificação? Quem realiza a identificação na identificação projetiva, o sujeito que projeta ou seu objeto? Sustento que (a) não pode haver projeção sem intercâmbios obrigatórios de identificação, pois aquela sempre implica uma relação com objetos ou objetos parciais, e (b) a identificação refere-se estritamente apenas ao sujeito que projeta na identificação projetiva propriamente dita, mas tanto ao sujeito e ao objeto na transidentificação projetiva, que é um processo mais complicado que o primeiro; (c) a identificação projetiva defensiva geralmente constitui uma fantasia inconsciente

422 A IMPORTÂNCIA ORGANIZADORA DA IDENTIFICAÇÃO PROJETIVA

onipotente, mas sua contraparte normal ou sublimada – isto é, a empatia – pode ou não ser onipotente. Também acredito que todos os mecanismos de defesa podem ser reduzidos à cisão e à identificação projetiva como fantasias inconscientes sobre relações objetais internas e/ou externas.

A identificação projetiva, de acordo com a definição que extraio do pensamento e da tradição kleinianos, constitui exclusivamente uma *fantasia intrapsíquica inconsciente* na qual o sujeito que projeta acredita onipotentemente que cindiu inconscientemente algum ou vários aspectos subjetivos de si que ele então acredita que ocupam e controlam o objeto e que, deste ponto em diante, caracterizam a natureza percebida do objeto, e não mais o *self*. Embora o sujeito recuse a propriedade dos aspectos cindidos (*des-identificados*), esses mesmos aspectos cindidos e projetados – agora associados ao (identificados com) o objeto – *não* recusam *sua* conexão com o sujeito. Assim, resta uma identificação inconsciente paradoxal para compensar a des-identificação do sujeito que projeta. Além disso, o sujeito que projeta pode acreditar, onipotentemente, que agora controla magicamente o objeto.

Portanto, em toda projeção um aspecto da *identidade* do sujeito está sendo cortado e colado (des-identificado) em outro lugar em uma realocação conhecida como *identificação* (pelo projetor). *Nenhuma projeção pode acontecer sem o emprego de identificação pelo sujeito que projeta*, primeiro, sob a forma de uma *des*-identificação (cisão) das características rejeitadas do sujeito que projeta, a qual é então acompanhada de uma *re*-identificação delas no objeto (na mente daquele que projeta), exceto na identificação projetiva normal, onde, como na empatia, o sujeito que projeta estende-se a si mesmo em fantasia no objeto em uma *identificação de teste* (ou *parcial*) (Fliess, 1942, p. 249).

Além disso, os aspectos do *self* que projeta que passam por des-identificação do sujeito e reidentificação (no olhar do sujeito) no objeto entram em um cenário paradoxal no qual aqueles aspectos projetados (uma vez que são aspectos do sujeito que projeta durante todo o tempo) *mantêm sua identificação com o sujeito que se des-identifica deles* e sempre, como as crianças órfãs, tentam voltar para casa para serem repatriados no sujeito que os expulsou. O termo de Freud para este fenômeno era "o retorno do reprimido" (1896b, p. 170) e o de Klein "ansiedade persecutória" (1929, p. 222). Este retorno doloroso deve-se à necessidade inconsciente paralela do sujeito de atingir a integração e seu custo é a ansiedade persecutória – isto é, paranoia. Em outras palavras, a ansiedade persecutória representa a ansiedade que resulta do efeito da força contrária do *self* integrador para recapturar seus aspectos cindidos projetados. Ela representa a temida correção e o retorno de partes perdidas do *self*.

Identificação projetiva sobre a imagem inconsciente do objeto

Proponho, também, que a identificação projetiva ocorre não entre o sujeito e o objeto, mas entre o sujeito e sua *imagem* (fantasia inconsciente, representação, objeto interno ou construção interna do sujeito) do objeto.[1] De modo semelhante, no caso da transidentificação projetiva, o objeto, agora um cossujeito, também forma *sua própria* imagem do sujeito que projeta. Finalmente, estabelece-se uma ressonância mutuamente indutiva entre as duas imagens separadas.

Quando o objeto parece identificar-se com a projeção

Quando o objeto de fato parece receber a projeção e (contra) identificar-se com ela, temos um fenômeno diferente – e mais

424 A IMPORTÂNCIA ORGANIZADORA DA IDENTIFICAÇÃO PROJETIVA

elaborado e complexo – da identificação projetiva *per se* como resultado da concretização de uma experiência transacional – isto é, transpessoal – que constitui a *contra*identificação *intro*jetiva do analista (parcial ou total; Fliess, 1942, p. 249; Money-Kyrle, 1956, p. 334) e/ou sua *contra*identificação *pro*jetiva (também parcial ou total; Grinberg, 1979, p. 229). Quando a neurose infantil do próprio analista é inconscientemente recrutada, esse fenômeno adicional constitui a *contra*identificação projetiva. Também é possível chamar qualquer destes fenômenos ou ambos de *folies à deux*, hipnose mútua (Mason, 1994, p. 648; comunicação pessoal, 2003) ou *transidentificação projetiva*.

Existe, além disso, uma forma de comunicação que transcende a transidentificação projetiva e que foi esboçada por Bion – a saber, suas transformações em *O* (Bion, 1965, p. 160) que, para mim, correspondem à preocupação materna primária de Winnicott (1956). Estou me referindo aqui a formas de comunicação que ocupam um espectro que vai da telepatia ou percepção extrassensorial (PES; Freud, 1941d[1921]), ou mesmo da presciência, até comunicações sutis evocadas corporalmente (semiologia pré--verbal: Kristeva, 1941b, p. 62), todas as quais constituem a língua franca que é "falada" entre mães e filhos até que estes sintam que ela falhou em sua *rêverie*, quando então a criança pode recorrer à transidentificação projetiva como um apelo para que ela retorne à sua intuição-*rêverie* e reflita os estados afetivos e de necessidade de seu filho de forma consoante.[2] Estou fazendo, aqui, uma distinção arbitrária entre todas as técnicas que podem ser coletivamente descritas como semiologia pré-verbal e/ou infraverbal, por um lado, e aquelas em que o sujeito tem consciência de sua motivação de evocar uma resposta no objeto (transidentificação projetiva), por outro.

Fundamentação breve

Limitações de espaço permitem apenas referências breves ao trabalho de Platão, Kant e Hegel como filósofos cujas obras anteviam a identificação projetiva. Certamente houve outros. Platão, em *A República*, escreveu a parábola da caverna na qual sombras das Formas Ideais eram projetadas por uma fogueira sobre a parede de uma caverna a partir de trás de um prisioneiro amarrado. Na analítica transcendente de Kant (1787), as formas podem ser compreendidas como númenos ou coisas-em-si que antecipam os fenômenos que se formarão no mundo real. A identificação projetiva está implícita nos dois casos. Assim, por trás de todas as nossas percepções e concepções, encontra-se a identificação projetiva.

Considerava-se, anteriormente, que o conceito de identificação projetiva tinha sua origem em Klein, mas Massida (1999) revelou a probabilidade de que suas origens estejam na obra de Eduardo Weiss. Seguindo Klein, Rosenfeld, Segal e Bion fizeram importantes avanços para nossa compreensão do conceito. No entanto, havia esboços significativos do conceito de identificação projetiva nos trabalhos anteriores de Freud (1910k, pp. 221-222) e Anna Freud (1936, particularmente sua identificação com o agressor, p. 120, e entrega altruísta, p. 133) e, especialmente, de Tausk (1919), que percebera antes ainda a conexão íntima entre identificação e projeção. Jung (1966), ao falar sobre a participação mística, também parecia estar investigando este processo.

Rosenfeld (1947, 1949, 1971) separou as funções evacuatória (defensiva) e comunicativa (não defensiva) da identificação projetiva. Do mesmo modo, Meltzer (1992) fez uma distinção entre claustro e continente-conteúdo, onde o primeiro designa a identificação projetiva defensiva e suas consequências, o encarceramento no objeto que fora invadido na fantasia inconsciente, e o

426 A IMPORTÂNCIA ORGANIZADORA DA IDENTIFICAÇÃO PROJETIVA

último designa comunicação. Britton (1998b) identifica dois tipos de identificação projetiva: aquisitiva (você sou eu) e atributiva (eu sou você), dependendo da intenção do sujeito que projeta. Bell (2001) examina as contribuições de Britton, Rosenfeld e Spillius sobre a identificação projetiva começando com os modos aquisitivo e atributivo de Britton, subdividindo o último em um modo evocativo e outro não evocativo e, então, atribuindo as qualidades de comunicativa ou evacuatória a cada um dos modos anteriores.[3]

A contribuição de Freud: lei de talião e imitação

Em *Totem e tabu*, Freud (1913[1912-1913]) escreve: "A lei de talião, tão profundamente arraigada nos sentimentos humanos, afirma que o assassinato só pode ser expiado pelo sacrifício de outra vida" (p. 154). O que Freud não explicou foi a ordem oculta da lei de talião. Na mesma obra, Freud discute a proibição da *imitação* em culturas selvagens, que ele atribui ao medo do objeto de que o imitador tente tomar a sua alma (pp. 32-34). Klein torna este medo mais compreensível ao evocar a identificação projetiva – isto é, na fantasia inconsciente, a criança imagina-se magicamente capaz de invadir o objeto e apropriar-se de seus valores positivos, roubando sua vitalidade ou alma e fazendo com que ele se torne um objeto interno vingativo dentro do sujeito culpado.

Contribuições de Klein

Certamente foi Klein (1946, p. 306; 1955, p. 311) quem estabeleceu a legitimidade e importância do conceito, tanto na teoria como na clínica. Ele surgiu, junto com a cisão, a idealização e a negação[4] como um dos mecanismos esquizoides. Klein estreitou seu foco sobre o conceito original de projeção, que havia até então caracterizado boa parte de suas formulações clínicas, para determinar que a identificação projetiva constituía *uma fantasia inconsciente* (intrapsíquica) que se desenvolvia como uma relação objetal infantil normal e também defensiva na qual a criança tentava se livrar de estímulos e experiências dolorosos ao cindi-los e projetá-los no objeto. Esta operação corresponde àquilo que Freud (1915c, p. 136) denominou "ego prazer purificado" e ao que Matte Blanco (1975, p. 11) chamou de "estado de simetria". Klein referia-se aos aspectos cindidos do *self* infantil como evacuações e os associava, como tais, às fezes e à urina. Ela foi adiante, afirmando que estas evacuações urinárias e/ou fecais ficavam alojadas, na fantasia da criança, no objeto, a partir de onde, como extensões do sujeito que projeta, tentavam controlá-lo (de modo remoto). Por causa da concretude[5] da crença de que aspectos reais do *self* haviam sido cindidos e projetados para fora, o sujeito então tinha a sensação de estar vazio ou de ser menos do que era antes da projeção. Klein também acreditava que aspectos bons e amorosos da criança eram submetidos à identificação projetiva normal no objeto – um fenômeno clínico que observamos com frequência em pacientes histéricos e *borderline*.

Pouco tempo depois, Klein desenvolveu suas ideias a partir da natureza evacuatória-manipuladora inicial do conceito para incluir os aspectos fusionais. Na primeira concepção, *partes* do *self* são cindidas e projetadas no objeto (Klein, 1946). Na segunda, o *self* como tal entra em um estado de identificação com o objeto para tornar-se o objeto e, através da *imitação* inconsciente, desaparece dentro do objeto até certo ponto e/ou pode tentar assumir completamente a identidade do objeto, como demonstrado no título do romance de Julian Green (1947), *Se Eu Fosse Você*, com base no qual seu segundo trabalho foi amplamente fundamentado (Klein, 1955). As consequências deste tipo de identificação projetiva variariam desde estados de confusão e desorientação até a grandiosidade. Um aspecto particular deste tipo de proje-

428 A IMPORTÂNCIA ORGANIZADORA DA IDENTIFICAÇÃO PROJETIVA

ção é o esvaziamento e a apropriação das qualidades do objeto (Isaacs, 1952, p. 47), o que Bollas (1987) chama de "identificação extratora" (p. 157).

Contribuições de Bion Em uma extrapolação baseada em suas experiências no tratamento de pacientes psicóticos, Bion (1959, 1962a, 1967a) raciocinou que estes, quando crianças, não haviam tido a experiência de possuir um objeto materno no qual pudessem projetar normalmente suas emoções (1959, p. 104). A partir destas experiências clínicas, ele mais tarde deduziu que a criança normal precisava de um continente/mãe sobre o qual pudesse projetar suas emoções intoleráveis (Bion, 1962b, p. 90). Ele ampliou o conceito original baseado em uma fantasia exclusivamente inconsciente para incluir o que seria, *aparentemente*, uma dimensão comunicativa e intersubjetiva muito real e formulou a ideia de que, ao mesmo tempo que a criança projeta na mãe, esta, em um estado de *rêverie*, emprega sua função-alfa para absorver, desintoxicar e refinar as projeções no preparo de uma resposta apropriada adequada e significativa – ou seja, para prover o nome do *sentimento* que corresponde à *emoção* (Damasio, 2003, p. 29). Ao fazer isso, Bion parece ter alterado radicalmente o panorama da identificação projetiva das seguintes formas: (a) ele ampliou o conceito de Klein da identificação projetiva como um mecanismo esquizoide intrapsíquico para descrevê-la como uma técnica comunicativa emocional real (não onipotente e não fantasiada) e uma concretização da comunicação intersubjetiva; (b) ao colocá-la no domínio da comunicação básica entre mãe e filho, ele desenvolveu um protocolo epistemológico único no qual o pensamento tem início com a identificação projetiva dos pensamentos (emoções) sem pensador da criança na mãe, cuja *rêverie* e função-alfa transforma em pensamentos, sentimentos, pensamentos oníricos e memórias.

Quando a função-alfa da mãe é internalizada pela criança, ela então começa a pensar por conta própria ao projetar sobre seu próprio continente interno com sua própria função-alfa; e, finalmente, enquanto o modelo de uma pessoa de Klein afirmava um efeito único, estático da identificação projetiva sobre o objeto, o modelo de duas pessoas (binocular) de Bion abria espaço para (c) múltiplos efeitos possíveis sobre o objeto, dependendo de quão eficiente ele é na contenção das identificações projetivas. Isso remete ao conceito de Stern (1985, p. 97) de representações de interações que foram generalizadas (RIGs), no que diz respeito ao modo como a criança estima a reação do objeto a ela ao longo do tempo.

Bion claramente tinha a opinião de que "... o paciente causa algo no analista e o analista causa algo no paciente; não é apenas uma fantasia onipotente" (Bion, 1980, pp. 14-15). Mais adiante na mesma obra, no entanto, ele afirma com respeito à identificação projetiva: "Aquilo que sentimos está tão próximo do fato quanto provavelmente podemos chegar" (p. 25). Aqui ele parece diminuir sua aposta. Com base em minha leitura de Bion, tenho a impressão de que ele não quis se comprometer de maneira absoluta e de que ele acreditava que, mesmo na assim chamada identificação projetiva real, uma fantasia inconsciente onipotente estava sempre presente no sujeito que projeta, e que algo mais somava-se à equação – aquilo que estou chamando de indução hipnótica ou evocação.

Um passo paralelo na evolução do conceito de identificação projetiva veio com o trabalho de Joseph Sandler (1976) e sua ideia sobre a identificação projetiva de "responsividade do papel" – isto é, quais papéis objetais pareciam ter sido evocados no analista pelo analisando – e, nos Estados Unidos, com os trabalhos de Kernberg, Ogden e os meus próprios. Eu vejo a identificação projetiva de modo consoante com o pensamento kleiniano comum – ou seja,

430　A IMPORTÂNCIA ORGANIZADORA DA IDENTIFICAÇÃO PROJETIVA

exclusivamente como uma fantasia intrapsíquica inconsciente.
Kernberg (1987) e Ogden (1982), na esteira de inovação de Bion,
tentaram fazer distinções entre projeção e identificação projetiva
para estabelecer diferenças entre seu uso como fantasia inconsciente e comunicação interpessoal, respectivamente. As contribuições de Ogden enfatizavam originalmente o efeito manipulador
real das projeções do analisando no objeto, mas foram ampliadas
posteriormente em seu conceito de terceiro sujeito intersubjetivo.

Identificação projetiva e transferência

A seguinte pergunta pode ser feita: quando a transferência *não*
é identificação projetiva? Nunca! Para mim, a identificação projetiva é o denominador comum subjacente a qualquer transferência,
quer pensemos no deslocamento de catexias objetais passadas –
que hoje podem ser vistas como identificações projetivas de representações mentais atuais ou de construções de objetos passados
sobre a imagem do analista – ou em todos os outros aspectos do
self projetados sobre objetos no aqui e agora.

Identificação projetiva e contratransferência

Nesse ínterim, a partir das contribuições de Heimann (1950,
1960), Money-Kyrle (1956) e Bion (1959, 1962a, 1962b, 1967a),
o conceito de identificação projetiva veio a ser associado com
o de contratransferência, que foi elevado de fenômeno patológico para instrumento psicanalítico.[6] O modelo de duas pessoas
(intersubjetividade) havia nascido – uma ideia que viria a ter um
destino interessante. Foi o conceito de continente e conteúdo de
Bion (1962b, p. 88) e sua ideia de que a identificação projetiva
também constituía um fenômeno interativo entre analisando e
analista que viria a se tornar a pedra fundamental de uma nova

concepção do processo analítico e elevar a identificação projetiva de um mecanismo kleiniano obscuro para um conceito de grande proeminência. Em seguida, Joseph (1989) pegou a ideia de Bion e a colocou em operação para compreender as interações ocultas em andamento na situação do aqui e agora entre analisando e analista, onde a transferência-contratransferência tornou-se um paradigma inseparável aplicado à situação total da análise.

Minha posição é de que a contratransferência constitui a contrapartida obrigatória da transferência e inclui toda a gama do repertório de sentimentos e emoções do analista que emergem na situação analítica. Faço uma distinção,[7] no entanto, entre a contratransferência e a neurose de contratransferência, onde a última envolve uma *contraidentificação total* com o analisando e/ou a emergência da neurose infantil do próprio analista, em contraste com uma contratransferência facilitadora, a qual se baseia na *contraidentificação de teste* ou *parcial* do analista, seja ela introjetiva e/ou projetiva, com o analisando.

Existe diferença entre projeção e identificação projetiva?

Klein nunca fez uma distinção formal entre projeção e identificação projetiva e nunca esclareceu que a cisão que caracteriza a fase inicial da identificação projetiva constitui, em si, uma *des*-identificação pelo sujeito que projeta. Ela deixou claro, no entanto, que o sujeito que projeta, tendo se livrado de aspectos (identidades) de seu *self* em sofrimento, agora identifica suas partes perdidas no objeto. Quando o conceito de identificação projetiva veio para a América, no entanto, o fato de Klein não ter integrado formalmente a projeção dentro da abrangência da identificação projetiva tornou-se crítico. O conceito sofreu uma mudança significativa na qual a projeção tornou-se claramente distinta da identificação pro-

432 A IMPORTÂNCIA ORGANIZADORA DA IDENTIFICAÇÃO PROJETIVA

jetiva, o que, para mim, claramente não é o que Klein havia pensado. Ainda assim, Kernberg e Ogden parecem corretos em fazer esta distinção, já que a psicanálise, seguindo a pista de Bion (1962a, 1962b), estava então mudando de um modelo fantasmático onipotente de duas pessoas para um modelo realista de duas pessoas e suas distinções encaixavam-se bem nesta evolução.

Se perguntamos o que é projetado na projeção que não o é na identificação projetiva, a resposta é nada. O ato de projetar pressupõe que o sujeito que projeta está des-identificando algum aspecto de sua identidade e realocando-o no ou sobre o objeto.

Bell (2001), em sua revisão recente do tema com base na perspectiva kleiniana, reconhece que o pensamento kleiniano, embora menos dogmático com relação ao tópico em questão, parece considerar a identificação projetiva e a projeção como idênticas e que ela sempre constitui uma fantasia inconsciente.

A identificação, neste meio tempo, tornou-se a cauda que balança o cão, a projeção. Muitos psicanalistas e psicoterapeutas americanos, não familiarizados com o legado de Klein sobre a fantasia inconsciente e a universalidade e ubiquidade das relações objetais (particularmente internas) e estimulados pela expansão intersubjetiva de Bion do conceito, além de estarem se ajustando ao modelo de duas pessoas, começaram a ver a *projeção* como a *fantasia* e a *identificação projetiva* como a *realização intersubjetiva* em operação nas relações objetais externas e, além disso, que o aspecto de identificação do conceito aplicava-se exclusivamente ao objeto – isto é, que o objeto identifica-se com a projeção, e não que o sujeito continua a identificar-se inconscientemente com suas identidades projetadas.

Uma das razões que pode ter confundido a compreensão das diferenças entre projeção e identificação projetiva nas mentes de muitos pode ter sido a própria falta de clareza de Klein (1946) sobre o conceito em sua publicação. Algumas frases depois de apresentá-lo (p. 8), ela afirma: "A identificação baseada *neste tipo de projeção...* influencia de modo vital as relações objetais" (p. 9, grifo nosso), sugerindo que a identificação projetiva era apenas um dos tipos de projeção. Apesar disso, seu uso subsequente do conceito sugere a visão oposta. Outro fator é que as concepções kleinianas sobre os mecanismos mentais, diferentemente das concepções clássicas, assumem: (a) que todos os mecanismos são eles próprios *fantasias inconscientes*, e (b) que todas as interações fantasiadas representam *objetos de fantasia*. Isto significa que é impossível projetar sobre qualquer coisa que não um objeto. Em outras palavras, no sistema kleiniano, em contraste com o sistema clássico, a projeção é sempre direcionada a um objeto. Portanto, se toda projeção é dedicada a um objeto, e se todas as projeções representam atributos do sujeito, então o objeto fica carregado com estes atributos em uma interação que resulta inexoravelmente em uma transferência, na fantasia, de um aspecto da *identidade* do sujeito que projeta sobre o (a imagem do) objeto.

Quem realmente faz a identificação na identificação projetiva? O mistério da identificação

Um uso adicional da ideia que estamos discutindo – e que acredito estar equivocado – começou a aparecer na literatura: o *objeto* que era alvo da identificação projetiva foi designado para o papel de *identificador*. Em outras palavras, analistas americanos começaram a considerar a identificação projetiva como significando automaticamente que o *sujeito projeta* e o *objeto externo identifica*. Desta forma, a identificação surge como o culpado intangível no mistério da definição da identificação projetiva. A identificação projetiva normal ou sublimada pode ser concebida

434 A IMPORTÂNCIA ORGANIZADORA DA IDENTIFICAÇÃO PROJETIVA

como uma *extensão* do *self* no espaço ou tempo (como objetos) hipotético – como na empatia, nos projetos, no planejamento, na exploração e assim por diante –, caso em que continuamos parcialmente contínuos em termos mentais com a extensão hipotética. No entanto, paradoxalmente, a parte infantil da personalidade pode estender-se patologicamente no objeto com o propósito de controlá-lo.

Por outro lado, na identificação projetiva defensiva, o sujeito cria uma *descontinuidade do self* (através da des-identificação[8] ou desapropriação) na forma de um segmento desconectado que ele agora atribui (reidentifica com) ao (à imagem do) objeto. No entanto, o segmento de *self* cindido torna-se um órfão relutante e, a despeito de sua suposta condição de órfão, continua em sua mente *identificado* – e mantém sua sensação de continuidade – com o sujeito que projeta. É esta última experiência ontológica (mas inconsciente) que torna a projeção isomórfica com relação à identificação projetiva. Jamais se pode projetar sem que isso envolva realocações de aspectos do *self* nas quais a identidade do *self* seja transformada por conta das identificações exportadas. O sujeito que projeta paradoxalmente des-identifica-se consigo mesmo enquanto simultaneamente mantém a identificação e os aspectos des-identificados mantêm sua identificação com o sujeito e buscam retornar incansavelmente sob a forma de ansiedade persecutória.

Além disso, jamais é possível projetar sobre uma outra pessoa real, mas apenas sobre uma *imagem* ou construção (fantasia, representação) daquela pessoa. Os aspectos des-identificados (órfãos) do *self* que mantém sua continuidade com o sujeito que abandona sempre desejam retornar ao lar com a mesma violência com que foram expelidos anteriormente – isto é, como ansiedade persecutória.

A importância da imagem (representação)

Klein (1946, p. 45) considera que, quando um indivíduo projeta, ele projeta *para dentro* do objeto e Winnicott (1967, p. 100) defende que sua versão da identificação projetiva, a criação do objeto subjetivo, ocorre no espaço potencial. Eu não acredito que seja possível, a despeito de Freud, Klein, Bion e Winnicott, projetar *para dentro* de outro indivíduo. É possível apenas projetar sobre a *imagem* (isto é, fantasia, representação, construção, modelo, objeto interno) que se tem de determinado indivíduo. Todo o empreendimento de Bion (1970) de abandonar memória e desejo (p. 30) refere-se, em grande medida, à sua tentativa de evitar a idolatria dos signos, imagens e símbolos, os quais apenas *representam* o objeto, em favor de um encontro direto Eu-Tu (Buber, 1923) com o objeto no ato de "tornar-se ele". Bion (1965, p. 160) chama isso de "transformação em *O*".

A concepção básica da transferência pressupõe que formamos imagens internas, subjetivamente modificadas de objetos reais e que confundimos as primeiras com as últimas. O modo como formamos tais imagens está relacionado à nossa neurose infantil contínua. Primeiro, recordemo-nos de nosso legado kantiano de sua analítica transcendental, que afirma essencialmente que jamais podemos conhecer o objeto, que é o *númeno* ou a coisa-em-si (Kant, 1787). Só podemos conhecer o objeto através de nossa experiência *fenomenológica* dele, a qual sintetizamos. Nascemos com categorias primárias *a priori* que formatam a tela de nossa visão de mundo a cada momento com previsões de quem ou o que contemplamos e que podemos vivenciar. Bion (1963) chama isso de preconcepções inerentes (p. 30), as quais correspondem aos *arquétipos* ou Formas Ideais (Eternas) de Platão (1965, p. 86) ou "memórias do futuro" (1962a, p. 91). O que realmente observamos é o objeto fenomênico, que é uma *imagem* construída do

436   A IMPORTÂNCIA ORGANIZADORA DA IDENTIFICAÇÃO PROJETIVA

objeto. Só quando alcançamos uma transformação em O (Bion, 1965, p. 160) ou a posição transcendental (Grotstein, 2000, p. 35) é que nos libertamos de nosso aprisionamento perceptivo-imaginativo-simbólico e experimentamos a presença do outro diretamente ao nos tornarmos ele (Eu-Tu) no sentido místico de Bion (1965, p. 146), em O.

Nossa subjetividade nos obriga a criar imagens de eventos reais, os quais são incognoscíveis em si, O, no pensamento de Bion (1965, p. 13; Llinás, 2001). Em outras palavras, a percepção é, na verdade, apercepção – isto é, autoconstrução da imagem do objeto dentro do *self*, e não introjeção de fora para dentro.[9] Além disso, quando Bion (1970, 1992) insiste para que o analista abandone memória e desejo, pois estes são derivados dos sentidos, o que ele, assim como o patriarca bíblico Abraão antes dele, realmente quer dizer é que devemos abandonar imagens esculpidas (ídolos e símbolos sensoriais), uma vez que eles são meras representações (e portanto, interpretações errôneas) do objeto real (na verdade, o outro sujeito). Podemos nos recordar aqui da famosa passagem da primeira carta de São Paulo aos Coríntios: "Agora, portanto, enxergamos apenas um reflexo obscuro (a imagem), como em um material polido; entretanto, haverá o dia em que veremos face a face..." (1 Coríntios 13:12) (ultrassensorial, além da imagem).

Portanto, na identificação projetiva o sujeito que projeta cria uma imagem do objeto enquanto encontra-se em sua presença ou quando o objeto está ausente e ele utiliza esta imagem, consciente e/ou inconscientemente, para representar (assumir o lugar) do objeto em sua ausência. Na identificação projetiva manipuladora, o sujeito manipula magicamente a imagem, a qual ele identifica com o objeto a fim de controlá-lo (ação à distância, mágica empática).[10] Este tipo de objeto é caracterizado pela fantasia de possuir mágica e onipotência e corresponde ao conceito de Freud (1924d,

p. 179) e Segal (1957, 1981) de equação simbólica (p. 318). Um analisando certa vez relatou-me um exemplo comum disso: Ele é jogador de boliche e reconhece que, após ter lançado a bola, ele usa um "inglês corporal", com o que ele quer dizer que usa seu corpo e o contorce conforme o caminho que ele quer que a bola percorra.

A carga e o destino da identificação projetiva: o que o sujeito inconscientemente acredita que projetou

Quando o sujeito funciona predominantemente na posição esquizoparanoide, ele acredita que projetou: ou (a) aspectos bons ou maus do *self* subjetivo, os quais incluem boas e/ou más emoções e bons e/ou maus objetos internos;[11] (b) impulsos; e (c) modos de relacionamento (sadismo, masoquismo, voyeurismo, exibicionismo e assim por diante). Invariavelmente junto destes também estão: (d) expectativas onipotentes ou obrigações de que o objeto corresponda a um determinado papel (Sandler, 1976) para atender carências do sujeito; (e) onipotência; e (f) atribuição de animismo e/ou personificação ao objeto para que este assuma um status altamente ampliado por meios sobrenaturais. Como consequência destes últimos dois pontos, observa-se que o sujeito atribui (g) uma força vital, vitalismo, enteléquia ou personificação (Klein, 1929) ao objeto, que é a partir de então vivenciado, como no fenômeno de *déjà vu*, como uma entidade sobrenatural vital estranha, porém familiar. Quando esta enteléquia ou vitalismo torna-se oculto em uma organização patológica (refúgio psíquico: Steiner, 1993), esta é vista como se tivesse vida, determinação e interesses próprios onipotentemente poderosos.

Além disso, observa-se que a imagem do objeto foi revestida com a qualidade de (h) intencionalidade (vontade ou agência). Por causa do fenômeno da cosmogonia (necessidade de se estabelecer

438 A IMPORTÂNCIA ORGANIZADORA DA IDENTIFICAÇÃO PROJETIVA

uma ordem mundial para acomodar estes objetos recém-criados), o sujeito projetivamente atribui: (i) o papel de liderança ao objeto onipotente.[12] As qualidades de onipotência, animismo, personificação, enteléquia e intencionalidade prenunciam o futuro papel do objeto após a internalização pelo sujeito como um (j) superego primitivo. Além disso, devemos lembrar que, ao passo que o sujeito que projeta exporta sua onipotência e intencionalidade para o (imagem do) objeto, ele fica desoladamente vazio como resultado desta exportação.

O que o sujeito que projeta acredita que introjetou após a identificação projetiva: o papel da identificação projetiva na formação da estrutura psíquica

Todos os componentes descritos anteriormente implicam que o destino do objeto corresponde *consoantemente* (Racker, 1968, p. 61), seja de forma idêntica ou semelhante, à natureza da projeção manifesta. Por exemplo: (a) se o sujeito projeta um *self* sentido como sendo voraz sobre a imagem que tem do objeto, o sujeito irá sentir, a partir de então, o objeto como onipotentemente (infinitamente) voraz, carente, exigente ou sufocante (Mason, 1981); (b) o sujeito também pode projetar aspectos *complementares* (Racker, 1968, p. 61) – isto é, um sujeito sádico pode projetar traços masoquistas na imagem do objeto, ou, para retomar o caso do sujeito voraz, este pode projetar de forma complementar a experiência de uma mutilação e consequente insignificância sobre a imagem do objeto, uma vez que a mutilação corresponde aos resultados da voracidade para o objeto. Quando reinternalizado como uma percepção, o objeto externo onipotente e deliberadamente voraz é transformado concretamente no mundo interno em um superego insaciavelmente exigente, enquanto o objeto mutilado e sem valor (mutilado pela voracidade) é internalizado no ego como um objeto com o qual o ego do sujeito identifica-se de forma masoquista. Esta configuração pode ser observada, como sugerido por Freud (1917e) há muito tempo, na melancolia, uma situação onde um superego crítico, onipotente e exigente ataca sadicamente o ego, que agora identifica-se com o objeto mutilado. Esta relação internalizada de dois níveis torna-se o alicerce da estrutura psíquica – ou seja, o ego e o superego.

O sujeito pode agora reprojetar seu superego exigente *e/ou* seu *self*-objeto mutilado (no ego) sobre (a imagem do) o mesmo ou outro objeto externo, o que tem como resultado possível o surgimento de uma *ansiedade claustrofóbica*, por pelo menos duas razões: (a) o objeto externo é agora sentido como muito exigente e, a despeito disso, sem valor (por causa da dupla projeção) e o sujeito sente necessidade de espaço para resistir à sensação de ser importunado e sufocado pelo objeto projetivamente comprometido; e (b) em decorrência do ato fantasiado de tentar controlar o objeto pela penetração em seu interior através da identificação projetiva, o sujeito se sente aprisionado dentro do objeto.

Klein (1955) acreditava que as identificações projetivas e introjetivas passavam por infinitos ciclos de repetição, até o ponto em que o sujeito começa a sentir que ele próprio e o mundo em que vive são assombrados por *percepções equivocadas*. Em outras palavras, após uma série de ciclos projetivos → introjetivos → projetivos → introjetivos, o sujeito que projeta acaba inserido e engolfado dentro dos limites de um objeto, que, por sua vez, é internalizado dentro do sujeito e o estranho amálgama resultante é então reprojetado sobre objetos do mundo externo. O sujeito da projeção original então experimenta a sensação de uma presença estranha, mas também vagamente familiar, não apenas dentro de si, mas também no mundo dos objetos que ele ocupa. Um exemplo vívido fictício desta situação é o protagonista anti-herói do romance *Se eu fosse*

440 A IMPORTÂNCIA ORGANIZADORA DA IDENTIFICAÇÃO PROJETIVA

você, de Green (1947), que foi tão meticulosamente revisado por Klein (1955). Um outro exemplo destes casos é o seguinte:

> *LN, uma analisanda solteira*, borderline *e* bipolar *de 33 anos, está em seu segundo ano de análise. Sua propensão a utilizar a identificação projetiva é um tema importante de sua análise. Após uma interrupção nas férias, ela voltou para a análise com a sensação de que eu era um estranho para ela, mas também contou que tinha vivido muitas aventuras interessantes enquanto eu estava fora. Ela então me informou sobre uma grande festa à qual tinha ido (ela é atriz) onde havia conhecido muitas pessoas que estava encontrando pela primeira vez, mas que ela parecia ter tanto em comum com elas que era como se ela as conhecesse a vida inteira. Apesar disso, havia outras pessoas no grupo por quem ela sentira uma antipatia instantânea, mas não sabia por quê. Ela se sentira terrível por dentro quando se vira próxima dessas pessoas, mas neste caso, também, ela não sabia por quê. Consegui mostrar para ela como ela havia lidado com minha ausência ao desaparecer dentro de outras pessoas enquanto eu estava longe. Um dos aspectos dela desaparecera dentro de um aspecto bom de mim mesmo, o qual estava associado com as pessoas boas que ela sentira que conhecia desde sempre, enquanto outro aspecto desaparecera dentro de um aspecto-eu mau que a tinha abandonado. Este último aspecto havia sido submetido a ainda mais repúdio e alienação, daí ela sentir um estranhamento com relação a mim (como ela havia estranhado aquele "eu" que ela sentira que a estranhava,*

eu, por causa da identificação projetiva, tornei-me ainda mais estranho para ela).

Em um momento posterior da análise desta paciente, outro aspecto da identificação projetiva tornou-se aparente:

> *Em uma sessão de segunda-feira, ela estava fazendo críticas a mim, de maneira geral, por minha forma de analisá-la. Ela afirmou que sentia que eu ficava muito em silêncio e recostado em minha poltrona e que, portanto, eu não estava dando atenção adequada a ela. Este material surgiu após a sessão da sexta-feira anterior, na qual ela havia me pedido conselhos sobre o curso de ação que ela deveria tomar no trabalho. Quando tentei analisar seu pedido em vez de atendê-lo, ela ficara furiosa. A analisanda era muito dependente e, caracteristicamente, delegava a outros as tarefas que lhe cabiam. Apontei para ela na sessão de segunda-feira que ela estava brava comigo do mesmo modo que ficaria brava com sua babá quando era pequena – que a babá-eu, a quem ela havia delegado a tarefa de arrumar sua bagunça (suas emoções que ficaram sem atenção durante o intervalo do final de semana) e em quem havia projetado sua própria responsabilidade de cuidar de si em minha ausência, não tinha dado conta da tarefa e deveria se sentir culpada (transformação pela vergonha que ela inconscientemente sentia).*

Este aspecto da identificação projetiva corresponde à concepção kleiniana de que a criança projeta sua urina e suas fezes metafóricas

442 A IMPORTÂNCIA ORGANIZADORA DA IDENTIFICAÇÃO PROJETIVA

no seio e, em seguida, sustenta a fantasia de que o controla. O aspecto de controle está relacionado ao fato de a criança projetar suas queixas (urina e fezes) na mãe e então controlar a mãe ao também projetar seu senso de responsabilidade no seio e controlá-lo através da culpa.

Maneiras alternativas de se conceber a projeção

Tendo lidado até certo ponto com a identificação, volto-me para o seu gêmeo siamês, a projeção. Literalmente, o termo significa "lançar para a frente" em latim. Mas é isso mesmo que ocorre em termos mentais? De acordo com este ponto de vista, (a) vislumbramos um sujeito que se livra literalmente de um determinado estado de mente e o lança para frente sobre a imagem de um objeto, acreditando que a imagem *é* o objeto. De um outro ponto de vista, (b) podemos imaginar que os olhos (mente) do sujeito que projeta estão inundados com este ou aquele afeto e percebem o objeto através da lente-filtro daquele afeto. Deste modo, caso o sujeito esteja infeliz, ele pode perceber seus objetos como estando infelizes ou deprimidos (concordantemente) ou invejavelmente felizes ou despreocupados (complementarmente). Em outras palavras, é como se o sujeito que projeta não se desse conta de estar usando um par de lentes de contato afetivas e pode, assim, atribuir o veredito das lentes aos objetos percebidos.

Uma outra maneira ainda de se conceber o método da identificação projetiva, (c), remete a uma ideia proposta por Federn (1952) onde ele sugere que, em transtornos psicóticos, o paciente vivencia uma descatexia de sua fronteira do ego, após a qual ocorre um abandono desta fronteira e uma retirada para uma estrutura semelhante a uma fortaleza localizada nas profundezas do *self* (p. 43). Usando-se esta proposta como modelo, pode-se conceber que, na identificação projetiva defensiva, o sujeito primeiro se des-identifica de e/ou abandona aquele aspecto de sua mente (fronteira do ego) que está em contato direto com o objeto que causa sofrimento e então se retira para seu *self* interior fortificado, porém diminuído, deixando para trás os pensamentos e sentimentos dolorosos e o aspecto de sua mente que os havia sentido ou pensado. Enquanto isso, conforme o sujeito se retira, ele confunde seus antigos pensamentos e/ou sentimentos e sua mente (fronteira do ego) cada vez mais com o objeto associado ao sofrimento, uma vez que todos estão sendo deixados para trás ao mesmo tempo.

Outra forma ainda seria imaginar que o sujeito que projeta é um ventríloquo inconsciente que fala inadvertidamente escondido pela boca do objeto.

O espectro da identificação projetiva

A identificação projetiva compreende uma variedade de operações. Pode-se pensar na *externalização* como um de seus subconjuntos. Uma das manifestações mais comuns da externalização é encontrada no próprio processo da psicanálise conforme o analisando associa livremente e, assim, externaliza seu mundo interno no discurso psicanalítico. Isso seria um exemplo de identificação projetiva normal. A identificação projetiva é responsável, conforme sugeri anteriormente, pela formação do superego arcaico e do ego incipiente através de contribuições normais e defensivas. Outros exemplos de sua forma normal ou sublimada são o planejamento futuro, o desenvolvimento de projetos, a empatia, a simpatia, o altruísmo, a consciência do outro, o encorajamento, a influência, a atração, a sedução, a escrita, a composição, a representação, a atuação e assim por diante. Na identificação projetiva normal, em comparação com sua forma defensiva, o fenômeno de

444 A IMPORTÂNCIA ORGANIZADORA DA IDENTIFICAÇÃO PROJETIVA

des-identificação (cisão) de um aspecto do indivíduo não acontece, ocorrendo apenas uma extensão de si no tempo, pessoa, espaço ou projeto contemplado.

Manifestações da identificação projetiva defensiva

A identificação projetiva defensiva permeia os fenômenos paranoides, obsessivo-compulsivos, fóbicos e histéricos, entre outros. Ela é particularmente evidente na ansiedade claustrofóbica e em estados de percepção equivocada. Um exemplo comum da vida cotidiana é o do indivíduo que se sente profundamente magoado após ser criticado por alguém. Com frequência, a mágoa se deve a pelo menos duas influências: o fato de não ser bem visto por si e por outros e a ressonância que o insulto cria com um superego crítico já instalado dentro da vítima. Este exemplo também implica a ideia da frouxidão das fronteiras do *self* do sujeito – isto é, a pessoa é incapaz de distinguir entre uma crítica proveniente de um objeto externo (nominalmente, o *inimigo*) e de um objeto interno (o *perseguidor*), o qual é projetivamente identificado com o crítico externo. Dito de outra forma, o inimigo sempre é distinto do sujeito, ao passo que o perseguidor sempre surge a partir das atribuições projetivas do sujeito. Com muita frequência, o sujeito confunde os dois.

Na ansiedade claustrofóbica, o aspecto infantil do sujeito projeta na imagem que ele tem do objeto (a) aspectos expansivos, invasivos ou intrusivos e manipuladores de si, o que faz com que ele fique aprisionado dentro do objeto, que agora ele sente que o está controlando; e (b) aspectos vorazes e exigentes, fazendo com que o objeto seja sentido como tendo se tornado voraz e exigente em retaliação.

Resumidamente, pode-se compreender a identificação projetiva como: (a) a *evacuação* de experiências dolorosas do *self* no objeto como continente (a diálise renal pode ser usada como modelo aqui); (b) a *ocupação* e *posse* inconscientes do objeto; (c) a *influência sobre* ou *manipulação* do objeto; e (d) a manifestação no pensamento analítico sob a forma de *deslocamento*.

Notas

1. A formação psicanalítica, bem como o conhecimento adquirido nos informam que a discrepância entre a *imagem* (representação) que o analisando tem do analista e a existência do analista *real* é o que melhor define aquilo que chamamos de *transferência*.

2. Cheguei a essa conclusão baseando-me nos dados reunidos a partir de muitas mães de crianças pequenas ao longo dos anos.

3. Peço desculpas ao número considerável de pessoas que contribuíram para o tema por não citar seus trabalhos: alego limitações de espaço como minha única justificativa.

4. Segal (1964) expandiu o conceito de negação de Klein com o conceito de negação *mágica onipotente* (p. 14). Quando combinamos essa expansão com o conceito de Meltzer (1966) de masturbação anal, podemos começar a divisar como o controle mágico do objeto pelo sujeito (mágica imitativa, ação à distância) pode ser imaginado como surgindo a partir do emprego mágico de um órgão do corpo, identificado com um objeto na fantasia, como uma lâmpada de Aladim. Klein (1946) já havia esboçado essa ideia em termos de fezes e urina que são projetadas sobre um objeto com o propósito de controlá-lo. O conceito de Ogden (1997) do terceiro sujeito subjugante da análise é um descendente direto dessas ideias.

5. A possível razão para a concretude da criança é, em parte, sua não reflexão durante o desenvolvimento – isto é, sua mente de via única (ciclópica), que funciona com base em equações simbólicas

446 A IMPORTÂNCIA ORGANIZADORA DA IDENTIFICAÇÃO PROJETIVA

(Freud, 1924d; Segal, 1957, 1981) em vez de símbolos, o que exigiria uma mente de duas faixas (Grotstein, 1978).

6. O conceito de contratransferência como instrumento analítico vem desde von Haan Kende (1933), Isakower (1938) e outros, mas em contextos não relacionados por eles a processos projetivos. Acredito que o problema na definição da contratransferência refere-se à dúvida sobre se a identificação é parcial ou total.

7. Como afirmei, no entanto, fico dividido entre a visão da contratransferência que discuti acima e a visão de Klein e Bion.

8. É preciso entender que o fenômeno da cisão constitui uma des-identificação ou rejeição, por parte do sujeito que projeta, de outro de seus aspectos subjetivos – daí minha predileção por enfatizar este último em seu papel na des-identificação com relação à re-identificação do *self* na outra cadeia.

9. Winnicott (1971) chamou a propensão criativa do bebê e da criança de "apercepção criativa" (p. 65).

10. Além disso, pode-se aplicar prontamente esse suposto aspecto de mágica ao ato de masturbação em que uma parte do corpo é usada como efígie para induzir controle sobre um objeto com o qual ela está identificada (mágica empática).

11. As emoções e os objetos internos e relações objetais projetados podem assumir formas concordantes, complementares (Racker, 1968) e/ou opositivas (Grotstein, 1981) quando realocadas projetivamente no objeto.

12. A atribuição de liderança no cosmos recém-construído pode ser a base do conceito de idealização de Klein (1946), um mecanismo no qual o sujeito abre mão de seu senso de poder em favor do objeto para criar uma sensação de segurança contra sua ansiedade persecutória relacionada ao objeto.

27. Transidentificação projetiva

> *É algo muito notável que o inconsciente de um ser humano possa reagir ao de outro sem passar pelo consciente. (Freud, 1915e, p. 194)*
>
> *Existe, por exemplo, o fenômeno da transmissão de pensamento, que tem tão estreitas relações com a telepatia e pode, na verdade, sem deturpação demasiada, ser considerado a mesma coisa. Afirma que os processos mentais numa pessoa – ideias, estados emocionais, impulsos conativos[1] – podem ser transferidos para uma outra pessoa através do espaço vazio, sem o emprego dos métodos conhecidos de comunicação que usam palavras e sinais. (Freud, 1933a, pp. 39-40)*

Na identificação projetiva propriamente dita, o sujeito que projeta, em fantasia inconsciente, reidentifica de forma projetiva e onipotente *aspectos* de si, sejam eles bons ou maus, ou a si mesmo como um todo, em sua própria *imagem interna* do objeto

448 TRANSIDENTIFICAÇÃO PROJETIVA

externo, a qual é confundida com o próprio objeto (transferência). O sujeito que projeta pode evitar o contato com indivíduos reais, uma vez que estes o recordam de aspectos indesejados dele próprio ou, alternativamente, pode buscar indivíduos que possam incorporar os traços indesejados a fim de *não* perder contato com os aspectos descartados de si. Caracteristicamente, os analisandos podem detectar traços negativos reais no analista e projetar sobre estes, de acordo com Klein (1955), em um fenômeno conhecido como "projeção na realidade" (p. 341).

O analisando pode tentar projetar sobre o (imagem do) analista às vezes em um apelo, outras por influência, manipulação, sedução, corrupção, imitação, fusão ou desaparecimento. Ao fazer isso, os analisandos manipulam inconscientemente a *imagem* do analista (como Aladim com sua lâmpada) – e *tentam fazer com que o analista se encaixe nesta imagem.* Considero este último aspecto – a tentativa de enfeitiçar ou influenciar o analista para que este se comporte de acordo com a imagem previamente criada dele – como uma operação separada da identificação projetiva e que pode ser colocada em outras categorias como indução hipnótica, evocação, provocação e/ou a implementação de técnicas mentais ou corporais de influência.

Quando o analista parece de fato identificar-se, sua identificação pode constituir tanto uma *identificação de teste* ou *parcial* (Fliess, 1942, p. 249), funcionando como seu "instrumento analítico" intuitivo, como, alternativamente, uma *identificação total* – ou seja, neurose de contratransferência, que é a emergência da neurose infantil do próprio analista. A isso, devemos acrescentar o fator da transferência independente – isto é, não contingente – do próprio analista com o analisando, também baseada em sua própria neurose infantil.

Sugiro, ainda, que nenhum indivíduo pode jamais projetar sobre outro indivíduo, mas apenas sobre sua imagem. Além disso, quando o outro indivíduo parece *de fato* ter sido influenciado pela projeção do sujeito, a "identificação" dentro do objeto emerge a partir daquilo que já existia e estava dormente dentro do objeto antes da identificação. Este processo cai na categoria de "correspondência" ou "simetria".

Muir (1995) concebeu o *processo transpessoal*[2] como uma "ponte entre as relações objetais e a teoria do apego" (p. 243). Proponho que aquilo que Bion chama de identificação projetiva intersubjetiva ou realista deva ser considerado como *transidentificação projetiva*, um modelo de duas pessoas, para designar sua complexidade transpessoal e intangibilidade e distingui-la (preservando-a, ao mesmo tempo) da concepção original de Klein do conceito como uma fantasia inconsciente intrapsíquica, onipotente e exclusivamente de uma pessoa apenas.

A ideia de transidentificação projetiva, na medida em que designa um processo transpessoal, tem tanta coisa em comum com a *hipnose* que sinto-me inclinado a equipará-las. No segundo fenômeno, o sujeito hipnotizado cinde e projeta um aspecto de seu ego que testa a realidade no (na imagem do) hipnotizador para que seja possível suspender a descrença (como fazemos quando lemos romances). Ele faz isso em conformidade com o procedimento de hipnose conduzido pelo hipnotizador, o qual pode estar utilizando procedimentos de *indução* que podem corresponder à atividade daquilo que Ogden (1994) chama de "terceiro sujeito subjugante" (p. 101). Uma vez que o campo da hipnose pode ser caracterizado como um espaço potencial de ilusão (suspensão da descrença) que é compartilhado pelo hipnotizado e pelo hipnotizador, este último também se sente limitado pelo hipnotizado ou sujeito à sua influência (Mason, 1994, p. 648; comunicação pessoal, 2003).

450 TRANSIDENTIFICAÇÃO PROJETIVA

Feldman (1997) abordou a questão do envolvimento do analista na identificação projetiva:

> [O] que se projeta no analista é a fantasia de uma relação objetal que evoca não apenas pensamentos e sentimentos, mas também propensões à ação. Do ponto de vista do paciente, as projeções representam uma tentativa de reduzir a discrepância entre a fantasia de alguma relação objetal arcaica e aquilo que o paciente vivencia na situação analítica. Para o analista, também, existem impulsos de funcionar de maneiras que levem a uma maior correspondência com algumas fantasias necessárias ou desejadas. A interação entre as fantasias do paciente e as do analista pode levar a atuações repetitivas do tipo doloroso e perturbador descrito. Pode ser muito difícil para o analista desvencilhar-se (ou a seu paciente) desta situação improdutiva e recobrar sua capacidade de pensar reflexivamente, pelo menos por um momento. A dificuldade aumenta quando a projeção sobre o analista conduz a atuações sutis ou evidentes que não perturbam o analista no início mas que, ao contrário, constituem um arranjo de conluio confortável no qual o analista sente que seu papel é congruente com alguma fantasia interna. (p. 227, grifo nosso)

A descrição de Feldman é um belo resumo do poder e da complexidade da identificação (transidentificação) projetiva quando a fantasia inconsciente do paciente é capaz de enfeitiçar e sequestrar a capacidade de reflexão do analista. Isso geralmente acontece quando o analista já possui uma fantasia inconsciente concordante (Mason, 1994; comunicação pessoal, 2004).

Contraidentificação introjetiva e projetiva

Sou da opinião de que o objeto (analista) que, consciente ou inconscientemente, *parece* experimentar a projeção – ou seja, *parece identificar-se* com a projeção – passa por uma transformação complexa e semi-hipnótica. Meu modo de ver é o seguinte: (a) O analista deve estar em uma relação com o analisando onde existe um vínculo colaborativo, mesmo quando a resistência predomina. O analista fica vulnerável pois ele se importa com a condução da análise e, portanto, está aberto. (b) O analista abre-se *ativamente* para tornar-se receptivo às comunicações do analisando, tanto verbais como não verbais – isto é, à atmosfera da relação. (c) Assim como o analisando forma uma imagem subjetiva-objetal do analista, este também forma uma imagem subjetiva-objetal do analisando. (d) Sugiro, baseando-me em Winnicott (1951, 1971) (e) Ogden (1997), que estas imagens são localizadas nos espaços potenciais respectivos de cada um dos dois – que eventualmente convergem para formar um espaço único *mutuamente fantasiado*; a entidade que Ogden chama de "terceiro espaço intersubjetivo da análise" (p. 35). Quando o estado emocional do analisando é tal que ele recorre à identificação projetiva para comunicar-se com o analista, ele projeta sobre sua própria *imagem* do analista. (f) O último experimenta aquilo que o analisando projetou primeiro através da contraidentificação *introjetiva* (parcial ou total), a qual se liga à imagem interna do analisando que o analista já criou. (g) A isso se seguem as contraidentificações *projetivas* do analista (parciais ou totais) sobre a imagem agora complexa que tem do analisando. O analista então vasculha seu próprio repertório de experiências para combiná-las com aquelas fantasias e fantasmas inconscientes que correspondem simetricamente ao seu banco de dados inconsciente de emoções e experiências. Este protocolo operacional também funciona no ciclo seguinte – quando o analista então faz uma intervenção com o analisando.

452 TRANSIDENTIFICAÇÃO PROJETIVA

Na primeira operação, o analista se identifica introjetivamente de maneira ativa (embora inconscientemente) com as projeções do analisando (Money-Kyrle, 1956). Na segunda, as associações inconscientes pessoais, idiossincráticas do próprio analista combinam-se com as identificações introjetivas iniciais (Grinberg, 1979). Caso o analista consiga atingir o estado de identificação parcial ou de teste, sua mente poderá então operar como um instrumento analítico (Isakower, 1938). Se a identificação for total, estabelecer-se-á uma neurose de contratransferência debilitante. Por fim, haverá agora um estado de *ressonância* entre os estados emocionais do analisando e do analista (através de suas respectivas imagens internas) – no terceiro (combinado) espaço potencial intersubjetivo (Schore, 2002). Quando a comunicação inconsciente descrita anteriormente vem à tona, sugiro que tenha ocorrido uma transação transpessoal – a qual é melhor descrita como uma forma de *hipnose mútua* (Mason, 1994, p. 648). Assim, dou a esse fenômeno o nome de "*transidentificação projetiva*" ou "hipnose mútua".

O ponto de vista do objeto (agora, o outro sujeito) que identifica

Tendo feito as considerações anteriores, cabe-nos agora examinar com ainda mais profundidade o que pode significar para o objeto-como-sujeito-propriamente-dito participar desta transação interpessoal. Embora ninguém possa projetar sobre outra pessoa *per se*, é possível *influenciar* um outro indivíduo, com a assistência de sua própria disposição inconsciente para ser influenciado.

O conceito de determinismo psíquico de Freud afirma, de fato, que a vontade (libido) é o fator determinante do comportamento humano. De acordo com este raciocínio, consequentemente não existe algo como uma passividade primária. Se um indivíduo é afetado por outro – isto é, torna-se vítima do outro – isso se deve ao fato de que a pessoa inconscientemente queria ou precisava ser afetada (como no masoquismo, por exemplo). Para que uma pessoa seja afetada pelos afetos e impulsos intrusivos projetados por outra, ela precisa estar envolvida com aquela pessoa, seja consciente ou inconscientemente – com uma disposição ou desejo de ser envolvida. A intencionalidade ou vontade é, portanto, a ordem oculta do princípio psicanalítico de determinismo psíquico e está na base de todos os fenômenos que envolvem atos de *influência*.

Acredito que o objeto – agora, o sujeito que se identifica com as projeções do sujeito que projeta – faz isso em um estado de submissão resultante de um transe semi-hipnótico que começa como contraidentificação *introjetiva* (Money-Kyrle, 1956, p. 331) e pode continuar como contraidentificação *projetiva* (Grinberg, 1979, p. 229) que emerge do mundo interno do próprio analista. Quando o analista é "afligido" por "contágios" do analisando, o fenômeno de *"hipnose mútua"* ou *"folie à deux"* está em operação (Mason, 1994; comunicação pessoal, 2003).

Mason elabora o seguinte raciocínio: Para que o objeto – ou seja, o analista – seja afetado pela fantasia inconsciente projetada do analisando, ele deve antes abrigar inconscientemente a mesma fantasia inconsciente onipotente – e buscar inconscientemente preservar sua ficção, entrando assim em conluio com o analisando para preservar sua crença mútua – isto é, uma *folie à deux*. Pode--se estabelecer um paralelo interessante entre essa ideia e a diferenciação feita por Stanislavski (1936) entre as técnicas de atuação clássica, por um lado, onde o ator busca identificar-se com o papel do personagem externo, e a técnica de "atuação pelo método", por outro, na qual o ator faz uma busca dentro de si para encontrar traços inerentes a si mesmo e personagens dentro de seu próprio repertório de experiências passadas nos quais pode se apoiar para

454 TRANSIDENTIFICAÇÃO PROJETIVA

adequar-se ao papel a ser vivido. Portanto, na transidentificação projetiva, o analista, ao vivenciar o estímulo indutor evocativo ou provocativo do analisando, evoca a partir de dentro fantasias simétricas e fantasmas correspondentes que possam se adequar à experiência do analisando. Esse é, basicamente, o modo como acredito que uma mãe funciona na *rêverie* materna quando está cuidando de seu bebê.

Como consequência, a transidentificação projetiva pode ser vista como um estado de hipnose mútua entre analisando e analista no qual há uma ressonância ativa entre imagens construídas dentro de cada participante e onde as respectivas imagens são infundidas com identificações projetivas internas provenientes do interior de cada um. Cada comunicação de um dos membros resulta em uma contraidentificação introjetiva progressivamente mais complexa no outro. Os processos que parecem completar o ciclo de comunicação neste estado de ressonância são a *indução e/ ou evocação*, a *provocação* e/ou a *incitação* [*"priming"*].

Um segundo olhar sobre a revisão de Bion: transdução, indução, reconstrução e produção

Em minha opinião, as contribuições de Bion para a teoria da identificação projetiva foram de imensa importância em sua aplicação aos fenômenos clínicos, especialmente no que diz respeito à sua descoberta da dimensão comunicativa da identificação projetiva. Aparentemente, ele tanto manteve a visão de Klein de que a identificação projetiva era estritamente uma fantasia inconsciente onipotente intrapsíquica *e* de que possivelmente algum outro processo deveria ser acrescentado ao conceito para dar conta de seu aspecto comunicativo. Em outras palavras, ele postulou *dois* processos separados. Bion (1973) afirma:

JAMES S. GROTSTEIN 455

A teoria de Melanie Klein é de que os pacientes têm uma fantasia onipotente e o modo de definir esta fantasia em palavras é afirmando que o paciente sente que pode cindir determinados sentimentos desagradáveis e indesejáveis e colocá-los no analista. Não estou certo, baseado na prática da análise, que trata-se apenas de uma fantasia onipotente. . . . Senti. . . que, quando o paciente parece envolvido em uma identificação projetiva, isso é capaz de me fazer sentir perseguido. . . . Se isso estiver certo, ainda é possível manter a teoria de uma fantasia onipotente, mas podemos nos perguntar, ao mesmo tempo, se não existe alguma outra teoria que explicaria o que o paciente faz com o analista que faz com que ele se sinta de determinada forma. *(pp. 105-106, grifo nosso)*

Uma vez que um sujeito não pode projetar diretamente sobre um objeto, mas apenas sobre sua *imagem* ou *construção* do objeto, as imagens que o sujeito tem do objeto e a imagem que este tem do primeiro entram em ressonância mútua indutiva (hipnótica), em vez de constituir uma *penetração real* do objeto pela identificação projetiva de qualquer uma das partes.

Minha teoria de indução-ressonância-evocação-provocação--incitação é totalmente compatível com as formulações de Bion e eu acredito que ele a esboçou através de sua "transformação em O" (1965, p. 160). Acredito que o conceito de Bion de transformações em O, em conjunto com o de continente-conteúdo, *aproxima-se* do conceito de *telepatia* (percepção extrassensorial, clarividência e também preocupação materna primária) e só se transforma em transidentificação projetiva quando a *rêverie* materna falha e/ou após a instalação da posição depressiva, momento em

456 TRANSIDENTIFICAÇÃO PROJETIVA

que a necessidade de um comportamento contingente harmonioso por parte da mãe necessariamente dá lugar a algum comportamento não contingente.

De acordo com Bion (1962b), as emergências de O interseccionam a fronteira emocional do indivíduo, criando impressões sensoriais de experiências emocionais conhecidas como elementos-beta (p. 7). Tais elementos brutos são infinitos em sua natureza (assim como O, sua fonte de origem) e precisam ser *transduzidos* a partir do *infinito*, de conjuntos infinitos e da simetria absoluta (caos) para se tornarem *oposições binárias assimétricas e finitas* (exemplo: qualidades boas e qualidades más) pela função-alfa. A criança, ainda sem função-alfa adequada durante seu desenvolvimento, projeta seus elementos-beta que vão se acumulando na mãe, a qual funciona como uma mente auxiliar para pensar seus "pensamentos sem pensador" (Bion, 1970, p. 104).

A pesquisa empírica recente na área das neurociências pode lançar alguma luz sobre esta questão (Gallese & Goldman, 1998):

> *No presente artigo, iremos propor que as habilidades de leitura da mente dos seres humanos baseiam-se na capacidade de se adotar um esquema de simulação. Esta capacidade pode ter evoluído a partir de um sistema de combinação de execução/observação de ações cujo correlato neural é representado por uma classe de neurônios recentemente descobertos no córtex pré-motor de macacos: os neurônios espelho. (p. 493)[3]*

Minha versão modificada disso é a seguinte: a criança ou a parte infantil da personalidade, sob a pressão do acúmulo de elementos-beta, *induz* um estado simétrico (Stanislavski; Mason) na mãe (ou analista) vulnerável-porque-disposta, fazendo com que esta examine inconscientemente seu próprio inventário ou repertório de experiências reais passadas ou de experiências possíveis, escolha as mais pertinentes ou adequadas delas para consideração consciente e, então, *produza* pensamentos e/ou ações (interpretações) para reduzir o sofrimento da criança ou do analisando. Freud parece ter intuído o conceito de indução. Ao buscar uma metáfora para demonstrar como o analista é inconscientemente afetado por seu analisando, ele optou pelo funcionamento do telefone (Freud, 1912e):

> *Expresso numa fórmula: ele [analista] deve voltar seu inconsciente, como órgão receptor, para o inconsciente emissor do doente, colocar-se ante o analisando como o receptor do telefone em relação ao microfone.* Assim como o receptor transforma novamente em ondas sonoras as vibrações elétricas da linha provocadas por ondas sonoras, o inconsciente do médico está capacitado a, partindo dos derivados do inconsciente que lhe foram comunicados, reconstruir o inconsciente *que determinou os pensamentos espontâneos do paciente. (pp. 115-116, grifo nosso)*[4]

Em outras palavras, *o emissor não estabelece contato direto com o receptor*, de acordo com Freud. As ondas sonoras do emissor, amplificadas eletricamente, alcançam o receptor do telefone, que transforma a voz falada de tal maneira que esta é *reconstruída* e transmitida por *indução* a um receptor mecânico preparado, o qual, por sua vez, as *reconstrói* e então *transmite* a mensagem de voz duplamente transformada para o ouvinte. Tenho a impressão de que este modelo descreve adequadamente os processos de tran-

458 TRANSIDENTIFICAÇÃO PROJETIVA

sidentificação projetiva (hipnose) e contenção materna. Dito de outra forma, o que a mãe ou o analista contém não são as projeções da criança ou do analisando, mas os resultados emocionais de sua própria seleção inconsciente correspondente dentre suas próprias experiências e sua reconstrução subsequente da experiência da criança. Ambos permanecem autocontidos diante da tentativa de indução emocional por parte da criança/analisando. Este processo corresponde de maneira mais próxima, acredito eu, ao que Bion (1965) quer dizer com a necessidade do analista de tornar-se o analisando (p. 146). Talvez fosse mais adequado dizer que o analista deve tornar-se ainda mais profundamente aqueles aspectos de si mesmo que melhor correspondem àqueles do analisando.

Quando o analista *parece* agir como continente para as experiências descritas por seu analisando, consequentemente, proponho que o analisando *identifica projetivamente* (inconscientemente) seu estado emocional na *imagem* que tem do analista com a esperança de livrar-se da dor e de *induzir* este estado no analista. O analista, devido à sua disposição para ser um coparticipante útil neste empreendimento conjunto, encontra-se aberto e receptivo às emissões do analisando *através de um estado de ressonância* entre suas respectivas imagens. Esta ressonância resulta finalmente na contracriação, pelo analista, de sua própria imagem do analisando. Os canais entre as duas imagens encontram-se agora abertos em ambos os sentidos.

A imagem não transformada dentro do analisando, agora com uma forte carga emocional, *induz* um estado de alta carga emocional na imagem que o analista tem do analisando. Este estado altamente carregado em ambas as imagens é constituído por elementos-beta, as impressões emocionais deixadas pelas intermináveis intersecções com as emergências de O, e caracteriza-se por qualidades e quantidades infinitas e/ou conjuntos infinitos[5] – todas as possibilidades imagináveis e além. O analista deve então *converter* este estado emocional altamente energizado dentro de si do infinito para considerações finitas (bom e mau, interno e externo, e assim por diante) conforme ele *se torna* ou *sonha* o analisando, o que significa, de acordo com Bion (1962b, p. 17), permitir que sua função-alfa, acompanhada de um estado de *rêverie*, absorva o estado emocional altamente carregado, bruto e até então não transformado do analisando para que este se torne seu (do analista), após o que o analista o *converte* em termos compreensíveis, primeiro permitindo que o estado emocional faça uma varredura em sua consciência para combinar-se (estabelecer simetria) com sentimentos e experiências relacionados dentro de si (analista) e então *reconstruindo* dentro de si uma *duplicata* emocional coerente do sofrimento emocional do analisando.

O passo final do processo é a *produção* de uma interpretação ou intervenção. Deve-se notar que, quando Bion emprega o termo "tornar-se", ele *não* quer dizer "identificar-se", uma vez que o último designa uma perda do *self* no outro – ou seja, uma perda dos limites do ego –, enquanto "tornar-se" só pode ocorrer por causa do estado intacto da barreira de contato (limites) do analista (Bion, 1962b, p. 17). Ele utiliza o termo no sentido proposto por Platão, "Aquilo que é, está sempre se tornando".

Talvez na prática clínica possamos nos dar a liberdade de utilizar a expressão simplificada "Você está projetando sua raiva em mim", uma vez que isso parece funcionar. O ponto que desejo salientar é que, embora ela *pareça* funcionar, a frase constitui uma simplificação exagerada de um conjunto mais amplo de processos intermediários que, em última instância, representa uma mudança significativa de paradigma com relação ao modo como as análises são concebidas. Refiro-me aqui aos conceitos revolucionários de Bion de "tornar-se" e "sonhar" por parte do analista (para uma

460 TRANSIDENTIFICAÇÃO PROJETIVA

revisão das teorias de Bion sobre sonhar e tornar-se, ver Grotstein, 2002, 2003).

Limitações de espaço obrigam-me a fazer apenas uma breve referência ao modo como as ideias listadas anteriormente podem correlacionar-se com o controle da mente ("lavagem cerebral"). Minha hipótese é que as ideias do controlador da mente não entram *per se* naquele que tem sua mente controlada. Em vez disso, o último, por causa de uma variedade de possibilidades que já enfraqueceram seu ego, entra em um estado de identificação projetiva.

O terceiro sujeito subjugante da análise e o dramaturgo

Outra visão interessante e relevante é o conceito de Ogden do "terceiro sujeito subjugante da análise" (p. 97). Klein (1946) propôs que, na identificação projetiva, a criança ou a porção infantil da personalidade pode projetar sua urina e suas fezes, em fantasia inconsciente, no objeto com o propósito de controlá-lo (p. 300). Ela nunca explicou de fato como as fezes e a urina exercem seu controle. Meltzer (1966) fez isso. Minha leitura da explicação de Meltzer é a seguinte: Primeiro, a criança equaciona suas fezes (e urina) ao leite *e* ao seio que acabaram de ser engolidos por causa, em parte, da rapidez da ocorrência do reflexo gastrocólico que se segue à amamentação. Quando a criança comprime as fezes em seu reto ou realiza masturbação anal, ela está exercendo seu controle sobre o objeto que está dentro dela. No decurso destas manobras de controle, a criança pode, em fantasia inconsciente, projetar suas fezes (ou urina) no (na imagem do) objeto externo, em seu traseiro (ânus, conforme ele está partindo) e tentar entrar nele para controlá-lo a partir de dentro (colonização). O ato fantasiado de identificação projetiva aqui pressupõe que o ânus do objeto e da criança estão fundidos ou conectados – isto é, mutuamente identificados. Assim, a criança

JAMES S. GROTSTEIN 461

e suas fezes, agora equacionados ao objeto-seio interno através da mágica empática (Frazer, 1922, p. 43), estão situados dentro da "torre de controle" do objeto, por assim dizer, e são, portanto, capazes de controlá-lo.

A explicação posterior de Ogden (1994, p. 61) para este processo é diferente. Seguindo a concepção de Bion de que, na análise, O reside (a) no analisando, (b) no analista e (c) no campo analítico entre e ao redor deles, ele evoca o conceito de que a relação analítica entre o analisando e o analista constitui, em si, um "terceiro sujeito" e também pode ser compreendida como um "terceiro sujeito subjugante" (p. 101) que direciona inconscientemente as subjetividades dos dois participantes da análise. O terceiro subjugante é o resultado de uma compactação ou combinação das subjetividades do analista *e* do analisando. É um terceiro sujeito distinto que age independentemente das subjetividades de cada participante e dirige ambos na peça analítica.

Eu (Grotstein, 2000), seguindo e expandindo as ideias de Klein, Bion, Meltzer e Ogden, proponho: (a) um "dramaturgo" (o fantasma que faz a peça acontecer) como a fonte misteriosa de manipulação inconsciente, que está sempre situado dentro do analisando (mas, patologicamente, dentro do analista também) mas que tenta influenciar o sujeito inconsciente dentro do analista através da *indução hipnótica* para levá-lo a entrar em conluio com seus próprios interesses subjetivos. Quando isso acontece no contexto terapêutico, significa que a subjetividade do analista foi de fato mobilizada e então manipulada ou cooptada em um esforço para que ele represente em um cenário considerado necessário pelo analisando, seja para uma exploração mais profunda, por atração empática ou para conluio e resistência.

Por outro lado, este envolvimento pode ser desvirtuado pela necessidade do analisando de desestabilizar a análise. Instala-se

462 TRANSIDENTIFICAÇÃO PROJETIVA

então um conluio, uma *folie à deux*, mas que pode ser transformado em algo terapêutico quando o analista, mantendo uma *identificação parcial* com o analisando, é capaz de refletir sobre aquilo que emergiu e pode transformar o drama em uma interpretação mutativa. Quando o analista cai em uma *identificação total*, sua própria neurose infantil foi mobilizada e a análise torna-se então desvirtuada por conta de uma *neurose de contratransferência*. Deve-se lembrar também que Bion, assim como Ogden mais posteriormente, concebia a relação psicanalítica como um fenômeno de grupo. Em outras palavras, ele acreditava que o analisando e o analista formam um grupo em si mesmos que passa por um processo de transferência-contratransferência grupal além das transferências individuais.

Se na transidentificação projetiva, de acordo com minha hipótese, dois (ou mais) indivíduos separados comunicam-se *sem penetração emocional direta de um pelo outro*, mas apenas pela indução de um estado alterado de mente de um no outro, eu estaria certo ao sugerir que este processo caracteriza-se como um *processo transpessoal*? Devo confessar que não tenho certeza, mas que me sinto inclinado a responder de modo afirmativo.

Mason (1994; comunicação pessoal, 2005) sugere que, enquanto sua concepção de *folie à deux* designa a *psicopatologia mútua* de dois indivíduos, ela também pode constituir um modelo de *rêverie* saudável, sendo que, neste caso, a conotação original da palavra "*folie*" precisaria ser devidamente alterada.

Preocupação materna primária, rêverie, transformações em O e telepatia

Quando se lê a concepção de Bion de *rêverie materna*, é inevitável comparar sua visão com a ideia de Winnicott (1956) de *preocupação materna primária*:

JAMES S. GROTSTEIN 463

Em linguagem simplificada, percebe-se que há uma identificação – consciente, mas também inconsciente – que a mãe estabelece com a criança. (pp. 300-301)

Minha tese é a de que, na fase mais inicial, estamos lidando com um estado muito especial da mãe, uma condição psicológica que merece um nome, tal como Preocupação Materna Primária. (pp. 301-302)

Ele segue adiante e afirma que a mãe desenvolve esta sensibilidade aumentada com relação ao filho quando se aproxima do final da gravidez, e que ela dura por algumas semanas após o nascimento:

Este estado organizado... poderia ser comparado a um estado de retraimento, ou um estado dissociado ou de ausência.... Não acredito que seja possível compreender o funcionamento da mãe... sem perceber que ela deve ser capaz de alcançar este estado de sensibilidade aumentada, que é quase uma doença, e de recuperar-se dele.... A mãe que desenvolve este estado... oferece um esquema para que a constituição do bebê comece a se tornar evidente, para que as tendências do desenvolvimento comecem a se revelar. (pp. 302-303)

Esta passagem de Winnicott não apenas apoia a questão da "telepatia", mas, de modo mais específico, pode-se ver prontamente o quanto suas ideias sobre a preocupação materna primária se aproximam das de Bion quando este fala de *rêverie* materna. Podemos nos perguntar, também, se Winnicott observou um estado mais óbvio de preocupação materna primária e se não podem haver continuações clínicas mais sutis deste estado, continuações que

464 TRANSIDENTIFICAÇÃO PROJETIVA

poderiam corresponder ao conceito robusto de *rêverie* de Bion. Aparentemente, Winnicott está descrevendo uma experiência transitória normal e necessária de estar-em-um [*"at-one-ment"*] entre o bebê e a mãe que se parece muito com a maneira que Bion descreve a *rêverie* – ou seja, a mãe deve *tornar-se* a criança, assim como o analista deve *tornar-se* o analisando em uma transformação em O.

Transidentificação projetiva ou transformações em O?

Levantei a questão sobre preocupação materna primária e *rêverie* por uma razão. Bion refere-se com frequência à necessidade da criança normal de empregar a identificação projetiva com sua mãe para comunicar seus afetos e carências, e cita com ainda mais frequência seu medo de morrer. Neste ponto, irei divergir um pouco de Bion. Usando o modelo de Winnicott, sugiro que o bebê e a mãe, durante a *rêverie* ou preocupação materna primária, *parecem* ter uma compreensão intuitiva quase umbilical de que nenhuma comunicação se faz necessária. Este estado poderia ser equiparado ao fenômeno atual de se "estar na área", uma situação que os atletas conhecem muito bem – quando nada pode dar errado: por exemplo, no caso do jogador de basquete, quando seus olhos, suas mãos, a bola que ele lança e o aro no qual ele mira *são todos um*.

Sugiro que tanto a *rêverie* de Bion como a preocupação materna primária de Winnicott descrevem um estado temporário de estar--em-um – o "tornar-se" de Bion (1965, p. 146) – no qual a comunicação está implícita sem que haja necessidade de identificação projetiva. A identificação projetiva – na verdade, *trans*identificação – começa quando o feitiço é quebrado, por assim dizer – isto é, quando o bebê vivencia uma ruptura do estar-em-um. Portanto, do modo como vejo, Bion mesclou dois estados em um.

Telepatia e percepção extrassensorial

Freud (1941d[1921]) parece ter nutrido um respeito relutante pela telepatia, uma vez que a reconheceu como uma entidade. Ele considerava sua pouca experiência clínica com o fenômeno, particularmente nos sonhos, principalmente como algo que atribuía substância ao trabalho do inconsciente, mas ainda assim deixou espaço para a possibilidade de que existisse de forma independente. Eisenbud (1946), em um trabalho um pouco mais apaixonado, estudou fenômenos telepáticos e era mais confiante com relação à sua existência, mas ficou especialmente impressionado com sua atividade nos sonhos. Pederson-Krag (1999) também endossou a existência da telepatia e especulou que ela pudesse ser um resquício primitivo de nosso desenvolvimento filogenético:

> A persistência da percepção extrassensorial primordial poderia ter atrapalhado o desenvolvimento. Se os homens pudessem se comunicar por meios telepáticos simples, a fala, com todo seu intricado uso de símbolos e conceitos, seria desnecessariamente trabalhosa e jamais teria sido elaborada. A percepção dos impulsos eróticos e agressivos brutos de cada um, proporcionada pela telepatia teve de ser reprimida quando os homens se tornaram seres comunitários. (p. 68)

Servado (1956), que também apoiava a existência da telepatia, afirmava que as condições da transferência promoviam transferências de pensamentos e que, na telepatia, "o sujeito da experiência encontra-se invariavelmente ligado a uma outra pessoa por uma conexão que implica uma situação de transferência-contratransferência no sentido anteriormente descrito, isto é, através de um forte padrão emocional de relacionamento que envolve ambos"

466 TRANSIDENTIFICAÇÃO PROJETIVA

(p. 392). As opiniões de Servado correspondem intimamente ao modo como penso, bem como ao de Bion (1979):

> P.A. ["psicanalista"] Suponho que sim [em resposta a uma pergunta] – a menos que haja alguma forma desconhecida de comunicação entre indivíduos diferentes. Mesmo que os seres humanos estejam divididos por Tempo, Espaço, Divindade... – esta barreira é penetrável por forças cuja compreensão está além de nossos modos de pensamento lógicos e racionais. (3:102)

Mais adiante, ele sugere que tais ideias são concebíveis para a imaginação especulativa e, posteriormente, para o raciocínio especulativo.

Eu tive analisandos e supervisionei analistas que tiveram analisandos que, a meu ver, demonstraram de modo inequívoco possuir capacidades telepáticas. É tentador concordar com Servado, que acredita que a telepatia pode ser uma capacidade inata dentro de nós que pode ter sido profundamente reprimida (talvez, acredito eu, pela repressão primária – com raras e interessantes exceções) por razões adaptativas. No entanto, também acredito que experiências que podem parecer telepáticas podem frequentemente ser o resultado de estímulos subliminares. Também acredito que a comunicação não verbal, que é diferente da telepatia, possa ser o "acorde perdido" da comunicação primordial.

Conclusão

Sou da opinião de que a telepatia (percepção extrassensorial) pode estar no limite inferior de um espectro em cujo limite superior encontra-se a comunicação não verbal (indução, evocação, provocação e/ou incitação [*priming*]), a qual é equivalente à preocupação materna primária e constitui a "língua base", o "acorde perdido" entre o bebê e a mãe e entre o analisando e o analista. O indivíduo recorre à transidentificação projetiva quando um dos pais falha e na aurora das relações não casuais entre o bebê e a mãe.

Breve relato de caso

Uma mulher recém-casada de 24 anos que emigrara recentemente de um país da Europa central havia iniciado sua psicanálise comigo cerca de quatro meses antes do episódio que vou relatar. Verifiquei que ela possuía um alto funcionamento, mas que sofria, dentre outras coisas, um choque cultural em seu novo país, sentindo muita falta de sua terra natal. A análise caminhou muito bem e ela sonhava em profusão. De repente, ela entrou certo dia em meu consultório parecendo estranha – quase como se estivesse sonâmbula ou, no mínimo, em um transe. Ela caminhou até o divã, deitou-se nele por um ou dois segundos e então sentou-se e reposicionou-se em uma cadeira, olhando para mim. Seu comportamento era sinistro, misterioso, assustador e estranho. Enquanto tudo isso acontecia, percebi que eu me sentia cada vez mais desconfortável, até o ponto de ficar ansioso – eu não sabia o que estava causando isso. Então, percebi que estava ficando apavorado! A analisanda permaneceu quieta enquanto isso se passava. Na verdade, ela estivera em silêncio por cerca de 20 minutos, o que pareceu uma eternidade para mim na ocasião. Comecei então a sentir que eu estava morrendo! Eu sabia que não estava, mas realmente senti como se fosse o que estava acontecendo. Quando o sentimento se tornou quase insuportável, ela quebrou o silêncio e disse: Você está morto!

468 TRANSIDENTIFICAÇÃO PROJETIVA

O que emergiu disso foi uma parte significativa de sua história passada cuja importância eu não havia percebido. Seus pais tinham se divorciado quando ela tinha três anos. Como era costume em seu país na época, o pai, sendo homem, ganhou automaticamente a guarda da filha (única criança do casal). Ele a tirou de sua mãe e a levou para seus próprios pais, que viviam nos Alpes. Os avós se tornaram, a partir de então, seus pais funcionais até seus sete anos de idade, quando o pai veio buscá-la para alojá-la em sua cidade natal para que ela pudesse frequentar a escola. Quando a analisanda disse para mim que eu estava morto, ela contou a seguinte história: Ela se lembrava do trem, da plataforma da estação e de seus avós despedindo-se com os olhos chorosos. Ela jamais os viu outra vez. Ela alegava que os dois haviam morrido de tristeza pouco tempo depois. A data desta sessão analítica era o aniversário daquela fatídica partida.

Agora que a analisanda havia quebrado o silêncio de forma tão significativa, eu me recompus e tentei compreender tudo o que eu tinha ouvido e vivenciado ali. Primeiro, pensei que ela havia projetado em mim a experiência da morte de seus avós. Tive a intenção de fazer esta interpretação, mas aqui está o que eu misteriosamente me ouvi dizendo no lugar disso: "Eu acredito que, quando você deu adeus aos seus queridos avós naquele dia fatídico, você morreu como *self* e continuou emocionalmente morta até agora. O aniversário deste acontecimento parece ter trazido o evento de volta à vida para você. Você me deu os sentimentos intoleráveis de sua morte emocional e da perda de seus avós pois sentiu que era incapaz de suportá-los, mas esperava que agora eu pudesse suportá-los *por* você e *com* você". Ela então exclamou, "Sim! Sim! Sim"! e chorou. Esta sessão foi um ponto de inflexão em seu tratamento.

Resumidamente, ocorreu um evento emocional poderoso entre nós dois no qual eu assumi uma atitude sonhadora (em um estado espontâneo de *rêverie*) e sonhei aquilo que a analisanda ainda não conseguia processar (sonhar) (Bion, 1992, pp. 120, 215). Quando apresentei a interpretação a ela, ela sentiu um alívio imediato, não apenas pelo fato de a interpretação estar correta, mas por causa daquilo que hoje acredito que foi minha própria coragem de suportar sua antiga agonia insuportável, sofrê-la como se fosse minha e então reformulá-la de forma que fosse tolerável para ela. Em uma análise final, como ela pôde apontar mais tarde, ela não poderia ter encarado seus sentimentos – aquilo que eu chamaria de sua verdade pessoal – caso eu não tivesse tido coragem de vivenciar esta cena crucial com ela.

A importância dos fatores da realidade externa: perseguidores e inimigos

O psicanalista devotado tende frequentemente a manter-se focado no mundo interno da fantasia inconsciente, buscando excluir fatores significativamente intrusivos que possam surgir da vida externa do analisando, ao passo que o psicoterapeuta pode fazer o oposto disso. Fatores intrusivos da realidade externa que podem ser significativos podem incluir o exemplo do analisando que está realmente sofrendo por causa de um casamento destrutivo e irreparável ou outras relações igualmente prejudiciais. A esperança que a análise oferece, *em teoria*, é de ajudar o analisando a localizar suas projeções nos objetos externos que fazem com que ela reaja a tais objetos como se eles fossem perseguidores. Após ter elaborado as identificações projetivas com o objeto que o transformaram em um perseguidor, o analisando torna-se mais capaz de julgar se o objeto é ou não um inimigo. Em outras palavras, a ideia de que o objeto é um *perseguidor* origina-se sempre no sujeito

470 TRANSIDENTIFICAÇÃO PROJETIVA

como uma identificação projetiva de seu mundo interno, ao passo que a percepção de que o objeto é um *inimigo* tem origem exclusivamente externa (do objeto). O analisando fica frequentemente confuso entre essas duas categorias em casos de abuso. É como se, quando o analisando é criticado, ocorresse uma situação de "dois contra um" – isto é, ele se sente acuado entre seu próprio superego odiento e o ataque do objeto externo e não é capaz de ver diferença entre os dois ataques.

Dito isso, é importante que o analista não negligencie o segundo estágio: removendo os elementos persecutórios da experiência que o analisando tem do objeto para ajudá-lo a ter coragem de enfrentar suas vivências autênticas de ameaça. Tendo estado com frequência em ambos os lados desta situação, acabei por me tornar muito sensível a ela. Lembro-me aqui das experiências de alguns analisandos judeus na Alemanha nazista que receberam ajuda ativa para fugir por intercessão de seus analistas.

Outro fator que diz respeito à importância da realidade externa e nossa consciência para apreendê-la é a ênfase ontológica que os analistas parecem hoje atribuir à consciência (Stern, 2004). O próprio Freud (1911b) observou que os objetos da realidade externa – que é, na verdade, um *senso* de realidade simbólico compartilhado, e não Realidade Absoluta em si – são desconhecidos e incognoscíveis para nós em última instância. A ontologia, a epistemologia ontológica e a fenomenologia ontológica são os novos métodos de exploração que temos à nossa disposição.

Sumário

O conceito de identificação projetiva designa uma fantasia intrapsíquica inconsciente onipotente, enquanto o termo transidentificação projetiva designa o fenômeno comunicativo real, em termos gerais, no qual o inconsciente do sujeito influencia de fato o inconsciente do objeto. A identificação projetiva é a forma kleiniana de examinar o deslocamento e busca explicar o modo pelo qual o mundo interno do sujeito seleciona objetos derivados no mundo externo para representar aspectos do mundo interno no conteúdo manifesto de uma sessão analítica ou de um sonho. A transidentificação projetiva, por outro lado, inclui a identificação projetiva, mas também a operação da incitação [priming] ou provocação do objeto pelo sujeito e a participação ativa da *rêverie* do objeto – isto é, capacidade de correspondência emocional simétrica.

Notas

1. Note que Freud utiliza a palavra "conativo", como em "conação" e "*conatus*".

2. O termo "transpessoal" tem muitas conotações, uma das quais é "místico". Certamente, a natureza essencial da relação entre dois indivíduos, particularmente entre bebê e mãe e analisando e analista, é no mínimo misteriosa e inefável e, portanto, mística.

3. Agradeço a Carole Tarantelli por essa referência.

4. Agradeço a Victoria Stevens por essa referência.

5. O representa não apenas massa e energia, mas também informação infinita.

28. Modificações e ampliação da técnica kleiniana por Bion

De todos os analisandos e/ou seguidores de Klein, foi Wilfred Bion quem fez as ampliações mais extensas e influentes e as inovações mais radicais de suas teorias e técnica clínica, para não falar das de Freud. "Kleiniano/bioniano" ou "kleiniano e bioniano" são as designações empregadas pelos pós-kleinianos de Londres para seu corpo de conhecimento psicanalítico e seus conceitos técnicos, embora esta conexão seja enganosa. A união dos nomes "Klein" e "Bion" requer algum esclarecimento. No livro *Conferências Clínicas sobre Klein e Bion*, organizado por Anderson (1992), por exemplo, a obra de Bion é discutida por Ronald Britton em torno do conceito de "verdade" de Bion, por Edna O'Shaughnessy em relação ao seu trabalho inicial com a psicose e por Ruth Riesenberg Malcolm em termos do trabalho de Bion sobre "não aprender". Os trabalhos posteriores de Bion sobre transformações em *O*, de *O* em *K*, a Grade, os sonhos, o "tornar-se" e outros foram deixados patentemente de fora. As contribuições de Bion para a técnica kleiniana são sutis, profundas e de longo alcance. Elas constituem modificações e ampliações significativas, bem como continuações

474 MODIFICAÇÕES E AMPLIAÇÃO DA TÉCNICA KLEINIANA POR BION

da técnica original de Klein. A despeito de todas as variações que ele implementou, no entanto, deve-se notar que Bion era antes e acima de tudo kleiniano em sua técnica. Assim, as inovações de Bion podem ser vistas como "variações, ampliações, modificações e inovações sobre temas de Klein". O "fantasma" de Bion assombra, penetra e define substancialmente a técnica do grupo hoje conhecido como "pós-kleiniano de Londres", especialmente de Betty Joseph e dos membros de sua duradoura oficina de técnica – mas não completamente, como mostrarei (para um estudo mais detalhado das contribuições de Bion ver Grotstein, 2006b).

Suas primeiras inovações de peso são talvez as mais conhecidas. Estas incluem o conceito de "identificação projetiva comunicativa" ou "normal", de onde derivou a noção de "continente ↔ conteúdo".[1] A partir daí Bion (1957, 1959, 1962a, 1962b) elevou a análise kleiniana do modelo de uma pessoa para o modelo intersubjetivo de duas pessoas. Os trabalhos posteriores de Bion (1965, 1970), que tratavam de temas como as transformações em O, a Grade, o sonhar, tornar-se e fenômenos pré-natais (Bion, 1977a) não encontraram espaço entre os pós-kleinianos londrinos, mas foram aceitos amplamente e com entusiasmo por kleinianos, pós-kleinianos e até não kleinianos em quase todos os outros lugares, em especial na América do Sul e na Itália, lugares que considero como sedes do estudo sobre Bion e que transcendem o conhecimento atingido até hoje na Inglaterra e nos Estados Unidos. Acredito que as contribuições de Bion constituem, em sua integridade, a continuação, extensão e revisão lógicas – e o futuro natural – da episteme kleiniana. *Elas devem permanecer juntas!*

Continente ↔ conteúdo (♀♂)

A primeira revisão importante da teoria kleiniana feita por Bion foi sua formulação do conceito de *continente e conteúdo*,[2] a qual sinalizou uma mudança de paradigma fundamental na teoria kleiniana e influenciou a mudança para a era pós-moderna da *intersubjetividade*. A relevância deste conceito para a teoria das Posições advém do fato de que ele aprendeu com seus pacientes psicóticos que estes apresentavam evidências clínicas de uma *catástrofe infantil*, a qual tem como um de seus aspectos a experiência real de criação por mães incapazes de tolerar as projeções de seus filhos e que são, consequentemente, introjetadas sob a forma de "objetos obstrutivos" (projeção reversa amplificada).

Bion faz a primeira sugestão sobre este novo conceito em seu artigo "Sobre a Arrogância" (1957b). O conceito de continente ↔ conteúdo ampliou a visão de uma pessoa de Klein sobre a psicanálise ao enfatizar a importância central e a irredutibilidade da *inter-relação* do bebê com a mãe e, por extensão, da inter-relação do analisando com seu analista. Ele introduziu, em outras palavras, a abordagem intersubjetiva na psicanálise kleiniana e clássica. De acordo com sua concepção de continente ↔ conteúdo, o analista torna-se não apenas um mero intérprete objetivo das ansiedades do analisando, mas também um participante emocionalmente contrassubjetivo e empático que também monitora as expectativas inconscientes do analisando com relação a ele. Bion afirma: "Em alguns pacientes, o impedimento de fazer uso normal da identificação projetiva precipita um desastre através da destruição de um vínculo importante. É inerente a este desastre o estabelecimento de um superego primitivo que impede o uso da identificação projetiva" (p. 92).

Bion é mais explícito em seu artigo "Ataques aos Vínculos" (1959), na subseção "Negação de Graus Normais de Identificação Projetiva": "Ao longo da análise, o paciente recorria à identificação projetiva com uma persistência que sugeria que este era um mecanismo do qual ele jamais fora capaz de se beneficiar; a aná-

476 MODIFICAÇÕES E AMPLIAÇÃO DA TÉCNICA KLEINIANA POR BION

lise oferecia-lhe uma oportunidade de exercer um mecanismo do qual ele havia sido privado" (Bion, 1959, p. 103). Foi este artigo que introduziu os aspectos intersubjetivos da psicanálise na teoria kleiniana e alterou fundamentalmente a concepção kleiniana da identificação projetiva.

Ele repete sua nova teoria referente ao abandono materno em "*The psychoanalytic study of thinking*" (1962a). Quando a mãe é incapaz de tolerar as projeções, o bebê fica restrito ao uso contínuo da identificação projetiva, que ocorre com força e frequência cada vez maiores. Neste modelo, a mãe entra em um estado de *rêverie* e absorve e processa (modula) as manifestações emocionais de seu bebê através de sua *função-alfa* em preparação para sua intervenção corretiva junto à criança. A ênfase de Klein no aspecto de nutrição do seio foi ampliada para se transformar no alicerce epistêmico do aprendizado e do pensamento e do monitoramento das emoções. É importante destacar que a ideia de continente ↔ conteúdo funciona nos dois sentidos: o conteúdo se torna imediatamente continente após transmitir sua mensagem ao continente original em busca de sua "segunda opinião", como Bion (comunicação pessoal) gostava tanto de dizer. Isso alterou fundamentalmente o conceito de Klein de identificação projetiva de emoções e objetos maus no objeto externo (mãe). O objeto materno de Bion contém, processa e *refina*, além de *definir*, aquilo que já está dentro da criança – ou seja, as pré--concepções ou Formas Ideais e/ou númenos inatos que buscam encarnar como percepções. No entanto, a criança mal contida ou não contida fica obrigada a considerar como ela pode ter prejudicado a mãe (de forma autônoma), na fantasia inconsciente, para que ela se tornasse pouco continente ou não continente. Por outro lado, a distorção infantil é transitória quando continente/ conteúdo, apego e *holding* estão funcionando adequadamente.

A relação entre continente ↔ conteúdo e as posições de Klein

No modo de pensar de Bion está implícito que, para que a mãe ou o analista seja continente para aquilo que necessita ser contido, ela ou ele deve ter atingido a posição depressiva para que seja capaz de estar separada de seu filho ou paciente e, ainda assim, importar-se com ele. Acredito que isso se refira ao alcance daquele aspecto da posição depressiva no qual o indivíduo logrou reconciliar-se consigo mesmo e com seus objetos e desenvolveu respeito, compaixão e tolerância para com eles. Eles precisam ter transcendido o Purgatório melancólico da posição depressiva. Por fim, a criança e/ou paciente que pode experimentar a contenção será capaz de internalizar a experiência e de se tornar um amigo tolerante para seu próprio *self* tumultuado (Bion, 1962a, 1962b, 1963) – e também para o próprio continente, quando ele for incapaz de funcionar em um dado momento.

A relação entre continente e conteúdo e vinculação e apego

Em meu modo de pensar, o conceito de continente de Bion constitui o modelo e o complemento do conceito de Bowlby de vinculação, uma vez que ambos designam a função materna, e o conteúdo de Bion torna-se, assim, equivalente ao conceito de apego de Bowlby. O conceito de Bion de continente e conteúdo, junto com as posições de Klein, constituem fundamentalmente os equivalentes mais inconscientes da vinculação e do apego de Bowlby.

A significância transcendente do continente e do conteúdo

Lacan (1975), com seu conceito do "analista como aquele que sabe", toca em um fenômeno ao qual Bion (1959, 1962a, 1962b) havia aludido (Grotstein, 2000, 2006b). Logo que Bion formulou seu conceito de continente e conteúdo, ele foi anunciado por muitos analistas, kleinianos e não kleinianos, como sua introdução da "identificação projetiva comunicativa interpessoal" na episteme kleiniana, mas ele rapidamente se tornou aceitável para analistas e terapeutas de outras escolas. Como consequência, sua essência ficou limitada ao seu suposto significado intersubjetivo. Proponho uma outra hipótese: Continente ↔ conteúdo representa uma ideia que transcende sua natureza intersubjetiva – ou, para colocar de outra forma, acredito que a natureza intersubjetiva do conceito constitui um *canal* ou trilha entre diferentes partes do inconsciente do analisando *que utiliza o analista como comunicador*. A origem deste conceito remonta a Sócrates, nos *Diálogos de Platão*. Sócrates sempre insistiu que ele era apenas uma "parteira" para os pensamentos que seu interlocutor já sabia, mas não tinha se dado conta – ou seja, ele era um canal entre o que o interlocutor já sabia mas não havia percebido que sabia.

Lacan, sem fazer referência a Sócrates, propôs que Freud havia modificado fundamentalmente um protocolo muito antigo da epistemologia ocidental de acordo com o qual aquele que busca conhecimento deve encontrar-se com um sábio e aprender com ele. Freud descobriu que, na análise, o analista é aquele que não sabe e que deve continuar sem saber (mentalmente insaturado). Em resumo, o que Lacan estava sugerindo era que, na psicanálise, o analisando que acredita que não sabe e que está vindo consultar um sábio, o analista, que supostamente sabe, já elaborou uma fantasia inconsciente na qual ele, analisando, atribui (projeta) seu inconsciente no analista, que então se transforma "naquele que sabe".

O significado e as implicações desta fantasia universal só podem ser subestimados. O conceito kleiniano de inveja, por exemplo, particularmente em pacientes em análise, é redirecionado para longe da inveja do seio e inadvertidamente dirigido *para a inveja do paciente de seu próprio inconsciente* outrora rejeitado e que agora reside na imagem do analista. Em outras palavras, o paciente analítico é levado a consultar um estranho profissional para conhecer aquilo que ele, paciente, está pensando e sentindo e que ele não percebe que está pensando e sentindo.

O leitor pode se perguntar aqui: "O que isso tem a ver com continente ↔ conteúdo"? Minha especulação razoável é que continente ↔ conteúdo apresentam uma função *especular* – no sentido adotado por Lacan (1949), Winnicott (1971, ch. 9) e Kohut (1978a, p. 56): onde a mãe, e particularmente seu olhar, torna-se o espelho para o senso de *self* do bebê. *Continente ↔ conteúdo constitui uma função especular através da qual a criança pode conhecer a si mesma e tornar-se ela própria a partir da complexidade de seus reflexos na contenção especular igualmente complexa de sua mãe.* Ela mostra ao filho quem ele é através da "diálise" virtual das emoções brutas da criança, de sua desintoxicação e, finalmente, da devolução de sua "digestão" de tais emoções para a criança na forma de conhecimento pessoal sobre si mesma. Esta é uma experiência transacional "lexitímica" (conhecimento sobre as próprias emoções e *self* emocional).

Continente ↔ conteúdo e emoções

Ao considerarmos toda a abrangência das operações de continente ↔ conteúdo, devemos nos lembrar da função de continente exercida pelas emoções. Praticamente todos os profissionais de saúde hoje atribuem importância crucial às emoções em seus pacientes. Eu concordo com esta visão, mas com uma ressalva: as próprias emoções se sustentam ao atuarem como transportadoras,

480 MODIFICAÇÕES E AMPLIAÇÃO DA TÉCNICA KLEINIANA POR BION

veículos, continentes da *Verdade* (Bion, 1970) e são, assim, emissárias do inconsciente para o ego. Além disso, objetos reais são fatos não digeridos ("Verdade") e precisam, na análise, ser "digeridos" (transformados) pela função-alfa em ideogramas ou imagens. Por outro lado, estes objetos reais "não digeridos" também podem servir como "continentes" temporários para outros objetos não digeridos. Essa ideia nos remete aos conceitos de deslocamento de Freud.

Uma visão ampliada de continente ↔ conteúdo: "exorcismo" e a "situação de transferência ↔ contratransferência de Pietà"

Em uma situação ideal, a identificação projetiva pelo analisando leva à *contenção* pelo objeto, que, agora como sujeito, *absorve* o sofrimento do analisando e *torna-se* ele, um processo que envolve a concordância do analista de *ser* este aspecto projetado – ou seja, "vesti-lo" – como sua identidade subjetiva para que a criança/paciente possa ver que o sofrimento projetado "viajou" no espaço psíquico da subjetividade do analisando para a do analista, enquanto o analista esteve *sonhando* esta dor o tempo todo com sua função-alfa (processando-a ou "metabolizando-a"). O que ocorre é um "exorcismo" (Grotstein, 2009). Donald Meltzer (1978) nos diz que o significado mais verdadeiro da transferência é a transferência da dor mental de uma pessoa para outra (p. 81), mas eu, seguindo Bion, afirmo que esta transferência não pode acontecer a menos que o analisando seja capaz de perceber a dor no analista. Para mim, esta é a essência do "exorcismo" religioso e daquilo que chamo de "situação de transferência ↔ contratransferência de Pietà", na qual o analista não apenas sente a dor do analisando, mas também a culpa por ela ter acontecido (ainda que, paradoxalmente, o analista seja inocente). A justiça exige que alguém vivencie o sofrimento.

JAMES S. GROTSTEIN 481

Sonhar

Um derivado da ideia de continente ↔ conteúdo é o conceito de Bion de *sonhar*. Diferentemente de Freud (1900a), Bion acreditava que nós sonhamos continuamente durante a noite *e durante* o dia e que sonhamos *O*, a Realidade Última que afeta nossa fronteira sensório-emocional. Esta Realidade resulta geralmente de um estímulo externo ou interno – e das pré-concepções inconscientes inatas e adquiridas que o estímulo evoca – ao qual precisamos nos adaptar ou acomodar. Sonhar é a forma que temos de acomodar – ou seja, de tornar a experiência inconsciente e de permitir que aspectos selecionados da experiência entrem novamente em nossa percepção consciente através da barreira de contato seletivamente permeável (Bion, 1962b, p. 17). Nos termos da situação analítica, o analista deve sonhar a sessão, de acordo com Bion (1992, p. 120). A ideia de que o analista deve "sonhar" a sessão analítica – ao "abandonar memória e desejo" – tornou-se uma extensão importante de sua teoria intersubjetiva da identificação projetiva e uma modificação crítica do conceito de contratransferência como instrumento analítico. Explicarei em maior detalhe o conceito de sonhar de Bion mais adiante neste livro.

"Pensamento binocular"

Outro derivado ainda da noção de continente/conteúdo é o conceito de Bion (1962b, p. 54) de "pensamento binocular", que ele aplicou de diversas formas. A ideia de continente/conteúdo é em si um exemplo disso, na medida em que ela envolve a interação entre dois indivíduos. Outro exemplo é sua ideia de *consciente e inconsciente*, que, em vez de estarem em conflito, como sugerido por Freud, estariam em *oposição binária* (*cooperativa*) para fazer a triangulação de *O*. Além disso, ele propõe algo seme-

482 MODIFICAÇÕES E AMPLIAÇÃO DA TÉCNICA KLEINIANA POR BION

lhante quanto à relação entre as posições esquizoparanoide e depressiva, "EP ↔ D", as quais também triangulam O de modo cooperativo.

Identificação projetiva normal ou comunicativa

Uma inovação adicional proposta por Bion é sua hipótese de que ocorre uma *identificação projetiva normal* entre o bebê e sua mãe que constitui uma forma de *comunicação*, e não evacuação, transformando assim o conceito e a operação da identificação projetiva de um mecanismo intrapsíquico onipotente exclusivamente inconsciente, como concebido por Klein (1946, 1955) em uma forma normal de comunicação intersubjetiva (1957).

A preponderância das emoções sobre os instintos

A ênfase de Bion na primazia das *emoções* sobre os *impulsos* é ainda outra modificação feita por ele. Klein, assim como Freud, acreditava que os impulsos instintuais, os instintos de vida e de morte, eram as forças primárias da psique. Klein, na verdade, muito mais que Freud, colocou o instinto de morte no centro de sua episteme como a fonte essencial de ansiedade e da constituição do superego arcaico. O analisando kleiniano é apresentado logo cedo ao seu senso de destrutividade através de suas experiências de ansiedade persecutória e da transferência negativa. Bion altera sutilmente esta ênfase com a interposição de O, um conceito ontológico, bem como fenomenológico e epistemológico, que tira o papel central do instinto de morte e o coloca como seu mediador – isto é, a criança, em um estado de terror ontológico incontido ("catástrofe infantil"), pode evocar inconscientemente seu instinto de morte para romper os vínculos relacionais com seus objetos para que ela possa sobreviver. Em segundo lugar, ele propôs uma nova concepção dos impulsos instintuais libidinais e de morte de Freud, junto com o impulso epistemofílico de Klein, onde estes constituem *vínculos emocionais* entre o *self* e os objetos – isto é, L (amor), H (ódio) e K (conhecimento), além de seus equivalentes negativos, –L, –H e –K.

Transformações

O conceito de transformações de Bion (1965), particularmente no que se refere à transformação, pelo analista, da O da sessão analítica em K, do incognoscível fundamental para o conhecido, tornou-se a partir de sua proposição a espinha dorsal – embora anonimamente – dos pós-kleinianos de Londres. Antes da contribuição de Bion, os analistas kleinianos enfatizavam, embora não exclusivamente, as ansiedades que o analisando desenvolve entre as sessões. As transformações são realizadas por um processo ao qual Bion (1962b) se refere arbitrariamente como função-alfa, que processa (metaboliza) experiências emocionais brutas (elementos beta) para transformá-los em elementos alfa mentalizáveis que a mente pode utilizar para pensar, encaminhar ao conjunto das imagens oníricas para que sejam sonhados ou para a memória ou, ainda, utilizar para reforçar a barreira de contato entre consciente e inconsciente.

A mudança de positivismo para epistemologia, fenomenologia e ontologia: transformações em e a partir de O

Aqui está o que Bion (2005a) diz a respeito de O em resposta a uma pergunta feita a ele nos *Seminários da Tavistock*:

484 MODIFICAÇÕES E AMPLIAÇÃO DA TÉCNICA KLEINIANA POR BION

Acho útil supor que existe algo que eu não conheço mas sobre o qual eu gostaria de falar; então posso representá-lo através de um O, ou nada, como se fosse um lugar onde algo está, mas que é muito pouco provável que eu venha a compreender.... O indivíduo é prisioneiro das informações trazidas por seus sentidos. (p. 33)

O constitui o desconhecido emocional do objeto analítico em cada sessão de análise.

Possivelmente uma das diferenças mais radicais de Klein, no entanto, embora não exposta por ele diretamente, seja a influência decisiva de O na teoria e na técnica psicanalíticas. Para Freud, o conteúdo crítico do reprimido contra o qual o ego se defende era o impulso libidinal, embora mais tarde ele tenha acrescentado aí o instinto de morte (Freud, 1920g). Para Klein (1935), o instinto de morte tornou-se o mais importante dos dois instintos reprimidos e a explicação fundamental da psicopatologia. Bion, embora jamais rejeitasse a ideia da proeminência do instinto de morte, instituiu a noção de "emanações de O", que interpretei como "*verdade* em constante evolução" – isto é, um "impulso para a verdade" que exerce proeminência como conteúdo do reprimido. Com "verdade", tanto Bion como eu queremos dizer "verdade emocional".

Assim, o analista está sempre em busca da verdade emocional oculta do analisando em cada sessão analítica. O instinto de morte ficaria em uma posição secundária – como um armamento defensivo que é mobilizado pela ansiedade para atacar a percepção de (vínculos com) suas relações dependentes com objetos que resultam em sofrimento emocional. O instinto de morte, de acordo com este raciocínio, é consequentemente sempre secundário, nunca primário, e constitui um mecanismo defensivo contra a percepção do sofrimento emocional que funciona às custas da consciência sobre as relações. Ele ataca os vínculos com os objetos.

Quando começamos a contemplar a capacidade organizadora fundamental de O e a abordar o instinto de morte a partir de outra perspectiva, na qual este se torna seu mediador negativo, testemunhamos uma profunda mudança de paradigma psicanalítico do *positivismo* tradicional (primazia dos instintos) para a *ontologia* e a *fenomenologia* (primazia de O, isto é, "experiência protoemocional bruta, indomada, não mentalizada").

Notas sobre a visão de "memória e desejo" de Bion

Bion afirmava com frequência em situações privadas que tudo que ele escreveu já havia sido dito antes e que ele simplesmente ousou reafirmar aquelas ideias de uma forma que pudesse lançar uma nova luz sobre elas para ampliar seu valor. "Memória e desejo" é uma dessas ideias. Ele citava frequentemente a carta de Freud a Lou Andreas-Salomé (25 de maio de 1916) que falava sobre o valor da cegueira autoimposta com relação à memória e ao desejo, bem como à compreensão e à preconcepção, outras duas coisas às quais ele tinha aversão. Em resposta aos debatedores de seu artigo sobre este tema no *Fórum Psicanalítico*, ele cita a seguinte passagem da carta de Freud: "Sei que me ceguei artificialmente em meu trabalho para concentrar toda a luz na única passagem escura" (Bion, 1967b, p. 280).

Certa vez, em minha análise com ele, no entanto, ele tirou o volume com a coleção de cartas de Freud e Lou Andreas-Salomé da estante de seu consultório e, pelo que me lembro,[3] traduziu a carta de Freud do alemão para mim da seguinte forma: "Ao fazer análise, deve-se lançar *um facho de intensa escuridão* no interior

486 MODIFICAÇÕES E AMPLIAÇÃO DA TÉCNICA KLEINIANA POR BION

para que algo que até então ficara oculto sob a claridade da luz possa agora brilhar de fato na escuridão".

Esta foi a versão de Bion, embora com alguma licença poética, da afirmação de Freud, que se tornou a louvável precursora da regra estoica de Bion sobre o abandono de memória, desejo, compreensão e preconcepção, todos derivados contaminados (para se fazer psicanálise) de informações derivadas dos sentidos e opiniões. Esta recomendação surgiu de duas fontes da experiência de Bion. A primeira foi seu serviço como combatente na Primeira Guerra Mundial. Ele aprendeu dolorosamente a desconfiar de mensagens e recomendações de oficiais superiores situados em quartéis de comando muito longe das linhas de frente. "Eles estavam propondo teoria para nós, que estávamos de fato em experiência imediata com o inimigo", ele dizia. Ele desconfiava da supervisão psicanalítica como entidade confiável e concordava apenas em "oferecer uma segunda opinião" sobre o caso clínico dos colegas (candidatos eram considerados colegas por ele). Ele equiparava a teoria psicanalítica, junto com a história pregressa do paciente e a coreografia ritualizada que caracterizava o modo como a maioria dos analistas abordava seus analisandos, ao jargão da ordem social vigente, que, em sua própria experiência, provinha dos "quartéis generais" e estava distante da experiência fresca e viva do aqui e agora.

Em *Second thoughts*, é possível vislumbrar uma outra razão para seu decreto agora famoso (1967a). Estes artigos iniciais estavam focados em sua experiência no tratamento de pacientes psicóticos. Equipado com os conceitos de Klein sobre o instinto de morte, a inveja, a voracidade e as posições esquizoparanoide e depressiva e os mecanismos esquizoides (cisão, idealização, negação mágica onipotente e identificação projetiva) e os conceitos de Freud sobre os instintos de vida e morte, o princípio do prazer/

desprazer e os dois princípios de funcionamento mental (processo primário e princípio de realidade), ele mergulhou corajosamente nas profundezas do pensamento psicótico de seus pacientes. Ele percebeu, em primeiro lugar, que pacientes psicóticos têm uma aversão incomum à frustração que o confronto com a realidade impõe e que estes pacientes, consequentemente, tentam evitar pensar através da evacuação de seus sentimentos e percepções não pensados – e a mente que os pensa – em seus objetos por meio da identificação projetiva. Então, ele virou o conceito de Klein de cabeça para baixo. Ele raciocinou que, em suas infâncias, seus pacientes psicóticos haviam sido privados do *uso normal da identificação projetiva*, através do qual poderiam ter acesso a uma mãe que pudesse conter, suportar, tolerar, amenizar e "traduzir" seu terror, principalmente seu terror de morrer. Bion havia quebrado as regras da teoria e estabelecido a identificação projetiva como a base para o apego, a vinculação e a sintonia afetiva na infância.

Bion, o "driblador", como eles dizem no rúgbi, modificou duas das ideias principais de Klein: o instinto de morte e a identificação projetiva. Com relação ao primeiro, ele concluiu que o bebê vivencia o instinto de morte como uma força destrutiva dirigida não apenas aos outros, mas também a si mesmo sob a forma do "medo de morrer".[4] Em seguida, ele modificou e ampliou o conceito de Klein de identificação projetiva, primeiro colocando-o no domínio do normal, como um aspecto necessário na relação mãe-criança, e, depois, elevando-o de uma fantasia inconsciente intrapsíquica e onipotente para um processo intersubjetivo que ocorre entre a mãe e o bebê. Ao fazer isso, ele conseguiu não apenas legitimar a contratransferência como sendo um instrumento analítico valioso; ele também descobriu o equivalente psicanalítico do modelo de apego-vinculação de Bowlby (1969), o de "*continente* ↔ *conteúdo*" (CX), e antecipou o conceito de sintonia emocional, concebendo um abordagem inteiramente nova ("reconsiderações" ["*second*

488 MODIFICAÇÕES E AMPLIAÇÃO DA TÉCNICA KLEINIANA POR BION

thoughts"]) para a compreensão não apenas de pacientes psicóticos, mas também de uma parcela da ontologia e da fenomenologia do desenvolvimento infantil normal, além de estabelecer a validade da abordagem intersubjetiva na psicanálise. Ele não poderia ter feito isso caso tivesse seguido as regras. Em outras palavras, Bion, por causa de seu caráter e de sua história singular na época da guerra, havia se tornado profundamente cauteloso com relação ao risco de ser hipnotizado pelos rituais, pelo jargão e pelos hábitos de procedimento e sabia o valor do tipo "toque de Nelson"[5] da espontaneidade.[6] Quando Bion nos convida veementemente a abandonar memória e desejo, ele nos convida a sermos Nelsons, especialmente quanto a esperar a nossa hora sem sermos distraídos por rumores, memórias ou outras informações ilusórias, aguardando pacientemente a chegada do "fato selecionado" (Poincaré, 1963), a "Pedra de Roseta" que, como o "atrator estranho" da teoria do caos, confere coerência, padrão e forma a dados aleatórios ou caóticos e, só então, proferir uma interpretação direta e inesperada (tanto pelo analista quanto pelo analisando). Não há dúvidas de que existe um estrategista militar no corpo da obra de Bion.

O que Bion tem contra memória e desejo?

Bion afirma repetidamente que as informações coletadas pelos sentidos não devem fazer parte do repertório do analista na experiência com seu analisando. O que ele quer dizer com sentidos, e porque ele insiste tão enfaticamente em banir estes dados? Para tratar desta questão, eu gostaria primeiro de fazer referência, mas apenas brevemente, ao fato de Bion ter sido um polímata e um autodidata. Ele tinha um conhecimento incomum de matemática, especialmente sobre a teoria dos conjuntos e a matemática intuicionista. O conceito de infinito, interesse que ele compartilhava com Ignacio Matte Blanco, iria desempenhar um papel importante em seus conceitos de "transformações" e "evoluções em *O*". Ele também possuía uma base muito boa de filosofia, particularmente de Platão, Hume e Kant, que ofereceriam os alicerces para suas contribuições radicais sobre ontologia e epistemologia psicanalítica. Ele também era versado em matérias religiosas e espirituais, estudando místicos como Meister Eckhart, Jacob Boehme e Gerson Scholem, o último com respeito ao misticismo judaico. Ele também tinha um profundo envolvimento com a poesia, principalmente de Milton e Keats, o primeiro dos quais ele frequentemente citava com trechos longos.

Muitos pensam que Bion foi profundamente influenciado por sua infância na Índia e que havia, portanto, caído no feitiço do pensamento cósmico oriental. O que parece mais certo é que a natureza de Bion aparentemente suspeitava do óbvio (captado pelos sentidos) e estava sempre mais alerta às possibilidades que podiam emergir a partir daquilo que estava oculto. Ele parece ter tomado partido no antigo debate entre o empirismo e o racionalismo, contra o primeiro e a favor do segundo. O empirismo propõe que o ser humano é uma *tabula rasa* e começa a formular seus pensamentos e opiniões com base nos dados observados do passado e do presente, e até mesmo do futuro, já que o empirista irá prever o futuro (desejo) com base naquilo que ele já experimentou através dos sentidos. O racionalista, por outro lado, acredita que a mente precede a experiência e é capaz de dar forma a ela. Seus moldes antecipatórios incluem as Formas Ideais e os arquétipos de Platão e o idealismo transcendental de Kant, incluindo as categorias primárias e secundárias (espaço, tempo e causalidade), os númenos, as coisas-em-si e os pensamentos vazios.

Bion viria a empregar ideias do empirismo e do racionalismo em sua epistemologia. Sua noção de pré-concepções inatas abarcava as Formas Ideais e os arquétipos de Platão, aos quais ele chamava poeticamente de "pensamentos sem pensador" "que são mais antigos que seu pensador". Ele reuniu as "coisas-em-si" e os "númenos" de Kant em sua ideia hoje célebre de "elementos beta", aqueles pré-pensamentos primitivos ou protoafetos não mentalizados que aguardam que uma mente possa pensá-los ao "alfa-bet-izá-los" através da função-alfa e transformá-los em elementos alfa que possam entrar na "digestão mental" sob a forma de memórias, sentimentos e pensamentos. No entanto, uma abstração subsequente dos resultados deste processamento deve ocorrer para remover dos sentimentos e pensamentos processados as memórias concretas de sua origem. A mãe que ouve seu bebê tomado pelo terror deve deixar sua mente livre de memórias e preconcepções para que possa evitar o perigo de generalizar o sofrimento de seu filho com o de outras situações semelhantes, mas essencialmente diferentes. A criança, por outro lado, deve aprender a diferenciar e adentrar o domínio cognitivo da assimetria das diferenças para que ela também não se torne vítima da concretização de simetrizações que a manteriam indiferenciada de seu objeto.

A regra de Bion de abandonar memória e desejo significa simplesmente estimular o modo assimétrico de diferenciação ao máximo, enquanto ainda se preserva alguma parcela de pensamento simétrico para o propósito de comparações. Este último aspecto corresponde à ideia de Bion de memória "espontânea" ou automática, em contraste com a memória deliberadamente lembrada, a qual ele rechaça. Portanto, o que Bion realmente está dizendo é, "não prejudique as associações do analisando com procedimentos ritualizados de previsões saturadas": isto é, não projete sobre elas. Permita que as associações sejam incubadas na pureza de sua abertura". Uma afirmação de Lacan (1966) tem relação com este tema. Ao comentar sobre a compulsão à repetição, ele afirma que o paciente repete suas ações indefinidamente – de modo diferente! Ou, para colocar de uma forma mais prosaica, é a diferença que faz a diferença para nós e para o paciente. Ao abordar a diferença nestes termos, em detrimento da semelhança repetitiva, estamos mantendo a nós mesmos e aos analisandos na linha de frente de vitalidade e descoberta. Em outras palavras, Bion estava nos aconselhando a não ceder ao traço demasiado humano de *habituação* aos fatos, à memória e aos desejos. Ele seguiu Heráclito, que nos alertava que não podíamos entrar em um mesmo rio duas vezes.

De uma outra perspectiva, pode-se compreender a restrição de Bion à memória e ao desejo como uma forma de permitir a formação de um espaço mental vazio para o mistério, o desconhecido e até mesmo o incognoscível que possa permanecer aberto e desimpedido, aguardando que o brilho essencial do imprevisto o encontre e nele se abrigue.

Compreensão e preconcepção: as pragas da intuição

Embora memória e desejo sejam os elementos negativos mais frequentemente citados na obra de Bion, a compreensão e a preconcepção[7] foram ocasionalmente mencionadas por ele. Ele examinou a pré-concepção sob uma luz positiva em suas considerações epistemológicas. Combinando-a com as Formas Ideais e arquétipos de Platão e as coisas-em-si e números de Kant, Bion cunhou os termos "pré-concepções inatas" e "elementos beta". A pré-concepção inata antecipa o encontro futuro com seu equivalente: ou seja, a ideia de um seio (número) anseia por seu encontro com a apreensão de um seio verdadeiro como fenômeno da experiência real, momento em que emerge então uma concepção daquele seio. Após várias experiências sucessivas, mais e mais abstrações ocorrem até que a concepção se transforme em um conceito do seio, e assim por diante.

492 MODIFICAÇÕES E AMPLIAÇÃO DA TÉCNICA KLEINIANA POR BION

Por outro lado, uma vez que o conceito do seio é desenvolvido, o bebê pode começar a generalizar sua apreensão através de uma preconcepção secundária, de ordem superior, para que possa categorizar convenientemente suas experiências futuras com objetos. Quanto mais o bebê faz isso, mais ele é privado de descobrir os aspectos novos e inesperados dos objetos.

A compreensão é a busca por uma segurança apressada de "conhecer" para que o indivíduo possa certificar-se de que não será surpreendido. Pode-se considerá-la como sendo uma apólice de seguro pseudoepistemológica contra a surpresa. Lembro-me de um episódio durante uma sessão de análise com Bion na qual eu disse, "Sim, entendo [*understand*] o que você quer dizer", apenas para ouvir sua sonora resposta, "Porque você não disse 'sobrentendo' [*overstand*] ou 'circuntendo' [*circumstand*]?" Foi então que eu percebi que eu havia inadvertidamente tocado um ponto sensível nele. A compreensão para ele seria algo mais parecido com um conluio, como um "entendimento" entre um casal em uma *folie à deux*.

A justificativa fundamental para a suspensão de memória e desejo – e também de compreensão e preconcepção

A justificativa fundamental para que o analista abandone – na verdade, suspenda – memória, desejo, compreensão e preconcepção é permitir que ele mantenha seu continente interno vazio de preconceitos derivados dos sentidos para que ele esteja tanto quanto possível apto a "olhar para dentro" – isto é, intuir suas próprias respostas subjetivas às (trans-)identificações projetivas do analisando.[8] Em outras palavras, quando o analista se sujeita a uma "privação sensorial" ele fica, de fato, mais aberto para perceber a operação de seu órgão sensorial interno do qual emanam indicações e intuições. Isso se parece muito com o funcionamento do "método de interpretação" de Stanislavski (1936), no qual o ator treina para encontrar aquele ser interior dentro de si que corresponde ao papel que ele busca interpretar. Da mesma forma, o analista torna-se capaz, primeiro após receber e, depois, vivenciar as comunicações do analisando (via contraidentificação), de combinar (tornar simétricas ou alinhar) suas próprias respostas subjetivas com aquelas do analisando, podendo, assim, ter uma intuição (hipótese definitória) sobre o que o analisando pode estar sentindo. Depois de ter esta intuição, ele então submete a ideia emergente à correlação e validação. Em outras palavras, o processo inicial é "de hemisfério direito" e o seguinte de "hemisfério esquerdo".

A ideia de continente ↔ conteúdo marcou a transferência da teoria e técnica kleinianas do modelo de uma pessoa para o modelo intersubjetivo de duas pessoas, realizada por Bion. Como um modelo que trata da comunicação de emoções, ele transcendia o modelo das pulsões. O conceito de O conduziu a teoria e a técnica kleinianas do positivismo para a ontologia e a fenomenologia, bem como para a incerteza. A memória e o desejo, junto com a compreensão e a preconcepção, devem ser abandonados (na verdade, *suspensos*) para que o analista esteja sempre aberto a experiências inesperadas que podem emergir de seu próprio inconsciente e daquele do analisando. A disciplina que Bion sugere permite que o analista permaneça aberto aos seus próprios sentimentos inerentes, atuando como um receptor de emoções e um instrumento analítico.

A "Linguagem de Êxito"

O conceito de "Linguagem de Êxito" é o que melhor resume a força da episteme de Bion. Ela só é "falada" e "entendida" pelo

"Homem de Êxito", aquele homem (e, certamente, mulher) que é capaz de tolerar a incerteza de não saber e, portanto, de não tirar conclusões precipitadas resultantes da ansiedade e da frustração de não saber a resposta para um dado problema. Bion contrasta esta linguagem com a "linguagem de substituição", nossa linguagem comum, uma língua que é falada e escrita através de sinais, imagens e símbolos que *representam* sensorialmente o objeto, mas que *não são* o objeto! Bion tomou emprestado o termo "êxito" [*"achievement"*] de uma carta que John Keats (na verdade, do Dr John Keats: ele era médico além de poeta) escreveu para seus irmãos George e Thomas em 21 de dezembro de 1817:

> *Eu não tive uma discussão, mas sim um debate com Dilke sobre vários assuntos; as coisas se encaixaram em minha mente e de repente me dei conta de qual era a qualidade que formava um Homem de Êxito, especialmente na literatura, e a qual Shakespeare possuía em abundância – refiro-me à* Capacidade Negativa, que designa a ocasião em que o homem é capaz de lidar com incertezas, mistérios e dúvidas sem qualquer urgência para alcançar os fatos e a razão. *(citado por Bion, 1970, p. 125, grifo no original)*

O "Homem de Êxito" de Bion (Keats) – ou seja, o analista, assim como o oficial do exército responsável pelos homens na batalha – deve ter uma autodisciplina que é capaz de tolerar a dúvida sobre si mesmo e uma "capacidade negativa" que possa lidar com "incertezas, mistérios e dúvidas" por tempo suficiente para que o "fato selecionado" (Poincaré, 1963) venha à tona, dando coerência aos dados que estavam confusos até então.

A verdadeira linguagem de experiência se torna, por conseguinte, a resposta emocional inconsciente espontânea do analista à sua experiência, que é estimulada e instigada pela experiência emocional projetada pelo analisando. Bion mostrou-me isso de maneira impressionante em uma sessão analítica ao dizer o seguinte: "Não me ouça. Ouça a *si mesmo enquanto me ouve*"! Quando o analista faz isso, o que ele "ouve" de dentro de si é a Linguagem de Êxito! A Linguagem de Êxito constitui a única fonte autêntica daquilo que hoje chamamos de "fatos clínicos" (Abrams, 1994). É como se Bion fizesse a seguinte recomendação: "Deixe que sua própria verdade interior encontre você". Parafraseando um comentário privado feito certa vez por Bion, é como se os kleinianos de Londres falassem a Linguagem de Êxito de Bion de maneira privativa em seus consultórios, mas a chamassem de "continente e conteúdo" e "transferência-contratransferência" ou "identificação projetiva comunicativa" em público.

"Pensamentos selvagens"

A paixão de Bion (1997) pela exploração dos pensamentos selvagens (ver López-Corvo, 2006a) é o que o distingue mais claramente de Klein:

> *Quando surge um pensamento sem pensador, ele pode ser um "pensamento desgarrado", um pensamento que traz o nome e o endereço de seu dono ou, ainda, um "pensamento selvagem".* . . . *Por ora, estou interessado nos pensamentos selvagens que surgem e sobre os quais é impossível rastrear, de imediato, a quem pertencem ou qual sua genealogia particular. (p. 27)*

MODIFICAÇÕES E AMPLIAÇÃO DA TÉCNICA KLEINIANA POR BION

E nos *Seminários italianos*, em resposta a uma pergunta feita a ele, afirma:

> *Acho que é o que os psicanalistas estão tentando expressar quando falam de uma "relação transferencial" – ou seja, que temos preconcepções de que existe algum tipo de autoridade, um pai ou mãe que sabe a resposta. A meta da análise é esclarecer a questão, não tanto para que você possa continuar sentindo quão importante aquela pessoa é pelo resto de sua existência, mas porque então você pode descartá-la e abrir espaço para quaisquer ideias que queira expressar por conta própria. ... A importância da posição do analista é trazida à luz para que possa ser descartada.* ... É por isso que é importante aprender, se possível, durante o estágio de transição, que é o músico, o pintor, o poeta que está lutando pela liberdade dentro de você. *(Bion, 2005a, p. 68, grifo nosso)*

A união do self infinito com o self finito do indivíduo

Em última instância, o empreendimento de Bion pode ser compreendido da seguinte maneira: a psicanálise é o catalizador para a união entre a pessoa e sua deidade, termo que Bion (1965, p. 39) usa para se referir à Inteligência Infinita (o conceito de deidade de Bion designa um deus inerente – dentro do indivíduo – e não o transcendente) que paira sobre e abrange a Verdade Absoluta sobre nossa Realidade Última. Freud compreendia esta entidade como Sistema *Ics*, que ele acreditava ser a realidade psíquica, uma realidade em si mesmo, mas também afirmava: "Onde o id está, deverá estar o ego", *aparentemente* mudando seu acordo com o id para o ego, mas possivelmente anunciando uma integração entre as duas entidades. A teoria de O de Bion a coloca tanto dentro do inconsciente como além dele, no Desconhecido. *Assim, a afirmação de Freud pode ser compreendida como uma referência à encarnação inconsciente do ego na forma de experiência "real"izada* (sofrida). Isso é exatamente o que Bion quer dizer!

O que Bion parece sugerir é que o místico, que não necessita dos ícones de "K" (conhecimento) como intermediários para experimentar *O*, pode tanto ser um indivíduo raro e com dons incomuns e/ou um potencial oculto dentro de todos nós. Ele pode ser representado por nossa capacidade de nos "tornarmos *O*", isto é, permitir que nossas emoções sejam inconsciente e automaticamente transformadas em *O*. Uma vez que *O* designa tanto os dados sensoriais provenientes da experiência emocional do mundo externo à psique *quanto* do arsenal inconsciente não reprimido das Formas Eternas de Platão e números de Kant, o indivíduo tem a experiência de ficar preso ["*sandwiched*"] entre as pinças assustadoras e espantosas de *O*.

O papel do sonho na construção do texto analítico pelo analisando e na compreensão e interpretação dele pelo analista

Ao conceber a função-alfa, Bion (1962b) conseguiu nos ajudar a entender como as experiências emocionais (que ele chama de "elementos beta") podem passar por uma transformação metabólica mental que os transforma em elementos alfa, os quais são então capazes de entrar no ciclo transformacional de pensamento, sentimento, sonho e lembrança. A construção das associações livres do analisando no contexto analítico é outro exemplo deste processo de transformação. Nos idos de 1959, no entanto, vemos em seu caderno particular, ainda não publicado na época, Bion brincando com a relação entre função-alfa e sonho e usando o termo "trabalho onírico alfa" (Bion, 1992, p. 62). Ele separaria os dois processos mais tarde por causa de sua incompatibilidade: o sonho era

498 MODIFICAÇÕES E AMPLIAÇÃO DA TÉCNICA KLEINIANA POR BION

um processo vivo e a função-alfa um modelo virtual. A partir daí, no entanto, vemos Bion deixando a função-alfa à margem e destacando a função do sonho (Ogden, comunicação pessoal). Ao fim, ele vinculou praticamente todos os aspectos do processo analítico ao sonho: a produção inconsciente das associações livres do analisando, sua expressão delas, a experiência emocional perceptiva e inconsciente do analista de tais associações, a interpretação que este faz delas e as impressões do analisando ao ouvir as interpretações. Assim, o sonho tornou-se o fio de Ariadne e a condição *sine qua non* do processo analítico bilateral (ver Ferro, 2003, 2005, 2006, 2009; Ogden, 2003, 2004a, 2004b, 2009; Grotstein, 2000, 2002 2004, 2009a).

Permitam-me oferecer uma breve sinopse do papel multifacetado do sonho no processo psicanalítico. O sonho na sessão deve ser tratado da mesma forma que as *outras* associações livres (das quais o sonho é apenas mais uma) – isto é, a principal diferença entre aquilo que é tradicionalmente chamado de sonho e as associações livres é que o primeiro é elaborado em termos de imagens *visuais*, enquanto as demais são elaboradas em termos de imagens *verbais*. Por outro lado, pode-se considerar a sessão inteira (associações livres e interpretações, suas produções e suas recepções) como sendo que se desenrola e que o analisando e o analista são seus sonhadores coconstrutores. O sonho é uma "cortina de ilusão" (Bion, 1965; Grotstein, 2009a) que segue principalmente o princípio de realidade, de acordo com Bion, mas não Freud, e protege a verdade emocional através de um disfarce fictício (com ajuda adicional do princípio do prazer). Pode-se considerar que o sonho funciona como uma fronteira de imunidade emocional entre o impacto emocional interno ou externo de *O* e o *self*. O sonho ajuda a proteger a barreira de contato, que diferencia o consciente do inconsciente. O sonho processa (medeia) e transforma todos os estímulos entrantes, envia-os ao inconsciente para que sejam novamente processados e então evoca seletivamente ou permite que alguns destes estímulos processados reentrem na consciência. O sonho é o "serviço silencioso" que funciona tanto de dia como à noite.

Notas

1. O próprio Bion não utiliza as setas reversíveis que inseri entre "continente" e "conteúdo". Minha justificativa para fazê-lo é chamar atenção para o fato de que essa é uma relação reversível que se assemelha a uma comunicação bidirecional de rádio de ondas curtas ou a uma conversa normal, e destacar a reversibilidade e alternância que ocorre entre os dois.

2. Diferentemente de Bion, utilizo para ilustrar a reversibilidade ou a alternância no processo de continente e conteúdo.

3. Estou me baseando na memória para relatar os detalhes desse evento – e a memória é um dos párias da mensagem original de Bion.

4. Proponho aqui um ponto de vista alternativo. De acordo com Freud (1919a), o bebê não pode temer a morte pois não possui consciência inata ou experiência da morte. Bion provavelmente estava aplicando literalmente a teoria de Klein da suposta experiência direta, pelo bebê, de um instinto de morte inato. Minha versão é de que o bebê a que Bion se refere tem medo da vida – isto é, de sua força vital ou enteléquia, a qual ele ainda é incapaz de conter sem a ajuda da mãe.

5. O "toque de Nelson" refere-se a um feito do Almirante Lorde Nelson na Batalha de Copenhague. O comandante, Almirante Sir Hyde Parker, acreditando que a frota britânica estava diante da derrota, enviou a ordem (por meio de sinais de bandeira) para que a frota recuasse. Nelson levou o telescópio ao seu olho cego

500 MODIFICAÇÕES E AMPLIAÇÃO DA TÉCNICA KLEINIANA POR BION

(em decorrência do ferimento sofrido na Batalha de Aboukir) e afirmou que não tinha visto sinal algum, seguindo adiante e vencendo a Batalha de Copenhague. Essa vitória é homenageada pela listra do meio das três listras usadas até hoje nos uniformes dos "*tars*" (marinheiros) britânicos. Como comandante de tanques e como teórico da psicanálise, Bion era um Nelson!

6. Um dos aspectos dessa capacidade de espontaneidade está em sua ideia de "perspectiva reversível", que ele descobriu originalmente como um traço patológico em pacientes esquizofrênicos, mas que empregou mais tarde como uma técnica de pensamento inovador. A ideia é mais conhecida epistemologicamente como "reversão de campos" na matriz de figura e fundo.

7. Bion faz uma distinção entre "pré-concepção" e preconcepção. A forma hifenada designa as Formas Ideais e as coisas-em-si, enquanto a forma sem hífen designa uma atitude ou preconceito relativo a um objeto ou fato *presumido*. [N.T.]: naturalmente, a distinção entre as duas formas foi mantida nesta tradução.

8. Em outras contribuições, estabeleço uma diferença entre: (a) o conceito kleiniano puro de identificação projetiva exclusivamente como uma fantasia intrapsíquica onipotente inconsciente de uma projeção sobre a *imagem* interna que o sujeito tem do objeto, e (b) a *trans*identificação projetiva, que designa o processo no qual o sujeito que projeta consegue induzir uma contraidentificação no objeto por via *transpessoal*.

29. Instrumentos da técnica psicanalítica: as faculdades que o analista deve utilizar

Em primeiro lugar, o analista (ou psicoterapeuta de orientação psicanalítica), deve ser treinado nas teorias e na técnica da psicanálise, especialmente nas teorias e diretrizes fundamentais. A orientação técnica de Bion para o analista é que este (a) abandone – na verdade, suspenda – memória, desejo, compreensão (categorização) e o uso de preconcepções já formadas; e (b) empregue *percepção* [*sense*] (incluindo a observação e a intuição), *mito* (inclusive fantasias) e *paixão* (emoção) enquanto ouve e observa o analisando. Como afirmei antes, minha compreensão desta orientação é a seguinte: O analista deve primeiro fazer uma imersão na teoria analítica, principalmente no conhecimento sobre o complexo de Édipo (tanto na versão kleiniana como na freudiana), os conceitos de cisão e identificação projetiva, as relações recíprocas entre as posições esquizoparanoide e depressiva (EP↔D) e os vínculos emocionais L, H e K (junto com seus equivalentes negativos) com os objetos – e, então, esquecê-los!

A questão deste paradoxo é que o analista precisa ter um alicerce na teoria para que tenha um modelo ou matriz sobre

502 INSTRUMENTOS DA TÉCNICA PSICANALÍTICA

o qual possa organizar e compreender as associações do analisando. Ao emergirem, tais associações evocam *espontaneamente* a teoria seletivamente relevante. Elas também podem evocar *espontaneamente* memórias fundamentais no analista sobre sessões anteriores com o analisando ou incidentes e eventos relevantes de sua história passada. A ênfase na suspensão da memória é aplicável apenas durante a sessão analítica, não antes ou depois dela.

O ponto central é que o analista mantenha sua mente aberta e sem preconceitos para que experiências e afetos até então ocultos no analisando possam emergir e ser detectados mais facilmente. A orientação de primeiro aprender a teoria e depois esquecê-la significa que ela deve se tornar parte latente do analista, uma parte que as associações do analisando evocam de modo imprevisível (espontaneamente).

Percepção, intuição, atenção

O uso da faculdade de (a) *percepção* significa que o analista deve se tornar um observador atento do comportamento do analisando e de suas associações livres no que diz respeito à sua sequência e insinuações. A faculdade da percepção, que está associada aos órgãos sensoriais do Sistema *Cs*, também está ligada, no entanto, às capacidades de *intuição* e *atenção*, que estão, por sua vez, associadas ao órgão sensorial da consciência que está dirigido às qualidades psíquicas, as quais são inconscientes. De acordo com Bion (1965): "A intuição analiticamente treinada torna possível [por exemplo] dizer que o paciente está falando da cena primária e, com base no desenvolvimento das associações, acrescentar nuances de significado para preencher a compreensão daquilo que está ocorrendo" (p. 18). Bion atribuiu originalmente o termo "percepção" aos órgãos do sentido que recebem os estímulos externos, mas então, seguindo Freud (1911b), notou que eles, como a faculdade da consciência, também poderiam ser entendidos como receptivos às "qualidades psíquicas". Isso levou Bion a compreender aquele aspecto da consciência geralmente chamado de atenção como sendo *intuição* (Alexander, 2006).

Mito

Do modo como compreendo, Bion utiliza o termo mito não apenas em seu sentido *coletivo* (universal) mais tradicional, mas também no sentido individual ou pessoal, como fantasia. Aos mitos do Jardim do Éden, da Torre de Babel e de Édipo, eu acrescentaria o mito de Prometeu que, para mim, melhor descreve a vida profissional do próprio Bion. O mito → fantasia inconsciente oferece um modelo que organiza e categoriza o que Bion (1962) chama de elementos beta da experiência bruta. Eles também podem ser chamados de "elementos-dados" antes de serem encaminhados para transformação mítica através da função-alfa.

Paixão

Bion utiliza o termo "paixão" para se referir a todo o domínio da experiência afetiva – particularmente o "sofrimento", como na "paixão de Cristo". O termo se aplica tanto ao analista como ao analisando. Em essência, o analista "sonha" a sessão analítica em um estado de *rêverie* no qual sua função-alfa, estando claramente sintonizada – não apenas com o analisando, mas também com suas próprias experiências e emoções inconscientes emergentes – intui aquilo que o analisando está sentindo ao vivenciar uma correspondência entre ele próprio e o analisando.

504 INSTRUMENTOS DA TÉCNICA PSICANALÍTICA

Abordando a ansiedade inconsciente máxima da "criança em constante desenvolvimento do inconsciente"

O analista, tendo se livrado da memória (das sessões passadas), do desejo (de ajudar ou "curar" o paciente), das preconcepções (sobre o paciente – isto é, "Este é o tipo de paciente que... ") e da compreensão (aprisionando o paciente em categorias e, portanto, ignorando o fato de que ele está sempre em um estado de fluxo) e preparado seu arsenal de percepção, mito e paixão, pode agora ouvir (focar-se em) cuidadosa e diligentemente aquilo que o paciente sente ser sua "ansiedade inconsciente máxima" (Segal, 1981, pp. 3-4). É esta ansiedade inconsciente máxima que é sentida por aquilo que eu chamo de "criança em constante desenvolvimento do inconsciente" – um pseudônimo para o aspecto mais vulnerável e elementar do *sujeito* analítico que vive a experiência. O analista não deve se deixar enganar pelas defesas erigidas contra a emergência deste *self* ansioso essencial. Ele não deve tecer interpretações sobre a inveja, por exemplo, mas sim sobre a ansiedade da qual os sentimentos de inveja são apenas indicadores. Dito de outra forma, o analista, assim como o médico, está apalpando em busca de dor e sensibilidade.

Abordando a sessão analítica como se ela fosse um sonho

Freud (1911c) recomenda que devemos tratar os sonhos na análise da mesma forma que tratamos as associações livres (pp. 92-93). Minha leitura pessoal das palavras de Freud inspira-me a sugerir um passo adicional: se a sessão analítica deve ser tratada como os sonhos, então ela *é* um sonho. Se isso é verdade, então o analista deve empregar seus conhecimentos sobre o *trabalho onírico* para decifrar as associações livres de seu paciente. Bion (1970) dá um passo além ao propor que o conteúdo manifesto das associações livres do paciente representa seu sonho sobre o conteúdo latente (emocional) e que o processamento pelo analista das associações livres do paciente constitui seu sonho (do analista) relativo aos esforços iniciais do paciente para sonhar (suas associações livres), como também sugere Ogden (2009). Freud (1900a) afirma que o trabalho onírico consiste de: (a) condensação, (b) deslocamento, (c) meios de representação nos sonhos e (d) considerações de representabilidade.

A condensação diz respeito à multiplicidade de associações possíveis que podem se aplicar a ou cruzar-se com qualquer associação individual. O termo, portanto, designa uma ampla rede associativa virtualmente infinita que circunscreve e interpenetra toda associação. O deslocamento caracteriza-se pela capacidade da mente de transferir uma emoção ou pensamento (ou objeto interno) de uma categoria para outra. Sua manifestação clínica é a projeção (identificação projetiva).

Com respeito aos meios de representação, Freud (1900a) afirma:

> As diferentes porções desta estrutura complicada [pensamentos oníricos] mantêm. . . as mais diversas relações lógicas umas com as outras. Elas podem representar primeiro e segundo plano, digressões e ilustrações, condições, cadeias de evidências e contra-argumentos. . . . Surge a questão sobre o que acontece com as conexões lógicas que haviam até então mantido sua organização. Que representações os sonhos oferecem para "se", "porque", "assim como", "embora", "ou-ou" e todas as demais conjunções sem as quais somos incapazes de compreender frases ou falas? Como primeira possibilidade, nossa resposta deve ser que os sonhos não têm meios à sua

506 INSTRUMENTOS DA TÉCNICA PSICANALÍTICA

disposição para representar tais relações lógicas entre os pensamentos oníricos. Em sua maioria, os sonhos desconsideram todas estas conjunções e é apenas o conteúdo substantivo que eles utilizam e manipulam. A restauração das conexões que o trabalho onírico destruiu é uma tarefa que deve ser realizada pelo processo interpretativo. (p. 312)

Entendo que isso quer dizer que a relação comum que existe entre os pensamentos lógicos – facilitada pelas conjunções, por exemplo – são abolidas pelo trabalho onírico que, desta forma, separa (deixa "órfãos") os diferentes pensamentos que podem, então, entrar em novas recombinações variadas: alternância primeiro plano ↔ segundo plano e assim por diante. O trabalho interpretativo do analista restaura as relações conjuntivas originais.

As condições de representabilidade referem-se às formas de representação sobre as conexões entre pensamentos oníricos e aquilo que ocorre quando os pensamentos oníricos são transformados em um sonho (Freud, 1900a, p. 310). Por exemplo, Freud escreve sobre as condições de representabilidade:

Um pensamento onírico é inútil enquanto é expresso de maneira abstrata; mas, uma vez que tenha sido transformado em linguagem pictórica, contrastes e identificações do tipo necessário para o trabalho onírico, que ele cria caso já não estejam presentes, podem ser estabelecidos mais facilmente do que antes entre a nova forma de expressão e o restante do material subjacente ao sonho. Isso ocorre porque, em todas as línguas, os termos concretos, em consequência da história de seu desenvol-

vimento, constituem associações mais ricas que os conceituais. *(p. 340, grifo nosso)*

A sessão analítica como peça passional

Portanto, a ordem oculta da arte (Ehrenzweig, 1967) está profundamente envolvida na construção dos sonhos. O sonho deve fazer sentido estético para o sonhador (o "sonhador que compreende o sonho", Grotstein, 2000). Eu gostaria de expandir esta ideia de representabilidade para a sessão analítica propriamente dita. A sessão analítica não é apenas um sonho (construído verbalmente em vez de visualmente), mas também um *drama*, uma peça passional improvisada na qual o paciente inconscientemente (inadvertidamente) mostra através de palavras e comportamentos, assim como em um jogo de adivinhação, aquilo que está sendo "escrito, produzido e dirigido" na forja de seu inconsciente e que está sendo representado pelo paciente e pelo analista na situação de transferência ↔ contratransferência (ver também McDougall, 1985). A partir desta perspectiva, pode-se dizer que, na medida em que a sessão analítica constitui uma peça passional dramática, o conceito de resistência fica alterado. O paciente está inconscientemente fazendo o melhor para retratar o que acontece em seu mundo interno. Paixão (sofrimento) e resistência são ambas personagens neste drama.

A importância das figuras de linguagem na análise

Certas figuras de linguagem – analogia, metáfora, metonímia e sinédoque – estão envolvidas na construção e desconstrução das associações livres do paciente e na interpretação delas pelo analista (Sharpe, 1937a, 1937b, 1950). A *analogia* parece ser a linha comum

508 INSTRUMENTOS DA TÉCNICA PSICANALÍTICA

que atravessa todas as entidades anteriores e ajuda a caracterizar suas operações, já que todas se prestam à tarefa de transformar palavras, pensamentos e ações conforme estes percorrem o caminho da concretização para a abstração, nos dois sentidos. A *analogia* pode ser definida como a existência de semelhanças entre dois objetos diferentes, denotando algo que os dois têm em comum. A *metáfora* é a transferência de um termo do objeto que ele geralmente designa para outro que ele pode designar apenas através de comparação ou analogia implícita, como na expressão *crepúsculo da vida*. A *metonímia* é uma figura de linguagem na qual uma ideia é evocada ou nomeada através de um termo que designa alguma ideia associada: as palavras *espada* e *sexo* são designações metonímicas para *carreira militar* e *feminilidade*, por exemplo. A *sinédoque* refere-se ao uso de um termo mais abrangente no lugar de outro mais específico ou vice-versa: por exemplo, *cabeça de gado* em vez de *gado* ou *a lei* em vez de *um policial*. Todas as figuras de linguagem anteriores constituem *tropos* – categoria geral que designa o uso figurativo das palavras em vez do uso literal. Além disso, a fala por parte do analisando utiliza a *retórica* consciente e/ ou inconsciente – isto é, a persuasão.

Além dos tropos listados anteriormente, também é preciso levar em conta: (a) o uso de *imagens, símbolos* e *equações simbólicas* pelo paciente (Freud, 1924d, p. 179; Segal, 1957, 1981). Estes são os elementos irredutíveis da informação e da comunicação. Eles podem ser transmitidos como significantes *icônicos* (literais) ou *indexadores* (figurativos) (Peirce, 1931). (b) Além disso, não podemos negligenciar a linguística em sua interface com a psicanálise. Neste ponto, tenho em mente a relação entre *significante* e *significado*. Incluído no âmbito da linguística está o conceito dos *eixos sincrônico e diacrônico* do discurso. O segundo refere-se à *sequência linear* das falas do paciente, enquanto o primeiro designa a simultaneidade de múltiplas (e até mesmo infinitas) associações que se aplicam a cada associação expressa de forma linear. Lacan (1966) vê o eixo vertical como o "eixo metafórico" e o eixo linear como o "eixo metonímico", associando o último ao significante (a palavra) que está inserido no significado (o significado da palavra) (Wilden, 1968, pp. 238-249).

Como tudo isso se encaixa em uma sessão analítica? Em primeiro lugar, destaco que as associações livres de cada indivíduo ocorrem em sequência diacrônica (metonímica), linear e sucessiva[1] e são modificadas pelo eixo sincrônico de múltiplas associações metafóricas simultâneas, como em uma trilha sonora. Quando o analista presta atenção aos dois eixos simultaneamente, ele entra em contato com aquilo que acredito ser a ordem oculta ou a "gramática" do significado inconsciente e sua distribuição. A partir de outra perspectiva, podemos considerar que cada associação significante individual constitui um universo metafórico em si mesma. Este universo metafórico pode então ser visto como sendo interseccionado por um número infinito de linhas que irradiam para fora de modo sincrético ou convergem de modo concreto. Estas linhas compreendem todas as possibilidades da metáfora, da sinédoque, da analogia e da comparação. Se estes universos (significantes-associações) forem sobrepostos uns aos outros, cada um deles, tendo capacidades radiais infinitas, deve fazer um movimento de rotação até o ponto de contato que é *específico* para cada universo sucessivo. Assim, uma cadeia de significados emerge a partir da cadeia de significantes.

Breve relato de caso

(O paciente entra no consultório do analista após um período de férias). "Olá, Dr. K, como você está? Como foram suas férias?" (Conforme o supervisionando lia este trecho inicial

510 INSTRUMENTOS DA TÉCNICA PSICANALÍTICA

da interação, eu relia as falas da seguinte forma: "Como está *você*? Como foram *suas* férias?"). Compreendi o "período de férias" como uma alusão *metonímica* ao agradável período de sexo que a analista supostamente tivera com seu marido. O paciente então disse: "Eu não entendo. Às vezes eu sinto que eu não pertenço a este mundo. Não importa o quanto eu tente, eles simplesmente não veem as coisas do meu jeito". (O que quer que este segundo conjunto de associações possa significar na vida externa do paciente, eu escolho pensar que ele também está falando na transferência. Portanto, o "mundo" ao qual ele acredita não pertencer refere-se à vida pessoal do analista [deslocamento, sinédoque]). "Sinto que estou batendo minha cabeça contra a parede e ninguém está ouvindo." ("Ninguém" também constitui um exagero – *sinédoque* – do analista, *aquele* que ele acredita que o está ignorando). "Eu tento explicar o meu lado, mas ninguém me dá ouvidos." (Conforme acompanhamos a *sequência linear* das associações até aqui, sentimos o desenvolvimento de um tema [o "*fato selecionado*"], um tema no qual ele ataca a analista de modo passivo-agressivo [como um mártir] por sua ausência e pela sensação resultante de desamparo e carência que ele sentiu. No *eixo sincrônico*, podemos apenas começar a imaginar a gama e a extensão de suas emoções e memórias passadas que a situação presente lhe faz recordar – muitas das quais foram detalhadas em sessões anteriores). "Você se lembra de eu ter falado sobre a trava da minha porta? Eu liguei para a prefeitura e eles mandaram alguém para inspecionar." ("Trava" é uma *metáfora* para sua sensação de privacidade e segurança, que foi colocada em risco pela ausência da analista. A "prefeitura" constitui uma *sinédoque* para designar um profissional confiável [o aspecto bom da analista] capaz de intervir junto à analista má que o "trancou para fora" da *sua* privacidade durante as férias).

Nota

1. Na visão de Lacan (1966), a metonímia não é apenas um tropo representativo. Ele também usa o termo para descrever uma sequência nas associações livres onde o significante desliza por debaixo do significado, um processo descrito por Freud em termos de "meios de representação" (ver Wilden, 1968, pp. 238-249).

30. Os instrumentos clínicos na maleta de tratamento do dr. Bion

Abstração e formalização: Referem-se à progressão do nível elementar ou concreto para um nível de pensamento mais avançado que permite a generalização e a metáfora e prepara o caminho para a *correlação com outras ideias*. "A abstração, portanto, pode ser vista como um dos passos da comunicação que facilita a correlação ao comparar a representação que foi abstraída com uma variedade de percepções diferentes, nenhuma das quais é a percepção a partir da qual a representação foi originalmente abstraída" (Bion, 1962b, p. 50).

Ataque contra a função-alfa do analista: Os pacientes podem atacar inconscientemente os processos inconscientes de pensamento do próprio analista através do uso de –K (falsificação). Quando isso acontece, pode estar ocorrendo uma "*trans*identificação projetiva" (Grotstein, 2005) – uma vez que o analista está respondendo inconscientemente ao ataque como vítima.

514 OS INSTRUMENTOS CLÍNICOS NA MALETA DE TRATAMENTO...

Ataques aos vínculos: Semelhante aos ataques contra a função-
-alfa do analista. Na teoria kleiniana, a inveja é frequentemente
citada como a emoção que destrói os vínculos do paciente com
objetos internos. Se, por exemplo, ele inveja o casal parental e ataca
inconscientemente sua ligação (vínculo de um com o outro), ele
introjeta a imagem de um casal atacado que se transforma em um
superego retaliador que, deste momento em diante, ataca seus próprios vínculos com objetos e pensamentos. Bion acrescentou um
outro conceito: ao mesmo tempo que manteve a teoria kleiniana
em sua integridade, ele contribuiu com a noção de "objeto obstrutivo" (1959, p. 91), que mais tarde se tornou o "super"ego cruel
e moralista (1962b, p. 97). Este objeto composto também inclui a
imagem *do objeto total mãe real,* que pode não ter sido capaz de
receber e conter as identificações projetivas dolorosas de seu filho,
dando início, assim, à "projeção reversa" – isto é, projeção dos sentimentos de pavor da criança e o ódio resultante destes junto com
os sentimentos odiosos da própria mãe de volta para a criança,
precipitando desta forma uma catástrofe infantil.

Barreira de contato: "Devo agora transferir tudo o que falei
sobre o estabelecimento da consciência e do inconsciente e de
uma barreira entre eles para uma entidade hipotética que deno-
mino 'barreira de contato'; Freud utilizou este termo para descrever a entidade neurofisiológica posteriormente conhecida como
sinapse" (Bion, 1962b, p. 17).

Capacidade negativa: Conceito que Bion tomou emprestado de
uma carta de Keats a seu irmão, na qual ele escreveu sobre uma
"capacidade negativa", referindo-se a Shakespeare como exemplo.
Ele a transformou, então, em uma fórmula filosófica para descrever a atitude do "homem de êxito" perante fenômenos intrigantes.
Bion a descreve como a atitude de disciplina que o analista deve
adotar enquanto ouve as falas de seu paciente. Capacidade nega-

tiva significa capacidade de ser paciente, de tolerar o fato de não saber e de conter impulsos prematuros de intervir com uma interpretação até que o "fato selecionado" tenha surgido, o qual irá corresponder ao significado subjacente às associações do analisando.

Catástrofe primitiva: Bion (1967a) faz referências frequentes à ideia de que, durante a infância, os pacientes psicóticos que ele tratou não tinham tido uma mãe que pudesse conter (absorver e processar) adequadamente suas queixas emocionais e, em vez disso, passaram a projetar de volta em seus filhos. Os sentimentos de desamparo e decepção da criança, quando combinados com uma mãe contraprojetiva, resultam na ocorrência de uma catástrofe primitiva infantil.

Cesura: Bion (1977a) tomou emprestado o conceito de cesura de Freud, que o utilizava para diferenciar entre a vida pré- e pósnatal. Assim, ele veio a representar um tipo de fronteira importante e com uma característica especial: uma "permeabilidade seletiva" que permite que alguns elementos possam passar em ambos os sentidos. O conceito de cesura, portanto, passou a representar uma metáfora para uma separação flexivelmente intacta entre duas entidades – isto é, consciente e inconsciente.

Ciência das relações emocionais: Bion acreditava que os cânones da ciência eram adequados apenas para objetos não vivos. Assim, ele propôs que a psicanálise era uma forma diferente de ciência – uma ciência de relações emocionais, não lineares, inefáveis.

Complexo de Édipo: Bion destacava a arrogância de Édipo ao querer compreender o mistério por trás da corrupção de Tebas – isto é, o fato de ele ter inadvertidamente cometido parricídio e incesto. A ênfase de Bion é um exemplo de sua noção de que a Deidade é avessa à curiosidade humana na fantasia inconsciente.

516 OS INSTRUMENTOS CLÍNICOS NA MALETA DE TRATAMENTO...

Ele também cita os mitos do Jardim do Éden e da Torre de Babel para apoiar esta ideia.

Comunicação: Bion (1963, p. 79) diferencia entre "comunicação pública" e "comunicação privada". A última refere-se às interações entre o *self* e os objetos internos, bem como aos objetos internos entre si. O relacionamento do indivíduo com seu superego, por exemplo, seria uma comunicação privada. A análise busca transformar comunicações privadas em comunicações públicas.

Concepção: "Concepção é aquilo que resulta quando uma pré-concepção combina-se com as impressões sensoriais apropriadas" [em uma realização] (Bion, 1962b, p. 91).

Concretização: Pode ser vista como uma forma de publicação que facilita a correlação com o senso comum – ou seja, a afirmação de algo que seja reconhecido como um objeto por um sentido e que possa também ser testado como objeto de outro sentido.

Conflito entre socialismo e narcisismo: Bion (1992) aplica estes termos peculiares para designar a conexão entre objetos externos em contraste com a conexão entre objetos internos.

Conjunção constante: "A hipótese de Hume de conjunção constante é bastante compatível com a teoria que propõe que a palavra 'cachorro' passa a existir para assinalar que certos fenômenos isolados e antes incoerentes encontram-se constantemente reunidos" (Bion, 1963, p. 89).

Continente ↔ *conteúdo:* Após intuir que os pacientes psicóticos que vinha analisando tinham sido privados, durante a infância, da oportunidade de ter uma mãe que pudesse vivenciar e tolerar as emoções de seu filho, Bion atribuiu o termo "continente" para a mãe e "conteúdo" para as emoções da criança que estavam sendo projetadas.

Contratransferência: Bion estabelecia uma diferença entre *contratransferência* e *rêverie.* Ele acreditava que a primeira era resultado da evocação da neurose infantil do próprio analista e a última, da intuição do analista que, por sua vez, se desenvolve a partir de sua capacidade de abandonar memória e desejo.

Correlação: "A confiança decorre de se saber que existe uma correlação entre os sentidos... ou que mais de uma pessoa em um grupo sustenta o que parece ser a mesma posição sobre a mesma representação de uma experiência emocional" (Bion, 1962b, p. 50).

Curiosidade: "A formulação lógica do problema aponta para um conflito entre onisciência, de um lado, e investigação, do outro" (Bion, 1965, p. 58). Bion explora a curiosidade do ponto de vista onipotente: isto é, como uma invasão epistemofílica do corpo da mãe para obter sua sabedoria e, como tal, proibida pelos deuses, em contraste com a curiosidade saudável, a qual ele associa à "atenção" que, "curiosamente", os deuses – como a Esfinge – exigem.

Denudação: Bion utiliza o termo "denudação" em pelo menos dois contextos. No primeiro, a criança que irá se tornar psicótica irá denudar sua mente ao projetar não apenas suas emoções – seus objetos internos –, mas também a própria mente. Em outro contexto, o termo designa a relação parasítica de continente/conteúdo na qual cada parte invejosamente remove (denuda) a bondade do outro (Bion, 1962b, p. 97).

Elemento insaturado: Quando um pensamento selvagem ou um pensamento sem pensador (elemento beta) torna-se unido de modo constante ao nome que o designa, ele perde algo de sua versatilidade original e possibilidades sincrônicas: em outras palavras, o elemento insaturado torna-se saturado por ter sido nomeado e, a partir daí, constitui uma imagem, um significante ou um símbolo

518 OS INSTRUMENTOS CLÍNICOS NA MALETA DE TRATAMENTO...

que mascara sua potencialidade original anterior e sua realidade inefável como O, a coisa-em-si.

Elementos alfa: Modelo abstrato para designar o elemento beta transformado originário da intersecção de O. Os elementos alfa, diferentes dos elementos beta, os quais não são mentalizáveis, tornam-se adequados para serem utilizados como elementos oníricos, memórias, pensamentos, sentimentos e reforços para a barreira de contato.

Elementos beta: Fatos emocionais não digeridos que se originam da intersecção da fronteira emocional do indivíduo por O. Os elementos beta não são, propriamente falando, O: eles são a *impressão* sensorial interna de O (Bion, 1962b).

EP ↔ D: Bion propõe uma nova configuração para a visão de Klein (1946) da relação entre as posições esquizoparanoide e depressiva, que ela considerava como unilateral e progressiva: EP ↔ D. Bion acredita que elas são coexistentes – isto é, paralelas ou simultâneas – e que se alternam antes e depois uma da outra. Para ele, EP representa espalhamento e D representa ajuntamento.

Fato selecionado: Bion (1962b, p. 73) tomou este termo emprestado do matemático Henri Poincaré (1963). Ele designa a capacidade do analista de discernir um padrão de coerência no material clínico – quase como se ele usasse uma Pedra de Roseta – que convida uma interpretação. O fato selecionado aparece frequentemente como uma epifania do analista.

Fator: Uma atividade mental que opera em conjunto com outras atividades mentais → função.

Fé: "Pode-se questionar qual estado mental é bem-vindo quando os desejos e memórias não o são. Um termo que expressaria aproximadamente o que preciso expressar é 'fé' – fé de que existe uma realidade e verdade última – o infinito desconhecido, incognoscível, sem forma. Esta crença deve existir com relação a todo objeto do qual a personalidade possa tomar ciência: a evolução da realidade última (representada por *O*) resulta em objetos dos quais o indivíduo pode tomar ciência" (Bion, 1970, p. 31).

Função-alfa: Modelo hipotético responsável por: (a) tornar possível a comunicação intrapessoal e interpessoal; (b) facilitar transformações; (c) criar uma barreira de contato entre sono e vigília e, portanto, entre os Sistemas *Ics* e *Cs*; (d) criar cesuras (descontinuidades seletivamente permeáveis) após a cesura do nascimento – isto é, entre imagem e símbolo, narcisismo e Édipo, e latência, adolescência e idade adulta no ciclo da vida; e (e) bi-lógica e lógica bivalente.

Função: "Utilizei deliberadamente [o termo] por causa da associação que ele evoca e porque desejo que a ambiguidade seja mantida. Quero que o leitor se lembre da matemática, da filosofia e do uso comum, pois uma das características da mente humana que estou discutindo pode desenvolver-se de maneira tal que é vista em um estágio posterior como sendo classificável nestas categorias – e em outras ainda. No entanto, não estou discutindo o que quer que seja que a função possa vir a se tornar; meu uso do termo tem o intuito de indicar que, quer a pessoa observada esteja fazendo um cálculo matemático, caminhando com uma marcha peculiar ou realizando um ato invejoso, todas estas são, a meu ver, funções da personalidade. Se me preocupo com a precisão de sua matemática, não é porque esteja interessado em sua matemática, mas porque sua matemática, e a precisão de seu desempenho, são funções de sua personalidade e eu desejo saber quais são os fatores aí envolvidos" (Bion, 1962b, p. 5).

Grade: A Grade (Bion, 1963, 1977a, 1997) é um gráfico polarizado ou gradiente coordenado cujo eixo vertical descendente

520 OS INSTRUMENTOS CLÍNICOS NA MALETA DE TRATAMENTO...

(eixo genético) representa a gênese e o desenvolvimento dos pensamentos – do nível mais elementar e concreto para o nível mais avançado e abstrato. O eixo horizontal representa a progressão do pensamento; o uso ao qual o pensamento está sendo colocado – isto é, o "pensamento selvagem" original – é aceito de modo cauteloso e especulativo através de "hipóteses definitórias". Ele é então forjado ou tem sua verdade desafiada ou questionada pela Coluna 2, a coluna psi. Então, ele é encaminhado à "notação" (memória), verificado pela "atenção" (curiosidade) e, por fim, analisado de forma mais detalhada no estágio de "investigação". Finalmente ele pode, por exemplo, ser atuado como uma interpretação. A Grade originou-se como o sistema de notação de Bion para as sessões analíticas. Ele estava tentando criar um "Esperanto científico" que pudesse abstrair, generalizar e universalizar as experiências analíticas de modo que estas pudessem ser otimamente comunicadas. Embora ele tenha se mantido apegado a ela, seu interesse voltou-se mais tarde na direção da "Linguagem de Êxito", mais mística. Criou-se uma aura significativa em torno da Grade, que Bion tomou emprestada dos conceitos de Freud sobre os detalhes do processo secundário, mas, para mim, ela representa um equilíbrio normal, o pensamento reflexivo.

Grupo: Primeiro empreendimento profissional de Bion; suas contribuições para o trabalho com grupos continuam profundas e relevantes até o presente. Ele observou que um grupo poderia ser dividido em grupo de trabalho normal e subgrupos resistentes, incluindo processos como o pareamento, luta ou fuga e dependência.

Hipótese definitória: "Na medida em que esta é uma *hipótese definitória*, é como se disséssemos 'Isso que você, paciente, está experimentando agora, é o que eu e, em minha opinião, a maioria das pessoas, chamaria de depressão'. Na medida em que ela serve para definir para o paciente o que o analista quer dizer com a defi-

JAMES S. GROTSTEIN 521

nição, não se pode argumentar contra ela, pois a crítica seria válida apenas se fosse possível mostrar que a afirmação é absurda porque contraditória" (Bion, 1963, p. 18, grifo nosso).

Identificação projetiva: Bion expandiu a concepção de Klein da identificação projetiva como uma fantasia intrapsíquica inconsciente ao defender a ideia de que ela constituía também uma comunicação intersubjetiva real entre o bebê e a mãe. A mãe, neste esquema, torna-se o continente das projeções de seu filho.

Ideograma: "A impressão deve ser 'ideogramatizada'. Isso equivale a dizer que, se a experiência for de sofrimento, a psique deve ter uma imagem visual de um arranhão no cotovelo ou de uma face em pranto, ou algo equivalente. Mas aqui entra um novo aspecto que depende de qual princípio é dominante na situação, o princípio do prazer-dor ou o princípio de realidade. Se o princípio de realidade for dominante, então o propósito do ideograma será o de tornar a experiência adequada para armazenamento e recuperação; caso o princípio do prazer-dor esteja no domínio, a tendência será de que o ideograma tenha o propósito de se tornar um objeto excretável" (Bion, 1992, p. 64). O ideograma também é uma maneira de nos referirmos aos elementos que constituem a linguagem pré-léxica.

K e –K: K – como em "L", "H" e "K" – é a forma matemática resumida que Bion usa para descrever o conhecimento, que ele entende como impulso epistemofílico, como um afeto e, principalmente, como um vínculo entre o *self* e os objetos e entre os objetos em si. –K representa o oposto: falsificação ou mentira. –K, em outras palavras, é uma distorção. Ele pode, no entanto, ser também associado, em minha opinião, a aspectos relacionados ao ato de contar histórias e à elaboração de fantasias da função-alfa normal, que busca alterar a *aparência* da Verdade sem alterar a verdade propriamente dita.

522   OS INSTRUMENTOS CLÍNICOS NA MALETA DE TRATAMENTO...

Matemática: Escola de pensamento organizada na qual Bion inicialmente se baseou para trazer rigor "científico" e precisão descritiva à psicanálise. Ao fim, ele se deu conta de suas limitações para abarcar a natureza inefável do inconsciente e de *O*. Ele continuou a se referir a ela, no entanto, como um vértice – ou seja, um dentre vários "ângulos de câmera", por assim dizer, na constituição de um contexto.

Memórias do futuro: "Sabedoria emprestada – sabedoria futura após o evento. Conhecimento profético após o evento. Profecia sem previsão. Retrospecção profética. Irreflexão profética. Remorsos por vir via Previsão Direta. Insight por retrospecção" (Bion, 1992, p. 362). Bion também utiliza "memória do futuro" como utilizaria "pré-concepção inata" que, por sua vez, tem relação com as Formas Ideais de Platão e os númenos de Kant. Todos eles constituem antecipações de realizações futuras.

Mentira e Verdade: O conceito de mentira – e das falsificações em geral –, em oposição ao conceito de verdade, pode ser visto como uma linha que atravessa praticamente toda a episteme de Bion. A Verdade é *O*. Apenas o místico é realmente capaz de "tornar-se" ela sem que sua mente tenha que realizar todas as transformações intermediárias de elementos beta em elementos alfa. Toda vez que o indivíduo normal inconscientemente transforma elementos beta através de sua função-alfa, a Verdade emocional original (*O*) é modificada e comprometida e, consequentemente, *falsificada*. O mentiroso, por outro lado, desconsidera completamente a verdade e usa uma mentira para substituí-la. Bion refere-se a este fenômeno como "–K" (1963, p. 51) e como "função-alfa reversa" (1962b, p. 25).

Metateoria: "Qualquer tentativa de se esclarecer a metateoria é prejudicada pela falta de equipamento filosófico e científico adequado às necessidades da psicanálise. Resta-me inferir qualidades associadas à (a) hipótese científica; (b) à teoria psicanalítica dos sonhos; (c) à teoria sobre a hipótese ('conjunção constante') de Hume; e (d) ao fato selecionado de Poincaré para produzir um híbrido que sirva para descrever a natureza científica do uso [do nome] seio. Provavelmente o melhor curso de ação seja nomear a classe à qual o seio pertence, 'a classe das interpretações'. De maneira semelhante, proponho chamar todos os objetos que escolhi para discussão neste capítulo de 'interpretações'" (Bion, 1992, p. 253).

Mito: Bion atribui um alto valor aos mitos como sonhos grupais ou culturais e, sendo assim, como um continente da ansiedade do grupo. Ele os concebe como o equivalente mental dos sistemas dedutivos científicos no que tange a sua capacidade organizadora.

Mito da Torre de Babel: Bion utilizou o Mito da Torre de Babel, junto com o de Édipo e o do Jardim do Éden, para ilustrar um mito coletivo ou universal sobre a proscrição da curiosidade do homem pela divindade, especialmente a curiosidade sobre Deus. Sou da opinião de que o que Bion realmente tinha em mente aqui era a importância da barreira de contato por sua capacidade de proteger o Sistema *Ics* da intrusão do Sistema *Cs*, bem como o oposto.

Modelo: "O modelo pode ser visto como uma abstração de uma experiência emocional ou como a concretização de uma abstração. No grupo, o mito preenche a mesma lacuna na sociedade que o modelo preenche na ciência. Substituído por sistemas dedutivos" (Bion, 1992, p. 79).

Modificação da frustração: "A psique lida com a frustração através de métodos que se encaixam em uma de duas classes de reação: negação ou avaliação com ideia de modificação" (Bion, 1992, p. 247).

524 OS INSTRUMENTOS CLÍNICOS NA MALETA DE TRATAMENTO...

Mudança catastrófica: Indica uma mudança no equilíbrio do indivíduo em qualquer de vários domínios possíveis: físico, mental, social e assim por diante. Conforme o indivíduo tenta se adaptar às *mudanças de estado*, é como se um aspecto dele já tivesse entrado no novo estado e outro ainda não tivesse alcançado a mudança, causando, assim, uma cisão no ego. A mudança catastrófica é uma designação para a "ansiedade de adaptação" (Bion, 1970).

Negação da frustração: "A intolerância à frustração se expande até se tornar uma intolerância à realidade; posto que a modificação da realidade é impedida pelo próprio estado de mente, o ódio é dirigido contra o aparato mental do qual a percepção da realidade depende" (Bion, 1992, p. 246).

O: Pseudônimo obscuro mas formidável de Bion (1965, 1970) para Verdade Absoluta sobre uma Realidade Última, coisas-em-si, númenos, pré-concepções inatas, Formas Ideais, caos, infinito, *Ananke* (Necessidade – ou, como traduzo do grego, "a indiferença da Circunstância"), deidade (Presença numinosa imaginada responsável pelos anteriores) – todos os quais convergem para formar a "Vida Como Ela É". *O* é sempre desconhecida e incognoscível. Só podemos apreendê-la através de seus derivados em "K" ou nos "transformarmos" nela (em *O*), o que também está associado às Formas Ideais de Platão, aos númenos de Kant, ao caos, à absoluta indivisibilidade ou simetria infinita de Matte Blanco (1975, 1988), à *"Ananke"* ("necessidade") de Ricoeur (1970) ou, como eu chamaria, à "circunstância absoluta" ou "acontecimento" antes de serem processados. Bion também sugere "deidade" ("divindade"), que eu chamo de "circunstância bruta".

Objeto analítico – o sintoma da sessão: Experiência inconsciente de dor emocional pelo paciente em um dado momento analítico. É um termo alternativo para a experiência de O, a Verdade

Absoluta sobre uma Realidade Última que acaba de interseccionar a fronteira emocional do paciente e precisa ser "contida", "alfabetizada" pela "função-alfa" e transformada em "elementos alfa" e, então, "sonhada" pelo analista para que se torne mentalizável. O objeto analítico é detectado através do uso de "percepção, mito e paixão" pelo analista, que resulta da (a) observação do paciente pelo analista; (b) do uso, pelo analista, do repositório psicanalítico de mitos – ou seja, do complexo de Édipo – para revelar as fantasias inconscientes do paciente; e (c) do uso da própria paixão (emoção ou sofrimento) do analista para detectar a paixão do paciente.

Objetos bizarros: Bion (1967b) parece fazer distinções entre a psicose e a neurose e os transtornos mentais primitivos com base no aparecimento, nas duas primeiras, de objetos bizarros que se originam da seguinte forma: O psicótico fica tão apavorado com suas emoções que projeta não apenas *elas próprias* nos objetos, mas também sua mente que pensa os pensamentos. Com isso, ele fica sem mente e é assombrado por um objeto estranhamente diferente, um objeto bizarro, caracterizado por uma má formação sinistra a partir da qual o objeto se infla, uma vez que não tem fronteiras – já que o paciente apartou-se das fronteiras de seu próprio ego e, assim, projetou uma mente sem fronteiras de ego no objeto. O objeto também se infla porque ele agora contém os elementos beta não processados que o paciente foi incapaz de tolerar. Os elementos beta são infinitos por natureza até que sejam processados. Clinicamente, eles podem aparecer sob a forma de voracidade.

Padrões: Bion nos convida a procurar padrões no material clínico do analisando. O discernimento de um padrão está ligado à suspensão de memória, desejo, preconcepções e compreensão – ou seja, ao fato de se estar aberto para aguardar a chegada do "fato selecionado", o qual finalmente dará coerência àquilo que até então permaneceu obscuro ou desconhecido.

526 OS INSTRUMENTOS CLÍNICOS NA MALETA DE TRATAMENTO...

Pensamentos selvagens: De acordo com minha compreensão, pensamentos selvagens representam o surgimento de elementos beta criativos que estão no processo de serem alfa-betizados, mas que ainda não receberam sua designação mental definitiva. Eles constituem a Coluna 1, "hipótese definitória", na Grade de Bion. Bion parecia falar deles com grande afeto. Eles são o tema da obra instigante de López-Corvo (2006a).

Pensamentos sem pensador: Para Bion, todos os pensamentos inconscientes eram pensamentos sem pensador até que fossem processados pela função-alfa e pudessem atravessar a barreira de contato seletivamente permeável até a consciência para que pudessem ser pensados – isto é, para que fosse possível refletir sobre eles. O termo aplica-se especialmente às pré-concepções inatas e aos estímulos sensoriais entrantes, ambos os quais constituem elementos beta.

Percepção, mito e paixão: "Percepção" corresponde ao que eu chamo de abordagem hemisférica, modalidade em que o analista está engajado na *observação*: isto é, *atenção* focalizada.

Perspectiva reversível: Este termo foi originalmente utilizado por Bion para descrever como um paciente psicótico pode se defender contra a interpretação do analista ao reverter a perspectiva e/ou o contexto da interpretação. É como olhar para a moldura de um quadro e ignorar a pintura. Mais tarde, Bion utilizou a perspectiva reversível como uma ferramenta analítica para examinar fenômenos psicanalíticos por ambos os lados de modo a obter uma perspectiva estereoscópica (binocular).

Pré-concepção e preconcepção: "Pré-concepção" designa as Formas Ideais de Platão ou os númenos de Kant – ou seja, "memórias do futuro" ou "pensamentos sem pensador", enquanto "preconcepção" representa uma conjunção constante – isto é, o pensamento foi nomeado e agora existe como uma ideia saturada (completa).

Realização: Termo de Bion para designar o resultado final do processamento de uma experiência emocional. Ele utiliza o exemplo do seio como a pré-concepção inata ainda não realizada ou antecipação, pelo bebê, de um seio real externo. Quando o bebê se depara com o seio real, sua pré-concepção inata combina-se com o seio real em uma realização e torna-se, assim, uma concepção.

Religião: Bion, embora não fosse, ele próprio, religioso, preferia modelos religiosos para ilustrar várias de suas ideias psicanalíticas – por exemplo, "fé" (que ele utilizava no sentido científico), "deidade" (que ele utilizava para designar *O*), "messias", "pensamento messiânico", reverência e temor e assim por diante.

Reverência e temor: Bion via uma diferença entre idealização, a defesa, e reverência e temor como uma realização sublimada na qual o analisando experimenta o ato de "tornar-se" *O*.

Rêverie: Rêverie designa a vigília sonolenta da mãe – e do analista – na qual a mente está livre de memória ou desejo e a função-alfa pode funcionar de maneira ótima para absorver e processar as projeções emocionais da criança ou do analisando.

Senso comum: Experiência ou observação emocional que pode ser apreendida (a) por mais de um sentido – isto é, olhos e ouvidos – e/ou (b) pelos sentidos de mais de uma pessoa.

Sonhos: A teoria de Bion sobre os sonhos é única. Ele expande os conceitos de Freud ao sugerir que (a) sonhamos tanto de dia como à noite; (b) sonhamos todos os estímulos que provêm tanto de dentro quanto de fora; (c) o analisando sonha seu problema ao associar livremente; e (d) o analista sonha a sessão analítica através

528 OS INSTRUMENTOS CLÍNICOS NA MALETA DE TRATAMENTO...

da *rêverie* e da interpretação, o que resulta na transformação da neurose infantil do analisando em uma neurose de transferência.

Transformações: Bion tomou este termo emprestado da estética e da geometria plana para representar os processos de registro de um evento emocional – ou seja, desde a intersecção ou intrusão de O, passando pela formação de uma impressão protoemocional sob a forma de elemento beta, até a alfa-betização deste elemento beta em um elemento alfa pelo processo alfa – para que ele possa se tornar um pensamento onírico, uma memória, reforços para a barreira de contato ou pensamentos que possam ser pensados. No processo de transformação do elemento beta, a Verdade permanece como uma invariante, enquanto outros aspectos da mensagem são transformados como variáveis. As transformações podem ser entendidas como o equivalente mental do ciclo de Krebs no metabolismo intermediário dos carboidratos na medicina física.

Turbulência mental ou psicológica: "Meu termo 'turbulência psicológica' requer esclarecimento. Com ele, refiro-me a um estado de mente cuja qualidade de sofrimento pode ser expressa através de termos emprestados de São João da Cruz [A Subida do Monte Carmelo, I e II]. Cito: "A primeira (noite da alma) tem a ver com o ponto do qual a alma parte, pois ela deve gradualmente livrar-se do desejo por todas as coisas terrenas que possuiu, negando-as a si mesma; tal negação e privação constituem, como se pode conceber, uma noite para todos os sentidos do homem. A segunda razão está relacionada ao meio, ou à longa estrada que a alma deve percorrer até esta união – isto é, a fé, que também é escura como a noite para a compreensão. A terceira tem a ver com o ponto em direção ao qual ela viaja – ou seja, Deus, que é igualmente noite escura para a alma nesta vida" (Bion, 1965, pp. 158-159).

Verdade: A Verdade está situada exatamente no centro da episteme de Bion. Ele acreditava que o indivíduo tem tanta fome mental de verdade emocional como tem fome física por alimento. No processo de transformação, a verdade permanece invariante: é a *aparência* de verdade que passa por alterações transformacionais.

Vértice, vértices, oscilação: Bion preferia o termo "vértice" a "ponto de vista" pois considerava que o primeiro é insaturado, enquanto o segundo estaria ligado ao domínio sensorial (visão). O conceito de Bion de múltiplos vértices em oscilação constitui sua própria versão elaborada de uma metateoria metapsicológica. Ele fala de vértices observacionais como o vértice religioso, estético, militar, psicanalítico e assim por diante. Eu geralmente penso em "ângulos de câmera", a despeito da conotação sensorial contaminada do termo.

Vínculo comensal: Refere-se à relação comensal: os dois lados coexistem e a existência de cada um deles pode ser vista como inofensiva para o outro (Bion, 1970, p. 78).

Visão binocular: Bion acreditava que a verdade emocional precisa ser "triangulada" a partir de pelo menos dois vértices (pontos de vista). Caso contrário, a emoção ou pensamento se tornaria absoluto.

Referências

Abraham, K. (1924). A short study of the development of the libido. In: *Selected Papers on Psycho-Analysis* (pp. 418-501). London: Hogarth Press, 1948.

Abrams, S. (1994). The publication of clinical facts: A natural-science view. *International Journal of Psychoanalysis, 75* (5/6): 1201-1211.

Adams, M. V. (2000). Compensation in the service of individuation – phenomenological Essentialism and Jungian dream interpretation. *Psychoanalytic Dialogues, 10:* 127-142.

Aguayo, J. (2007). Mapping the clinical phenomenology of the narcissistic disorders: The work of R. Britton, J. Steiner and M. Feldman (1985-2002). Unpublished manuscript.

Ahumada, J. L. (1994a). What is a clinical fact? Clinical psychoanalysis as inductive method. *International Journal of Psychoanalysis, 75* (5/6): 949-961.

Ahumada, J. L. (1994b). Interpretation and creationism. *International Journal of Psychoanalysis, 75:* 695-708.

532   REFERÊNCIAS

Alexander, F. (1956). *Psychoanalysis and Psychotherapy: Developments in Theory, Technique and Training*. New York: Norton.

Alexander, R. (2006). On: Whose Bion? Letter to the Editors of the *International Journal of Psychoanalysis, 87*: 1122-1123.

Alhanati, S. (2002). Silent grammar. The emergence of the ineffable. In: *Primitive Mental States, Vol. II: Psychobiological and Psychoanalytic Perspective on Early Trauma and Personality Development* (pp. 111-140). London: Karnac.

Alhanati, S. (2005). "Silent Grammar: Additional Case Presentations." Paper presented at the Conference on Conjuring Presences: Contributions of Fetal, Infantile, and Pre-verbal Communications to Transference and Countertransference, sponsored by the Psychoanalytic Center of California, Los Angeles, California (10 June).

Alvarez, A. (1996). *Live Company: Psychoanalytic Psychotherapy with Autistic, Borderline, Deprived and Abused Children*. London: Tavistock/ Routledge.

Anderson, R. (Ed.) (1992). *Clinical Lectures on Klein and Bion*. London and New York: Tavistock/Routledge.

Balint, M. (1968). *The Basic Fault: Therapeutic Aspects of Regression*. London: Tavistock.

Baranger, M. (1983). The mind of the analyst: From listening to interpretation. *International Journal of Psychoanalysis, 74*: 15-24.

Baranger, M., & Baranger, W. (1961-1962). La situación analitica como campo dinámico. *Revista Uruguayo de Psicoanálisis, 4*: 3-54.

Baranger, M., & Baranger, W. (1964). El insight en la situacion analitica. In: *Problemas del Campo Psicoanalitico*. Buenos Aires: Kargieman.

Baranger, M., Baranger, W., & Mom, J. (1983). Process and non-process in analytic work. *International Journal of Psychoanalysis, 64*: 1-15.

Barratt, B. (1993). *Psychoanalysis and the Postmodern Impulse: Knowing and Being since Freud's Psychology.* Baltimore, MD: Johns Hopkins University Press.

Beebe, B., & Lachmann, F. M. (1988a). Mother–infant mutual influence and precursor of psychic structure. In: A. Goldberg (Ed.), *Progress in Self Psychology, Vol. 3* (pp. 3-25). Hillsdale, NJ: Analytic Press.

Beebe, B., & Lachmann, F. M. (1988b). The contribution of mother–infant mutual influence to the origins of self- and object relationships. *Psychoanalytic Psychology, 5*: 305-337.

Bell, D. (2001). Projective identification. In: *Kleinian Theory: A Contemporary Perspective.* London and Philadelphia: Whurr Publishers.

Benjamin, J. (1995). *Like Subjects, Love Objects: Essays on Recognition and Sexual Difference.* New Haven, CT: Yale University Press.

Benjamin, J. (2004). Beyond doer and done to: An intersubjective view of thirdness. *Psychoanalytic Quarterly, 73.*

Benjamin, J. (2006). Crash: What do we do when we cannot touch. Commentary on paper by Meira Likierman. *Psychoanalytic Dialogues, 16:* 377-386.

Bergson, H. (1913). *An Introduction to Metaphysics,* tr. T. E. Hude. London: Allen Lane.

Bion, W. R. (1950). The imaginary twin. In: *Second Thoughts* (pp. 3-22). London: Heinemann, 1967.

Bion, W. R. (1954). Notes on the theory of schizophrenia. In: *Second Thoughts: Selected Papers on Psycho-Analysis* (pp. 23-35). New York: Jason Aronson, 1967.

Bion, W. R. (1957a). Differentiation of the psychotic from the non-psychotic personalities. In: *Second Thoughts: Selected Papers on Psychoanalysis* (pp. 43-64). London: Heinemann, 1967.

534 REFERÊNCIAS

Bion, W. R. (1957b). On arrogance. *International Journal of Psychoanalysis, 39* (2): 144-146. Also in: *Second Thoughts* (pp. 86-92). London: Heinemann, 1967.

Bion, W. R. (1959). Attacks on linking. In: *Second Thoughts: Selected Papers on Psychoanalysis* (pp. 93-109). London: Heinemann, 1967.

Bion, W. R. (1962a). The psychoanalytic study of thinking. *International Journal of Psychoanalysis, 43:* 306-310. In: *Second Thoughts: Selected Papers on Psychoanalysis* (pp. 110-119). London: Heinemann, 1967.

Bion, W. R. (1962b). *Learning from Experience.* London: Heinemann.

Bion, W. R. (1963). *Elements of Psycho-analysis.* London: Heinemann.

Bion, W. R. (1965). *Transformations.* London: Heinemann.

Bion, W. R. (1967a). Notes on memory and desire. *Psychoanalytic Forum,* 2:271-286.

Bion, W. R. (1967b). *Second Thoughts.* London: Heinemann. Bion, W. R. (1970). *Attention and Interpretation.* London: Tavistock Publications.

Bion, W. R. (1973). *Bion's Brazilian Lectures: 1 – Sao Paulo.* Rio de Janeiro, Brazil: Imago Editora. Also in: *Brazilian Lectures: 1973: Sao Paulo; 1974: Rio de Janeiro/Sao Paulo.* London: Karnac, 1990.

Bion, W. R. (1974). *Bion's Brazilian Lectures: 2 – Sao Paulo 1974.* Rio de Janeiro, Brazil: Imago Editora.

Bion, W. R. (1975). *A Memoir of the Future, Book I: The Dream.* Rio de Janeiro: Imago Editora. Also in: A *Memoir of the Future, Books 1-3.* London: Karnac, 1991.

Bion, W. R. (1976). Evidence. In: *Clinical Seminars and Four Papers,* ed. F. Bion (pp. 313-320). Abingdon: Fleetwood Press.

Bion, W. R. (1977a). Emotional turbulence. In: *Clinical Seminars and Four Papers,* ed. F. Bion (pp. 223-233). Abingdon: Fleetwood Press.

Bion, W. R. (1977b). *A Memoir of the Future, Book II: The Past Presented*. Brazil: Imago; also in: A *Memoir of the Future, Books 1-3*. London: Karnac, 1991.

Bion, W. R. (1977c). *A Memoir of the Future, Book III: The Dawn of Oblivion*. Perthshire: Clunie Press; also in: A *Memoir of the Future, Books 1-3*. London: Karnac, 1991.

Bion, W. R. (1977d). On a quotation from Freud. In: *Clinical Seminars and Four Papers* ed. F. Bion (pp. 234-238). Abingdon: Fleetwood Press.

Bion, W. R. (1977e). *Two Papers: The Grid and Caesura,* ed. J. Salomao. Rio de Janeiro: Imago Editora.

Bion, W. R. (1980). *Bion in New York and São Paulo,* ed. F. Bion. Strath Tay: Clunie Press.

Bion, W. R. (1982). *The Long Week-End 1897-1919: Part of a Life,* ed. F. Bion. Oxford: Fleetwood Press.

Bion, W. R. (1985). *All My Sins Remembered: Another Part of Life and The Other Side of Genius: Family Letters,* ed. F. Bion. Abingdon, UK: Fleetwood Press.

Bion, W. R. (1991). *A Memoir of the Future*. London: Karnac.

Bion, W. R. (1992). *Cogitations,* ed. F. Bion. London: Karnac.

Bion, W. R. (1997). *Taming Wild Thoughts,* ed. F. Bion. London: Karnac.

Bion, W. R. (2005a). *The Italian Seminars*. London: Karnac.

Bion, W. R. (2005b). *The Tavistock Seminars*. London: Karnac.

Birksted-Breen, D. (2005). *IJPA Discussion Bulletin No. 648* (19 April).

Blake, W. (1789-94). *Songs of Innocence and Experience*. Oxford: Oxford University Press, 1967.

Bollas, C. (1987). *The Shadow of the Object: Psychoanalysis of the Unthought Known*. London: Free Association Books.

536 REFERÊNCIAS

Bowlby, J. (1958). The nature of the child's tie to his mother. *International Journal of Psychoanalysis, 39*: 350-373.

Bowlby, J. (1969). *Attachment and Loss. Vol. I: Attachment.* New York: Basic Books.

Bowlby, J. (1973). *Attachment and Loss. Vol. II: Separation Anxiety and Anger.* New York: Basic Books.

Bowlby, J. (1980). *Attachment and Loss. Vol. III: Loss: Sadness and Depression.* New York: Basic Books.

Bråten, S. (1998). Infant learning by altero-centric participation: The reverse of egocentric observation in autism. In S. Bråten (Ed), *Intersubjective Communication and Emotion in Early Ontogeny* (pp. 105-124). Cambridge: Cambridge University Press.

Britton, R. (1989). The missing link: Parental sexuality in the Oedipus complex. In: *The Oedipus Complex Today: Clinical Implications* (pp. 83-102). London: Karnac.

Britton, R. (1994). Publication anxiety: Conflict between communication and affiliation. *International Journal of Psychoanalysis, 75* (5/6): 1213-1223.

Britton, R. (1998a). Before and after the depressive position: Ps(n)→D(n)→ Ps(n+1). In: *Belief and Imagination: Explorations in Psychoanalysis* (pp. 69-81). London & New York: Routledge.

Britton, R. (1998b). *Belief and Imagination: Explorations in Psychoanalysis.* London & New York: Routledge.

Britton, R. (2001). Beyond the depressive positions: Ps (n+1). In: *Kleinian Theory: A Contemporary Perspective,* ed. C. Bronstein (pp. 77-92). London & Philadelphia: Whurr Publishers.

Britton, R. (2003). *Sex, Death and the Superego: Experiences in Psychoanalysis.* London: Karnac.

Britton, R., & Steiner, J. (1994). Interpretation: Selected fact or overvalued idea? *International Journal of Psychoanalysis, 75:* 1069-1078.

Brown, L. (1987). Borderline personality organization and the transition to the depressive position. In: J. S. Grotstein, J. F. Solomon, & J. A. Lang (Eds.), *The Borderline Patient: Emerging Concepts in Diagnosis, Psychodynamics, and Treatment, Vol. 1* (pp. 147-180). Hillsdale, NJ: Analytic Press.

Brown, L. (2005). The cognitive effects of trauma: Reversal of alpha-function and the formation of a beta-screen. *Psychoanalytic Quarterly, 74:* 397-420.

Brown, L. (2006). Julie's Museum: The evolution of thinking, dreaming and historicization in the treatment of traumatized patients. *International Journal of Psychoanalysis, 87:* 1569-1585.

Brown, L. The transitional position. Unpublished ms.

Buber, M. (1923). *I and Thou.* New York: Simon & Schuster, 1971.

Busch, F. (1994). Some ambiguities in the method of free association and their implications for technique. *Journal of the American Psychoanalytic Association, 42:* 363-384.

Busch, F. (1995a). Neglected Classics: M. N. Searl's "Some Queries on Principles of Technique." *Psychoanalytic Quarterly, 64:* 326-344.

Busch, F. (1995b). Do actions speak louder than words? A query into an enigma in analytic theory and technique. *Journal of the American Psychoanalytic Association, 43:* 61-82.

Busch, F. (1997). Understanding the patient's use of the method of free association: An ego psychology approach. *Journal of American Psychoanalytic Association, 45:* 407-423.

Busch, F. (2000). What is a deep interpretation? *Journal of American Psychoanalytic Association, 48:* 237-254.

Cox, S. D. (1980). *"The Stranger Within Thee": Concepts of the Self in Late-Eighteenth-Century Literature.* Pittsburgh, PA: University of Pittsburgh Press.

538 REFERÊNCIAS

Damasio, A. (1999). *The Feeling of What Happens: Body and Emotion in the Making of Consciousness*. New York: Harcourt Brace.

Damasio, A. (2003). *Looking for Spinoza: Joy, Sorrow, and the Feeling Brain*. New York: Harcourt.

Damasio, H., & Damasio, A. (1989). *Lesion Analysis in Neuropsychology*. New York: Van Hoesen Publishers.

Darwin, C. R. (1859). *On the Origin of Species by Means of Natural Selection*. London: John Murray.

Darwin, C. R. (1871). *The Descent of Man and Selection in Relation to Sex, Vol. I & II*. London: John Murray.

De Blécourt, A. (1993). Transference, countertransference, and acting-out in psychoanalysis. *International Journal of Psychoanalysis, 74:* 757-774.

De Masi, F. (Ed). (2001). *Herbert Rosenfeld at Work: The Italian Seminars*. London: Karnac.

Dodds, E. R. (1951). *The Greeks and the Irrational*. Berkeley & Los Angeles: University of California Press.

Dodds, E. R. (1951). *The Greeks and the Irrational*. Berkeley, CA: University of California Press. Cambridge: Cambridge University Press, 1965.

Eaton, J. (2008). The tasks of listening. Unpublished manuscript.

Ehrenberg, D. B. (1974). The intimate edge in therapeutic relationships. *Contemporary Psychoanalysis, 10:* 423-431.

Ehrenzweig, A. (1967). *The Hidden Order of Art: A Study in the Psychology of Artistic Imagination*. Berkeley: University of California Press.

Eigen, M. (1981). The area of faith in Winnicott, Lacan, and Bion. *International Journal of Psychoanalysis, 62:* 413-434.

Eigen, M. (1985). Toward Bion's starting point between catastrophe and faith. *International Journal of Psychoanalysis, 66:* 321-330.

Eigen, M. (1995a). On Bion's nothing. *Melanie Klein and Object Relations, 13:* 31-36.

Eigen, M. (1995b). Moral violence: Space, time, causality, definition. *Melanie Klein and Object Relations, 13:* 37-45.

Eigen, M. (1999). *Toxic Nourishment.* London: Karnac.

Eigen, M. (2005). *Emotional Storms.* Middletown, CT: Wesleyan University Press.

Einstein, A. (1920). *Relativity: The Special and General Theory* (third edition), tr. Robert W. Lawson. London: Methuen.

Eisenbud, J. (1946). Telepathy and problems of psychoanalysis. *Psychoanalytic Quarterly, 15:* 32-87.

Ellman, S. J. (1981). *Freud's Technique Papers: A Contemporary Perspective.* Northvale, NJ: Jason Aronson.

Engel, G. (1977). The need for a new medical model: A challenge to biomedicine. *Science, 196:* 129-136.

Engel, G., & Schmale, A. H. (1972). Conservation-withdrawal: A primary regulatory process for organismic homeostasis. In: *Physiology, Emotion, and Psychosomatic Illness.* Ciba Foundation Symposium VIII (pp. 57-85). Amsterdam: Elsevier.

Entralgo, P. L. (1970). *The Therapy of the Word in Classical Antiquity,* tr. L. J. Rather & J. M. Sharp. New Haven: Yale University Press.

Erikson, E. H. (1959). Identity and the life cycle. *Psychological Issues, Vol. 1.* New York: International Universities Press.

Etchegoyen, R. H. (1991). *The Fundamentals of Psychoanalytic Technique,* tr. P. Pitchon (pp. 318-346). London: Karnac.

Fairbairn, W. R. D. (1940). Schizoid factors and personality. In: *Psychoanalytic Studies of the Personality* (pp. 3-27). London: Tavistock, 1952.

Fairbairn, W. R. D. (1941). A revised psychopathology of the psychoses and psychoneuroses. *International Journal of Psychoanal-*

540 REFERÊNCIAS

ysis, 22: 250-279; also in: *Psychoanalytic Studies of the Personality* (pp. 28-58). London: Tavistock, 1952.

Fairbairn, W. R. D. (1943). The repression and the return of bad objects (with special reference to the "war neuroses"). In: *Psychoanalytic Studies of the Personality* (pp. 59-81). London: Tavistock, 1952.

Fairbairn, W. R. D. (1944). Endopsychic structure considered in terms of object-relationships. In: *Psychoanalytic Studies of the Personality* (pp. 82-136). London: Tavistock, 1952.

Fairbairn, W. R. D. (1946). Object-relationships in dynamic structure. *International Journal of Psychoanalysis, 27:* 30-37. Also in: *Psychoanalytic Studies of the Personality* (pp. 137-151). London: Tavistock, 1952.

Fairbairn, W. R. D. (1951). A synopsis of the development of the author's views regarding the structure of the personality. In: *Psychoanalytic Studies of the Personality* (pp. 162-182). London: Tavistock, 1952.

Fairbairn, W. R. D. (1952). *Psychoanalytic Studies of the Personality.* London: Henley.

Federn, P. (1952). *Ego Psychology and the Psychoses.* New York: Basic Books.

Feldman, M. (1990). Common ground: The centrality of the Oedipus complex. *International Journal of Psychoanalysis, 71:* 37-48.

Feldman, M. (1997). Projective identification: The analyst's involvement. *International Journal of Psychoanalysis, 81:* 53-67.

Feldman, M. (2000). Some manifestations of the death instinct. *International Journal of Psychoanalysis, 81:* 53-67.

Feldman, M. (2004). Supporting psychic change: Betty Joseph. In: E. Hargreaves & A. Varchevker (Eds.). *In Pursuit of Psychic Change: The Betty Joseph Workshop* (pp. 20-35). London: Routledge.

Feldman, M. (2006). Grievance: the underlying oedipal configuration. *International Journal of Psychoanalysis, 89*: 743-756.

Feldman, M. (2007a). "The Problem of Conviction." Paper presented at the Seventh Annual James S. Grotstein Conference on Psychoanalysis around the World, 19 February, Los Angeles, CA.

Feldman, M. (2007b). Addressing parts of the self. *International Journal of Psychoanalysis, 88*: 371-386.

Feldman, M. (2009). *Doubt, Conviction and the Analytic Process: Selected Papers of Michael Feldman.* London: Routledge.

Fenichel, O. (1941). *Problems of Psychoanalytic Technique,* tr. D. Brunswick. *Psychoanalytic Quarterly,* 1-70, 98-122.

Ferenczi, S. (1920). The further development of an active therapy in psycho-analysis. *Further Contributions to the Theory and Technique of Psycho-Analysis* (pp. 198-216). New York: Boni and Liveright, 1927.

Ferenczi, S. (1924). On forced phantasies. *Further Contributions to the Theory and Technique of Psycho-Analysis* (pp. 68-77). New York: Boni and Liveright, 1927.

Ferenczi, S. (1925). Contra-indications to the "active" psycho-analytical technique. *Further Contributions to the Theory and Technique of Psycho-Analysis* (pp. 217-229). New York: Boni and Liveright, 1927.

Ferro, A. (1992). *The Bi-Personal Field: Experiences in Child Analysis,* tr. P. Slotkin. London: Routledge.

Ferro, A. (1993). The impasse within a theory of the analytic field: Possible vertices of observation, tr. P. Slotkin. *International Journal of Psychoanalysis, 74*: 917-930.

Ferro, A. (1999). *Psychoanalysis as Therapy and Storytelling,* tr. P. Slotkin. London & New York: Routledge.

Ferro, A. (2002). *In the Analyst's Consulting Room,* tr. P. Slotkin. Hove & New York: Routledge.

542 REFERÊNCIAS

Ferro, A. (2002b). *Seeds of Illness, Seeds of Recovery: The Genesis of Suffering and the Role of Psychoanalysis*, tr. P. Slotkin. Hove/New York: Brunner-Routledge, 2005.

Ferro, A. (2003). Marcella: The transition from explosive sensoriality to the ability to think. *Psychoanalytic Quarterly, 72:* 183-200.

Ferro, A. (2005b). Which reality in the psychoanalytic session? *Psychoanalytic Quarterly, 74:* 421-442.

Ferro, A. (2006). Clinical implications of Bion's thought. *International Journal of Psychoanalysis, 87:* 989-1003.

Ferro, A. (2009). Transformations in dreaming and characters in the psycho- analytic field. *International Journal of Psychoanalysis, 90:* 209-230.

Ferro, A., & Basile, R. (in press). *The Analytic Field: A Clinical Concept.* London: Karnac. In press.

Fliess, R. (1942). The metapsychology of the analyst. *Psychoanalytic Quarterly, 11:* 211-227.

Fliess, R. (1949). Silence and verbalization: A supplement to the theory of the "analytic rule". *International Journal of Psychoanalysis, 30:* 21-30.

Fonagy, P. (1995). Playing with reality: The development of psychic reality and its malfunction in borderline patients. *International Journal of Psychoanalysis, 76:* 39-44.

Fonagy, P. (2001). *Attachment Theory and Psychoanalysis.* New York: Other Press.

Fonagy, P., & Target, M. (1996). Playing with reality: I. Theory of mind and the normal development of psychic reality. *International Journal of Psychoanalysis, 77:* 217-233.

Fosshage, J. L. (1994). Toward reconceptualising transference: Theoretical and clinical considerations. *International Journal of Psychoanalysis, 75:* 265-280.

Frazer, J. (1922). *The Golden Bough*. New York: Macmillan.

Freud, A. (1936). *The Ego and Mechanisms of Defence*. New York: International Universities Press.

Freud, S. (1890a). Psychical (or mental) treatment. *S.E., 7*: 283-302.

Freud, S. (1893-1895 (1895d)). With J. Breuer. *Studies on Hysteria. S.E.*, 2.

Freud, S. (1896b). Further remarks on the neuro-psychoses of defence. *Standard Edition*, 3: 159-185. London: Hogarth Press, 1962.

Freud, S. (1900a). *The Interpretation of Dreams. S.E.*, 5: 339-630.

Freud, S. (1905d). Three contributions on the theory of sexuality. *S.E.*, 7: 125-245.

Freud, S. (1905e). Fragment of an analysis of a case of hysteria. *S.E.*, 7: 3-124. London: Hogarth Press, 1953.

Freud, S. (1910k). "Wild" psycho-analysis. *S.E., 11:* 221-227.

Freud, S. (1911b). Formulations of the two principles of mental functioning. *S.E., 12:* 213-226. London: Hogarth Press.

Freud, S. (1911c). Psycho-analytic notes on an autobiographical account of a case of paranoia (dementia paranoides). *S.E., 12:* 3-84.

Freud, S. (1911e). The handling of dream-interpretation in psycho--analysis. *S.E., 12:* 91-96.

Freud, S. (1912b). The dynamics of transference. *S.E., 12:* 97-108. London: Hogarth Press.

Freud, S. (1912e). Recommendations to physicians practising psycho-analysis. *S.E., 12:* 109-120.

Freud, S. (1913[1912-1913]). *Totem and Taboo. S.E., 13:* 1-64.

Freud, S. (1913c). On beginning the treatment (Further recommendations on the technique of psycho-analysis, I). *S.E., 12:* 121-144.

544 REFERÊNCIAS

Freud, S. (1914g). Remembering, repeating, and working-through (Further recommendations on the technique of psycho-analysis, II). *S.E., 12:* 145-156.

Freud, S. (1915a[1914]). Observations on transference-love (Further recommendations on the technique of psycho-analysis, III). *S.E., 12:* 157-171.

Freud, S. (1915c). Instincts and their vicissitudes. *S.E., 14:* 109-140.

Freud, S. (1915d). Repression. *S.E.* 14: 141-158.

Freud, S. (1915e). The unconscious. *S.E.* 14: 159-215.

Freud, S. (1916-17[1915-17]). *Introductory Lectures on Psycho-Analysis. S.E.*, 15 and 16.

Freud, S. (1917a[1916-17]). Part III. General theory of the neuroses. In: *Introductory Lectures on Psycho-Analysis. S.E., 16:* 241-263.

Freud, S. (1917e). Mourning and melancholia. *S.E., 14:* 237-260.

Freud, S. (1918b[1914]). From the history of an infantile neurosis. *S.E., 17:* 3-122.

Freud, S. (1919a[1918]). Lines of advance in psycho-analytic therapy. *S.E., 17:* 159-168.

Freud, S. (1919h). *The Uncanny. S.E.*, 17: 217-252.

Freud, S. (1920g). Beyond the pleasure principle. *S.E.*, 18: 3-66.

Freud, S. (1923b). *The ego and the id. S.E., 19:* 3-66.

Freud, S. (1923c). Remarks on the theory and practice of dream interpretation. *S.E., 19:* 109-121.

Freud, S. (1923d[1922]). A seventeenth-century demonological neurosis. *S.E., 19:* 69-108.

Freud, S. (1924d). The dissolution of the Oedipus complex. *S.E., 19:* 173-182.

Freud, S. (1924e). The loss of reality in neurosis and psychosis. *S.E., 19:* 183-187.

Freud, S. (1927e). Fetishism. *S.E., 21:* 149-158.

Freud, S. (1930a[1929]). *Civilization and Its Discontents. S.E., 21:* 59-149.

Freud, S. (1933a). *New Introductory Lectures on Psycho-Analysis. S.E., 22:* 209-253.

Freud, S. (1937c). Analysis terminable and interminable. *S.E., 23:* 209-253.

Freud, S. (1937d). Constructions in analysis. *S.E., 23:* 355-369.

Freud, S. (1941d[1921]). Psycho-analysis and telepathy. *S.E. 18,* 177.

Freud, S. (1950[1887-1902]). Letter 69 (September 21, 1897). *Extracts from the Fliess papers. (1950[1892-1899]). S.E.,* 1: 259-260.

Freud, S. (1950[1905]). *Project for a Scientific Psychology. S.E.,* 1: 295-343.

Freud, S., & Andreas-Salomé, L. (1966). Letter dated "25.5.16." In: *Letters,* ed. E. Pfeiffer, tr. W. Robson-Scott & E. Robson-Scott. London: Hogarth Press, 1972.

Gallese, V., & Goldman, A. (1998). Mirror neurons and the simulation theory of mind reading. *Trends in Cognitive Science, 2*: 493-501.

Garfield, D., & Mackler, D. (2009). *Beyond Medication: Therapeutic Engagement and the Recovery from Psychosis.* London & New York: Routledge.

Gibson, E. J., & Walk, R. D. (1960). The visual cliff. *Scientific American, 202*: 67-71.

Girard, R. (1972). *Violence and the Sacred,* tr. P. Gregory. Baltimore & London: The John Hopkins University Press.

Girard, R. (1978). *Things Hidden Since the Foundation of the World,* tr. S. Bann & M. Metteer. Stanford, CA: Stanford University Press, 1987.

546 REFERÊNCIAS

Girard, R. (1986). *The Scapegoat*, tr. Y. Freccero. Baltimore, MD: Johns Hopkins University Press.

Girard, R. (1987). *Job: The Victim of His People*. Stanford, CA: Stanford University Press.

Glover, E. (1931). *The Technique of Psycho-Analysis* (pp. 261-304). New York: International Universities Press.

Glover, E. (1955). The therapeutic effect of inexact interpretation: A contribution to the theory of suggestion. *International Journal of Psychoanalysis, 12:* 397-411.

Goldberg, A. (2000). Memory and therapeutic action. *International Journal of Psychoanalysis, 81:* 593-594.

Goldberg, A. (2001). Post-modern psychoanalysis. *International Journal of Psychoanalysis, 82:* 123-128.

Goldberger, M. (Ed.). (1996). *Danger and Defence: The Technique of Close Process Attention*. Northvale, NJ: Jason Aronson.

Gray, P. (1982). Developmental lag in evolution analytic technique. *Journal of American Psychoanalytic Association, 30:* 621-656.

Gray, P. (1994). *The Ego and Analysis of Defence*. Northvale, NJ: Jason Aronson.

Green, A. (1980). The dead mother. In: *On Private Madness* (pp. 142-173). Madison, CT: International Universities Press, 1972.

Greenson, R. (1965). The working alliance and the transference neurosis. *Psychoanalytic Quarterly; 34:* 155-181.

Greenson, R. (1967). *The Technique and Practice of Psychoanalysis, Vol. I* (pp. 372-376). New York: International Universities Press.

Grinberg, L. (1979). Countertransference and projective counteridentification. *Contemporary Psychoanalysis, 15:* 226-247.

Groddeck, G. W. (1923). *The Book of the It*. New York: Mentor Books.

Grotstein, J. (1977a). The psychoanalytic concept of schizophrenia: I. The dilemma. *International Journal of Psychoanalysis, 58:* 403-425.

Grotstein, J. (1977b). The psychoanalytic concept of schizophrenia: II. Reconciliation. *International Journal of Psychoanalysis, 58:* 427-452.

Grotstein, J. (1978). Inner space: Its dimensions and its coordinates. *International Journal of Psychoanalysis, 59:* 55-61.

Grotstein, J. (1979). Who is the dreamer who dreams the dream, and who is the dreamer who understands it? *Contemporary Psychoanalysis, 15* (1): 110-169.

Grotstein, J. (1980a). A proposed revision of the psychoanalytic concept of primitive mental states: I. An introduction to a newer psychoanalytic metapsychology. *Contemporary Psychoanalysis, 16* (4): 479-546.

Grotstein, J. (1980b). The significance of Kleinian contributions to psychoanalysis: I. Kleinian instinct theory. *International Journal of Psychoanalytic Psychotherapy, 8:* 375-392.

Grotstein, J. (1980c). The significance of Kleinian contributions to psychoanalysis: II. A comparison between the Freudian and Kleinian conceptions of the development of early mental life. *International Journal of Psychoanalytic Psychotherapy, 8:* 393-428.

Grotstein, J. (1981a). *Splitting and Projective Identification.* New York: Jason Aronson.

Grotstein, J. (1981b). Who is the dreamer who dreams the dream, and who is the dreamer who understands it? (revised). *Do I Dare Disturb the Universe? A Memorial to Wilfred R. Bion* (pp. 357-416). Beverly Hills, CA: Caesura Press.

Grotstein, J. (1982a). The significance of Kleinian contributions to psychoanalysis: III. The Kleinian theory of ego psychology and

548 REFERÊNCIAS

object relations. *International Journal of Psychoanalytic Psychotherapy,* 9: 487- 510.

Grotstein, J. (1982b). The significance of Kleinian contributions to psychoanalysis. IV. Critiques of Klein. *International Journal of Psychoanalytic Psychotherapy,* 9: 511-536.

Grotstein, J. (1984). An odyssey into the deep and formless infinite: The work of Wilfred Bion. In: *Beyond Freud: A Study of Modern Psychoanalytic Theorists,* ed. J. Reppen (pp. 293-309). Hillsdale, NJ: Analytic Press.

Grotstein, J. (1986). The dual-track: Contribution toward a neurobehavioral model of cerebral processing. *Psychiatric Clinics of North America, 9* (2): 353-366.

Grotstein, J. (1988). The "Siamese-twinship" of the cerebral hemispheres and of the brain-mind continuum: Toward a "psychology" for the corpus callosum. Hemispheric Specialization, Affect, and Creativity for *Psychiatric Clinics of North America, 11* (3): 399-412.

Grotstein, J. (1989). Some invariants in primitive emotional disorders. In: L. B. Boyer and P. L. Giovacchini (Eds.), *Master Clinicians Working Through Regression* (pp. 131-155). Northvale, NJ: Jason Aronson.

Grotstein, J. (1990a). The "black hole" as the basic psychotic experience: Some newer psychoanalytic and neuroscience perspectives on psychosis. *Journal of the American Academy of Psychoanalysis, 18* (1): 29-46.

Grotstein, J. (1990b). Nothingness, meaninglessness, chaos, and the "black hole": The importance of nothingness, meaninglessness, and chaos in psychoanalysis. Part I. Nothingness, meaninglessness, and chaos. *Contemporary Psychoanalysis, 26* (2): 257-290.

JAMES S. GROTSTEIN 549

Grotstein, J. (1990c). Nothingness, meaninglessness, chaos, and the "black hole": II. The black hole. *Contemporary Psychoanalysis, 26* (3): 377-407.

Grotstein, J. (1991). Nothingness, meaninglessness, chaos, and the "black hole": III. Self-regulation and the background presence of primary identification. *Contemporary Psychoanalysis, 27* (1): 1-33.

Grotstein, J. (1993a). A reappraisal of W. R. D. Fairbairn. *The Journal of the Menninger Clinic, 57* (4): 421-449.

Grotstein, J. (1993b). Towards the concept of the transcendent position: Reflections on some of "the unborns" in Bion's "Cogitations." A contribution in the Special Issue on "Understanding the Work of Wilfred Bion" for the *Journal of Melanie Klein and Object Relations, 11* (2): 55-73.

Grotstein, J. (1994a). "The old order changeth" – A reassessment of the basic rule of psychoanalytic technique. Commentary on John Lindon's "Gratification and Provision in Psychoanalysis". *Psychoanalytic Dialogues, 4* (4): 595-607.

Grotstein, J. (1994b). I. Notes on Fairbairn's metapsychology. In: J. Grotstein & D. Rinsley (Eds.), *Fairbairn and the Origins of Object Relations* (pp. 112-148). New York: Guilford Publications.

Grotstein, J. (1994c). II. Endopsychic structures and the cartography of the internal world: Six endopsychic characters in search of an author. In: J. Grotstein & D. Rinsley (Eds.), *Fairbairn and the Origins of Object Relations* (pp. 174-194). New York: Guilford Publications.

Grotstein, J. (1994d). Projective identification reappraised: Projective identification, introjective identification, the transference/ countertransfer- ence neurosis, and their consummate expression in the Crucifixion, the Pietà, and "therapeutic exorcism". Part I: Projective identification and introjective identification. *Contemporary Psychoanalysis, 30* (4): 708- 746.

550 REFERÊNCIAS

Grotstein, J. (1995a). Projective identification reappraised: Projective identification, introjective identification, the transference/countertransfer- ence neurosis, and their consummate expression in the Crucifixion, the Pietà, and "therapeutic exorcism". Part II: The countertransference complex. *Contemporary Psychoanalysis, 31:* 479-510.

Grotstein, J. (1995b). Orphans of the "Real": I. Some modern and post-modern perspectives on the neurobiological and psychosocial dimensions of psychosis and primitive mental disorders. *Bulletin of the Menninger Clinic, 59:* 287-311.

Grotstein, J. (1995c). Orphans of the "Real": II. The future of object relations theory in the treatment of psychoses and other primitive mental disorders. *Bulletin of the Menninger Clinic, 59:* 312-332.

Grotstein, J. (1996a). Bion's "O", Kant's "thing-in-itself", and Lacan's "Real": Toward the concept of the Transcendent Position. *Journal of Melanie Klein and Object Relations, 14* (2): 109-141.

Grotstein, J. (1996b). Bion, the pariah of "O". *British Journal of Psychotherapy, 14* (1): 77-90.

Grotstein, J. (1997a). Integrating one-person and two-person psychologies: Autochthony and alterity in counterpoint. *Psychoanalytic Quarterly, 66:* 403-430.

Grotstein, J. (1997b). "Internal objects" or "chimerical monsters?": The demonic "third forms" of the internal world. *Journal of Analytical Psychology, 42:* 47-80.

Grotstein, J. (1997c). Klein's archaic Oedipus complex and its possible relationship to the myth of the labyrinth: Notes on the origin of courage. *Journal of Analytical Psychology, 42:* 585-611.

Grotstein, J. (1998a). A comparison of Fairbairn's endopsychic structure and Klein's internal world. In: N. Skolnick & D. Scharff (Eds.), *Fairbairn's Contribution* (pp. 71-97). Hillsdale, NJ: Analytic Press.

Grotstein, J. (1998b). The numinous and immanent nature of the psychoanalytic subject. *Journal of Analytical Psychology, 43*: 41-68.

Grotstein, J. (2000). *Who is the Dreamer Who Dreams the Dream? A Study of Psychic Presences.* Hillsdale, NJ: Analytic Press.

Grotstein, J. (2002). We are such stuff as dreams are made on: Annotations on dreams and dreaming in Bion's works. In: C. Neri, M. Pines, & R. Friedman (Eds.), *Dreams in Group Psychotherapy: Theory and Technique* (pp. 110-145). London & Philadelphia: Jessica Kingsley.

Grotstein, J. (2003). Endopsychic structures, psychic retreats, and "fantasying". In: F. Pereira & D. E. Scharff (Eds.), *Fairbairn and Relational Theory* (pp. 145-182). London: Karnac.

Grotstein, J. (2004a). The light militia of the lower sky: The deeper nature of dreaming and phantasying. *Psychoanalytic Dialogues, 14*: 99-118.

Grotstein, J. (2004b). The seventh servant: The implications of a truth drive in Bion's theory of "O". *International Journal of Psychoanalysis, 85*: 1081- 1101.

Grotstein, J. (2005). Projective transidentification as an extension of projective identification. *International Journal of Psychoanalysis, 86*: 1051-1069.

Grotstein, J. (2007). *A Beam of Intense Darkness: Wilfred R. Bion's Legacy to Psychoanalysis.* London: Karnac.

Grotstein, J. (2008a). "The Voice from the Crypt: The Negative Therapeutic Reaction and the Longing for the Childhood That Never Was." Submitted for publication.

Grotstein, J. (2008b). The play's the thing wherein I'll catch the conscience of the king! Psychoanalysis as a passion play. In: A. Ferro & R. Basile (Eds.), *The Analytic Field: A Clinical Concept.* London: Karnac. In press.

552 REFERÊNCIAS

Grotstein, J. (2008c). "Innocence versus Original Sin: 'The myth of Cain and Abel' and the Moral Dilemma within Psychoanalytic Technique." Paper presented at the Eighth Annual James S. Grotstein Conference, David Geffen School of Medicine, Los Angeles, CA, 9 February 2008.

Grotstein, J. (2009a). Dreaming as a "curtain of illusion": Revisiting the "Royal Road" with Bion as our guide. *The International Journal of Psychoanalysis.* In press.

Grotstein, J. (2009b). "The play is the thing wherein I'll catch the conscious of the king!" Psychoanalysis as a Passion Play. In: A. Ferro & R. Basile (Eds.), *Italian Annual Book of the IJPA.* Rome: Edizioni Borla.

Grotstein, J. (2009c). Voice from the crypt: The negative therapeutic reaction and the longing for the childhood that never was. In: J. Van Buren & S. Alhanati (Eds.), *Protomental States, the Unborn Self and Meaning Without Words.* Routledge. In press.

Grotstein, J., Solomon, M., & Lang, J. A. (Eds.). (1987). *The Borderline Patient: Emerging Concepts in Diagnosis, Psychodynamics, and Treatment, Vols. 1 and 2.* Hillsdale, NJ: Analytic Press.

Hanly, C. (1994). Reflections on the place of the therapeutic alliance in psychoanalysis. *International Journal of Psychoanalysis, 75:* 457-468.

Hanly, C. (1995). On facts and ideas in psychoanalysis. *International Journal of Psychoanalysis, 76:* 901-908.

Hargreaves, E., & Varchevker, A. (Eds.) (2004). *In Pursuit of Psychic Change: The Betty Joseph Workshop.* Hove/New York: Brunner-Routledge.

Hartmann, H. (1939). *Ego Psychology and the Problem of Adaptation.* New York: International Universities Press, 1958.

Hartmann, H. (1954). *Essays on Ego Psychology.* New York: International Universities Press.

Hegel, G. W. F. (1807). *Phenomenology of Spirit*, tr. A. V. Miller. London: Oxford University Press, 1977.

Heidegger, M. (1927). *Being and Time*, tr. J. Macquarrie & E. S. Robinson. New York: Harper and Row, 1962.

Heidegger, M. (1931). *Being and Time* (third edition), tr. J. Macquarrie & E. Robinson. San Francisco: Harper Collins, 1962.

Heidegger, M. (1968). *The Metaphysical Foundations of Logic*, tr. M. Heim. Bloomington & Indianapolis: Indiana University Press.

Heimann, P. (1950). On counter-transference. *International Journal of Psychoanalysis, 31:* 81-84.

Heimann, P. (1952a). Certain functions of introjection and projection in early infancy. In: M. Klein, P. Heimann, S. Isaacs, & J. Riviere (Eds.), *Developments in Psycho-Analysis* (pp. 122-168). London: Hogarth Press and the Institute of Psycho-Analysis.

Heimann, P. (1952b). A Contribution to the re-evaluation of the Oedipus complex – the early stages. *International Journal of Psycho-Analysis, 33:* 84-92.

Heimann, P. (1952c). Notes on the theory of the life and death instincts. In: M. Klein, P. Heimann, S. Isaacs, & J. Riviere (Eds.), *Developments in Psycho-Analysis* (pp. 321-337). London: Hogarth.

Heimann, P. (1955). A combination of defence mechanisms in paranoid states. In: M. Klein, P. Heimann, S. Isaacs, & J. Riviere (Eds.), *Developments in Psycho-Analysis* (pp. 240-265). New York: Basic Books, 1957.

Heimann, P. (1956). Dynamics of transference interpretation. *International Journal of Psychoanalysis, 37:* 303-310.

Heimann, P. (1960). Counter-transference. *British Journal of Medical Psychology, 33:* 9-15.

Heimann, P. (1968). The evaluation of applicants for psychoanalytic training: the goal of psychoanalytic education and the criteria for the evaluation of applicants. *International Journal of Psychoanalysis, 49:* 527- 539.

Heimann, P. (1978). On the necessity for the analyst to be natural with his patient. In: M. Tonnesmann (Ed.), *About Children and Children No Longer* (pp. 311-323). London/New York: Tavistock/ Routledge, 1989.

Heisenberg, W. (1930). *The Physical Principles of the Quantum Theory.* Chicago: University of Chicago Press.

Heisenberg, W. (1958). *Physics and Philosophy.* New York: Harper & Brothers.

Hinshelwood, R. D. (1989). *A Dictionary of Kleinian Thought.* London: Free Association Books.

Hinshelwood, R. D. (1994). *Clinical Klein.* London: Free Association Books.

Hofstadter, D. R. (1979). *Gödel, Escher, Bach: An Eternal Golden Braid.* New York: Basic Books.

Isaacs, S. (1952). The nature and function of phantasy. In: M. Klein, P. Heimann, S. Isaacs, & J. Riviere (Eds.), *Developments in Psycho-Analysis* (pp. 67-121). London: Hogarth Press.

Isakower, O. (1938). A contribution to the pathopsychology of phenomena associated with falling asleep. *International Journal of Psychoanalysis, 19:* 331-345.

Jaques, E. (1955). Social systems as a defence against persecutory and depressive anxiety. In: M. Klein, P. Heimann, & R. E. Money-Kyrle (Eds.), *New Directions in Psycho-Analysis: The Significance of Infant Conflict in the Pattern of Adult Behaviour* (pp. 478-498). London: Tavistock, 1955.

Johnson, S. (2001). *Emergence: The Connected Lives of Ants, Brains, Cities, and Software.* New York: Scribner.

Jordán-Moore, J. F. (1994). Intimacy and science: The publication of clinical facts in psychoanalysis. *International Journal of Psychoanalysis, 75* (5/6): 1251-1265.

Joseph, B. (1959). An aspect of the repetition compulsion. *International Journal of Psychoanalysis, 40:* 1-10. In: B. Joseph, *Psychic Equilibrium and Psychic Change*. London: Routledge.

Joseph, B. (1960). Some characteristics of the psychopathic personality. *International Journal of Psychoanalysis, 41:* 526-531.

Joseph, B. (1971). A clinical contribution to the analysis of a perversion. *International Journal of Psychoanalysis, 52:* 441-449.

Joseph, B. (1975). The patient who is difficult to reach. In: P. L. Giovacchini (Ed.), *Tactics and Techniques in Psychoanalytic Psychotherapy, Vol. 2: Countertransference* (pp. 205-216). New York: Jason Aronson.

Joseph, B. (1985). Transference: The total situation. In: *Psychic Equilibrium and Psychic Change* (pp. 156-167). London: Routledge, 1989.

Joseph, B. (1988). Object relations in clinical practice. *Psychoanalytic Quarterly, 57:* 626-642.

Joseph, B. (1989). *Psychic Equilibrium and Psychic Change*. London: Routledge.

Jung, C. G. (1916). The transcendent function. In: *The Collected Works of C. G. Jung, Vol. 8* (second edition), tr. R. F. C. Hull (pp. 67-91). Princeton, NJ: Princeton University Press, 1972.

Jung, C. G. (1934). *Archetypes and the Collective Unconscious: Collected Works*, tr. R. F. C. Hull. New York: Bollinger Series XX, 1959.

Jung, C. G. (1954). Transformation symbolism in the Mass. *Collected Works, Vol. 11:* 203-296. London: Routledge and Kegan Paul, 1989 (eighth printing).

Jung, C. G. (1955). *Synchronicity, An Acausal Connecting Principle*. London: Routledge and Kegan Paul.

556 REFERÊNCIAS

Jung, C. G. (1966). The psychology of transference. *Collected Works, 16* (pp. 163-323). New York: Bollinger Series XX.

Kant, I. (1787). *Critique of Pure Reason* (revised edition), tr. N. Kemp Smith. New York: St. Martin's Press, 1965.

Kauffman, S. (1993). *The Origin of Order: Self-Organization and Selection in Evolution.* New York/Oxford: Oxford University Press.

Kauffman, S. (1995). *At Home in the Universe: The Search for the Laws of Self-Organization and Complexity.* New York/Oxford: Oxford University Press.

Keats, J. (1817). Letter to George and Thomas Keats, 21 December 1817. In: *Letters* (4th edition), ed. M. B. Forman. Oxford: Oxford University Press, 1952.

Kernberg, O. (1987). Projection and projective identification: Developmental and clinical aspects. In: J. Sandler, (Ed.), *Projection, Identification, Projective Identification* (pp. 93-116). Madison, CT: International University Press, 1987.

Kernberg, O. (1992). Psychopathic, paranoid and depressive transferences. *International Journal of Psychoanalysis, 73:* 13-28.

Kernberg, O. (1993). Convergences and divergences in contemporary psychoanalytic technique. *International Journal of Psychoanalysis, 74:* 659- 674.

Kernberg, O. (1994). Validation in the clinical process. *International Journal of Psychoanalysis, 75* (5/6): 1193-1199.

King, P., & Steiner, R. (Eds.) (1992). *The Freud-Klein Controversies, 1941-1945.* London: Karnac.

Klein, M. (1921). The development of a child. In: *Contributions to Psycho-Analysis, 1921-1945* (pp. 13-67). London: Hogarth Press, 1950.

Klein, M. (1928). Early stages of the Oedipus conflict. In: *Contributions to Psycho-Analysis, 1921-1945* (pp. 202-214). London: Hogarth Press, 1950.

Klein, M. (1929). Personification in the play of children. In: *Contributions to Psycho-Analysis, 1921-1945* (pp. 215-226). London: Hogarth Press, 1950.

Klein, M. (1930). The importance of symbol formation in the development of the ego. *International Journal of Psychoanalysis, 11*: 24-39.

Klein, M. (1933). The early development of conscience in the child. In *Contributions to Psycho-Analysis, 1921-1945* (pp. 267-277). London: Hogarth Press, 1950.

Klein, M. (1935). A contribution to the psychogenesis of manic-depressive states. In: *Contributions to Psycho-Analysis, 1921-1945* (pp. 282-310). London: Hogarth Press, 1950.

Klein, M. (1940). Mourning and its relation to manic-depressive states. In: *Contributions to Psycho-Analysis, 1921-1945* (pp. 311-338). London: Hogarth Press, 1950.

Klein, M. (1946). Notes on some schizoid mechanisms. In: M. Klein, P. Heimann, S. Isaacs, & J. Riviere (Eds.), *Developments in Psycho-Analysis* (pp. 292-320). London: Hogarth Press, 1952.

Klein, M. (1952a). On the origins of transference. In: *The Writings of Melanie Klein: Envy and Gratitude and Other Works 1956-1963* (pp. 48-56). London: Hogarth.

Klein, M. (1952b). Some theoretical conclusions regarding the emotional life of the infant. In: J. Riviere (Ed.), *Developments in Psycho-Analysis* (pp. 198-236). London: Hogarth Press, 1952.

Klein, M. (1955). On identification. In: M. Klein, P. Heimann, S. Isaacs, & R. Money-Kyrle (Eds.), *New Directions in Psycho-Analysis* (pp. 309-345). London: Hogarth Press.

Klein, M. (1957). Envy and gratitude. In *Envy and Gratitude and Other Works, 1946-1963* (p. 176-235). New York: Delacorte, 1975.

Klein, M. (1959). *The Psycho-Analysis of Children*, tr. A. Strachey (pp. 268- 325). London: Hogarth Press.

558 REFERÊNCIAS

Klein, M. (1961). *Narrative of a Child Analysis*. New York: Basic Books.

Koch, C. (2004). *The Quest for Consciousness: A Neurobiological Approach*. Englewood, CO: Roberts & Co., Publishers.

Kohut, H. (1971). *The Analysis of the Self: A Systematic Approach to the Psychoanalytic Treatment of Narcissistic Personality Disorders*. New York: International Universities Press.

Kohut, H. (1977). *The Restoration of the Self*. New York: International Universities Press.

Kohut, H. (1978a). In: P. Ornstein (Ed.), *The Search for the Self, Vol. 1*. New York: International Universities Press.

Kohut, H. (1978b). In: P. Ornstein (Ed.), *The Search for the Self, Vol. 2*. Paul Ornstein. New York: International Universities Press.

Kohut, H. (1984). *How Does Analysis Cure?* Chicago: University of Chicago Press.

Kris, E. (1950). On preconscious mental processes. *Psychoanalytic Explorations in Art* (pp. 303-318). New York: International Universities Press, 1952.

Kristeva, J. (1941a). *Tales of Love,* tr. L. S. Roudiez. New York: Columbia Universities *Press,* 1987.

Kristeva, J. (1941b). *Desire in Language: A semiotic Approach to Literature and Art,* ed. L. S. Roudiez; tr. T. Gora, A. Jardine, & L. S. Roudiez. New York: Columbia University Press, 1980.

Kubie, L., & Israel, H. (1955) "Say you're sorry." *Psychoanalytic Study of the Child, 10*: 289-299.

Lacan, J. (1949). The mirror stage as formative of the function of the as revealed in psychoanalytic experience. *Écrits: Selection,* tr. A. Sheridan (pp. 1-7). New York: W. W. Norton, 1977.

Lacan, J. (1966). *Écrits: 1949-1960*, tr. A. Sheridan. New York: W. W. Norton, 1977.

Lacan, J. (1975). *Le Séminaire XX. (1972-1973)*. Paris: Seuil.

Langs, R. (1973). *The Technique of Psychoanalytic Psychotherapy, Vol. 1*. New York: Jason Aronson.

Langs, R. (1974). *The Technique of Psychoanalytic Psychotherapy, Vol. 2*. New York: Jason Aronson.

Langs, R. (1976a). *The Bipersonal Field*. New York: Jason Aronson.

Langs, R. (1976b). *The Therapeutic Interaction*. New York: Jason Aronson.

Langs, R. (1981a). *Interactions: A Realm of Transference and Countertransference*. New York: Jason Aronson.

Langs, R. (1981b). Modes of "Cure" in Psychoanalysis and Psychoanalytic Psychotherapy. *International Journal of Psychoanalysis, 62:* 199-214.

Levin, T. (1997). *Huun-Huur-Tu: Throat Singers of Tuva*. Lecture: Los Angeles, California.

Levine, H. B. (1994). The analyst's participation in the analytic process. *International Journal of Psychoanalysis, 75:* 665-676.

Lévi-Strauss, C. (1958). *Structural Anthropology, Vol. 1*, tr. C. Jacobson & B. Grundfest Schoepf. London: Penguin, 1972.

Lévi-Strauss, C. (1970). *The Elementary Structures of Kinship*. London: Tavistock.

Lichtenberg, J. D. (1983). *Psychoanalysis and Infant Research*. Hillsdale, NJ & London: Analytic Press.

Lichtenberg, J., Lachmann, F., & Fosshage, J. (1992). *Self and Motivational Systems: Towards a Theory of Psychoanalytic Technique*. Northvale, NJ: Analytic Press.

Lichtenstein, H. (1961). Identity and sexuality. *Journal of the American Psychoanalytic Association, 9:* 179-260.

Llinás, R. (2001). *I of the Vortex: From Neurons to Self.* Cambridge, MA and London: MIT Press.

Loewald, H. W. (1960). On the therapeutic action of psychoanalysis. In: G. I. Fogel (Ed.), *The Work of Hans Loewald* (pp. 15-59). Northvale, NJ: Jason Aronson, 1991.

López-Corvo, R. E. (1992). About interpretation of self-envy. *International Journal of Psychoanalysis, 73:* 719-728.

López-Corvo, R. E. (1995). *Self-Envy, Therapy and Divided Inner World.* New York: Jason Aronson.

López-Corvo, R. E. (1999). Self-envy and intrapsychic interpretation. *Psychoanalytic Quarterly, 68:* 209-219.

López-Corvo, R. E. (2006a). *Wild Thoughts Searching for a Thinker: A Clinical Application of W. R. Bion's Theories.* London: Karnac.

López-Corvo, R. E. (2006b). The forgotten self: with the use of Bion's theory of negative links. *Psychoanalytic Review, 93* (3): 363-377.

Mahler, M. S. (1968). *On Human Symbiosis and the Vicissitudes of Individuation.* New York: International Universities Press.

Martin, J. (1988). *Who Am I This Time? Uncovering the Fictive Personality.* New York: Norton.

Mason, A. (1981). The suffocating super-ego: Psychotic break and claustrophobia. In: J. S. Grotstein (Ed.), *Do I Dare Disturb the Universe? A Memorial to Wilfred R. Bion.* Beverly Hills, CA: Caesura Press.

Mason, A. (1994). A psychoanalyst looks at a hypnotist: A study of folie à deux. *Psychoanalytic Quarterly, 63* (4): 641-679.

Massidda, G. B. (1999). Shall we ever know the whole truth about projective identification? [Letter to the Editor.] *International Journal of Psychoanalysis, 80:* 365-367.

Matte Blanco, I. (1975). *The Unconscious as Infinite Sets*. London: Duckworth Press.

Matte Blanco, I. (1988). *Thinking, Feeling, and Being: Clinical Reflections on the Fundamental Antinomy of Human Beings*. London/New York: Routledge.

McDougall, J. (1985). *Theaters of the Mind: Illusion and Truth on the Psychoanalytic Stage*. New York: Basic Books.

McDougall, J. (1989). *Theatres of the Body:* London: Free Association Books.

McKeon, R. (Ed.). (1941). De anima. In: *The Basic Works of Aristotle* (pp. 535-606). New York: The Modern Library (Random House), 2001.

Meissner, W. (1991). *What is Effective in Psychoanalytic Therapy: A Move From Interpretation to Relation*. Northvale, NJ & London: Jason Aronson.

Meltzer, D. W. (1966). The relation of anal masturbation to projective identification. *International Journal of Psychoanalysis, 47:* 335-342.

Meltzer, D. W. (1967). *The Psycho-Analytical Process* (pp. 1-52). London: William Heinemann.

Meltzer, D. W. (1973). *Sexual States of Mind*. Perthshire: Clunie Press.

Meltzer, D. W. (1975). Adhesive identification. *Contemporary Psychoanalysis, 11:* 289-310.

Meltzer, D. W. (1978). *The Kleinian Development. Part I: Freud's Clinical Development; Part II: Richard Week-by-Week* (A Critique of the 'Narrative of a Child Analysis' and a Review of Melanie Klein's Work): *Part III: The Clinical Significance of the Work of Bion*. Perthshire, Scotland: Clunie Press.

Meltzer, D. W. (1980). "The diameter of the circle" in Wilfred Bion's work. In: A. Hahn (Ed.), *Sincerity and Other Works: Collected Papers of Donald Meltzer* (pp. 469-474). London: Karnac, 1994.

562 REFERÊNCIAS

Meltzer, D. W. (with M. Harris Williams) (1985). Three lectures on W. R. Bion's *A Memoir of the Future*. In: A. Hahn (Ed.), *Sincerity and Other Works: Collected Papers of Donald Meltzer* (pp. 520-550). London: Karnac, 1994.

Meltzer, D. W. (1986). *Studies in Extended Metapsychology: Clinical Applications of Bion's Ideas*. Strath Tay, Perthshire: Clunie Press.

Meltzer, D. W. (1992). *The Claustrum: An Investigation of Claustrophobic Phenomena*. Perthshire: Clunie Press.

Meltzer, D. W. (1994). In: A. Hahn (Ed.), *Sincerity and Other Works: Collected Papers of Donald Meltzer*. London: Karnac.

Meltzer, D. W. (2003). *Supervisions with Donald Meltzer* (with R. Castellà, C. Tabbia and L. Farré). London: Karnac.

Meltzer, D. W., & Harris Williams, M. (1988). *The Apprehension of Beauty*. Oxford: Clunie Press.

Meltzer, D. W., Bremner, J., Hoxter, S., Weddell, D., Wittenberg, I. (1975). *Explorations in Autism*. Scotland: Clunie Press.

Milton, J. (1667). *Paradise Lost*. In: E. L. Comte (Ed.), *Paradise Lost and Other Poems* (pp. 33-344). New York: Mentor, 1961.

Money-Kyrle, R. (1956). Normal concepts of counter-transference and some of its deviations. *International Journal of Psychoanalysis, 37*: 360-366; also in: D. Meltzer (Ed.), *The Collected Papers of Roger Money Kyrle* (pp. 330-342). Strath Tay, Perthshire: Clunie Press, 1978.

Money-Kyrle, R. (1968). Cognitive development. In: D. Meltzer & E. O'Shaughnessy (Eds.), *The Collected Papers of Roger Money-Kyrle* (pp. 416-433). Strath Tay: Clunie Press, 1978.

Money-Kyrle, R. (1978). *The Collected Papers of Roger Money-Kyrle*, ed. D. Meltzer & E. O'Shaughnessy. Strath Tay: Clunie Press.

Muir, R. (1995). Transpersonal processes: A bridge between object relations and attachment theory in normal and psychopathological development. *British Journal of Medical Psychology, 68*: 243-257.

Nietzsche, F. (1883). *Thus Spoke Zarathustra*, tr. R. J. Hollingdale. Harmondsworth, Middlesex: Penguin Books, 1969.

Nietzsche, F. (1886). *Beyond Good and Evil.* New York: World Publishing Co.

O'Shaughnessy, E. (1989). The invisible Oedipus complex. In: R. Britton, M. Feldman, & E. O'Shaughnessy, *The Oedipus Complex Today: Clinical Implications* (pp. 129-150). London: Karnac.

O'Shaughnessy, E. (1994). What is a clinical fact? *International Journal of Psychoanalysis, 75* (5/6): 939-947.

O'Shaughnessy, E. (2005). Whose Bion? *The International Journal of Psychoanalysis, 86:* 1523-1528.

Ogden, T. H. (1982). *Projective Identification and Psychotherapeutic Technique.* New York: Jason Aronson.

Ogden, T. (1983). The concept of internal object relations. *International Journal of Psychoanalysis, 64:* 227-241.

Ogden, T. (1986). *The Matrix of the Mind.* Northvale, NJ & London: Jason Aronson.

Ogden, T. (1988). On the dialectical structure of experience. *Contemporary Psychoanalysis, 23* (4): 17-45.

Ogden, T. H. (1989a). On the concept of an autistic–contiguous position. *International Journal of Psychoanalysis, 70:* 127-140.

Ogden, T. H. (1989b). *The Primitive Edge of Experience.* Northvale, NJ: Aronson/London: Karnac.

Ogden, T. (1994). *Subjects of Analysis.* Northvale, NJ and London: Jason Aronson.

Ogden, T. (1997). Rêverie and interpretation. *Psychoanalytic Quarterly, 66:* 567-595.

Ogden, T. (2001). *Conversations at the Frontier of Dreaming.* Northvale, NJ: Jason Aronson.

564 REFERÊNCIAS

Ogden, T. (2003). On not being able to dream. *International Journal of Psychoanalysis, 84:* 17-30.

Ogden, T. H. (2004a). This art of psychoanalysis: Dreaming undreamt dreams and interrupted cries. *International Journal of Psychoanalysis, 85:* 857-877.

Ogden, T. H. (2004b). On holding and containing, being and dreaming. *International Journal of Psychoanalysis, 85:* 1349-1364.

Ogden, T. (2004c). An introduction to the reading of Bion. *International Journal of Psychoanalysis, 85:* 285-300.

Ogden, T. H. (2009). *Rediscovering Psychoanalysis: Thinking and Dreaming, Learning and Forgetting.* London & New York: Routledge.

Opie, L., & Opie, P. (1959). *The Lore and Language of School Children.* Oxford: Oxford University Press: Clarendon Press at Oxford.

Ornstein, A. P. (1994). On the conceptualisation of clinical facts in psychoanalysis. *International Journal of Psychoanalysis, 75* (5/6): 977-993.

Parker, B. (1996). *Chaos in the Cosmos: The Stunning Complexity of the Universe.* New York: Plenum Press.

Paul, M. I. (1981). A mental atlas of the process of psychological birth. In: J. Grotstein (Ed.), *Do I Dare Disturb the Universe? A Memorial to Wilfred R. Bion* (pp. 551-570). Beverly Hills: Caesura Press.

Paul, M. I. (1997). Studies in the phenomenology of mental pressure. In: *Before We Were Young* (pp. 107-127). Binghamton, NY: PDF Publications.

Pederson-Krag, G. (1999). Telepathy and repression. *Psychoanalytic Quarterly, 16:* 61-68.

Peirce, C. S. (1931). *Collected Papers* (8 vols.), ed. C. Hartshore & P. Weiss. Cambridge, MA: Harvard University Press.

Poincaré, H. (1963). *Science and Method.* New York: Dover Publications.

Quinodoz, D. (1994). Interpretations in projection. *International Journal of Psychoanalysis, 75:* 755-762.

Quinodoz, D. (2002). *Words that Touch. A Psychoanalyst Learns to Speak,* tr. Philip Slotkin. London: Karnac.

Quinodoz, D. (2007). *Listening to Hanna Segal: Her Contribution to Psychoanalysis.* London: Routledge.

Quinodoz, J. -M. (1993). *The Taming of Solitude* London & New York: Routledge.

Quinodoz, J. -M. (1994). Clinical facts or psychoanalytic clinical facts. *International Journal of Psychoanalysis, 75:* 963-975.

Racker, H. (1968). *Transference and Countertransference.* London: Hogarth Press.

Rapaport, D. (1959). A historical survey of psychoanalytic ego psychology. An introduction to: *Identity and the Life Cycle, Erik H. Erikson. Psychological Issues, Monograph 1,* (1): 1-171. New York: International Universities Press.

Reich, W. (1928). *On Character Analysis.* New York: Noonday.

Renik, O. (1993). Analytic interaction: Conceptualizing technique in light of the analyst's irreducible subjectivity. *Psychoanalytic Quarterly, 62:* 553-571.

Renik, O. (1994). Publication of clinical facts. *International Journal of Psychoanalysis, 75* (5/6): 1245-1249.

Renik, O. (1995). The role of an analyst's expectations in clinical technique: Reflections on the concept of resistance. *Journal of the American Psychoanalytic Association, 43:* 83-94.

Ricoeur, P. (1970). *Freud and Philosophy: An Essay on Interpretation,* trans. D. Savage. New Haven, CT: Yale University Press.

566 REFERÊNCIAS

Riesenberg-Malcolm, R. (1991). *On Bearing Unbearable States of Mind*, ed. P. Roth. London & New York: Routledge.

Riesenberg-Malcolm, R. (1994). Conceptualisation of clinical facts in the analytic process. *International Journal of Psychoanalysis*, 75 (5/6): 1031-1039.

Riviere, J. (1936). A contribution to the analysis of the negative therapeutic reaction. *International Journal of Psychoanalysis, 17:* 304-320.

Roiphe, J. (1995). The conceptualization and communication of clinical facts. *International Journal of Psychoanalysis, 76:* 1179-1190.

Rosenfeld, H. (1947). Analysis of a schizophrenic state with depersonalization. *International Journal of Psychoanalysis, 20:* 130-139.

Rosenfeld, H. (1949). Remarks on the relation of male homosexuality to paranoia: Paranoid anxiety and narcissism. *International Journal of Psychoanalysis, 30:* 36-42.

Rosenfeld, H. (1964). On the psychopathology of narcissism. In: *Psychotic States.* New York: International Universities Press, 1965.

Rosenfeld, H. (1965). *Psychotic States.* New York: International Universities Press.

Rosenfeld, H. (1971). A clinical approach to the psychoanalytic theory of the life and death instincts: An investigation into the aggressive aspects of narcissism. *International Journal of Psychoanalysis, 52:* 169-178.

Rosenfeld, H. (1987). *Impasse and Interpretation: Therapeutic and Anti-Therapeutic Factors in the Psychoanalytic Treatment of Psychotic, Borderline, and Neurotic Patients.* London: Tavistock.

Rosenfeld, H. (2001). *Herbert Rosenfeld at Work: The Italian Seminars*, ed. F. De Masi. London: Karnac.

Roth, P. (2001). Mapping the landscape. *International Journal of Psychoanalysis, 82:* 533-543.

Roth, P. & Lemma, A. (Eds.) (2008). *Envy and Gratitude Revisited.* London: Karnac.

Salomonsson, B. (2007a). "Talk to me baby, tell me what's the matter now": Semiotic and developmental perspectives on communication in psychoanalytic infant treatment. *International Journal of Psychoanalysis, 88:* 127-146.

Salomonsson, B. (2007b). Semiotic transformations in psychoanalysis with infants and adults. *International Journal of Psychoanalysis, 88:* 1201-1222.

Sandler, A-M., & Sandler, J. (1994b). Comments on the conceptualisation of clinical facts in psychoanalysis. *International Journal of Psychoanalysis, 75* (5/6): 995-1009.

Sandler, A-M., & Sandler, J. (1994c). Theoretical and technical comments on regression and anti-regression. *International Journal of Psychoanalysis, 75:* 431-440.

Sandler, J. (1976). Countertransference and role responsiveness. *International Review of Psycho-Analysis, 3:* 43-47.

Sandler, J., & Sandler, A. -M. (1987). The past unconscious, the present one, and the vicissitudes of guilt. *International Journal of Psychoanalysis, 64:* 413-425.

Sandler, J., & Sandler, A. -M. (1994a). The past unconscious, the present unconscious, and interpretation of the transference. *Psychoanalytic Inquiry, 4:* 367-399.

Schafer, R. (1992). *Retelling a Life.* New York: Basic Books.

Schafer, R. (1994a). A classic revisited: Kurt Eissler's "The effect of the structure of the ego on psychoanalytic technique". *International Journal of Psychoanalysis, 75:* 721-728.

568 REFERÊNCIAS

Schafer, R. (1994b). The conceptualisation of clinical facts. *International Journal of Psychoanalysis, 75* (5/6): 1023-1029.

Schafer, R. (Ed.) (1997). *The Contemporary Kleinians of London*. Madison, CT: International Universities Press.

Schermer, M. (2003). The demon of determinism: Discussion of Daniel Dennet's "Freedom Evolves". *Science, 300*: 56-57.

Schlesinger, H. J. (1995). Facts is facts: or is they? *International Journal of Psychoanalysis, 76*: 1167-1178.

Schmale, H. T. (1963). Foundations for psychopathology. *Psychoanalytic Quarterly, 32*: 116-117.

Scholem, G. G. (1969). *The Kabbalah and Its Symbolism*, tr. Ralph Manheim. New York: Schocken.

Schore, A. (1994). *Affect Regulation and the Origin of the Self: The Neurobiology of Emotional Development*. Hillsdale, NJ: Jason Aronson.

Schore, A. (2002). Advances in neuropsychoanalysis, attachment theory, and trauma research: Implications for self psychology. *Psychoanalytic Inquiry, 22*: 433-484.

Schore, A. (2003a). *Affect Regulation and the Repair of the Self*. New York & London: Norton.

Schore, A. (2003b). *Affect Dysregulation and Repair of the Self*. New York: W. W. Norton.

Schwalbe, M. L. (1991). The autogenesis of the self. *Journal for the Theory of Social Behaviour, 21* (3): 269-295.

Segal, H. (1957). Notes on symbol formation. *International Journal of Psychoanalysis, 38*: 391-397.

Segal, H. (1964). *Introduction to the Work of Melanie Klein*. London: Institute of Psychoanalysis and Hogarth Press, 1973.

Segal, H. (1979). *Melanie Klein.* New York: Viking Press.

Segal, H. (1981). *The Work of Hanna Segal: A Kleinian Approach to Clinical Practice.* New York: Jason Aronson.

Segal, H. (1991). *Dreams, Phantasy, and Art.* London/New York: Tavistock/Routledge.

Segal, H. (1993). On the clinical usefulness of the concept of the death instinct. *International Journal of Psychoanalysis, 74:* 55-61.

Servado, E. (1956). Transference and thought-transference. *International Journal of Psychoanalysis, 37:* 392-395.

Shapiro, T. (1990). Unconscious fantasy: Introduction. *Journal of the American Psychoanalytic Association, 38:* 75-92.

Shapiro, T. (1994). Psychoanalytic facts: From the editor's desk. *International Journal of Psychoanalysis, 75* (5/6): 1225-1231.

Sharpe, E. F. (1937a). Mechanism of dream formation. In: *Dream Analysis: A Practical Handbook for Psycho-Analysis* (pp. 40-65). London: Hogarth Press, 1951.

Sharpe, E. F. (1937b). *Collected Papers on Psycho-Analysis,* ed. M. Brierley. London: Hogarth Press.

Sharpe, E. F. (1951). *Dream Analysis: A Practical Handbook for Psycho-Analysis.* London: Hogarth Press.

Shlain, L. (1998). *The Alphabet and the Goddess: The Conflict between Words and Images.* New York: Penguin/Arcana.

Simon, B. (1978). *Mind and Madness in Ancient Greece: The Classical Roots of Modern Psychiatry.* Ithaca & London: Cornell University Press.

Solomon, H. (1994). The transcendent function and Hegel's dialectical vision. *Journal of Analytical Psychology, 39:* 77-100.

570 REFERÊNCIAS

Solomon, I. (1995). *A Primer of Kleinian Therapy.* Northvale, NJ & London: Jason Aronson.

Spence, D. P. (1993). Beneath the analytic surface of the mind: The analysand's theory of mind. *International Journal of Psychoanalysis, 74*: 729-738.

Spence, D. P. (1994). The special nature of psychoanalytic facts. *International Journal of Psychoanalysis, 75* (5/6): 915-917.

Spillius, E. B. (1994). On formulating clinical fact to a patient. *International Journal of Psychoanalysis, 75* (5/6): 1121-1131.

Spillius, E. B. (2001). Freud and Klein on the concept of phantasy. *International Journal of Psychoanalysis, 82*: 361-373.

Spillius, E. B. (2007). *Encounters with Melanie Klein: Selected Papers of Elizabeth Spillius,* ed. P. Roth & R. Rushbridger. London & New York: Routledge.

Stanislavski, C. (1936). *An Actor Prepares,* tr. E. Reynolds Hapgood. New York: Routledge, 1989.

Steiner, G. (1994). "The Tower of Babel" or "After Babel in contemporary psychoanalysis"? *International Journal of Psychoanalysis, 75* (5/6): 883-901.

Steiner, J. (1979). The border between the paranoid-schizoid and the depressive positions in the borderline patient. *British Journal of Medical Psychology, 52*: 385-391.

Steiner, J. (1987). The interplay between pathological organizations and the paranoid-schizoid and depressive positions. *International Journal of Psychoanalysis, 68*: 69-80.

Steiner, J. (1990). The defensive function of pathological organizations. In: L. B. Boyer and P. Giovacchini (Eds.), *Master Clinicians: On Treating the Regressed Patient* (pp. 97-116). Northvale, NJ and London: Jason Aronson.

Steiner, J. (1992). The equilibrium between the paranoid-schizoid and depressive positions. In: R. Anderson (Ed.), *Clinical Lectures on Klein and Bion* (pp. 46-58). London and New York: Tavistock/ Routledge.

Steiner, J. (1993). *Psychic Retreats: Pathological Organizations in Psychotic, Neurotic and Borderline Patients*. London: Routledge.

Steiner, J. (1996). Revenge and resentment in the Oedipal situation. *International Journal of Psychoanalysis, 77*: 433-443.

Steiner, J. (2000). Containment, enactment and communication. *International Journal of Psychoanalysis, 81*: 245-255.

Steiner, J. (Ed.) (2008). *Rosenfeld in Retrospect: Essays on His Clinical Influence* (pp. 58-84). London: Routledge.

Stern, D. (1985). *The Interpersonal World of the Infant*. New York: Basic Books.

Stern, D. (2004). *The Present Moment in Psychotherapy and Everyday Life*. New York: W.W. Norton.

Stone, L. (1961). *The Psychoanalytic Situation*. New York: International Universities Press.

Stone, L. (1984). *Transference and Its Context: Selected Papers on Psychoanalysis*. New York: Jason Aronson.

Storr, A. (1988). *Solitude: A Return to the Self*. New York: Free Press.

Strachey, J. (1934). The nature of the therapeutic action of psychoanalysis. *International Journal of Psychoanalysis, 15:* 127-159.

Subbotsky, E. V. (1992). *Foundations of the Mind: Children's Understanding of Reality*. Cambridge, MA: Harvard University Press.

Tausk, V. (1919). On the origin of the "influencing machine" in schizophrenia. *Psychoanalytic Quarterly, 2*: 519-556.

572 REFERÊNCIAS

Taylor, G. J. (1987). Alexithymia: History and validation of the concept. *Transcultural Psychiatric Research Review, 24:* 85-95.

Thomä, H., & Kächele, H. (1994). *Psychoanalytic Practice. Vol. I: Principles. Vol. II: Clinical Studies.* New York: Jason Aronson.

Thompson, M. G. (1994). *The Truth About Freud's Technique: The Encounter with the Real.* New York: New York University Press.

Thompson, M., & Cotlove, C. (2006). *The Therapeutic Process: A Clinical Introduction to Psychodynamic Psychotherapy.* Lanham, MD: Jason Aronson.

Thurber, J. (1942). The Secret Life of Walter Mitty. In: D. Madden (Ed.), *The World of Fiction* (pp. 977-981). Fort Worth: Holt, Rinehart & Winston, 1990.

Ticho, E. A. (1971). Termination of psychoanalysis: Treatment goals, life goals. *Psychoanalytic Quarterly, 41:* 315-333.

Tuckett, D. (1994). Developing a grounded hypothesis to understand a clinical process: The roll of conceptualisation in validation. *International Journal of Psychoanalysis, 75* (5/6): 1159-1179.

Tuckett, D. (1994). The conceptualisation and communication of clinical facts in psychoanalysis. *International Journal of Psychoanalysis, 75* (5/6): 865-869.

Tustin, F. (1972). *Autism and Childhood Psychosis.* London: Hogarth.

Tustin, F. (1981). *Autistic States in Children.* London: Routledge & Kegan Paul.

Tustin, F. (1986). *Autistic Barriers in Neurotic Patients.* New Haven, CT: Yale University Press.

Von Haan-Kende, H. (1933). On the role of transference and countertransference in psychoanalysis. In: G. Devereux (Ed.), *Psychoanalysis and the Occult* (pp. 158-167). New York; International Universities Press.

Westenberger-Breuer, H. (2007). The goals of psychoanalytic treatment: Conceptual considerations and follow-up interview evaluation. *International Journal of Psychoanalysis, 88*: 475-488.

Whyte, H. A. M. (1974). *A Manual on Exorcism*. Springdale, PA: Whitaker House.

Wilden, A. (1968). *Speech and Language in Psychoanalysis: Jacques Lacan*. Baltimore & London: Johns Hopkins University Press.

Williams, M. H. (1985). The tiger and "O": A reading of Bion's "Memoir of the Future". *Free Associations, 1*: 33-56.

Winnicott, D. W. (1949a). Weaning. In: *The Child, the Family and the Outside World*. London: Penguin, 1964.

Winnicott, D. W. (1949b). Mind and its relation to psyche-soma. In: *Through Paediatrics to Psychoanalysis*. New York: Basic Books, 1958.

Winnicott, D. W. (1951). Transitional objects and transitional phenomena. In: *Collected Papers: Through Paediatrics to Psychoanalysis* (pp. 229-242). London: Tavistock Publications; New York: Basic Books, 1958.

Winnicott, D. W. (1953). Symptom tolerance in paediatrics: A case history. In: *Collected Papers: Through Paediatrics to Psychoanalysis*. New York: Basic Books, 1958.

Winnicott, D. W. (1954). Metapsychological and critical aspects of regression with the psychoanalytical set-up. In: *Collected Papers: Through Paediatrics to Psychoanalysis* (pp. 278-294). New York: Basic Books, 1958.

Winnicott, D. W. (1955). Clinical varieties of transference. In: *Collected Papers; Through Paediatrics to Psychoanalysis* (pp. 295-299). New York: Basic Books, 1958.

Winnicott, D. W. (1956). Primary maternal preoccupation. In: *Collected Papers: Through Paediatrics to Psychoanalysis* (pp. 300-305). London: Tavistock Publications; New York: Basic Books, 1958.

574 REFERÊNCIAS

Winnicott, D. W. (1958). The capacity to be alone. In: *The Maturational Processes and the Facilitating Environment: Studies in the Theory of Emotional Development*. New York: International Universities Press.

Winnicott, D. W. (1960a). Ego distortion in terms of the true and false self. In: *The Maturational Processes and the Facilitating Environment* (pp. 140-152). London: Hogarth Press; New York: International Universities Press, 1965.

Winnicott, D. W. (1960b). The theory of the parent–infant relationship. In: *The Maturational Processes and the Facilitating Environment* (pp. 37-55). London: Hogarth Press; New York: International Universities Press, 1965.

Winnicott, D. W. (1962). Ego integration in child development. In: *The Maturational Processes and the Facilitating Environment: Studies in the Theory of Emotional Development* (pp. 56-63). New York: International Universities Press, 1965.

Winnicott, D. W. (1963a). Communicating and not communicating leading to a study of certain opposites. In: *The Maturational Processes and the Facilitating Environment* (pp. 37-55). London: Hogarth Press; New York: International Universities Press; 1965.

Winnicott, D. W. (1963b). The mentally ill in your case load. *The Maturational Processes and the Facilitating Environment* (pp. 217-229). New York: International Universities Press, 1965.

Winnicott, D. W. (1963c). Psychotherapy of character disorders. *The Maturational Processes and the Facilitating Environment* (pp. 203-216). New York: International University Press, 1965.

Winnicott, D. W. (1965). *The Maturational Processes and the Facilitating Environment*. New York: International Universities Press.

Winnicott, D. W. (1967). Mirror-role of mother and family in child development. In: *Playing and Reality*. London: Tavistock.

Winnicott, D. W. (1969). The use of an object through identifications. *International Journal of Psychoanalysis, 50:* 711-716.

Winnicott, D. W. (1971). *Playing and Reality.* London: Tavistock.

Winnicott, D. W. (1988). Chaos. In: *Human Nature* (pp. 135-138). London: Free Association Books.

Winnicott, D. W. (1992). *Psychoanalytic Explorations* (pp. 115-118). Cambridge, MA: Harvard University Press.

Yablonsky, L. (1976). *Psychodrama.* New York: Basic Books.

Yeats, W. B. (1889). The stolen child. In: M. L. Rosenthal (Ed.), *William Butler Yeats' Selected Poems and Three Plays* (third edition) (pp. 2-4). New York: Collier Books (Macmillan).

Zetzel, E. R. (1956). Current concepts of transference. *International Journal of Psychoanalysis;* 37: 369-376.

Zetzel, E. R. (1963). The significance of the adaptive hypothesis for psychoanalytic theory and practice. *Journal of the American Psychoanalytic Association, 11:* 652-600.

Zimmerman, D. (2006). Second thoughts about psychoanalytic practice. *Psychoanalytic Inquiry, 25:* 689-707.